HUBERT FONDIN

RECHERCHER ET TRAITER L'INFORMATION

Hubert Fondin est maître de conférences à l'Université Bordeaux-III.

ISBN 2 01 019782 8
Cet ouvrage a été réalisé par l'Atelier d'édition européen, 75002-Paris
Création maquette : Atelier d'édition européen
Couverture : Studio Favre-Lhaïk

Hubert Fondin

PROFESSION ENSEIGNANT

RECHERCHER ET TRAITER L'INFORMATION

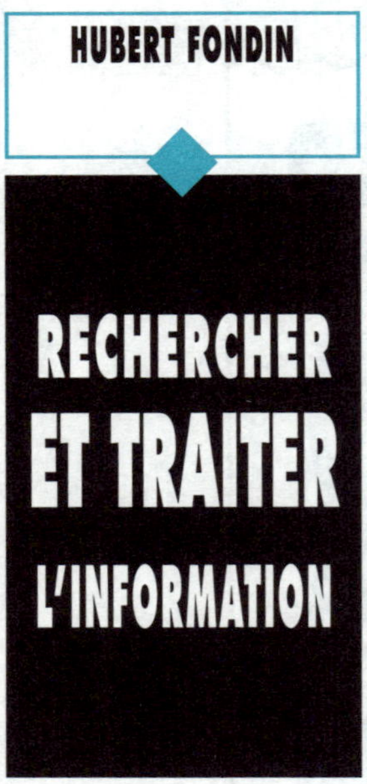
HUBERT FONDIN
RECHERCHER
ET TRAITER
L'INFORMATION

SOMMAIRE

SOMMAIRE (SUITE)

Avant-propos

SE PRÉPARER AUX CONCOURS POUR DEVENIR ENSEIGNANT

PROFESSION ENSEIGNANT s'adresse aux jeunes qui veulent entrer dans les carrières de l'enseignement. Tout en offrant avant tout, des instruments de préparation aux concours de recrutement elle constitue la bibliothèque professionnelle de base de l'enseignant du premier comme du second degré.

Si le CAPES et le concours de professeur des écoles sont l'occasion de faire le point sur un certain nombre de connaissances de type académique, ils nécessitent avant tout la maîtrise d'une méthodologie rigoureuse qui permette d'assimiler et d'investir dans le moins de temps possible, le maximum de savoirs définis par les programmes.

Ni l'un ni l'autre ne sont des diplômes universitaires même s'ils requièrent (et c'est indispensable) un très haut niveau de connaissances. Ils sont réellement devenus des concours de recrutement professionnel, maintenant que s'impose dans l'esprit du public la notion de métier d'enseignant.

Ils constituent, quoiqu'on en dise une propédeutique au métier. Ne permettent-ils pas de tester les capacités d'adaptation des candidats devant des situations inattendues, qu'elles soient d'ordre intellectuel (manière de traiter un sujet, de mobiliser ses connaissances) ou relationnel (ne pas se laisser désarçonner par un jury, par exemple).

Ils permettent de définir des profils d'enseignants et les aptitudes à exercer ce métier, en particulier quand il s'agit de déceler les qualités d'expression et les capacités à établir des relations positives avec les autres.

Ils permettent d'apercevoir déjà la manière dont les candidats sauront s'adapter à une institution et à des équipes, dont la solidarité jouera un rôle majeur.

Car, être enseignant, ce n'est plus seulement être le meilleur ou le plus savant en histoire, en grammaire, en biologie ou en mathématiques.

Être enseignant, c'est probablement autant, savoir mobiliser les connaissances que l'on a acquises pour les adapter à toutes les situations. C'est savoir en permanence en acquérir de nouvelles pour rester disponible devant les demandes les plus inattendues. C'est maîtriser suffisamment de techniques pour aider les enfants à s'approprier savoirs et méthodes. C'est enfin être profondément conscient que c'est *"l'effect d'une haute ame et bien forte, sçavoir condescendre à ses allures pueriles et les guider"* (Montaigne, *Les Essais,* livre I, chapitre XXVI, "De l'institution des enfants").

HACHETTE *Éducation*

La problématique sociétale

Concepts généraux

Se documenter

Comprendre la documentation

L'ère post-industrielle dans laquelle nous sommes entrés est marquée par l'émergence de la société de l'information, où le principal problème des hommes est devenu la production, la circulation et la conservation de l'information. C'est dans ce contexte que l'on voit dans les établissements scolaires, se transformer et prendre une place stratégique, une fonction trop longtemps restée dans l'ombre, celle de documentaliste.

PARTIE 1

LA PROBLÉMATIQUE SOCIÉTALE

La troisième révolution industrielle est celle de l'information. Celle-ci devient la richesse de base de nos sociétés.

L'INFORMATION DANS LA SOCIÉTÉ CONTEMPORAINE

L'INFORMATION AUJOURD'HUI

Serions-nous actuellement en train de changer de "société"? Nous nous étions habitués à l'outil, à la machine, au savoir-faire, à une certaine permanence. Devrons–nous désormais savoir, toujours savoir, imaginer, concevoir, en fait considérer que rien n'est jamais acquis ?

> "Posséder de l'information, c'est posséder le pouvoir. Un monopole d'information peut donner une forme de sécurité.
> Être en possession exclusive d'informations peut mettre en dépendance de soi-même. Le refus d'accès à l'information peut limiter le champ et la force d'action d'autrui et diminuer la menace à soi-même.
> Être en commande des voies d'information peut isoler certaines personnes du reste de l'organisation et les tenir dans la sphère d'influence de soi-même."
> (J. W. Forrester, *A New Corporate Design*.)

L'information est-elle devenue l'élément essentiel de nos sociétés puisque posséder l'information, c'est désormais avoir le pouvoir ?

Caractéristiques générales des sociétés contemporaines

Deux traits semblent caractériser les sociétés contemporaines si on les considère du point de vue de leur organisation : la complexité et l'incertitude.

La complexité

La complexité est le corollaire du rapprochement, de l'entassement des individus et des groupes sociaux, et donc du rétrécissement de l'espace social – la société de masse –, de la réduction de l'espace géographique, de la concentration des entreprises, et de l'urbanisation accélérée.

Dès lors, pour mettre en œuvre un quelconque projet, l'homme est aujourd'hui obligé de connaître son environnement à travers des concepts, des théories, des méthodes qui ne sont plus uniquement le résultat de son travail.

Sa propre expérience, faite d'échanges d'informations avec cet environnement, ne suffit plus. L'homme doit désormais faire appel à d'autres hommes, utiliser de nombreuses machines, tenir compte des connaissances et du temps de chacun, et aussi de la qualité des choses. Son espace d'intervention n'est plus restreint à la dimension du local, à celle du village, mais il s'élargit à l'échelle de l'international, à celle de la planète.

Malheureusement, cette volonté de tout saisir se heurte à des capacités physiques et intellectuelles qui ne sont pas infinies. On risque paradoxalement d'aboutir ainsi à ce que J. Lukaziewicz a appelé l'"explosion de l'ignorance".

L'incertitude

L'homme agit dans un environnement et un avenir aux formes incertaines car fragiles. Cette incertitude est la conséquence même de la complexité car celle-ci augmente les risques de chaque entreprise humaine. Elle est le corollaire d'une concurrence active au niveau international entre les États, les entreprises et les hommes, laquelle a pour effet de provoquer des ruptures imprévisibles mais fréquentes dans toutes les organisations humaines. Il devient ainsi de plus en plus difficile de prévoir les situations et d'interpréter les signes. C'est le retour au Chaos.

Savoir pour survivre

L'homme cherche naturellement à réduire cette complexité et à éliminer cette incertitude. Pour ce faire, il lui faut augmenter constamment son savoir et ses moyens de savoir, en n'oubliant pas que la capacité cognitive d'une organisation effective et efficace doit être égale à la quantité d'informations, circulant par unité de temps, nécessaires pour que soient assurées les tâches de l'organisation. Selon cette hypothèse, les organisations, à quelque niveau qu'on les observe, n'ont que deux comportements possibles :

- **ou elles renforcent les procédures de surveillance**, de contrôle interne afin de réduire les quantités d'informations qu'elles ont besoin de traiter – cela au moyen d'actions du type "plan-programme-budget" – et allongent, de ce fait, leur horizon temporel ;
- **ou elles renforcent les procédures de pilotage interne** afin d'augmenter leurs capacités cognitives, ce qui se traduit inévitablement par un accroissement des volumes d'informations. ➡

VIVONS NOUS UNE RÉVOLUTION SCIENTIFIQUE ?

Le principe d'explication de la science classique ne concevait pas l'organisation en tant que telle. Des organisations étaient reconnues (système solaire, organismes vivants), mais non le problème de l'organisation. Aujourd'hui, le structuralisme, la cybernétique, la théorie des systèmes ont opéré, chacun à sa façon, des avancées vers une théorie de l'organisation et celle-ci commence à nous permettre de concevoir, au-delà, la théorie de l'auto-organisation, nécessaire pour concevoir les êtres vivants.

Le principe d'explication de la science classique voyait dans l'apparition d'une contradiction le signe d'une erreur de pensée et supposait que l'univers obéissait à la logique aristotélicienne. Les sciences modernes reconnaissent et affrontent les contradictions quand les données appellent de façon cohérente et logique l'association de deux idées contraires pour concevoir un même phénomène (la particule qui se manifeste tantôt comme onde, tantôt comme particule, par exemple).

Le principe d'explication de la science classique éliminait l'observateur de l'observation. La microphysique, la théorie de l'information, la théorie des systèmes réintroduisent l'observateur dans l'observation. La sociologie et l'anthropologie appellent la nécessité de se situer *hic* et *nunc*, c'est-à-dire de prendre conscience de la détermination ethno-socio-centrique qui, au départ, hypothèque toute conception de la société, de la culture, de l'homme...

... De toutes parts surgit le besoin d'un principe d'explication plus riche que le principe de simplification (disjonction/réduction) et que l'on peut appeler le principe de complexité. Celui-ci, certes, se fonde sur la nécessité de distinguer et d'analyser comme le précédent. Mais il cherche de plus à établir la communication entre ce qui est distingué : l'objet et l'environnement, la chose observée et son observateur. Il s'efforce non pas de sacrifier le tout à la partie, la partie au tout, mais de concevoir la difficulté problématique de l'organisation, où, comme disait Pascal, « il est impossible de connaître les parties sans connaître le tout, non plus que de connaître le tout sans connaître particulièrement ses parties ».

Il s'efforce d'ouvrir et de développer partout le dialogue entre ordre, désordre et organisation pour concevoir, dans leur spécificité, à chacun de leurs niveaux, les phénomènes physiques, biologiques et humains. Il s'efforce à la vision poly-oculaire ou polyscopique, où, par exemple, les dimensions physiques, biologiques, spirituelles, culturelles, sociologiques, historiques de ce qui est humain cessent d'être disjointes et incommunicables...

... Les principes occultes de la réduction/disjonction qui ont éclairé la recherche dans la science classique sont ceux-là mêmes qui nous rendent aveugles sur la nature technique, sociale et politique de la science, sur la nature à la fois physique, biologique, culturelle, sociale, historique de tout ce qui est humain. Ce sont eux qui ont établi et maintiennent la grande disjonction nature/culture, objet/sujet. Ce sont eux qui partout ne voient qu'apparences naïves dans la réalité complexe de nos êtres, de nos vies, de notre univers.

Il s'agit désormais de chercher la communication entre la sphère des objets et la sphère des sujets qui conçoivent ces objets. Il s'agit d'établir la relation entre sciences naturelles et sciences humaines, sans les réduire les unes aux autres (car ni l'humain ne se réduit au biophysique ni la science biophysique ne se réduit à ses conditions anthroposociales d'élaboration).

Dès lors, le problème d'une politique de la recherche ne peut se réduire à l'accroissement des moyens mis à la disposition des sciences. Il s'agit *aussi*, et je souligne l'aussi pour indiquer que je propose non une alternative mais un complément que la politique de la recherche puisse aider les sciences à accomplir les transformations/métamorphoses dans la structure de pensée qu'appelle leur propre développement. Une pensée apte à affronter la complexité du réel, permettant en même temps à la science de réfléchir sur elle-même.

Le Monde, 7 janvier 1982.

La multiplication des systèmes d'information modèle un nouveau rapport au savoir.

> "Le public semble être à la recherche d'informations riches, développées, analysées, qui lui permettraient de se situer personnellement et intellectuellement par rapport à un ensemble d'événements complexes aux dimensions beaucoup plus larges que l'environ-nement individuel et dont on finit par perdre le sens."
> (Serge Gauthronet, *la Télématique des autres*, p. 139.)

Une nécessité

Dans un cas comme dans l'autre néanmoins, l'échange d'informations – rendu possible par la mise en place d'infrastructures de communication – s'inscrit dans une logique de développement, et est perçu comme une nécessité.

Par ces deux traits – complexité et incertitude –, les sociétés contemporaines paraissent de plus en plus différentes des sociétés antérieures.

La tradition et l'expérience ne suffisent plus. Il faut savoir. Il faut avoir accès à l'information. ■

L'avènement de la société d'information marque une rupture totale avec le passé.

L'information, nouvelle matière première

Toute activité économique semble reposer sur une combinaison binaire, comprenant une matière première – source d'énergie – et un moyen de transport associé – vecteur de l'énergie. Chaque stade de développement économique présente cette caractéristique duale :

- Avant la révolution industrielle, c'est **la force musculaire** – animale ou humaine – et **le navire**;
- au début du XIXe siècle, la première révolution industrielle est celle du **charbon** et du **chemin de fer**;
- dans les premières décennies du XXe siècle, c'est **l'électricité** et encore **le chemin de fer**;
- pendant la période 1920-1960 aux États-Unis, et 1945-1970 en Europe occidentale, c'est **le pétrole** et **l'automobile;**
- depuis les années 1960-1970, c'est **l'information** et **les télécommunications**, toutes deux associées à l'informatique.

Un changement de nature

Ce dernier stade se distingue nettement des précédents. Désormais, la matière première, l'information, change de nature. De réalité physique sensible, elle est devenue une réalité impalpable, un produit immatériel pour lequel il est bien difficile d'établir des statistiques de production, et encore plus de consommation. Elle est elle-même souvent le résultat d'une élaboration préalable ou d'une transformation.

Elle correspond de plus en plus à un savoir-faire. Parallèlement, le moyen de transport associé, les télécommunications, est également devenu une réalité impalpable. Ce sont maintenant des signes que l'homme manipule et qu'il transporte à travers le monde.

Une matière inépuisable

Dans les stades précédents, la consommation de matière première entraîne inévitablement une diminution du volume disponible.

Les stocks s'épuisent à l'usage. Désormais, et de façon paradoxale, la consommation d'informations aboutit au contraire à une augmentation constante de son volume. Ce phénomène s'explique d'une part par une activité de production de plus en plus importante, puisque l'information devient à la fois le moteur, la matière première, et le résultat de l'activité économique.

> "Même lorsque [la] communication emprunte un canal matériel, par exemple un cable téléphonique, l'information transmise, elle, ne prend aucune forme matérielle, elle est essentiellement fugace… L'usager des télécommunications confie au réseau une information immatérielle, qui circule sous la forme d'ondes électromagnétiques ou d'impulsions codées."
> (Jean Pierre Chamoux, *l'Information sans frontière*, 1980.)

D'autre part, par le caractère cumulatif de cette matière première, elle est la seule à avoir cette particularité aujourd'hui. Car l'information c'est également de la mémoire.

> "Si on accepte comme une donnée le besoin de mémoire ou de mémorisation des civilisations, on peut dire que l'information est un des rares biens qui soit voué à ne jamais être obsolète, qui peut par conséquent être partagé sans s'épuiser entre les générations."
> (Pierre-Marie Perret, Ahmed Silem, «Prolégomènes à l'économie de l'information», *Brises*, n° 2, mars 1983.)

La prolifération de l'information

Cette situation pourrait d'ailleurs déboucher, à plus ou moins longue échéance, sur une véritable crise de l'information, liée à sa surabondance et à sa prolifération, surtout si la production d'informations se trouve inexorablement soumise à une croissance quadratique selon laquelle le volume d'informations tend à croître selon le carré du nombre des interlocuteurs.
Identifiant cette nouvelle situation au début des années 1960, l'économiste américain Fritz Machlup proposa, le premier, d'analyser la production économique en distinguant la production physique ou matérielle de biens, et une production immatérielle d'informations et de connaissances, ces dernières étant pour une large part réintégrées dans le circuit de production matérielle au niveau des équipements ou dans l'activité des hommes.

Une activité croissante

Les sociétés contemporaines génèrent un volume de plus en plus important d'informations. Tous les secteurs d'activités ont en effet besoin de savoir pour décider ou pour agir, même si cette condition n'est pas toujours suffisante. On devrait ainsi assister dans les prochaines années à une énorme demande et à une énorme utilisation de cette matière première et des produits "d'information". L'information doit donc être disponible partout. Il faut la trouver ou la retrouver, la filtrer pour éliminer les parasites, la traiter pour lui donner une forme convenable, et enfin la faire connaître, la diffuser à ceux qui l'ignorent. Or les utilisateurs ne peuvent pas consacrer une part non négligeable de leur temps à trouver les informations pertinentes à leur travail, à leur recherche. En outre le poids de la technique va s'accroître avec le progrès technologique et l'utilisation de l'ordinateur. Le recours à des organismes spécialisés, disposant d'un personnel qualifié, devient indispensable.
Le rôle et le poids des structures documentaires et de leur personnel, le documentaliste, devraient aller en se renforçant.

> L'individu peut être menacé d'une «surcharge d'information.»

Le risque de saturation existe

Mais l'information est pratiquement toujours dirigée verticalement, du haut vers le bas. De plus, elle est habituellement offerte sans discernement à des publics indifférenciés et amorphes. À son niveau et noyé sous ce volume, l'individu ne sait plus ni choisir, ni comprendre. Il est victime d'un phénomène de "surcharge d'information" qui peut être la source de confusion mentale, d'aliénation, de repli sur soi-même et de passivité.

Identifier le besoin social

Pour pallier ce danger, on cherche régulièrement à mieux identifier le "besoin social" qui pourrait pousser à la consommation communicationnelle et informationnelle, et développer la demande en produits documentaires et services appropriés.
Ainsi cette société de l'information ne serait pas une société dans laquelle chacun sera davantage et mieux informé, mais une société informatisée dans laquelle la question de la qualité ou de l'intérêt de l'information n'est même pas posée. ■

BIBLIOGRAPHIE

Georges ANDERLA – *L'information en 1985 : une étude prévisionnelle des besoins et des ressources* – Paris, OCDE, 1973 ; 142 p.

Jean-Pierre CHAMOUX – *L'information sans frontière* – Paris, La documentation française, 1980 ; 179 p.

Voix multiples, un seul monde. Communication et société aujourd'hui ? – sous la dir. de Sean MACBRIDE – Paris, UNESCO, 1980 ; 367 p.

L'augmentation du secteur tertiaire dans l'activité économique, et en particulier du secteur informationnel, a permis de parler de « société postindustrielle ».

LA SOCIÉTÉ DE L'INFORMATION

MODE OU RÉALITÉ ?

Dès les années 60, sociologues et économistes se sont penchés sur ce phénomène.

L'expression "société de l'information" est à la mode. Elle est utilisée pour caractériser notre société qui ainsi ne serait plus "industrielle". Mais reflète-t-elle une mode ou une réalité?

> La notion de service prend le pas sur celle de production.

Quels sont les critères qui peuvent l'identifier? À partir de quel moment peut-on considérer que la société industrielle est dépassée?

CARACTÉRISTIQUES DE LA SOCIÉTÉ CONTEMPORAINE

Proposant d'identifier les sociétés en fonction des types de savoir mis à contribution pour la production, le sociologue américain Daniel Bell relève cinq autres traits caractéristiques des sociétés contemporaines :

1) en économie, la notion de "service" – commerce, banque, assurances, éducation, santé, loisirs, culture, administration, voyages… – prend le pas sur celle de "production";

2) la qualification professionnelle est de plus en plus importante. Cela se traduit par un allongement du temps de formation;

3) le principe de base est la connaissance théorique, source d'innovations et de propositions;

4) l'orientation méthodologique s'appuie sur les notions d'"analyse", "contrôle", "évaluation";

5) la prise de décision devient l'activité essentielle, ce qui entraîne la création d'une nouvelle "technologie de l'intellect".

LA SOCIÉTÉ POSTINDUSTRIELLE

Après la société préindustrielle, caractérisée par des activités liées à l'extraction des ressources, à l'utilisation de la force physique et à la tradition, et après la société industrielle, caractérisée par des activités liées à la fabrication et la commercialisation d'objets par la machine, il identifie une société postindustrielle dont la caractéristique principale tient à l'importance prise par les services dans l'activité économique; ces services se substituant au rôle naguère dévolu à l'industrie.

Ils deviennent l'élément moteur du développement. Daniel Bell reconnaît cependant un peu plus tard qu'un des traits essentiels de cette société postindustrielle est l'accent désormais mis sur l'information et le savoir, et sur les outils de leur communication : les télécommunications et l'ordinateur.

Et il admet que cette caractéristique est désormais bien plus importante que celle de "services". ■

CARACTÉRISTIQUES DES SOCIÉTÉS HUMAINES

ÉPOQUE HISTORIQUE	Jusqu'au XIXe siècle.	XIXe siècle. – XXe siècle.	Depuis 1970
ACTIVITÉ ÉCONOMIQUE	Agriculture	Industrie	Information / communication
PRINCIPE	La tradition	La croissance (économique)	L'organisation (du savoir théorique)
VALEUR SOCIALE	Force physique	Savoir-faire. Technique	Intelligence
CONCEPTION DE LA VIE	Sélection (loi naturelle)	Respect de la vie (biologie)	Manipulation (génie génétique)
ORGANISATION DU TRAVAIL	L'esclavage, le servage	La parcellisation (taylorisme)	La participation (cercle de qualité)
FORME DU TRAVAIL	La répétition	L'observation	L'innovation
TECHNIQUE	Extraction	Fabrication. Transformation	Création / manipulation
MÉTHODE	Expérience (sens commun)	Expérimentation (empirisme)	Modélisation / simulation
NOTION DU TEMPS	Le jour (la cloche)	La seconde (le chronomètre)	La picoseconde (l'ordinateur)
PERSPECTIVE DE TEMPS	Regard vers le passé	Adaptation à l'instant	Regard vers le futur / prévision
ÉNERGIE	L'eau et le vent (la roue)	Charbon / essence (le moteur)	L'atome (la fusée)
MATÉRIAUX	Bois et fer	Acier et béton	Matériau composite
MÉTIER	Le manuel	Le technicien	L'ingénieur
BASE DU POUVOIR	La terre	L'argent	Le Savoir
OBJECTIF SOCIAL	Survivre. Lutte contre la Nature	Vivre. Lutte contre la Nature créée	Dominer. Lutte entre les personnes
OBJECTIF ÉCONOMIQUE	Manger	Produire	Contrôler

C'est dans les années 60 que l'on définit ce secteur nouveau d'activité : l'information.

Produire et distribuer l'information deviennent désormais des tâches fondamentales dans notre société. En 1962, Fritz Machlup proposa, le premier, de distinguer tous les établissements, organisations, institutions, entreprises, groupes ou structures qui en sont chargés, c'est-à-dire tous ceux qui appartiennent à des secteurs comme la recherche, l'enseignement, l'édition, la presse, les télécommunications, la bibliothèque, l'imprimerie… mettant ainsi en évidence un nouveau secteur d'activité, celui de l'information. Cette approche, en favorisant l'institutionnel, traduit encore une conception de type industriel avec ses cinq secteurs : éducation, recherche et développement, communications, équipements et services.

APPROCHES SOCIOLOGIQUES

UN SECTEUR «QUATERNAIRE» ?

Quelques années plus tard, un autre économiste américain, Marc Uri Porat, constatant la difficulté de répartir toute la population active américaine dans les trois secteurs traditionnels, agriculture, industrie, services, propose de délimiter un nouveau secteur, celui de l'information. S'appuyant sur la notion d'activités infor- ➡

Le secteur informationnel ne se confond pas tout à fait avec le secteur tertiaire : il a sa spécificité.

mationnelles mise en évidence par l'existence d'un marché de l'information, il définit ce dernier dans les termes suivants :

> "L'activité informationnelle inclut toutes les ressources nécessaires à la production, le traitement et la distribution des biens et services informationnels."

Ce secteur informationnel regroupe tous ceux qui travaillent dans une des quatre catégories suivantes :

1) **les producteurs et vendeurs de l'information,** ceux qui créent l'information ou ceux qui mettent en forme l'information préexistante : chercheur, artiste, publicitaire, journaliste, juriste...;

2) **les gestionnaires de l'information,** ceux qui envoient et reçoivent de l'information dans le cadre de leur activité professionnelle : administrateur, assureur, banquier, secrétaire...;

3) **les diffuseurs de l'information,** ceux qui transmettent ou distribuent de l'information pour savoir, pour décider ou pour orienter, et font le lien entre les émetteurs et les récepteurs d'information : éducateur, enseignant, communicateur, bibliothécaire et documentaliste...;

4) **les techniciens de l'information,** ceux qui conçoivent, installent et font fonctionner les machines et les outils assurant la communication de l'information : électronique grand public, informatique, mesure, télécommunications, imprimerie, édition, photographie, papeterie...

Question de mots

Les délimitations de ce secteur restent bien imprécises. En effet, pour certains, il s'identifierait au secteur tertiaire, dans lequel sont généralement classées la plupart des professions qui le constituent. Il en forme même parfois une sous-partie, le tertiaire supérieur.

> Produire, traiter, diffuser l'information : autant de nouveaux métiers.

Pour d'autres, qui considèrent que certaines de ces professions s'exercent également dans le secteur secondaire, voire dans le secteur primaire, c'est plutôt un nouveau secteur, totalement distinct, le "quaternaire", qui permettrait de regrouper des catégories socio-professionnelles qui ne sont pas identifiées de la même façon dans tous les pays.

En outre les enseignants, les juristes, les préposés des Postes, les prêtres, les artistes, les bibliothécaires peuvent-ils être réunis dans un même secteur ? Marc Uri Porat propose de distinguer ceux qui font profession de l'information, et qui relèveraient d'un secteur primaire de l'information, de ceux qui utilisent l'information dans leurs activités professionnelles et appartiendraient à un secteur secondaire de l'information.

Un indice de développement

Même si les classifications sont discutables, les quelques études existantes montrent clairement que le développement de ce secteur de l'information a profondément modifié la composition de la population active dans les pays développés.

Par opposition, les pays en développement seraient ceux dont la population active travaille majoritairement dans le secteur primaire, et dont la richesse dépend essentiellement du niveau des cours mondiaux des matières premières industrielles extraites de leur sol. ■

UN SECTEUR EN EXPANSION CONSTANTE

Depuis l'après-guerre, le secteur d'activité qui se développe le plus, tant en nombre d'emplois qu'en valeur de production, est celui de l'information.

Selon ses propres critères d'identification, Fritz Machlup a calculé que 30 % de la population active américaine participait à la production et la distribution de l'information à la fin des années 1950. Sur les mêmes bases, Marshak l'estimait à 40 % en 1968. À partir de sa répartition en quatre catégories, Marc Uri Porat montre que le secteur de l'information a connu, aux États-Unis, une expansion régulière depuis 1860. Alors qu'il représentait à cette date 5 % de la population active américaine, il passe à 30 % en 1945, 37 % en 1955, 47 % en 1965, 53 % en 1967, pour exploser après 1970 et devenir, avec plus de la moitié de la population active américaine, le premier secteur de l'économie.
Si la tendance se maintient, d'ici la fin du siècle, quelque 80 % des travailleurs américains s'occuperont d'information et de services.

LA RÉPARTITION DE LA POPULATION ACTIVE AUX USA

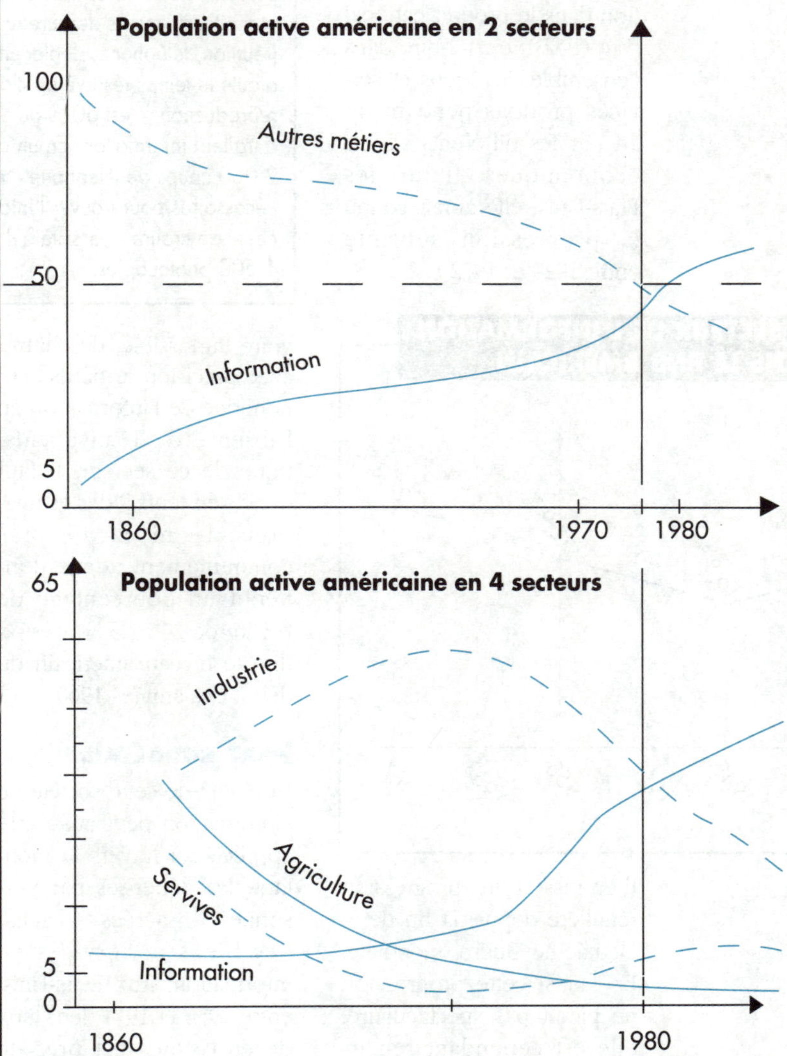

Pr. E.C. PARKER de Standford University

PART DANS L'EMPLOI

Les études concernant les autres pays développés sont plus fragmentaires. Néanmoins la tendance est identique au Canada, au Royaume-Uni, en Allemagne, en Suède, en Autriche, ainsi qu'en France, même si les pourcentages varient entre 30 et 40 % de la population en 1975. En France, par exemple, la part de la population active travaillant dans ce secteur représentait, en 1954, 20 % du total, en 1975, 32 %, en 1979, 35 %. En 1985, on l'estime à 45 %. ➡

De quelque point de vue que l'on se place, on constate une augmentation régulière de cette nouvelle activité, qui génère de plus en plus de richesses et d'emplois.

Et dès 1974, Jean Fourastié pouvait prophétiser que le tertiaire serait très vite majoritaire dans ce pays.

Part dans le PNB

Un autre indicateur est la part du secteur de l'information dans le produit national brut (PNB), c'est-à-dire dans l'ensemble des biens et services produits pendant un an par les différents agents économiques. Pour les États-Unis, elle aurait connu la progression suivante entre 1929 et 1972 :

PART DU SECTEUR DE L'INFORMATION DANS LE PNB AMÉRICAIN

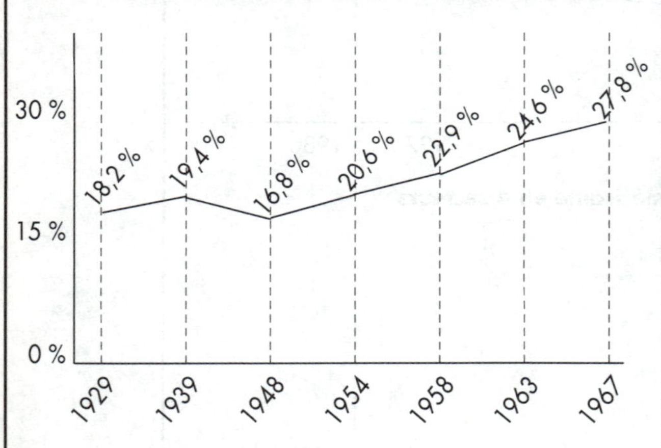

Il en ressort une progression régulière depuis la fin de la Deuxième Guerre mondiale. En fait si cette progression ne paraît pas spectaculaire, elle est cependant remarquable comparée à celle des autres secteurs de l'économie. Et cette tendance s'est poursuivie dans la décennie 1970.

Dans les autres pays occidentaux, il est très délicat, voire impossible, de chiffrer avec précision le poids économique de l'information en l'absence d'un suivi statistique de ce secteur. Il faut donc s'en tenir à des estimations. Le niveau le plus communément admis donnerait un pourcentage de l'ordre de 20 à 25 %, c'est-à-dire le niveau américain du début des années 1960.

Part budgétaire

La réalité de cette société de l'information peut aussi être appréciée à travers le montant des dépenses par personne consacrées à l'achat des biens et services en information. Aux États-Unis, entre 1950 et 1971, leur taux de croissance est près de sept fois supérieur à celui de l'ensemble des biens de consommation.

Elle peut aussi être appréciée à travers le montant des budgets réservés à l'information scientifique et technique (IST) dant les dépenses en recherche et développement (R & D). Toujours pour les États-Unis, et si l'on prend comme indicateur les subventions fédérales pour l'IST, la croissance est assez spectaculaire par rapport au produit national brut, puisque, selon les années, elles doublent ou triplent entre 1960 et 1973.

En 1977, on estimait que les scientifiques et les ingénieurs américains ont passé en moyenne 67 heures à lire des documents sur l'information scientifique et technique. Cela représente 245 milliards d'actes de lecture, soit 105 par personne, même s'il est vrai qu'en la matière il ne s'agit que d'une moyenne car certains lisent beaucoup, d'autres très peu. En 1980, toutes les organisations réunies ont produit quelque 250 milliards de pages de documents internes et externes. ■

EXEMPLE

LE TEMPS DE COMMUNIQUER

Lire et écrire occupe plus de la moitié du temps de travail d'un cadre et 70 % de celui des employés et des secrétaires, secteur tertiaire par excellence. Selon une enquête réalisée en France, le personnel des entreprises a consacré, durant la décennie 1970, la moitié du temps de bureau à la communication directe (réunion, téléphone, déplacement), et indirecte (lecture). Si l'on y ajoute le temps réservé au classement, à l'archivage et à la reproduction, c'est 60 % du temps qui est occupé à acquérir ou à traiter l'information. En un an, un cadre aura passé plus de 2 000 coups de téléphone – et le nombre d'appels téléphoniques nécessaires pour trouver l'information ou l'interlocuteur désiré ne cesse de croître –, assisté à 1 300 réunions et reçu 1 500 photocopies.

Société postcapitaliste, postmoderne, posthistorique, ou superindustrielle ?

QUEL NOM POUR CET AVENIR ?

Il n'existe présentement aucun terme universellement admis et entièrement satisfaisant pour qualifier ce nouveau stade de l'évolution économique et sociale.

Certains évoquent l'avènement d'une troisième révolution industrielle, désirant par là insister sur le caractère hautement stratégique de l'industrie, tant dans la définition d'un nouveau mode de croissance que dans la compétition économique à l'échelle mondiale.

Reprenant la théorie marxiste qui identifie les sociétés selon les rapports de propriété – féodalité, capitalisme, socialisme –, Darhendorff la qualifie de postcapitaliste, alors que A. Etzioni la qualifie de postmoderne.

FUKUYAMA ET LA «FIN DE L'HISTOIRE»

Francis Fukuyama considère lui que nous sommes entrés dans une "période posthistorique" où les "grandes ambitions d'autrefois seront remplacées par le calcul économique, par la solution des problèmes techniques, des préoccupations écologiques et par la satisfaction des besoins des consommateurs".

Marc Lints propose, quant à lui, d'opposer le savoir aux matières premières, et d'utiliser le qualificatif de "préculturelle" appliqué à la société.

TEMPS CONSOMMÉ EN UNE ANNÉE PAR LES ACTIVITÉS DE BUREAU

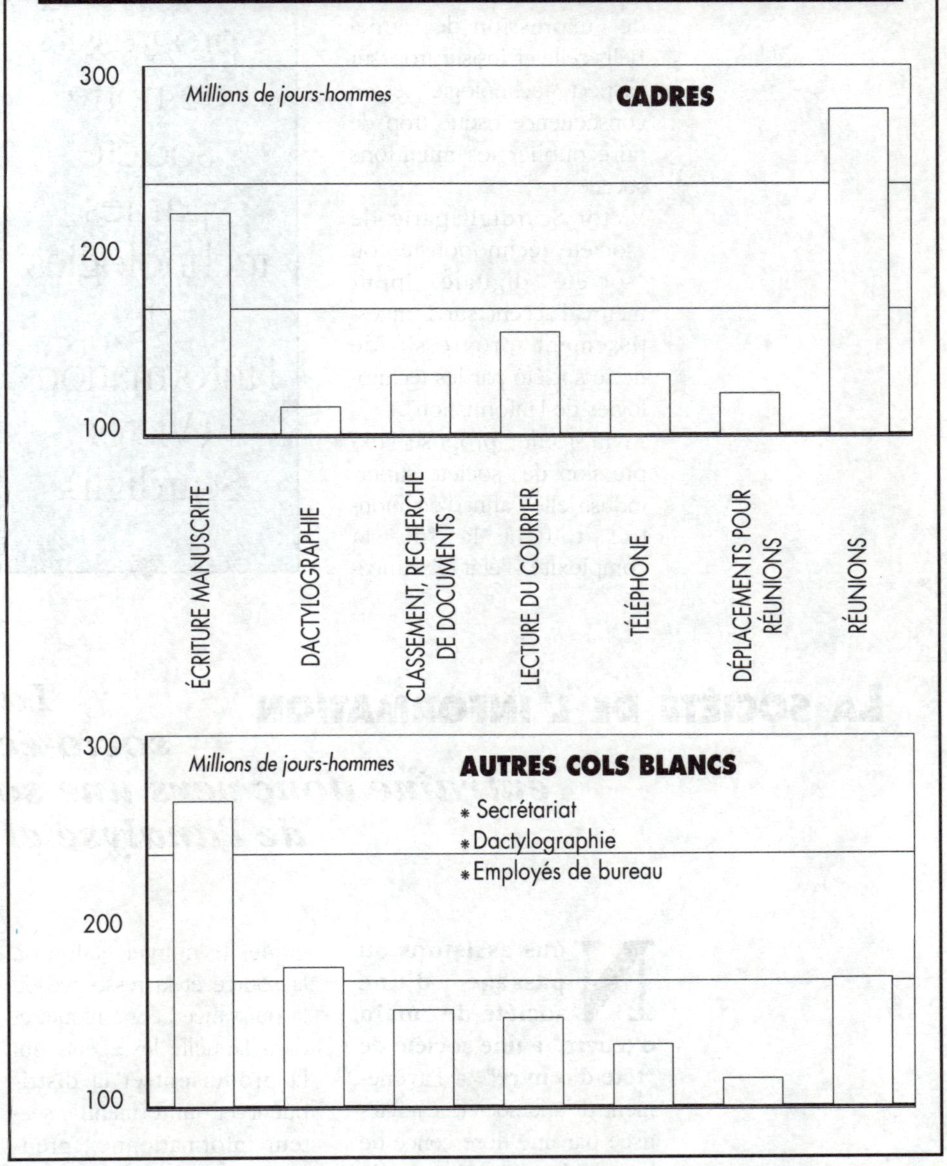

Source : Institut Rémy Genton (estimation portant sur 5,6 millions d'emplois)

LA BARBARIE EN MARCHE ?

Kenneth Boulding propose celui de "postcivilisation". Si celui-ci illustre bien l'opposition entre la société passée et présente, et celle à venir, il donne en même temps à penser que cette dernière sera barbare, ce qu'on ne peut admettre.

À partir de deux caractéristiques de la future société, essentielles à ses yeux, ➡

L'avènement de la société de l'information n'est une réalité que pour les pays les plus industrialisés.

l'électronique et les nouvelles techniques de communications, l'Américain Zbigniew Brzezinski avance l'expression de "société technétronique". À l'inverse de l'expression de Daniel Bell, celle-ci insiste trop sur l'aspect "technologie", et en conséquence risque trop de faire oublier les mutations sociales.

Victor Scardigli parle de "société technopoliste" ou "société digitale" pour mettre l'accent sur l'"investissement progressif de notre société par les technologies de l'information".

Alvin Toffler propose l'expression de "société superindustrielle" afin d'en montrer tout à la fois la complexité, l'état d'avancement technologique et le changement du système de valeurs.

> « Un investissement progressif de notre société par les technologies de l'information » (Victor Scardigli).

La nouvelle ère du savoir

En fait nous vivons plus justement le passage d'une ère de l'humanité, au cours de laquelle la création d'objets et de biens s'est effectuée en mettant en forme la matière, en utilisant la force musculaire humaine puis la force mécanique, avec l'aide d'une énergie toujours plus importante, à une nouvelle ère marquée par l'utilisation des connaissances et des savoir-faire dans le domaine des signaux, des codes, des langages, et des mémoires. ■

La société de l'information

La nouvelle donne socio-économique nous entraîne donc vers une société du savoir, de l'analyse et de l'évaluation.

Nous assistons au passage d'une société de "main d'œuvre" à une société de "tête-d'œuvre", à l'avènement d'"une société caractérisée par une florescence de la créativité intellectuelle humaine", une société fondamentalement orientée vers le Savoir, la Théorie, l'Analyse, l'Évaluation et l'Individualisme dans laquelle l'information devient la matière première stratégique, le nouvel étalon-or, la source et la ressource de la puissance économique, et dans laquelle les agents qui la produisent et la distribuent, et qui forment le secteur informationnel, prennent une part de plus en plus importante.

Dès lors, l'appellation qui revient le plus souvent sous la plume des auteurs pour qualifier notre époque, est celle de "société de l'information". En fait, nous ne serions pas encore dans une "société de l'information", mais plus justement dans une "information conscious society", c'est-à-dire une société dans laquelle les hommes ont réalisé l'importance de l'accès à l'information sans pour autant posséder celle qu'il leur faudrait. C'est le stade préliminaire à la "société de l'information", qui, elle, serait caractérisée par l'accès immédiat à l'information pertinente.

Au-delà des mots...

Cette différence dans les expressions ne peut se réduire complètement à une querelle de vocabulaire. Derrière les mots, se cachent des conceptions différentes sur l'analyse des mutations actuelles. L'expression de "troisième révolution industrielle" revient sous la plume de ceux – en particulier économistes – qui veulent mettre l'accent sur le rôle essentiel joué par l'industrie et ne voient dans ces mutations qu'une nouvelle forme de la société industrielle. Selon cette approche, les services ne se conçoivent que par l'apport à leur fonction dans la promotion des produits industriels.

L'expression de "société post-industrielle" connote une rupture avec le stade antérieur. L'industrie n'est plus le moteur du développement économique et social. Dans ce cas, l'accent est mis sur le dynamisme des services, et sur l'importance du secteur tertiaire. Cette conception conduirait à la fois à "industrialiser le tertiaire" et à "tertiariser l'industrie".

Une nouvelle matière première

Enfin, avec l'expression de "société de l'information", on semble changer de terrain et dépasser la querelle "industrie-services".

Pour les tenants de cette expression, le rôle moteur du développement économique et social, quel que soit le secteur que l'on observe, secteur primaire, secondaire ou tertiaire, est tenu par une matière première, l'information – ou le savoir ou la connaissance – et sa communication. Celle-ci est considérée comme facteur essentiel d'évolution et d'innovation, et donc comme le véritable moteur de transformation de la société.

Une évolution inégale...

On serait donc passé, en un peu plus d'un siècle, de la société agricole – société fondée sur la propriété terrienne, caractérisée par la tradition orale, la dépendance vis-à-vis de la Nature, et un rythme d'évolution lent –, par une société industrielle – société fondée sur l'argent, caractérisée par le machinisme, une plus grande indépendance vis-à-vis de la Nature, et une accélération des rythmes de vie –, à la société de l'information, fondée sur la création et la maîtrise du savoir, caractérisée par la vitesse, l'innovation et l'éphémère. Cette évolution qui n'intéresse cependant que les pays techniquement développés, n'est pas universelle dans l'espace, et concomitante dans le temps.

... qui creuse l'écart Nord-Sud

Géographiquement, le phénomène intéresse quelques pays de la planète, les grands pays industriels d'Amérique du Nord, d'Europe occidentale et le Japon. La grande partie des pays africains, asiatiques et latino-américains vit encore à un stade de civilisation industrielle, voire, pour certains, préindustrielle.

Chronologiquement, la société agricole domine jusqu'en 1906 aux États-Unis. À partir de cette date, elle est remplacée par la société industrielle. Celle-ci triomphe pendant la première moitié du XXe siècle pour atteindre son sommet en 1946. Elle décline rapidement à partir de ce moment, et les deux premières décennies de la deuxième moitié du XXe siècle voient la population du secteur de l'information devenir plus importante que celle du secteur secondaire (industriel). C'est le révélateur d'une société de l'information dans laquelle les États-Unis sont réellement entrés avec le dernier quart du XXe siècle. Le Canada suivrait rapidement. Puis viendraient les principaux pays de l'Europe occidentale – la Suède, l'Allemagne, la France, le Royaume-Uni, l'Autriche – et le Japon. ■

BIBLIOGRAPHIE

"1984" et les présents de l'univers informationnel – textes présentés par Jean-Louis WEISSBERG, Paris, Centre Georges-Pompidou, 1985, 479 p.

Daniel BELL – *Vers la société postindustrielle* – Paris, R. Laffont, 1973, 446 p.

Jacques ELLUL – *Le Bluff technologique* – Paris, Hachette, 1988, 494 p.

Victor SCARDIGLI – *la Société de l'information* – in l'Espace social de la communication, Paris, CNRS, 1985.

Alvin TOFFLER – *Le Choc du futur*– Denoël, 1971, 539 p.

Alvin TOFFLER – *La Troisième Vague* – Denoël, 1980, 623 p.

Alvin TOFFLER – *Les Nouveaux Pouvoirs* – Paris, Fayard, 1991, 660 p.

L'information est un droit reconnu de l'individu ; mais elle circule de façon sélective, car elle est un instrument de pouvoir.

LES ENJEUX DE LA SOCIÉTÉ DE L'INFORMATION

GOUVERNER, C'EST SAVOIR

Les sociétés contemporaines sont confrontées à une situation nouvelle née de la convergence de plusieurs phénomènes : l'émergence d'un secteur de l'information dans les économies nationales, le développement de réseaux internationaux de télécommunications et l'introduction de l'informatique dans les activités gouvernementales, commerciales et industrielles. Cette situation suscite des convoitises, bouscule des habitudes et entraîne des conflits car elle révèle des enjeux politique, économique et culturel dont l'évidence éclate pour certains et dont la subtilité est plus raffinée pour d'autres.

UN ENJEU POUR LES ÉTATS

Ces enjeux sont cependant tous liés plus ou moins directement à une certaine conception du monde, de l'homme, et à l'importance des intérêts privés ou nationaux mis en cause, ceux de chaque État en particulier qui, d'un côté, cherche à protéger, à conserver et à contrôler l'information et, de l'autre, à importer, exporter et échanger des idées – à la fois pour poursuivre ses propres buts et pour étayer ses politiques nationales.

> Dans la résolution 59(I) de 1946, l'Assemblée générale des Nations unies déclarait : "La liberté de l'information est un droit fondamental de l'homme et la pierre de touche de toutes les libertés à la défense desquelles se consacrent les Nations unies."
> La Déclaration universelle des droits de l'homme de 1948 affirme dans son article 19 : "Tout individu a droit à la liberté d'opinion et d'expression, ce qui implique le droit de ne pas être inquiété pour ses opinions et celui de chercher, de recevoir et de répandre, sans considération de frontières, les informations et les idées par quelque moyen d'expression que ce soit."

ENJEU POLITIQUE

Les dimensions politiques du rôle de l'information et de sa communication ne datent pas de notre époque. Depuis l'imprimerie, le pouvoir politique, quel qu'il soit, en a fait un de ses moyens d'action. Le développement des télécommunications illustre parfaitement ce phénomène aujourd'hui. Les États interviennent toujours plus ou moins ouvertement dans l'orientation, l'organisation et le contrôle des activités d'information et de communication.

Au niveau national, soit ils veillent sur les conditions générales de la communication à l'intérieur de leurs frontières, soit ils contrôlent les conditions mêmes de diffusion et les contenus des messages publics et privés.

UNE NÉCESSAIRE RÉGLEMENTATION

Ils disposent pour ce faire de tout un arsenal de mesures législatives, réglementaires, politiques, économiques et techniques dont ils usent en fonction de leurs orientations générales qui vont des plus libérales aux plus dictatoriales.

Si, quel que soit le régime considéré, le principe même de l'intervention de l'État est largement admis, par contre son niveau d'implication demeure un sujet de discussion et de controverse. ■

La circulation incontrôlée de l'information rend fragile la sécurité et la liberté des citoyens.

INFORMATION ET SOUVERAINETÉ

Au niveau international, les décisions en matière d'infrastructures des télécommunications, et celles concernant la liberté des flux d'informations véhiculés par elles, sont un enjeu de taille pour tous les États quel que soit leur régime politique. Elles peuvent en effet transformer l'information, et les moyens de la diffuser, en instrument dans la lutte idéologique, sociale, politique, commerciale et/ou économique qu'ils se livrent, car les techniques de communication – numérisation, réseaux de données, satellite... – leur permettent aujourd'hui d'effacer les frontières officielles et d'atteindre tout individu où qu'il soit. Les États qui auront négligé ces aspects risqueront alors de perdre le contrôle de leur opinion publique, voire leur souveraineté. Ils pourront regarder cette dépossession comme une menace pour leur sécurité intérieure.

> «Équilibrer le flux des informations entre les différentes parties du globe.»

CRAINTES JUSTIFIÉES

Ces craintes ont été clairement exprimées par nombre de pays dont la France. Ainsi dans leur rapport sur *l'Informatisation de la société*, Simon Nora et Alain Minc s'inquiètent de l'organisation de la mémoire collective par les banques de données américaines. Elles expliquent en grande partie pourquoi les représentants des pays communistes ont tenu, tout au long des travaux de la Commission internationale d'étude des problèmes de la communication (la C.I.C.) – instituée en 1976 par l'UNESCO – à insister sur la notion de "consentement préalable" à propos de toute circulation d'information en provenance de l'étranger, et sur le respect de "la souveraineté et l'identité nationales du pays hôte".

INFORMATION ET DÉVELOPPEMENT

Cet enjeu n'a pas échappé non plus aux pays du tiers monde même si leurs préoccupations sont différentes. En donnant la priorité à leur politique de développement, ils considèrent l'information et la communication comme des outils, parmi d'autres, utiles à leur effort de mobilisation nationale et "patriotique". Ils cherchent avant tout à accroître leurs moyens propres, en personnels qualifiés, en matériels techniques et réseaux de communication, à reproduire dans tous les secteurs ce qu'ils ont institué dans l'un d'entre eux sous l'appellation de "journalisme de développement". Mais leur sous-développement général s'étend naturellement au secteur de l'information et de la communication.

UN MONOPOLE DE RICHES

Depuis 1973, leurs revendications se font de plus en plus précises et appuyées. Ils contestent le quasi-monopole des pays développés sur l'information mondiale – 90 % des fréquences de radio-télévision disponibles à partir des satellites géostationnaires sont détenues par les ➡

DÉFINITION

Les flux d'informations comprennent d'une part les flux transfrontières qui résultent de l'activité des médias, et d'autre part les "flux transfrontières de données" définis par Hamid Mowlana comme "le transfert, à travers les frontières nationales, d'unités d'informations numériquement codées destinées à être traitées, stockées ou restituées" (in *la Circulation mondiale de l'information*); cela comprend les données commerciales, financières, scientifiques, techniques, administratives ou gouvernementales, les réservations de voyages, la surveillance de l'environnement, le transfert de fonds, les informations sur les individus.

La possession de l'information est source de tentations hégémoniques, que sa libre circulation ne suffit pas à limiter.

pays industrialisés dont les agences de presse fournissent également des informations à 99,8 % de la population mondiale alors que ceux-ci n'en représentent qu'un quart –, en particulier celui des Anglo-saxons. Cette situation explique, selon eux, que les informations sur le tiers monde soient presque toujours incomplètes, souvent inexactes, parfois dénaturées. Ils réclament eux aussi un "Nouvel Ordre mondial de l'information et de la communication" – le NOMIC –, thème essentiel de la XXe Conférence générale de l'UNESCO. Ils voudraient voir reconsidérer les pratiques actuelles dans le domaine de la communication qui conduisent par exemple à pénaliser financièrement les petits consommateurs qu'ils sont au profit des gros, et voir reconnaître "le droit de chaque individu, de chaque groupe, et, *a fortiori*, de chaque peuple, de chaque nation, à faire connaître ses problèmes et ses ambitions...", et ainsi "à équilibrer le flux des informations entre les différentes parties du globe" (Mustapha Masmoudi). ■

INFORMATION ET LIBERTÉS

La liberté totale d'échange d'informations, telle que la prônent les États-Unis, est incompatible avec l'inégalité actuelle devant l'information.

La mise en application d'un tel principe soulève cependant de nombreuses difficultés. La conception qu'ont la plupart des pays du tiers monde de la démocratie et de la liberté d'expression n'est pas faite pour rassurer les puissances occidentales. Celles-ci redoutent que, sous couvert de considérations généreuses, ces pays ne cherchent à légitimer, en fait, le contrôle étatique de l'information.

LA THÈSE LIBÉRALE AMÉRICAINE

Mais seuls, ou presque en dehors de sociétés multinationales américaines et européennes qui soutiennent la liberté des flux car l'amélioration de la gestion de leurs activités repose de plus en plus sur les échanges de données transfrontières, les États-Unis défendent la liberté totale des flux d'informations transfrontières au nom des libertés individuelles, du droit à l'information, et des règles du marché.

UN DANGER D'HÉGÉMONIE

Cette politique est cependant difficile à défendre sur le plan international car elle heurte la sensibilité des Européens et celle des pays en développement. Aussi les Américains cherchent-ils des compromis à partir de la reconnaissance de quelques principes qui doivent "prendre en compte les besoins et les sensibilités des autres pays, ainsi que nos propres besoins" (président J. Carter). Ils accepteraient une éventuelle réglementation, pourvu qu'elle soit limitée au strict minimum. Ils prônent une harmonisation politique, juridique et technique internationale des transmissions de données. Lors de l'Assemblée générale des Nations unies de novembre 1972, le représentant américain rejette la résolution 2916 (XXVII) parce qu'elle n'insiste pas suffisamment sur l'importance de la libre circulation de l'information et des idées dans le monde moderne alors que "les États-Unis restent profondément attachés à une croyance vieille de 200 ans dans l'échange sans entraves de l'information et de la pensée...".

LES ÉTATS-UNIS... ET LES AUTRES

La situation du tiers monde apparaît extrêmement fragile, même si l'on ne peut regarder de la même façon les quelque cent vingt pays constitutifs. La situation des pays occidentaux – en dehors des États-Unis – n'est évidemment pas la même. ■

DOCUMENT

Dès 1945, Foster Dulles déclarait : "Si on devait me laisser établir un seul principe de politique étrangère, je choisirais la libre circulation de l'information."

L'ENJEU ÉCONOMIQUE

La richesse potentielle du détenteur d'information explique la guerre pour le contrôle des moyens de communication.

La communication de l'information devient une activité essentielle. Dès lors toutes les prévisions économiques donnent au secteur des télécommunications des perspectives de croissance considérables. La maîtrise de leurs infrastructures devient un enjeu de taille pour l'économie des pays développés, essentiellement pour l'Europe occidentale, le Japon et les États-Unis. Désormais la domination du monde ne passe plus par la politique de la canonnière mais par le contrôle des réseaux.

UNE CONCURRENCE ACHARNÉE

Ces pays cherchent par tous les moyens à se réserver la conception et la construction des infrastructures internationales des télécommunications, à contrôler le développement des réseaux de données, et la production de leurs équipements. Cette situation aboutit à un monopole mondial de leurs industries dans ce secteur. Parallèlement, elle suscite une concurrence interne très vive entre pays développés, entre les États-Unis et le Japon principalement, mais aussi entre les PTT européens et les compagnies privées américaines, concurrence qui se manifeste dans les batailles de normalisation des outils et processus, et dans les procédures d'agrément technique des matériels.

UN PRIX INESTIMABLE...

La maîtrise de la communication ou de la commercialisation des contenus, c'est-à-dire de l'information, est aussi un énorme enjeu. Longtemps les économistes ont refusé de considérer l'information comme un produit. D'une part, cette matière première n'est pas en accord avec la loi de rareté qui veut que la quantité diminue avec l'usage. D'autre part, l'information est un bien immatériel pour lequel, lorsqu'il est consommé, il est bien difficile d'établir la part consommée par chacun. Ainsi, théoriquement, il est impossible de fixer un prix à payer. Enfin l'information est souvent considérée comme une création intellectuelle ou une ressource appartenant à toute la société humaine. Comme tel, elle doit être tenue à l'écart d'un quelconque enjeu économique.

MAIS UNE VALEUR BIEN RÉELLE...

L'idée que l'information doit être gratuite est aussi le corollaire de l'idée que la société est immuable, qu'elle n'évolue pas. Détenir l'information ne sert à rien car rien ne peut arriver qu'on ne sache déjà. Mais à partir du moment où l'on convient que les sociétés évoluent et que ces changements ne sont pas toujours prévisibles car les acteurs n'ont pas la même puissance, ni les mêmes intérêts, l'information acquiert une réelle importance, donc une certaine valeur. L'information devient alors une marchandise, comme n'importe quelle autre, dont la possession a un prix.

L'INFORMATION A UN PRIX

Économiquement, son prix se justifie d'autant plus que sa production, sa diffusion et son acquisition requièrent d'autres ressources. Ce caractère est admis par tous ou presque lorsqu'il s'agit de l'information originale. Il le devient de plus en plus pour l'information "documentaire", celle qui est retrouvée au bon moment parmi d'autres. Le prix à payer est normalement fonction de l'intérêt que l'on en retire. Il peut varier dans le temps ou selon les personnes.

Tant que la diffusion des produits d'information restait assurée par des bibliothèques publiques ou des services d'information à but non commercial, l'accès ➡

Si le prix de l'information est fonction de sa rareté, on peut craindre une organisation de sa pénurie.

était diversifié et gratuit. Dans ce cas, le prix du produit proposé était un élément caché à l'utilisateur puisqu'il était transparent dans la transaction. Il ne paraissait jamais en tant que tel.

Une pénurie organisée...

Depuis que l'information est disponible à travers les systèmes documentaires, en particulier informatisés, l'accès est payant et quelquefois sélectif. La diffusion est devenue source de profits pour quelques sociétés industrielles, commerciales ou scientifiques, qui seules sont capables de créer cette marchandise-information, de contrôler son transfert, d'en assurer l'exploitation, et qui par là même en fixent le prix. On peut d'ailleurs se demander si ce n'est pas plus sûrement cette possibilité de sélection et de diffusion restreinte de l'information – véritable forme de rétention – qui lui confère de la valeur.

... ou une escroquerie ?

Cette situation est parfois dénoncée comme illégale ou à tout le moins étrange puisque les producteurs de banques de données s'approprient une richesse universelle qui a été élaborée par des chercheurs et des scientifiques du monde entier, pour la mettre, à titre onéreux, à la disposition de ceux-là même qui l'ont créée et qui légitimement, en sont les propriétaires. ■

La détention d'information étant très inégale dans le monde, elle tend à une situation monopolistique des États-Unis.

La quête du monopole

La commercialisation du produit "information" devient ainsi une véritable activité économique, source de revenus d'autant plus importants que l'on peut s'en assurer le monopole exclusif ou quasiment. C'est l'objectif recherché par les États-Unis qui, à eux seuls, contrôleraient actuellement 80 % des flux d'informations dans le monde. L'Amérique est devenue la mémoire du monde, et elle profite de cette situation de quasi-monopole pour imposer ses vues aux autres pays.

Tout ne se vend pas encore...

Néanmoins à la moitié de la décennie 1980, une petite partie seulement de ces produits de l'information font l'objet de véritables échanges marchands. L'essentiel se fait encore hors-marché, par échanges informels à l'intérieur d'organismes ou de communautés comme la communauté scientifique. Ou à l'abri du service public dans le cadre des bibliothèques.

... mais l'information se paye très cher

Pour les pays "périphériques", ceux qui subissent l'environnement plus qu'ils ne maîtrisent leur destin, le contrôle de l'information est lié à leur développement, à leur rythme et plus encore à leur philosophie. Sa communication – et donc les moyens techniques qui la permettent – a un effet certain sur la diffusion des idées, des innovations et des techniques, sur le changement des attitudes. L'information devient un instrument au service des objectifs du développement. Ces pays sont néanmoins très conscients que la plupart du temps, l'introduction de cette "société de l'information" ne peut qu'accroître leur dépendance vis-à-vis des pays développés. C'est pourquoi, dès 1974, lors de la sixième Assemblée spéciale des Nations unies ils avaient jeté les bases d'un Nouvel Ordre économique mondial, dans lequel s'insère naturellement le Nouvel Ordre mondial de l'information et de la communication, fondé sur la souveraineté de chaque pays, et leur interdépendance, ce que l'on préfère appeler maintenant leur "inter-indépendance". ■

L'ENJEU SOCIO-CULTUREL

'information pour chacun, ;'est souvent 'a même information pour tous. Des dangers d'une uniformisation ;ulturelle...

L es outils de communication deviennent le véhicule privilé-;ié de diffusion des idées, les opinions et des onnaissances, et ce l'autant plus que, désor-nais, la population leur onsacre de plus en plus de emps.

.'ENNUI NAQUIT UN OUR...

Que l'on habite à Paris, Aadrid, Dakar ou Rio de aneiro, ce sont les mêmes nformations internationales que diffusent les grandes gences de presse. Ce sont le plus en plus les mêmes mages – acquises par les changes ou les achats – que on capte sur les récepteurs le télévision grâce au câble u au satellite. Ce sont les nêmes clips que l'on regar-le, les mêmes chansons que 'on écoute. Ce sont les nêmes banques de données qu'on interroge. Ce phéno-nène de mondialisation des roduits n'est pas sans nfluence sur le modèle cul-urel des personnes qui les eçoivent sans souvent avoir es moyens de réagir, alors nême que la multiplication les outils (télévision privée, âble, satellite) apparaît irré-ersible. Ce phénomène 'assimile pratiquement à une nvasion culturelle, à une erte d'identité nationale.

... D'UN MODÈLE CULTUREL UNIQUE

Or ces produits culturels sont généralement d'origine américaine. Ainsi, les États-Unis diffusent à travers le monde, souvent à titre gracieux ou quasiment, une production déjà largement rentabilisée sur leur territoire alors même que les programmes étrangers représentent 1 % seulement de leur temps de programmation télévisée. Parallèlement ils accumulent dans leurs bibliothèques, dans leurs banques de données, tout ce qui se publie ou se fait dans le monde. Ces déséquilibres actuels dans la circulation de l'information entre les pays, et à l'intérieur même de chaque pays, ont des conséquences culturelles majeures.

LA CULTURE MACDONALD

Ils aboutissent à une imprégnation des esprits par le modèle culturel étranger dominant – l'américain – qui façonne une "transculture" à l'échelle de la planète ou presque, et conduit progressivement à une uniformisation culturelle universelle (la culture Mac Donald ou Coca-Cola), laquelle se double généralement d'une imprégnation par un modèle urbain aux dépens des modes de vie ruraux, et donc à une uniformisation parallèle sur le modèle citadin.

> 50 % des émissions de fiction programmées à la télévision, plus de 30 % de la distribution cinématographique, et 70 % du marché du disque étaient, en France, à la fin de la décennie 1970, d'origine américaine. 80 % des films distribués dans la province canadienne de Colombie Britannique sont américains, et la proportion est la même pour les programmes télévisés sur tout le Canada au milieu de la décennie 1980.

Ainsi une nouvelle culture se dessine "non plus fondée sur l'acquisition de connaissances ponctuelles, constitutives d'un corpus de savoir, mais sur la juxtaposition de quelques connaissances accompagnées d'un savoir-faire pour chercher et utiliser les données stockées dans les banques et les bases du même nom", à l'image de ce que permettra le vidéotex interactif. Cela semble sonner le glas d'une culture de type "narrative".

Derrière tous ces enjeux, se profilent des révisions nécessaires sur la conception et ➨

Le respect du droit à l'information contredit la logique marchande dans laquelle elle se situe déjà. La logique politique également : en raison des nombreuses exclusions qu'elle génère.

le rôle du "service public" – assimilé jusqu'ici à l'idée de non-rentabilité –, à ceux du "secteur privé" – à qui l'on reproche une stricte logique commerciale –, ou encore à ceux de "monopole international", d'"arbitrage", de "partage entre public et privé", "entre intérêt général et intérêt particulier". Sinon ces notions risquent de perdre toute pertinence e par là même de brouiller u peu plus les règles d'un je dans lequel chaque acteu pourra les utiliser à sa guis pour justifier ses actions. ■

PARADOXES ET CONTRADICTIONS

Individualisme et uniformité, offre vaste et diffusion restreinte, liberté et sécurité ne cessent de s'entrechoquer dès que l'on parle d'information.

La situation actuelle apparaît dès lors très paradoxale. D'une part, face à une demande d'information de plus en plus individualisée, on observe une production de plus en plus mondialisée.

D'autre part, face à une offre toujours plus grande, diversifiée et universelle, un nombre de plus en plus réduit de personnes ou de pays exerce son contrôle et affirme sa propriété sur cette information-marchandise.

Enfin face à une possibilité théorique offerte à toutes personnes, marchandises, informations ou idées de circuler librement, se dressent de plus en plus nombreux des obstacles physiques ou juridiques mis à cette circulation.

UN NOUVEAU COLONIALISME

"D'autre part, la généralisation à l'échelle mondiale d'un certain type et d'un certain style d'information, propres à l'Occident, et en particulier aux États-Unis, se poursuit à l'heure actuelle au détriment des types et des styles spécifiques aux autres régions du globe. Ce phénomène tend à éroder l'identité culturelle de bien des populations en favorisant l'expansion de modèles de comportement et de pensée uniformisés qui se propagent surtout par l'intermédiaire de la télévision et du cinéma.

Nous devons prendre conscience de l'ampleur d'une telle menace afin de pouvoir préserver les éléments culturels indispensables au développement authentique de chaque peuple et qui permettent, en même temps, d'accepter et d'introduire des éléments d'un langage que tout le monde comprend.

Le nouvel ordre international que l'on tente d'instaurer par des objectifs à long terme doit nécessairement reposer sur l'équilibre entre la créativité de l'ensemble des instances gouvernementales et la reconnaissance par chacune d'elles du destin commun de l'humanité. C'est en tout cas dans la perspective de ce nouvel ordre que s'inscrit l'accès à l'information, conçu comme un besoin social et culturel.

(Federico Mayor, *Demain est toujours trop tard*, Économica, 1987, p. 151.)

L'INFO-ALIBI

Au nom de la liberté de l'information, certains interdisent tout accès à des sources extérieures.

> Une information unilatérale à l'échelle de la planète est un danger mortel pour l'identité culturelle de bien des populations.

Alors que d'autres utilisent la doctrine de la "libre circulation" comme un instrument économique et/ou idéologique au service de leur puissance.

On ne sait encore s'il en résultera une convivialité renforcée ou au contraire un isolement croissant des individus, accompagné d'une homogénéisation des comportements.

Mais on peut craindre pour toutes les entités culturelles l'emprise toujours plus forte d'une industrie multinationale qui fabrique, organise, réglemente, normalise, selon sa propre logique, aussi bien l'imaginaire, les biens matériels, ou les produits nécessaires à la survie de l'humanité, que les armes suffisantes pour son anéantissement.

VERS L'INFO-DÉPENDANCE ?

On peut craindre également que certains pays n'utilisent leur maîtrise de l'information comme un moyen de pression politique, économique et social sur d'autres pays, créant ainsi les conditions d'une dépendance croissante en les privant d'un accès légitime à des informations d'importance vitale pour leur développement industriel et social.

On peut craindre enfin que beaucoup de pays, particulièrement ceux du tiers monde, ne puissent participer à l'essor d'une économie mondiale reposant sur l'information, qu'ainsi leur dépendance vis-à-vis du monde développé ne s'accentue.

> "Le problème des flux de données transfrontières a créé les conditions propices à une dépendance croissante, plutôt qu'à une interdépendance, qui s'assortit du danger de perdre l'accès légitime à des informations d'importance vitale et de voir le développement industriel et social largement régi par les décisions de groupes d'intérêt résidant dans un autre pays."
>
> Déclaration de M. Faulkner, ministre d'État canadien à la science et à la technologie, cité in *les Flux de données transfrontières et la protection des libertés individuelle.*

C'est ce qui donne à penser à certains que parallèlement à l'avènement d'une société de l'information, nous assistons à celui d'une société "vulnérable". ■

BIBLIOGRAPHIE

Mustapha MASMOUDI – *Voie libre pour monde multiple* – Paris, économica, 1986, 294 p.

Médias et changements sociaux – sous la dir. de François RABATÉ, Paris, la Documentation française, 1985, 166 p.

Hamid MOWLANA – *la Circulation internationale de l'information : analyse et bilan* – Paris, Le Seuil, 1978, 82 p.

Simon NORA, Alain MINC – *l'Information de la société* – Paris, le Seuil, 1978, 162 p.

Pierre PELOU – *l'Europe de l'information* – EME, 1990, 223 p.

Voix multiples, un seul monde. Communication et société aujourd'hui et demain – sous la dir. de Sean MACBRIDE, Paris, UNESCO, 1980, 367 p.

Sommes-nous menacés d'« overdose » d'information ? La multiplication des supports et des disciplines le laisserait supposer.

L'EXPLOSION DOCUMENTAIRE

On publie de plus en plus

Le nombre de livres, de périodiques, de films, de documents de tous genres ne cesse d'augmenter. Certes ce phénomène ne semble pas dater d'aujourd'hui. Mais tout chercheur, tout enseignant, tout étudiant doit désormais établir une longue bibliographie avant de commencer à travailler, pour savoir ce qui s'est fait avant, et pour ne pas recommencer ce qui a été fait.

Allons-nous succomber prochainement sous le poids des documents ? Sommes-nous menacés de "surinformation", d'"overdose" informationnelle ? À moins que tout cela ne cache une vraie désinformation.

Publier ou périr

Tout chercheur se doit aujourd'hui de publier. Pour attester de son activité de recherches. Pour en donner les résultats. Pour se faire connaître et reconnaître. Pour de très nombreuses raisons qui relèvent autant de son statut et de son travail de chercheur que de ses espoirs et de ses ambitions de carrière professionnelles.

Cette obligation de publier explique l'importance mondiale de la production de documents scientifiques.

Depuis quand ?

Le phénomène de l'"explosion documentaire" date de l'entre-deux-guerres, ce qui fait dire à certains qu'une des causes de la Deuxième Guerre mondiale serait à rechercher dans le progrès scientifique (fabrication d'"ersatz").

L'inflexion de la courbe se situerait dans la décennie 1930 et, dès cette époque, on commence à s'inquiéter : "Il y a déjà trop de livres. Si chaque génération nouvelle continue à accumuler du papier imprimé dans la même proportion que les générations de ces dernières années, le problème, que l'excès de livres pose, sera vraiment terrifiant" (José Ortega y Gasset, *Mission du bibliothécaire*. La croissance a naturellement été arrêtée par la guerre. Elle est repartie de plus belle et de façon spectaculaire après 1945.

> "Dans une discipline quelconque, la littérature scientifique à consulter représente quelque 1,7 billions de mots, soit quelque 11 000 livres. Même en lisant vite, soit 500 mots à la minute, ce qui est très rapide pour la littérature scientifique, cela pendant 13 heures par jour et 365 jours par an, il faudra 12 ans à un chercheur pour tout lire. À ce moment-là, il constatera que pendant ces 12 années, le même volume de littérature aura été publié, soit à nouveau 1,7 billions de mots." J. C. R. Licklider

> « Il y a déjà trop de livres... » (José Ortega y Gasset, 1935).

Dès les années 50...

Dans la décennie 1950, elle se traduit par une augmentation spectaculaire de la taille des bulletins bibliographiques et par la manifestation de l'inquiétude des chercheurs qui illustrent, le plus souvent à travers les chiffres de leurs disciplines, ce phénomène d'explosion (il a été calculé qu'en l'an 2000 toute la population des États-Unis serait occupée à produire les "Chemical Abstracts" si l'on continue d'utiliser les méthodes de la décennie 1960).

Selon Y. Bar-Hillel, le taux de croissance des publications scientifiques a été de 5 à 8 % par an dans la décennie 1950, soit un doublement en 15-20 ans. Selon G. Anderla, le volume d'information scientifique et technique connaîtra une croissance de 11 % par an entre 1973 et 1985-87. Cela correspond à une multiplication du volume de l'information scientifique et technique par sept (quatre au minimum) durant la même période. En effet la tendance actuelle veut que toute innovation scientifique ou technique entraîne la publication d'un nombre considérable de documents à travers le monde et crée ainsi cette "inflation documentaire". ■

Durant la seule année 1985, on a publié autant de documents que de la Renaissance à 1976...

COMBIEN?

De nombreuses données ont été avancées. Si elles ne sont pas toujours à prendre dans leur valeur absolue, elles donnent une idée forte du volume de documents actuellement publiés dans le monde. Le nombre des articles de recherche serait passé de 800 000 en 1957, à 1 250 000 en 1960, et 2 000 000 en 1969. En économie (d'après l'*Index of Economic Journals*), un peu plus de 15 000 articles ont été publiés entre 1886 et 1939; 7 000 l'ont été entre 1950 et 1954; et plus de 8 000 entre 1960 et 1963. Le nombre augmente alors que la période d'observation est raccourcie.

NOMBRE D'ARTICLES DE RECHERCHE EN CHIMIE
(d'après les statistiques de Chemical Abstract Service)

Année	Nb de résumés
1907	12 000
1951	65 000
1955	82 000
1957	105 000
1960	132 000
1961	145 000
1963	165 000
1965	195 000
1970	309 000
1973	356 000
1977	437 000
1980	600 000

UNE CROISSANCE EXPONENTIELLE

Globalement, la tendance est la même puisque le taux annuel de croissance serait passé de 3-3,5 % dans la décennie 1960, à 10-10,5 % dans la décennie 1970, et à 12,5 % dans la décennie 1980.

En 1969, on estimait à plus de dix millions la production de documents, parmi lesquels on trouve les livres (en fait peu nombreux, quelque 60 à 70 000), d'articles (1 500 000 à 2 000 000), de rapports d'étude et d'activités, de brevets, de travaux universitaires, de documents officiels, de communications à des congrès (100 000 environ), de textes législatifs et réglementaires, de brochures technico-commerciales, de guides et de répertoires... Cette masse vient s'ajouter aux deux ou trois centaines de millions de documents déjà existants.

UN MOUVEMENT IRRÉVERSIBLE

Dans un rapport de l'Organisation de coopération et de développement économique (OCDE) publié en 1973, Georges Anderla signale que la production scientifique annuelle a quadruplé entre 1955 et 1970 et que cette tendance paraît désormais irréversible. Ainsi, au cours des années 1970-1985, il faut prévoir non pas un quadruplement mais un sextuplement ! Durant la seule année 1985, Anderla prévoyant qu'on publierait autant de documents qu'il en a été publié de la Renaissance à 1976.

Ainsi, et quelles que soient la source utilisée ou la discipline observée, tous les résultats montrent la nature exponentielle du phénomène de publications de documents scientifiques au XXe siècle. ■

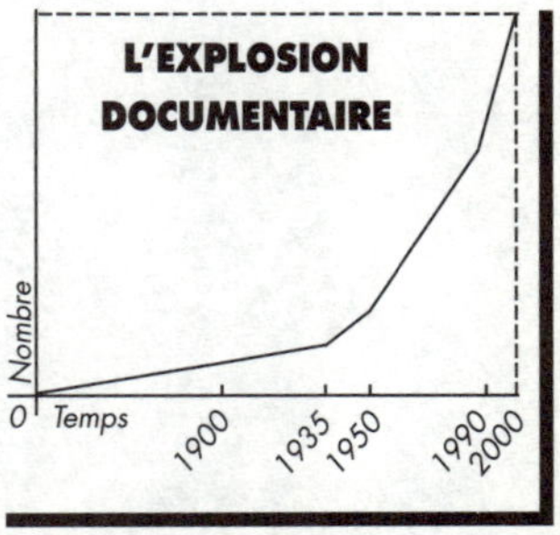

C'est l'augmentation du nombre des chercheurs et des disciplines du savoir qui explique l'explosion de documents. Celle-ci peut d'ailleurs être relativisée.

Les explications

Il est vrai que la population mondiale des chercheurs s'est accrue plus rapidement que la population mondiale globale.

L'augmentation du nombre des chercheurs

Si l'on considère toute la population mondiale depuis le début de l'ère chrétienne – tous les êtres humains qui sont nés depuis l'an 0 – on estime que 95 % de celle-ci est morte, ou *a contrario* que 5 % vit actuellement.

Si l'on prend uniquement la population des chercheurs, et sur la même période, 10 % sont morts, ou *a contrario* 90 % sont actuellement en activité, ce qui représentait, à la fin de la décennie 1970, 10 à 12 millions de personnes.

> "L'horrible amoncellement de livres qui continue de croître, et pourrait contribuer beaucoup à ce que les gens ne se dégoûtent des sciences, et qu'un fatal désespoir ne les fasse retomber dans la barbarie"
> (Leibniz, 1680).

Pour les États-Unis, la population des scientifiques et des ingénieurs était évaluée à :

→ 1 500 000 en 1960,
→ 3 000 000 en 1980,
→ 3 400 000 en 1985.

G. Anderla avait calculé un taux de croissance de 7 % par an en 1972.

Même si la productivité moyenne de chaque chercheur est restée remarquablement constante depuis deux siècles, chaque chercheur publie en moyenne quelque trois documents originaux durant sa période d'activité, même si certains publient davantage que d'autres (loi de Lotka).

> **LOI DE LOTKA**
>
> Un petit nombre d'auteurs écrivent un grand nombre de publications, et inversement.

Le volume de la littérature scientifique a augmenté de façon exponentielle, traduisant mécaniquement l'augmentation du nombre de chercheurs.

D'où une augmentation globale de la production scientifique. D'où une augmentation de la demande de la part des chercheurs eux-mêmes.

L'augmentation du savoir

D'après la National Education Assocation américaine, si l'on prend la base 0 au début de l'ère chrétienne, on estime qu'il y a eu un premier doublement du savoir autour de 1750.

Un deuxième en 1900, soit 150 ans plus tard. Un troisième en 1950, soit 50 ans plus tard. Un quatrième en 1960, soit dix ans plus tard. Un cinquième en 1966, soit six ans plus tard. Il y a risque à la fois de surinformation et de désinformation. ■

Cependant cette « explosion » peut être relativisée par la critique des chiffres et de l'information elle-même.

CRISE OU FIÈVRE ?

Peut-on parler d'explosion ? Il semble que le terme soit excessif car il n'y a pas eu un choc brutal et soudain. Il y a eu une accélération de plus en plus rapide. En fait, la réalité de cette explosion documentaire, de cette crise de l'information, annoncée dès 1939 et proclamée partout depuis 1958, est de plus en plus contestée.

Deux types de séries de chiffres sont généralement proposés : une série diachronique et une série synchronique. La lecture des valeurs fournies mérite réflexion.

• Lecture diachronique : accumulation et disparition

Cela peut être illustré à travers le nombre de revues scientifiques tel que l'établit P. Auger ("Current Trends in Scientific Research", 1961) :

Année	Nb de revues
1661	1
1750	10
1800	100
1850	1 000
1900	10 000
1950	100 000
2000	1 000 000

Le nombre donné par P. Auger ne tient pas compte de la démographie de cette population, en particulier du taux de la mortalité. P. Auger a comptabilisé tous les titres de périodiques scientifiques parus dans le monde depuis le premier, *le Journal des savants,* publié en 1661.

UNE FORTE MORTALITÉ

Il obtient ainsi une valeur cumulée laquelle donne une importance de la population depuis cette date. Elle ne correspond nullement au nombre de titres actuellement existant dans le monde puisque cette population est une population extrêmement mouvante. De nombreux titres apparaissent et disparaissent chaque année. Selon les auteurs, car la définition de "périodique scientifique" n'est pas toujours la même, le nombre de revues scientifiques à la fin du XXe siècle tournerait autour de 50 000, si l'on ne tient compte que des titres actuellement en activité. Cela élimine définitivement le spectre du million pour la fin de la décennie.

• Lecture synchronique : volume et utilité

En chimie Chemical Abstracts recensait 4 600 000 références entre 1967 et 1981 (soit un accroissement de 0,4 % par an). En biologie, Biosis recensait 2 700 000 références entre 1969 et 1981, soit un accroissement de 0,2 % par an. Donnés tels quels, ces chiffres confortent l'explosion documentaire. Mais ils ne se réfèrent pas à la pratique du chercheur. Le chercheur ne demande jamais tous les documents. Il demande ceux qui lui permettront de faire un état actualisé de la discipline. Il veut une information utile.

UNE OBSOLESCENCE RAPIDE

Or l'utilité informationnelle d'un document scientifique n'est pas une donnée permanente. Elle décroît – en général rapidement – avec le temps. Cela est lié au renouvellement de la recherche et à la publication de nouveaux documents. C'est l'obsolescence. Il est convenu que la période "utile" ("half-life" = temps durant lequel plus de la moitié des documents sont considérés comme "utiles") varie d'une discipline à une autre. Dans les disciplines des sciences exactes et appliquées, on admet généralement de 2 à 5 ans. Dans les disciplines de sciences sociales et humaines, de 5 à 15 ans.

Quoi qu'il en soit, cela donne une autre image du phénomène, et le relativise singulièrement. ■

Plus de chercheurs, donc plus de publications. C'est vrai en quantité, mais la qualité de ces textes n'est pas égale.

UNE EXPLOSION... D'AUTEURS

Si l'on superpose les courbes de nombre de documents et de nombre de chercheurs, elles se recouvrent parfaitement. Le rapport entre les deux données est constant.

> "Beaucoup d'informations" signifie souvent beaucoup de papier inutile.

D'une part, ce résultat conforte la loi de Lotka. D'autre part, il conforte ce que l'on savait déjà : plus il y a de monde à chercher, plus il y a de publications. Cette constante fait dire à certains auteurs qu'il n'y a pas eu de phénomène d'explosion, que celui-ci est purement imaginaire, car la preuve est apportée que les chercheurs n'écrivent pas plus qu'avant. Simplement comme ils sont plus nombreux, il est normal – et c'est ce caractère qui les retient – qu'il y ait aussi plus de documents. C'est simplement normal. Mais peut-on s'en tenir uniquement à des valeurs relatives, des constantes, en oubliant la réalité qu'elle masque : le fait qu'il y a plus de tout?

... ET UNE QUALITÉ MOINDRE

Pour certains auteurs, cette inflation de documents est synonyme de mauvaise qualité, de redondance dans le contenu. Beaucoup de publications sont sans intérêt. Leurs auteurs ne font que reprendre sous un autre titre, sous une autre présentation, ce qu'ils ont déjà dit ailleurs. Il faudrait éliminer tous ces documents parasites pour retrouver l'information "utile", celle qui est cachée par la "mauvaise". Mais ce contrôle est long et délicat. Et cette volonté se heurte à des habitudes sociales (cf. le rôle social de l'édition scientifique) qui font dépendre la promotion, la renommée, voire le revenu, du nombre des publications.

UNE IMPRESSION TROMPEUSE

Dès lors, la qualité de l'information est une fonction inverse de la quantité, c'est-à-dire du nombre de documents publiés. Si l'on ne considérait que le nombre de documents réellement scientifiques, la courbe de production n'aurait plus cette allure exponentielle, mais serait tout simplement linéaire. Ce qui ramènerait le phénomène à de plus justes proportions, et lui enlèverait tout caractère explosif.

TENIR COMPTE DE LA SPÉCIALISATION

D'autres enfin ne nient pas la réalité du phénomène d'explosion documentaire, mais trouvent que c'est un faux problème car ils contestent les bases de comparaison dans le temps. Celles-ci semblent considérer la science comme immuable. Pour eux, ce n'est pas vrai. On constate partout, et de plus en plus, et cela quelle que soit la discipline, une spécialisation de la recherche. Il n'est plus possible, par exemple, d'être chercheur en chimie considérée globalement, mais uniquement dans un secteur précis de la chimie. Cette spécialisation que l'on sent déjà dès la fin du XVIIIe siècle, s'est nettement accélérée au cours du XXe siècle. Ainsi en 1962, on dénombre deux fois plus de secteurs de recherche qu'en 1949. Ce chiffre a doublé à nouveau entre 1962 et 1973.

DES DONNÉES À PRÉCISER

Or les données avancées un peu partout sont des indications globales par discipline ("x" documents en chimie, ou en biologie, ou en sociologie...) qui ne tiennent nullement compte de cette évolution des thèmes de la recherche et de la fragmentation des secteurs de recherche. Dès lors, chaque spécialiste n'a qu'un nombre réduit de documents à consulter par rapport à ceux dénombrés dans sa discipline. On peut dire que, à son échelle, le nombre de documents utiles a augmenté, mais qu'il n'a pas pris cette dimension explosive. ■

La multiplication des supports et des documents rend la recherche plus difficile, mais surtout en raison de leur dispersion.

EXPLOSION OU DISPERSION ?

Considérés globalement et par discipline, on ne peut que constater une croissance exponentielle des documents scientifiques. Mais cela n'est que la traduction d'un phénomène d'accumulation des résultats de l'activité scientifique de toute l'humanité. Il est alors inévitable que le nombre des documents augmente, puisque celui des chercheurs qui les produisent, augmente aussi. Les chiffres qui ont été donnés, ont surtout valeur illustrative. Ils frappent les esprits. Ils montrent un phénomène qui, même s'il ne peut pas être qualifié d'explosif, paraît inquiétant.

QUANTITÉ... ET PERTINENCE

Pourtant, à l'analyse, la réalité apparaît plus nuancée si l'on considère le phénomène au niveau de chaque chercheur, si l'on corrige une impression fondée sur une "potentialité documentaire", par une approche s'appuyant sur des critères de "pertinence documentaire". La pertinence, c'est alors un besoin d'information dans un secteur précis de recherche. C'est encore l'utilité d'un document en fonction du temps. Certes dans ce cas, On constate toujours une croissance de la production mais celle-ci n'est plus exponentielle mais linéaire. En fait, le vrai problème semble être moins celui de l'explosion documentaire que celui de la dispersion documentaire. Moins celui de la surinformation que celui de la désinformation.

UNE DISPERSION NÉFASTE

Pour des raisons qui tiennent autant à des problèmes d'édition scientifique (rentabilité difficile des publications scientifiques, du fait entre autres de la photocopie), qu'au caractère de plus en plus souvent pluridisciplinaire de la recherche, on assiste à une dispersion des articles proches sur le plan thématique en un grand nombre de périodiques. Dès lors la simple recherche de travaux intéressant une spécialité donnée prend un temps de plus en plus considérable. Et elle laisse toujours un doute quant à son exhaustivité.

> La progression des documents "utiles" est plutôt linéaire qu'exponentielle.

En outre, l'obtention d'une liste bibliographique est intéressante mais largement insuffisante. Or l'accès aux documents originaux constitue une phase longue et fastidieuse. Le chercheur a souvent l'impression de passer plus de temps à essayer de trouver les documents utiles qu'à les exploiter.

QUELLE SOLUTION ENVISAGER?

Deux pistes ont été proposées. L'une intéresse tous les protagonistes de l'édition scientifique : auteurs et éditeurs; l'autre les spécialistes du traitement de l'information scientifique : les documentalistes.

Aux premiers sera demandé de contrôler le contenu et la forme des publications scientifiques afin d'améliorer la qualité de la production et de la présentation.

Aux seconds sera demandé de construire des systèmes de recherche documentaire efficaces, de travailler en réseau pour mieux repérer tous les documents souvent dispersés, de coopérer pour mieux répondre aux préoccupations de tous ceux qui ont besoin d'information et ne savent où la trouver. ■

BIBLIOGRAPHIE

Georges ANDERLA – *l'Information en 1985 : une étude prévisionnells des besoins et des ressources* – Paris, OCDE, 1973, 142 p.

José ORTEGA Y GASSET – *Mission du bibliothécaire* – Paris, Nourry, 1935.

Pas d'évolution ni de progrès sans un fonds commun de références et de connaissances que nous offrent les bibliothèques et les centres de documentation.

LES CONSERVES CULTURELLES

LES BIBLIOTHÈQUES : DES CIMETIÈRES ?

Les bibliothèques, les centres de documentation et les centres d'archives apparaissent aux yeux de tous comme des lieux où les choses deviennent immuables, figées, mortes; des lieux où les hommes qui y travaillent, sont regardés comme les gardiens de choses qui ne doivent pas être dérangées. Ne parle-t-on pas d'ailleurs de "conservateurs de bibliothèques", comme il y a les "conservateurs des hypothèques" et les "conservateurs des cimetières".

LA BANQUE DU SAVOIR

Ces lieux sont donc des "conserves". Cela apparaît – malheureusement – être leur grande caractéristique. Mais ce sont des conserves un peu spéciales, puisque le savoir y est conservé; c'est tout le capital de connaissances accumulées par les hommes depuis qu'ils savent "inscrire", des documents quels qu'ils soient. N'y a-t-il pas un paradoxe à associer deux termes, "conserves" et "savoir", qui paraissent antinomiques car ces "conserves du savoir" doivent gérer des objets qui paraissent morts et figés, mais doivent à tout moment pouvoir être retrouvés car ils deviennent indispensables à l'activité et au progrès de l'homme. N'est-ce pas regrettable que leur image soit souvent si négative alors que ces "conserves du savoir" pourraient rendre tant de services si elles étaient mieux connues et perçues ?

> Abraham Moles distingue, en les opposant, "culture vivante" en perpétuelle évolution, et "culture acquise" qui est "représentée par la mémoire commune du groupe social, ensemble des bibliothèques, des écrits et des musées, témoins statiques de l'époque mais témoins matérialisés". (*Sociodynamique de la culture*, Mouton, 1967.)

L'OBLIGATION DE CONSERVER

Dans un très grand nombre d'actes de sa vie publique et privée, l'homme est obligé de se référer à une histoire, la sienne ou celle du groupe social auquel il appartient ou souhaite appartenir. Il doit se constituer une trace, une mémoire de son activité. Il doit pouvoir accéder à une mémoire de l'activité d'autrui pour y chercher un savoir, une preuve, un témoignage. On constate d'ailleurs que dès qu'il a su écrire, l'homme a conservé ce qu'il a fait dans des lieux spécifiques dont on a retrouvé les marques lors des fouilles archéologiques. Ces lieux – sortes de centres d'archives et/ou de bibliothèques – sont probablement les plus anciennes "conserves du savoir". Avec le temps, ils sont devenus les plus communes des sources de connaissances classifiées et mises en réserve.

L'OBLIGATION DE RETROUVER

Les conserves du savoir constituent des systèmes de traitement et de conservation de l'information durable, qu'elle soit utile ou distractive.

Le rôle de ces "conserves" est non seulement de préserver cette information des atteintes du temps, mais aussi de construire des outils efficaces afin de permettre à l'usager de la retrouver.

La seule activité de conservation est aujourd'hui devenue, socialement et économiquement, impossible à défendre. Il faut donner accès. ■

BIOGRAPHIE

Abraham Moles (1921-1992). Ingénieur électricien puis professeur de psychologie sociale à l'Université de Strasbourg, il s'est fait connaître comme théoricien de la communication en introduisant les notions de la théorie mathématique de l'information, de la cybernétique, puis de la systémique dans les sciences sociales.

LES CONSERVES DU SAVOIR

Archives publiques, privées et bibliothèques constituent le fonds culturel de l'humanité. L'époque moderne les a multipliées.

Ce sont de véritables – et vénérables – institutions qui se sont progressivement distinguées l'une de l'autre pour répondre à des préoccupations différentes : le centre d'archives doit conserver la mémoire de l'activité de l'homme; la bibliothèque doit conserver la mémoire du savoir de l'homme; le centre de documentation doit conserver les documents utiles dans l'activité de l'homme.

LE CENTRE D'ARCHIVES

Les archives sont nées dans l'Antiquité dès que les hommes ont commencé à conserver une trace de leur activité, grâce à l'écriture. Jusqu'au XIIe siècle, les archives sont cependant peu nombreuses et mal conservées. Avec la renaissance donnée au droit romain, un rôle plus important est accordé à l'écrit. Les institutions – royales, judiciaires, ecclésiastiques – gardent dès lors une trace de leur activité. Celle-ci sera la base des fonds d'archives historiques.

LES ARCHIVES PUBLIQUES

L'État a créé des dépôts d'archives – nationales, départementales, communales et hospitalières – pour conserver tous les documents produits par ses administrations, par les collectivités territoriales, par les établissements et entreprises publics, dont l'intérêt est manifeste tant pour les besoins de la gestion et de la justification des droits des personnes physiques ou morales que pour la documentation historique.

> "Les archives… devront un jour, tout comme les collections de musée, faire l'objet d'une lecture populaire qui sera par elle-même créative, créatrice d'un nouveau rapport entre la population et ses propres traces, créative quant au mode de pensée qui imprégnera l'interprétation des traces laissées par les générations précédentes."
> (Max Querrien, *Esprit*, déc. 1981.)

La production de papier est de plus en plus grande et cette activité se traduit par la progression spectaculaire de la taille des dépôts : en 1950, l'ensemble des rayonnages couvrait 750 km, en 1986 les 4 000 km sont atteints. Mais de plus en plus, ce sont aussi des photos, des films, des microfilms, des documents sonores et, désormais, des supports informatiques que l'on y trouve.

LES ARCHIVES SPÉCIALISÉES

Les archives audiovisuelles : ce sont les archives de séquences animées, qu'elles soient sonorisées ou non.

Certains organismes sont chargés de conserver plus spécialement certains documents du fait de leur origine ou de leur nature :

- Archives du film : Centre national de la cinématographie. Service des archives du film;
- Archives de la vidéo : Bibliothèque nationale de Paris : section des œuvres vidéographiques;
- Archives sonores : la Phonothèque nationale;
- Archives des organismes audiovisuels : Institut national de l'audiovisuel.

LES ARCHIVES PRIVÉES

Ce sont toutes celles qui ne sont pas publiques aux termes de la loi du 3 janvier 1979. Elles sont constituées essentiellement aujourd'hui par les fonds des entreprises et associations (syndicats, clubs sportifs, etc.) privées. Elles sont de qualité variable mais constituent une part importante du patrimoine national. Elles doivent donc être conservées sélectivement. ■

DÉFINITION

ARCHIVES

"Les archives sont l'ensemble des documents, quels que soient leur date, leur forme et leur support matériel, produits ou reçus par toute personne physique ou morale, et par tout service ou organisme public ou privé dans l'exercice de leur activité" (loi 79-18 du 3 janvier 1979, art. 1). Le document "archive" peut être considéré comme un document unique – ou quasi-ment – qui ne circule pas même s'il est multipliable (photocopie ou microfilm).

HISTOIRE

Les Archives nationales ont été créées par le décret du 7 août 1790. Elles rassemblent alors tous les documents déposés au Louvre par les rois de France depuis Philippe Auguste après que celui-ci eut perdu ses archives lors de la bataille de Fréteval contre les Anglais, en 1192.

D'Alexandrie à la Bibliothèque de France, un même rêve est poursuivi : thésauriser et classer toute la connaissance humaine.

La Bibliothèque : un peu d'histoire

On en trouve les premières traces très tôt dans l'Antiquité où elles réunissent, la plupart du temps, des textes religieux, littéraires ou documentaires.

Durant la seconde moitié du Ier millénaire avant J.-C., apparaissent de véritables bibliothèques en Asie Mineure – à Pergame –, en Grèce – à Athènes –, en Egypte – avec la grande bibliothèque d'Alexandrie• – et dans l'Empire romain, à Rome en particulier.

• Celle-ci a été créée en 304 avant notre ère et a dû contenir jusqu'à 500 000 ou 700 000 rouleaux.

Le Moyen Âge

À la période antique marquée par une vie culturelle, économique et sociale intense, succède une longue période – grosso modo du IVe siècle aux Xe-XIIe siècles – où tout semble avoir disparu, tout au moins en Occident.•• Les bibliothèques antiques – à l'image de celle d'Alexandrie qui fut brûlée au Ve siècle de notre ère – ont été ruinées, les documents détruits ou dispersés. En dehors de Byzance et de son empire, qui demeure un foyer de civilisation important, ne subsistent plus alors dans tout l'Occident que quelques ateliers de copistes rattachés à des monastères.

•• Il n'en est pas de même dans le monde arabe par qui la plupart des œuvres des auteurs de l'Antiquité nous sont parvenues.

Le XIIIe siècle apparaît comme une époque charnière. Avec la renaissance du droit romain, la création de l'université, l'institution du système féodal, le rôle dévolu à l'écrit (archives publiques et privées, livres religieux, documents littéraires et juridiques...) s'accroît considérablement. C'est l'époque où les monarques et les institutions administratives constituent en propre leurs fonds d'archives et leurs collections de manuscrits, où l'Université et ses différents collèges créent leurs bibliothèques. Dès lors, les bibliothèques monastiques cessent d'être les seules et les plus riches.

> "Dépositaires du savoir collectif, leur rôle est de le sauvegarder des atteintes du *chronos*, de l'oubli."
> (Jean de Bonville, *Application du paradigme de Shannon à la bibliothéconomie et à la documentation*, Revue canadienne de science de l'information, vol. 3, mai 1978.)

Les bibliothèques laïques

La période moderne ouvre une nouvelle période pour les bibliothèques qui vivent au rythme des différents pouvoirs politiques et religieux. Globalement le rôle quasi exclusif tenu jusqu'alors par l'Église dans la formation des esprits, et, en conséquence, dans la "gestion" des bibliothèques, va fortement diminuer. Les rois, les princes, les villes... vont créer et entretenir des bibliothèques qui vont dépasser en beauté et importance celles de l'Église. Mais ce sont avant tout des temples du savoir accessibles à quelques savants, philosophes et humanistes.

Conserver et diffuser le savoir

Le XIXe siècle se caractérise, d'une part, par la constitution dans chaque pays ou presque d'une grande biblio-

LES BIBLIOTHÈQUES UNIVERSITAIRES

Les BU françaises, au nombre de 63 en 1989, gèrent 110 000 titres de périodiques morts ou vivants dans tous les domaines de la connaissance. Elles doivent répondre à quelque 400 000 demandes par an, soit 1 650 demandes par jour. Parmi elles, 18 ont le titre de CADIST, Centres d'acquisition et de diffusion de l'information scientifique et technique. Elles sont chargées, chacune dans un domaine de recherche, de collecter toute la documentation existante (livres, périodiques, rapports, etc.) permettant de satisfaire, dans la mesure du possible, toute la demande dans ce domaine.

thèque, dépositaire du patrimoine national. D'autre part, par le développement de nombreuses bibliothèques municipales, universitaires, voire scolaires, ce qui conduit à une redéfinition de son rôle. De lieu de conservation du savoir, certains voudraient en faire un lieu de diffusion du savoir. En règle générale, cette période, qui se prolongera en France pratiquement jusqu'au milieu du XXe siècle, est difficile car les responsables, souvent moyennement formés, manquent cruellement de moyens pour atteindre leur objectif. Cette situation a considérablement évolué depuis quarante ans, et même avant dans les pays anglo-saxons.

Gestion administrative

Avant 1975, en France, toutes les bibliothèques – de la plus grande à la plus petite – dépendaient d'un seul organisme de tutelle, la Direction des bibliothèques de France. À cette date, les structures professionnelles ont brutalement éclaté afin de mieux tenir compte de l'évolution vers différents types de bibliothèques. Les bibliothèques relèvent désormais de deux directions distinctes :

- une Direction spécifique au sein du ministère de l'Éducation nationale pour les bibliothèques universitaires (BU);
- de la Direction du livre et de la lecture (DLL) du ministère de la Culture pour les bibliothèques municipales (BM) et les bibliothèques centrales de prêt (BCP).

La Bibliothèque nationale de Paris (BN) dépend aussi, depuis juin 1981, de la Direction du livre et de la lecture du ministère de la Culture, mais bénéficie d'un statut particulier qui lui confère une quasi-autonomie de gestion. ■

Les centres de documentation

Plus spécialisés, et orientés vers la recherche scientifique, ils sont nés au XXe siècle.

Au début de ce siècle, et le phénomène s'est accéléré encore après le premier conflit mondial, on assiste au développement d'une recherche scientifique de plus en plus organisée, et à l'apparition de besoins d'information plus nombreux et plus spécifiques chez les chercheurs. Pour répondre à cette demande nouvelle, émanant généralement de petites communautés particulières, sont apparues, à côté des bibliothèques traditionnelles aux collections encyclopédiques, des structures plus spécialisées dans la nature de leur fonds parce que plus proches des préoccupations de leurs utilisateurs.

Une démarche plus dynamique

Leurs responsables mettent l'accent sur le traitement des documents et sur la diffusion de l'information. Certes, la constitution et la conservation d'un fonds de documents sont toujours considérées comme des fonctions importantes. Mais la qualité de la prestation, la rapidité du service, l'actualité du document deviennent des caractéristiques fondamentales, et les obligent souvent à ne pas suivre aveuglément les règles un peu rigides de la bibliothéconomie traditionnelle. On assiste alors à la constitution de bibliothèques spécialisées – mouvement qui avait été amorcé au XIXe siècle –, et à la naissance de services de références et de centres de documentation dans des secteurs comme l'administration, l'économie ou la recherche.

Un développement spectaculaire

Cependant, ce n'est véritablement qu'après 1950, que le développement des centres de documentation va être spectaculaire. Ainsi, et pour prendre l'exemple des États-Unis, le taux annuel de création de centres de documentation, entre 1950 et 1973, est de 4,5 %. ➡

L'Institut national de l'audiovisuel (INA) : il a comme rôle de collecter et conserver tout le patrimoine audiovisuel hérité des organismes publics de radio et de télévision en France. Créé par la loi du 7 août 1974, il gère désormais de façon informatisée – système IMAGO II – une mémoire de plusieurs centaines d'heures de bandes radio et d'images télévisées. Cet ensemble documentaire constitue une source unique pour connaître la vie politique, économique, culturelle, sociale de la France, et ainsi mieux saisir les transformations intervenues dans les institutions, dans les économies, dans les mentalités, dans les sociétés au cours des siècles.

Les bibliothèques ne sont plus les seuls lieux de conservation des documents. De là à prédire leur disparition…

Le chiffre d'affaires de ces centres augmente en moyenne de 21 % par an alors que leur consultation s'accroît de 15 %, le volume des documents augmentant de 9 %. On en crée partout pour répondre à des besoins de plus en plus pressants et variés.

Des produits variés

En outre, ils se diversifient. À côté du centre de documentation traditionnel, réservé au papier, on trouve des organismes spécialisés dans un type de documents :

- l'iconothèque pour les collections d'images : plan, film, photographie, peinture…;
- la filmothèque qui collecte et diffuse les productions cinématographiques et vidéographiques de toutes origines et de toutes natures pour constituer une mémoire individuelle ou collective par et de l'image ;
- la phonothèque qui collecte et diffuse les supports sonores, bandes et cassettes magnétiques en particulier. Elle joue un rôle essentiel dans la sauvegarde des messages des civilisations de l'oralité. ■

De l'objet à la fonction

La conservation physique de documents, rôle traditionnel des bibliothèques, est complétée aujourd'hui par la diffusion, qui emprunte plusieurs voies.

Traditionnellement, c'est la conception "objet" qui a prévalu. Il y avait l'archive et le lieu de sa conservation – les centres d'archives.

Il y avait le livre et la bibliothèque. Il y avait le "non livre" et le centre de documentation.

> **FONCTIONS**
>
> **BIBLIOTHÈQUES ET CENTRES D'ARCHIVES NATIONALES**
>
> Ils ont dans leur fonction de veiller à :
> - la récupération de tous les documents par l'application du Dépôt légal ;
> - leur identification et leur description (le "catalogage") pour l'établissement de la Bibliographie nationale ; l'inventaire des fonds ;
> - la conservation du patrimoine culturel afin de le mettre à la disposition de la nation ;
> - l'échange avec les autres bibliothèques nationales afin d'accroître les collections.

Acquérir et conserver

Ce cadre institutionnel éclate désormais pour être remplacé par une organisation de structures spécifiques, sinon indépendantes, autour de trois fonctions : le lieu de conservation, le lieu de recherche et le lieu de consultation.

Le lieu de conservation des documents primaires : c'est le rôle dévolu à la Bibliothèque nationale et au Centre national d'archives dans tous les pays. Ces deux structures perpétuent la tradition du XIXᵉ siècle qui voyait en elles des "gadiens du livre", des "dépôts" de documents, des "conserves" de la culture, des "mémoires" de l'homme. À cette conception centripète de l'acquisition et de la conservation des documents, qui implique une démarche de l'utilisateur

> **DÉFINITION**
>
> **CENTRE DE DOCUMENTATION**
>
> "Tout groupe de personnes consacrant la totalité de leur temps au traitement des documents relatifs à un domaine ou à un sujet donnés, en vue de fournir à un groupe d'utilisateurs particuliers une information convenablement « dirigée » sur une base régulière." (UNISIST, Étude sur la réalisation d'un système mondial d'information scientifique, Paris, UNESCO, 1971.)

vers le document, s'oppose la conception centrifuge de la diffusion des connaissances, qui demande aux professionnels d'aller aux devants des utilisateurs pour leur proposer leurs services. Cette conception est illustrée actuellement par deux types d'organismes : le lieu de recherche et le lieu de consultation.

DE LA RECHERCHE À LA CONSULTATION

Le lieu de recherche de l'information : l'organisme doit être capable de répondre aux besoins des utilisateurs ou de les orienter vers d'autres sources, personnes, organismes plus aptes à le faire. Il doit également aider l'utilisateur dans sa recherche de l'information qui ne peut pas toujours se faire facilement sans passer par les services et savoir-faire d'un intermédiaire, documentaliste ou bibliothécaire spécialisé come on le voit pour la téléconsultation. Pour ce type d'organisme, la constitution d'un fonds documentaire n'est pas prioritaire. À la limite, on peut concevoir une structure sans document. En revanche, la détection des sources et la connaissance des circuits d'accès aux documents primaires sont essentielles.

Le lieu de consultation des documents : l'organisme doit mettre à la disposition des utilisateurs des documents primaires. C'est le rôle que l'on attribue à la médiathèque et au centre de documentation. Les fonctions normales sont celles de sélection, d'acquisition, d'identification et de diffusion-prêt des documents. Le professionnel est ici autant un technicien du traitement des documents qu'un animateur. ■

LES ORGANISMES DE L'INFORMATION ET DU DOCUMENT

Centre de documentation : organisme chargé de collecter, traiter, diffuser et conserver les documents de toute nature et de tout support pour un public particulier à la recherche d'informations spécifiques.

Centre d'analyse de l'information : organisme chargé d'établir et de diffuser les publications secondaires, celles qui contiennent les références des documents scientifiques avec mots clés et/ou résumés.

Centre d'archives : organisme chargé du contrôle et de la conservation des archives courantes ; du contrôle, du tri, du classement, de l'inventaire, de la conservation et de la communication des archives définitives.

Centre d'information : organisme chargé de fournir l'information à ses usagers à leur demande.

Centre d'orientation: organisme chargé de conseiller les usagers dans leur démarche informationnelle en les dirigeant vers les sources potentielles.

Centre de données : organisme chargé de collecter et de diffuser des informations numériques.

Centre de référence : organisme chargé de collecter les ouvrages de références et de les mettre à disposition, directement ou indirectement, des usagers.

Centre de signalement : organisme chargé de signaler à ceux qui le souhaitent les documents susceptibles de les intéresser.

Bibliothèque : organisme chargé de collecter tous les documents écrits et audiovisuels pour les mettre à la disposition des usagers dans un but d'information, de recherche, d'éducation ou de détente.

Elles peuvent êtres réparties en fonction de :

LEUR RÔLE

Bibliothèque de recherche : organisme chargé de collecter, traiter, diffuser et conserver les documents scientifiques et de les mettre à la disposition de tous les usagers.

Bibliothèque de consultation : organisme chargé de mettre à la disposition de tous les usagers les documents qu'elles possèdent.

Bibliothèque de prêt : organisme chargé d'assurer le prêt à domicile des documents que les usagers souhaitent consulter hors de la bibliothèque.

Bibliothèque spécialisée : organisme chargé de collecter, traiter, diffuser et conserver les documents scientifiques dans un domaine particulier du savoir, et de les mettre à la disposition de tous les usagers.

Bibliothèque nationale : organisme chargé de collecter, traiter, diffuser et conserver les documents publiés dans le pays, et éventuellement concernant le pays.

LEUR LIEU D'EXERCICE

Bibliothèque d'hôpital, bibliothèque d'institut, bibliothèque d'entreprise, bibliothèque municipale, bibliothèque scolaire, bibliothèque de gare (nom donné aux boutiques qui vendent la presse dans les gares et les stations de métro).

L'OBJET TRAITÉ

Médiathèque ou centre multimédia : organisme chargé de rassembler des documents de toute nature et de tout support, de les conserver et de les mettre à disposition de tous les usagers.

Cinémathèque ou filmothèque : organisme chargé de rassembler des documents cinématographiques, des vidéogrammes, de les conserver et de les mettre à la disposition de tous les usagers.

Phonothèque : organisme chargé de rassembler des enregistrements sonores, de les conservcer et de les mettre à la disposition de tous les usagers.

Photothèque : organisme chargé de rassembler des documents photographiques de toute nature et de tout support, de les conserver et de les mettre à la disposition de tous les usagers.

Logithèque : organisme chargé de rassembler des logiciels, de les conserver et de les mettre à disposition de tous les usagers.

Didacthèque : organisme chargé de rassembler des logiciels éducatifs ou didacticiels, de les conserver et de les mettre à disposition de tous les usagers.

L'informatisation du savoir tend à rendre inutile le détour par le document primaire.

La fin des bibliothèques?

Certains organismes peuvent regrouper les deux structures de recherche de l'information et de consultation des documents primaires : les bibliothèques municipales et universitaires, de très nombreux centres de documentation, à l'exemple des CDI en France. Mais une tendance à la distinction apparaît toujours plus nettement.

Un service plus rapide, plus complet

Trois éléments au moins l'expliquent : le développement de la recherche documentaire informatisée – la téléconsultation; l'augmentation des coûts d'acquisition des documents primaires; l'extension des réseaux de téléinformatique (télécopie et édition électronique). Ainsi, en France, les bibliothèques universitaires jouent le rôle de "courtiers" pour leurs utilisateurs.

L'accès à tous les documents du monde

Les documents primaires qu'elles leur signalent désormais ne font pas toujours partie de leurs collections. Les bibliothèques doivent les obtenir soit par le réseau français des Centres d'acquisition et de diffusion de l'information scientifique et technique (CADIST), soit par le réseau électronique des éditeurs professionnels (ADONIS en Grande-Bretagne, TRANSDOC en France). L'utilisateur constate déjà une nette amélioration du service en terme de rapidité et d'exhaustivité de la recherche. Cette répartition des fonctions apparaît comme une des solutions possibles pour pallier les difficultés de budget. Les bibliothécaires présentent en outre une image totalement nouvelle.

Traditionnellement, le centre d'archives conserve la mémoire de l'activité de l'homme; la bibliothèque conserve la mémoire du savoir de l'homme; le centre de documentation conserve les documents utiles dans l'activité de l'homme. Ces distinctions restent sans doute institutionnellement valables.

Des distinctions incertaines

Mais elles sont difficiles à comprendre pour l'usager puisque le même document peut être pour lui alternativement "résultat de son activité", "support de connaissance" et "base de son activité future". D'où ses nombreuses hésitations à affecter un document (quand un document devient-il archive ?) et rend incompréhensible les distinctions entre organismes qui font tous la même chose.

L'usager a moins besoin des documents que des informations qu'ils contiennent. On peut alors se demander ce que deviendront ces conserves du savoir quand apparaîtront ces mémoires documentaires universelles que l'usager pourra consulter sans se déplacer. Faute de clients, les conserves du savoir disparaîtront-elles ? ■

Le document et la loi

Quel est le délai légal pour la consultation de documents déposés dans les archives publiques ?
Celui-ci a été fixé par la loi n° 79-18 du 3 janvier 1979.
Tous les documents dont la consultation était libre avant leur dépôt aux archives publiques continuent d'être communiqués librement.
Pour tous les autres documents, délai de 30 ans, sauf dans certains cas :

- documents comportant des renseignements individuels de caractère médical : 150 ans à compter de la date de naissance;
- dossiers personnels : 120 ans à compter de la date de naissance;
- documents des tribunaux, des notaires, de l'état-civil, de l'enregistrement : 100 ans à compter de la date de l'acte ou de la clôture du dossier;
- recensements et enquêtes portant des renseignements d'ordre privé : 100 ans à compter de la date du document;
- documents mettant en cause la vie privée ou intéressant la sûreté de l'État ou la Défense nationale : 60 ans à compter de la date de l'acte.

LA MÉDIATHÈQUE

Cette appellation, plus moderne, renvoie à la communication multimédia. Elle correspond au changement d'image des centres de documentation.

À la fin du XXe siècle, une nouvelle structure de "conserve" de l'information et de documentation apparaît : la médiathèque.

> À prestations différentes, appellations différentes.

On constate que :

- ce terme remplace de plus en plus, dans un esprit de modernité, l'appellation jugée surannée de "bibliothèque".

Il connote "positivement", et est donc susceptible de donner une image dynamique à une institution qui en avait besoin, et peut espérer ainsi faire venir ou revenir son public;

- ce terme veut traduire l'idée de prestations plus larges que celles offertes par les bibliothèques traditionnelles. La médiathèque propose non seulement l'accès aux documents écrits, mais à tous les types de documents, sonores, graphiques, audio-visuels pour utiliser les expressions consacrées. C'est à la fois une bibliothèque, une vidéothèque, une photothèque, une phonothèque... À prestations différentes, appellation différente;
- les prestations de l'organisme correspondent à la fourniture des produits que parallèlement on a appelé les "nouveaux médias".

L'absence de terme générique pour traduire l'objet de la prestation – en dehors du terme "document" pris par la "documentation" – expliquerait l'emploi du préfixe "média".

UN TERME GRATUIT?

Ce choix paraît intéressant si l'on considère le "média" comme un intermédiaire qui permet de transporter les messages dans l'espace et le temps, ou comme un support matériel qui rend possible la communication.

Il l'est beaucoup moins – or c'est l'acception la plus fréquente – si le média est "tout moyen de communication à distance, de télécommunication"•, car il met alors l'accent davantage sur le phénomène de communication – donc de transfert – que sur celui d'information documentaire – donc de contenu dont on peut garder une trace car couché sur un support –; davantage sur la "communication de masse" que sur la communication de l'information utile; donc davantage sur une prestation indifférenciée que sur un service personnalisé.

Il est malheureux car il est l'expression d'un glissement qu'aucune théorie générale de l'information et de la communication et aucune pratique de la médiathèque ne justifient.

UNE TENDANCE À LA CONFUSION

Le mot traduit ou veut traduire des changements ou des espoirs par rapport à la chose qu'il représente.

Il illustre en tout cas cette tendance des protagonistes du champ de l'information et de la communication à utiliser les mêmes termes dans des acceptions différentes qui ne facilitent nullement l'unification de ce champ d'activité et de recherche. ■

• ***Médias et changements sociaux*, sous la direction de François Rabaté, Paris, la Documentation française, 1985.**

BIBLIOGRAPHIE

Andrée CHAULEUR – *Bibliothèques et archives : comment se documenter?* – Paris, Économica, 1978, 158 p.

Jean FAVIER – *les Archives* – Paris, PUF, 126 p. (Que sais-je?, n° 805)

André MASSON, Paule SALVAN – *les Bibliothèques* – Paris, PUF, 126 p. (Que sais-je?, n° 944)

Panorama des archives audiovisuelles – sous la dir. de Dominique SAINTVILLE, Paris, la Documentation française, 1986, 300 p.

L'invention du codex, puis l'utilisation du papier ont transformé notre perception du sens et profondément marqué notre culture.

VERS UNE DOCUMENTATION SANS PAPIER

L'ÈRE DU LIVRE

● **Les mots qui désignent le livre en grec, "biblos", et en latin, "liber", désignaient l'écorce d'arbre sur laquelle on écrivait avant la découverte du papyrus.**

Au début du IIIe siècle de notre ère, une première grande révolution dans les moyens de la communication humaine a eu lieu quand l'homme a imaginé d'empiler les uns sur les autres les supports sur lesquels il avait écrit, au lieu de les mettre bout à bout et de les enrouler autour d'un bâton comme il faisait jusqu'alors. Le "codex" remplaçait le "volumen". Désormais les documents écrits étaient constitués de folios indépendants mais attachés. C'est l'ancêtre du livre.

RETOUR AU "VOLUMEN" ?

Dix-sept siècles plus tard, l'homme a inventé les supports audiovisuels, puis électroniques. Il donne à lire des films dont les séquences d'images ne sont interrompues que par le mot "fin". Il écrit des romans électroniques à "lire" sur l'écran cathodique de sa télévision ou de son ordinateur. Ferions-nous ainsi un retour au "volumen", autrement dit les nouveaux supports constituent-ils un progrès ? Et assistons-nous ce faisant à la disparition du support papier, autrement dit allons-nous vers une documen tation sans documents papiers?

LES SUPPORTS DOCUMENTAIRES

Un document est la combinaison d'une information et d'un support, qu'elle ait été intentionnellement couchée ou non. C'est, et cette caractéristique est utile pour sa reconnaissance, un objet matériel. Tout élément physique peut servir pour conserver une trace. On trouve ainsi des documents ayant pour support les matériaux les plus divers : os et écaille (en Chine), bois (tablettes de l'île de Pâques), écorce,• feuille, pierre (en Égypte), cire, toile (à Rome), soie (en Chine), terre cuite (tablettes employées en Mésopotamie et en Israël), marbre, cuir, papier, papyrus, plastique, caoutchouc, métal, feuille de palmier séchée et huilée (en Inde), peau de bête traitée (parchemin). ■

> "Le codex contribua à l'élaboration de nouvelles structures mentales. Fonctionnellement plus adaptée au feuilletage, au retour en arrière, la présentation du codex en cahiers favorisa en effet l'essor du parcours sélectif. En introduisant des aides à la lecture – index, tables, commentaires, concordances –, la composition hiérarchique du texte permit au livre scolastique du XIVe d'être plus précis, de faire des citations, d'avoir des références, inventant la possibilité d'une libre circulation, facilitant le travail d'étude et de consultation. Nul ne fut plus tenu de lire intégralement un texte pour trouver une information."
> (Anne-Marie Filiole, *Frissons fin de siècle ou le lectron actif, Bulletin des bibliothèques de France*, 1990, vol. 35, n°3, p. 204.)

L'usage du papier et l'invention de l'imprimerie ont multiplié les livres.

DU PAPIER AU LIVRE

Quand l'intention de conserver une trace est manifeste, le choix du support est plus limité. Dans ce cas, certains matériaux – comme la pierre, le papyrus, le métal, le bois, le parchemin – ne jouent plus, à notre époque, aucun rôle dans la conservation ou le transfert de l'information. Par contre, le papier joue un rôle essentiel, et ce rôle explique l'importance donnée généralement au document écrit.

UN SUPPORT À SUCCÈS

Pourtant il a fallu dix siècles pour que ce support arrive de Chine où il a été fabriqué pour la première fois sans doute au IIe siècle de notre ère, par le monde arabe (au VIIIe siècle), jusqu'en Europe. On le fabrique en Espagne – alors arabe – vers 1100 à Jativa, en Italie en 1276 à Fabriano, en France en 1348 à Troyes, en Allemagne en 1390 à Nüremberg, et en Scandinavie au milieu du XVIe siècle seulement. Mais dès le XIVe siècle, le papier, sans doute importé pour une bonne partie, était d'usage courant dans toute l'Europe car moins cher, même si l'on se méfie encore de ce nouveau support qui paraît moins solide et moins durable que le parchemin. Ensuite il a connu une large diffusion, et une consommation qui s'est accélérée dans la dernière partie du XXe siècle. Ainsi entre 1950 et 1970, on serait passé de quelque 18 millions à 46 millions de tonnes de papier.

> En établissant la permanence des connaissances, le livre a marqué la civilisation occidentale depuis cinq siècles.

Celles-ci s'expliquent sans doute par sa grande facilité de fabrication, d'usage, de correction, de modification, et de découpage. Au support papier est associé l'écrit, en fait le livre imprimé.

L'ÂGE DU LIVRE

L'âge du livre a commencé en Europe avec Gutenberg, vers la fin du XVe siècle, au temps où la typographie est venue parachever ce qu'avaient commencé l'alphabet et l'écriture. Sa production, sa diffusion, son rayonnement n'ont cessé de se développer depuis. Le livre est devenu le vecteur privilégié des idées et des connaissances. Au livre est lié tout un ensemble de comportements, de pensées, d'attitudes mentales, de conceptions diverses. C'est cet ensemble qui, selon la thèse du sociologue canadien Marshall McLuhan, forme la "Galaxie Gutenberg".●● En magnifiant l'écriture, le graphisme et la composition, en exaltant l'effort de rigueur dans l'exposition de la pensée, et les vertus de l'abstraction et de la synthèse, en établissant la permanence des connaissances, le livre a incontestablement marqué la civilisation occidentale depuis cinq siècles.

La notion de livre est extrêmement liée à celle de papier. Le livre n'existerait pas si le papier n'avait pas été inventé, même si, évidemment, il ne se réduit pas à du papier. À la limite on pourrait dire que tout ce qui est imprimé sur du papier ➡

●● D'après le titre de l'ouvrage qu'il a publié en 1962 (1967 pour la traduction française), *la Galaxie Gutenberg*, et dans lequel il fait l'étude de "l'homme typographique". Dans un autre livre publié en 1964 (1968 pour la traduction française), *Pour comprendre les média*, il fait l'étude de la genèse de l'homme, de l'électronique et de l'informatique.

BIBLIOGRAPHIE

Albert LABARRE – *Histoire du livre* – Paris, P.U.F., 1970, 126 p. (Que sais-je ? n° 620).

Marshall McLUHAN – *la Galaxie Gutemberg face à l'ère électronique* – Paris, Mame, 1967, 349 p.

Marshall McLUHAN – *Pour comprendre les média* – Paris, Mame/Le Seuil, 1968, 390 p.

Le livre ne semble pas menacé malgré l'apparition de nouveaux supports. On devra seulement admettre la complémentarité de plusieurs moyens de communication.

est un livre. Cette conception explique les difficultés d'établir des statistiques de production si l'on ne définit pas le livre autrement que par son support, et en montre l'arbitraire quand l'on ne retient que le nombre de pages.

Dans la deuxième moitié du XXe siècle, la quasi-exclusivité accordée au livre a été entamée. Le livre est devenu un document parmi d'autres, intéressant certes, mais souvent dépassé comme véhicule de l'information scientifique et technique, même si on y apporte les nuances d'analyse propres à chaque discipline. Le périodique, véhicule privilégié de l'article, est activement recherché. Les rapports de recherche ou d'étude deviennent de plus en plus nombreux. D'autres formes particulières (preprint, tiré-à-part…) apparaissent, dont l'intérêt est d'accélérer la communication. Ainsi le délai de publication – entre le moment où un auteur a une idée, et le moment où celle–ci est diffusée – est, en moyenne, de 36 mois pour un livre, de 12 à 24 mois pour un article, de 6 à 12 mois pour un rapport. Et il tombera bientôt de 3 à 6 mois pour une édition électronique. ■

LA FIN DU LIVRE ?

L'évolution technique et le coût grandissant du papier qui reste périssable, font prédire à certains la fin de l'ère Gutenberg.

Pour certains auteurs, l'âge du papier, de l'écrit, s'achèverait actuellement. Cette prophétie a été reprise dès la fin de la décennie 1960 par les professionnels du traitement des documents. En 1979, F. W. Lancaster écrivait même que "la société sans papier arrive à grands pas". Diverses raisons sembleraient conforter ce point de vue.

> André Malraux écrit en 1976 : "Nous vivons à la fin du règne de l'imprimerie entre le temps de la parole et le temps prochain des images ; à l'époque du roman, entre le théâtre et la télévision."

L'écologie : le patrimoine forestier menacé par la forte demande en papier doit être préservé. Dans cette perspective, la culture de plante comme le kenaf pourrait demain se substituer partiellement à celle du bois.

L'économie : le coût du papier ne cesse de croître.

L'édition : la diffusion de l'information s'accélère considérablement avec l'édition électronique.

L'évolution des comportements et des techniques : l'imprimé qui représentait 100 % du marché des communications en 1900 n'en représenterait plus qu'un tiers en 1980.

La pratique : le papier est périssable. Le problème de la conservation des documents sur papier se pose sérieusement aujourd'hui, ce qui oblige à prendre des mesures pour leur sauvegarde.

PAS POUR DEMAIN…

Cependant tout le monde ne voit pas l'avenir aussi sombrement. Certains constatent que :

Les produits concurrentiels – le vidéotex, le disque optique compact… – représentent encore des phénomènes marginaux qui touchent essentiellement des productions nouvelles.

La communication écrite se porte toujours bien. "Entre 1950 et 1980, le nombre de titres de livres publiés dans le monde est passé par an de 230 000 à 650 000. Le nombre d'exemplaires de livres publiés dans le monde est passé de 2 milliards 500 millions à 9 milliards. La croissance n'est pas exponentielle mais linéaire..." En outre, la forme même du livre n'est peut-être pas condamnée si on arrive à y intégrer l'électronique afin d'améliorer l'interactivité entre lecteur et document.

La communication par radio et télévision tend vers une saturation aux États-Unis à la fin de la décennie 1970. Le même phénomène est perceptible en Europe occidentale. On distingue même l'amorce d'une baisse pour l'audience de la télévision, de 9 % aux États-Unis et de 5 % en France en 1979, celle-ci ne faisant qu'accentuer la tendance déjà perceptible en 1978.

Les caractéristiques du livre en font un élément indispensable du développement psychologique et éducatif de l'homme

> « La croissance du livre n'a jamais diminué au cours des dernières années. »

La lecture de réflexion prend le papier comme support. On imagine encore mal qu'elle puisse se faire sur un écran dont l'usage paraît réservé à la lecture rapide et brève. Dès lors les microformes, et tous les supports, magnétiques ou optiques paraissent réservés à la conservation, et non pas à la lecture.

Des moyens complémentaires

En fait il y aurait **non pas opposition** entre l'imprimé et l'audiovisuel, **mais complémentarité**. Celui-ci a besoin de celui-là, ne serait-ce que pour assurer sa propre efficacité. Ainsi la lecture augmente quand la télévision arrive. L'écrit apparaît souvent à l'homme comme le prolongement de ses yeux, de ses mains, de sa mémoire, comme le meilleur moyen pour fixer ses idées et celles des autres, les classer, les consulter, les conserver et les transmettre.

À la fin du XXe siècle, et malgré toutes ses qualités, le support papier est – pour certains usages – fortement concurrencé dans ses privilèges par d'autres supports, optiques, magnétiques, chimiques et surtout électroniques auxquels sont associées de nouvelles techniques de traitement et de diffusion ■

BIBLIOGRAPHIE

Gérard BERTOLINI – *Le Papier en crise ?* – Paris, Éd. Entente, 1980, 170 p.

Michel BUTOR – cité in *Bulletin des Bibliothèques de France* – vol. 28, n° 6, 1983.

Le Document électronique – *La Recherche*, 1988, n° 205, Suppl., p. 4-50.

Françoise GALLOUEDEC-GENUYS, *Une société sans papier ? Nouvelles technologies de l'information et droit de la preuve* – Paris, La Documentation française,1990, 254 p.

Jean-François GILMONT – *Le Livre du manuscrit à l'ère électronique* – Liège, Éd. du CLPCF, 1989, 116 p.

Albert LABARRE – *Histoire du livre* – Paris, P.U.F., 126 p. (Que-sais-je ? n° 620).

Le livre français, hier, aujourd'hui et demain – un bilan établi sous la dir. de Julien CAIN, Robert ESCARPIT, Henri-jean MARTIN, Paris, Imprimerie nationale, 1972, 406 p.

Le Livre, mutations actuelles – dossier constitué par François LIBÈRE, Paris, la Documentation française, 1990, 64 p.

Henri-Jean MARTIN – *Le Livre et la civilisation écrite* – Paris, École nationale supérieure de bibliothécaires, 1968, 190 p.

L'apparition de nouveaux supports d'information rendra l'accès au savoir plus simple et plus démocratique.

Les nouveaux supports de la communication

Un auteur anglais, Christopher Evans, prédisait, dans un livre intitulé *les Géants minuscules* (Inter-Éditions, 1980) que le développement des microprocesseurs allait entraîner, dans les années 1980, la véritable révolution, celle du tout électronique. Elle aboutira à la disparition progressive du papier et des livres, remplacés peu à peu par des banques de données, des encyclopédies électroniques intelligentes qui pourront choisir et interpréter les informations, puis les envoyer sur les écrans plats des appareils de télévision qui formeront les murs de nos appartements.

Des romans électroniques...

Pour confirmer la réalité de cette prédiction, au début des années 1980, le premier livre électronique, écrit en soixante et une heures et cinquante minutes sur un ordinateur par un Canadien, Burke Campbell, puis édité sous une forme non imprimée, est diffusé matériellement en 16 minutes seulement sur tout le Canada depuis Toronto. À la même époque, plus de 250 000 exemplaires d'un récit policier et d'un récit fantastique sur disquettes lisibles par des micro-ordinateurs Apple et IBM-PC ont été diffusés sur le territoire américain. Parallèlement, le premier roman télématique accessible sur Minitel, dont une des particularités était l'intervention programmée du lecteur dans le déroulement de l'intrigue, était annoncé en France. Enfin, en 1985, une centaine de services et de produits informationnels ne sont disponibles que sous une version magnétique ou électronique.

... et des mémoires personnalisées

Depuis le milieu des années 80, apparaissent des produits – disque optique compact ou CD-Rom, vidéodisque, disque optique numérique ou DON – sur lesquels ont été stockées dénormes quantités d'information textuelles, iconographiques ou sonores. Certes leur coût actuel les réserve encore à des institutions, même si certains sont proposés au grand public. Mais ils seront probablement les supports classiques de demain.

> «Nous vivons le crépuscule d'une forme de livre, non de la lecture» (Michel Butor).

Les conséquences seront importantes. Les bibliothèques et centres de documentation, lieux traditionnels de conservation et de consultation du papier, pourraient disparaître au profit de mémoires personnalisées stockées et gérées sur ordinateur, immédiatement à portée de main, toujours disponibles, facilement mises à jour, mêlant le texte, l'image et le son.

Le papier ne disparaîtra pas

Bien sûr on pourra imprimer des documents, et on le fera d'autant plus que la qualité d'impression sera très bonne. Dès lors le papier ne disparaîtra pas. Mais il ne voyagera plus. Certes, cela ne devrait concerner à plus ou moins long terme que l'information utile, documentaire. Mais inévitablement nous nous dirigeons sans le savoir vers une documentation sans papier. Néanmoins la terminologie utilisée montre toujours à quel point le livre demeure la référence culturelle puisque tout ce qui se crée se fait par rapport et en opposition à lui. On parlera ainsi de "non-livre" ou "non-book material".

LA MÉMOIRE ÉLECTRONIQUE

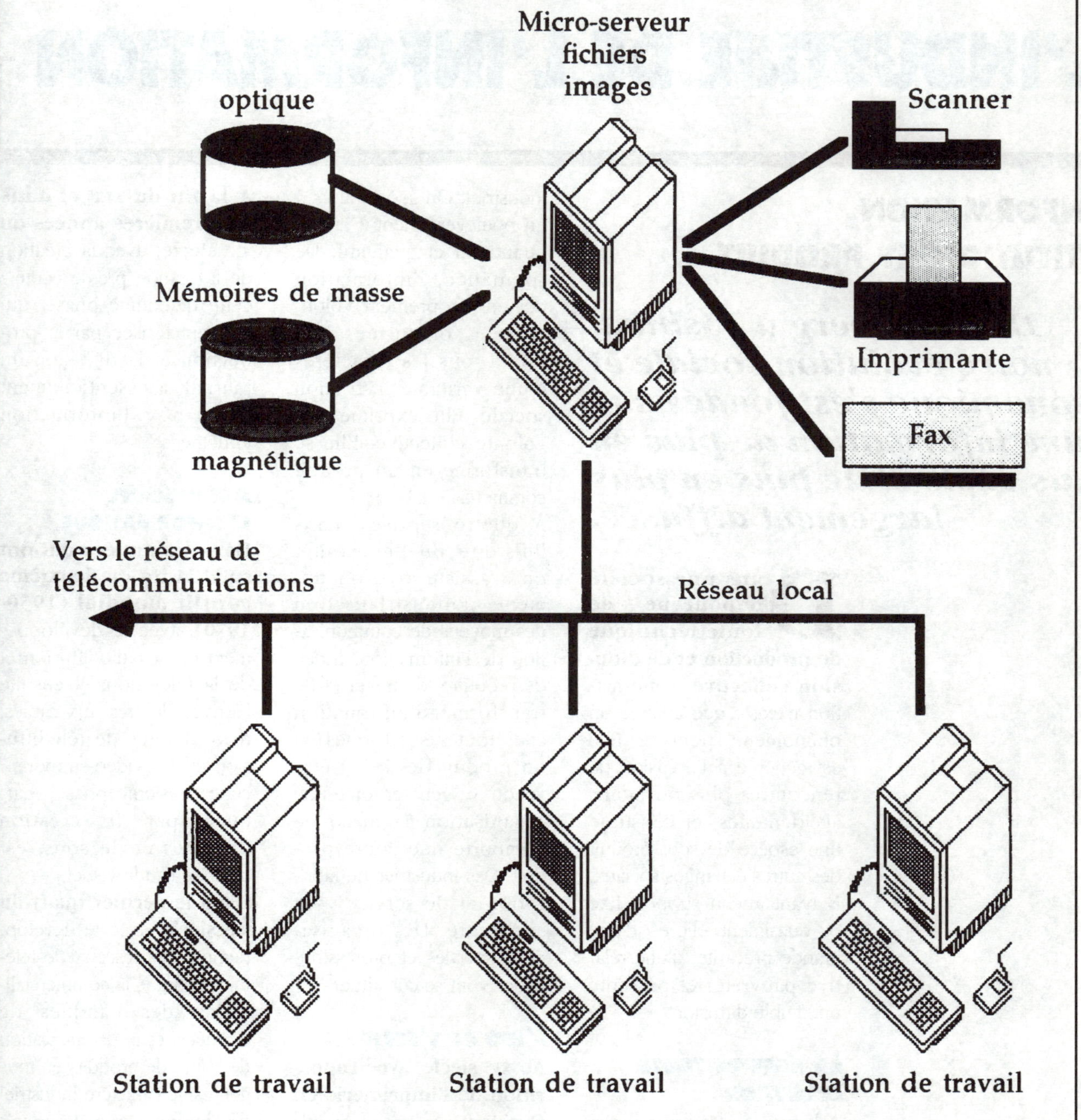

UNE NOUVELLE CULTURE

Le document immatériel, la consultation sur écran, la diffusion électronique vont créer une nouvelle culture, non livresque, fondamentalement différente de la culture humaniste classique, génératrice d'exclusions nombreuses.
Dès lors cette perspective est redoutée par beaucoup de monde.
On pourrait parallèlement assister à des modifications plus qualitatives que quantitatives dans l'ordre de la satisfaction des besoins et de l'accès au savoir. ■

Si l'information est devenue un bien, elle est entrée récemment dans un système mercantile qui lui attribue un prix.

L'INDUSTRIE DE L'INFORMATION

L'INFORMATION, INSTITUTION ET PRODUIT

De Gutenberg à Toshiba, notre évolution sociale et économique s'est fondée sur une information de plus en plus vaste et de plus en plus largement diffusée.

Dans une société dépourvue de toute technique de production et de diffusion collective, l'information n'existe que comme un phénomène spontané. Elle est générée à l'occasion de rencontres plus ou moins accidentelles, et constitue une espèce de sous-produit des autres échanges sociaux. N'ayant aucun support fixe ou quasiment, elle est d'une grande précarité, d'une relative pauvreté, et présente une faible diffusion.

La base de toute évolution

À l'opposé, dans une société qui fait de cette matière première l'élément essentiel du changement social, du développement économique ou du progrès scientifique, l'information devient "stratégique". Dès lors sa production et sa diffusion prennent un caractère de plus en plus industriel. On assiste alors à un bouleversement à la fois quantitatif et qualitatif. De spontanée, l'information devient proprement volontaire et organisée. Elle prend tous les caractères d'une véritable institution sociale. Elle exprime une volonté collective. Elle se transforme en un produit commercial.

À quatre reprises, dans l'histoire de l'humanité, on a assisté à ce phénomène d'industrialisation des moyens de communication de l'information. L'idée de produire, de traiter et de transformer l'information sous toutes ses formes en un produit destiné à être vendu, va générer toute une organisation à l'instar de n'importe quel autre produit. Des industries de fabrication et de service vont apparaître. Des organisations sociales et professionnelles vont se constituer.

L'ère de l'écrit

Au XVe siècle, avec l'apparition de l'imprimerie en Occident : celle-ci a permis une production massive de livres avec pour conséquence une diffusion très large de l'imprimé. Cette première industrialisation a essentiellement profité à l'information durable, qu'elle soit culturelle ou qu'elle soit spécialisée.

À la fin du XIXe et dans les premières années du XXe siècle, avec la création de la grande presse écrite : cette deuxième phase, qui est caractérisée par la production et la diffusion du journal, a essentiellement concerné l'information éphémère.

Audiovisuel et informatique

Dans les années qui ont suivi la fin du deuxième conflit mondial (1950-1970), avec le développement de la radiodiffusion et de la télévision, et ensuite l'arrivée des réseaux cablés, des satellites de télédiffusion et des vidéo-supports : cette troisième phase, marquée par la création d'images et de sons, est celle de l'audiovisuel.

Dans le dernier quart du XXe siècle, avec le développement des réseaux de téléinformatique, la commercialisation des banques de données, et la diversification de l'offre de produits en tous genres, le caractère industriel de l'information – désormais électronique – s'accentue d'autant plus fortement que sa production, sa transformation et sa diffusion exigent des capitaux de plus en plus importants, des structures de plus en plus complexes, des professionnels de plus en plus nombreux. ■

Cette évolution a donné naissance à des systèmes de production et de commercialisation nouveaux.

L'INDUSTRIE DE L'INFORMATION

L'intérêt de plus en plus marqué porté à l'information a ainsi attiré autour d'elle des groupes qui se proposent de la diffuser à ceux qui en ont besoin et qui peuvent ou veulent bien payer.

> Le critère déterminant, en matière d'industrie de l'information, est celui d'utilité.

Quels sont ces groupes, passage désormais quasiment obligé vers l'information ? Que représente cette industrie ?

QU'EST-CE QUE L'INDUSTRIE DE L'INFORMATION ?

L'appellation d'industrie de l'information est un décalque de l'expression anglo-saxonne "information industry". Il serait d'ailleurs plus exact de parler d'industrie de l'information en ligne ("online information industry") ou, mieux encore, d'industrie de l'information fluide sur le modèle de ce que proposait John Diebolt dès 1968 : "data utility industry". Ces deux dernières expressions auraient en outre l'avantage d'éliminer toute confusion avec les "industries de l'information" lesquelles englobent l'"industrie de l'information".

DEUX GROUPES DE DEUX SECTEURS

Les industries de l'information peuvent être subdivisées en deux groupes de deux secteurs. D'une part, les industries qui produisent et diffusent l'information cognitive, celles de la presse et celles du savoir; d'autre part, les industries qui produisent et diffusent l'information volutive ou affective, les industries culturelles et spirituelles.

L'INFORMATION UTILE

Le caractère "immatériel" de l'information est fortement marqué, même si l'importance de ce critère a tendance à s'estomper un peu maintenant et si l'IIA, par exemple, accueille les éditeurs traditionnels. Le critère essentiel est celui de "l'information utile" sous quelque forme que ce soit.
Ce secteur s'intéresse aussi aux services offerts aux utilisateurs (logiciels de traitement, étude de système...). Il inclut donc la production de l'information, sa fourniture, son courtage, la formation des personnels et la création des outils. Est exclue toute l'information à caractère privé entre personnes, ou interne à une organisation, ainsi que le transport physique des données qui dépend de l'industrie de la communication. ■

DÉFINITION

L' "industrie de l'information" recouvre, selon la définition de l'European Information Providers Association (EURIPA) et de son homologue américaine, l'Information Industry Association (IIA, association créée en 1969) : "La production des bases et banques de données ou de leurs systèmes, la gestion des services d'information informatisés, la préparation, production, stockage et diffusion des produits d'information électronique, mis ou destinés à être mis dans un avenir proche, à la disposition du public." Autrement dit, "la production, la gestion et la diffusion commerciales des bases et banques de données".

Indépendants ou intégrés, les producteurs d'information constituent et valorisent un fonds documentaire généralement spécialisé.

Les producteurs

Des organismes producteurs ("information provider") **conçoivent et réalisent des produits documentaires**, des banques de données, afin de répondre aux besoins en information de publics plus ou moins spécifiques. Ils réunissent pour cela des spécialistes de l'informatique afin de gérer les machines et écrire les programmes de traitement, des spécialistes du traitement documentaire pour rassembler l'information "utile" et décrire les produits à réaliser, des spécialistes de l'analyse pour extraire le contenu et le réécrire en une forme convenable.

On peut les répartir en producteurs issus du secteur public d'une part, et producteurs du secteur privé – qu'ils soient à but lucratif ou non – d'autre part. Une typologie plus détaillée a été proposée dans laquelle on distingue les catégories suivantes :

1) les producteurs indépendants qui sont propriétaires d'une banque de données unique, généralement de grande dimension (cas, par exemple, du CNRS-CDST en France ou des Chemical Abstracts Service (CAS) aux États-Unis...) et qui essaient de promouvoir leur produit par des accès extérieurs multiples.

2) Les producteurs en exclusivité, propriétaires d'une banque de données unique, accessible en un seul lieu extérieur. C'est le cas, par exemple, de l'Institut national de la propriété industrielle (INPI) et de son fichier des brevets français.

> La production est le fait d'un grand nombre d'organismes de toutes natures.

3) Les producteurs intégrés : ceux-ci conçoivent, alimentent et diffusent eux-mêmes leur produit. C'est une intégration verticale telle que la présentent des organismes comme la CATED avec la banque Ariane sur l'ingénierie du bâtiment, ou l'Université de Grenoble avec Thermodata. Ce troisième groupe se développe rapidement et offre les perspectives "industrielles" les plus intéressantes.

4) Les coopératives d'information : elles comprennent les organismes ou les personnes qui mettent en commun les informations qu'ils détiennent soit pour un service strictement interne – dans un cadre professionnel par exemple –, soit pour un service externe.

On peut également répartir les producteurs en deux catégories correspondant d'ailleurs à deux époques de cette industrie. Les uns, qui possèdent depuis longtemps une structure documentaire propre et des fichiers informatisés de leurs productions, cherchent à valoriser un fonds documentaire déjà constitué. Tout en continuant à l'alimenter, ils pensent à le commercialiser. On trouve dans cette catégorie, aussi bien des organismes ou entreprises publics comme le CNRS, l'INSEE, l'INRA ou EDF, que des organismes privés comme l'Institut textile de France ou l'Institut français du pétrole en France. Les autres, qui ne possèdent pas de fonds documentaire, en constituent actuellement un pour le valoriser, soit en exploitant des informations externes – cas de la DAFSA – soit en utilisant les informations qu'ils détiennent – cas des organismes de presse.

Une croissance spectaculaire

En 1978, on dénombre 823 banques de toutes natures existant dans le monde. En 1982, on en recense 1 100 accessibles en ligne, et en 1986, quelque 2 900-3 000 bases réalisées par environ 400 producteurs. En 1990, le nombre de banques de données dans le monde est évalué à 4 200 dont 160 en France (soit 4 % seulement) mais 670 aux États-Unis (soit 16 %), représentant

quelque 5 milliards de références en ligne pour quelque 2,5 millions d'utilisateurs. À la fin de la même année, une étude américaine recense exactement 4 615 banques de données et 2 005 producteurs dans le monde.
Ainsi en une décennie, l'accroissement et la diffusion des banques ont connu un développement remarquable aussi bien aux États-Unis que dans les pays de la C.E.E., et qu'au Japon avec, en moyenne, un taux de croissance de 400 % environ.

Quelques géants de l'information

Quoi qu'il en soit, le marché de l'information est particulièrement concentré dans les mains de quelques producteurs. Trois d'entre eux contrôlent la moitié du marché américain : Mead Data Central, National Library of Medicine et Chemical Abstracts Service dans l'ordre. Ce phénomène se retrouve également en France où deux producteurs, Chemical Abstracts et Pascal-CNRS, représentent plus de 50 % du total des interrogations dans les domaines de la chimie et de la pétrochimie. ■

Ces « supermarchés de l'information » rendent des services très variés aux utilisateurs. D'où le succès de ces serveurs d'information, exploités par une poignée d'organismes producteurs.

Les serveurs

À partir du moment où le transport physique des données est assuré – à la fin de la décennie 1970 –, apparaissent des serveurs d'information. Leur fonction est de stocker dans la mémoire de grosses machines des fichiers documentaires jusqu'alors difficilement accessibles parce qu'éparpillés et privés.

Faciliter la tâche de l'utilisateur

Ces organismes, sortes de "supermarchés" de l'information, prennent très vite une importance réelle car ils facilitent grandement la tâche des utilisateurs en concentrant les sources sur quelques lieux et en leur donnant accès à partir d'un seul langage.

On distingue plusieurs types parmi ces serveurs.

1) les serveurs polyvalents : ils essaient de proposer le plus grand nombre possible de banques – sans toutefois oublier les considérations économiques de leur maintenance – en construisant une politique commerciale autour de quelques produits attractifs comme les Chemical Abstracts, Pascal ou Derwent. C'est le cas de Dialog aux États-Unis, et de Télésystèmes Questel en France.

2) Les diffuseurs spécialisés : ils choisissent d'offrir le plus grand nombre de banques propres à un secteur d'activité ou de recherche.
En quelque sorte, ils voudraient devenir les fournisseurs exclusifs d'un certain type de produits. C'est le cas de Mead Data Central aux États-Unis, celui du SUNIST – dont la disparition est programmée depuis 1990 – pour l'information scientifique et technique en France.

DÉFINITION

Serveur ("information host") : "organisme(s) exploitant un système informatique permettant à un demandeur la consultation et l'utilisation directe d'une ou plusieurs banques de données" (définition parue au *Journal officiel* de la République française, le 17 janvier 1982).

Malgré une importante croissance de la demande, le secteur de l'information cherche encore les moyens de la rentabilité.

3) Les founisseurs de services spécialisés : ce sont des organismes qui proposent des prestations générales dans le domaine de l'information et pour qui les banques de données ne représentent souvent qu'un aspect accessoire dans leur activité.

> La diffusion est un secteur très concentré, entre les mains de quelques géants de l'information.

4) Les réseaux de temps partagé : ces serveurs sont venus à la diffusion de banques de données par le biais de leur activité de service informatique.
Ce service ne représente souvent qu'une infime part de leur activité de prestataire d'énergie informatique et communicationnelle. C'est le cas de GSI, filiale de la CGE, en France.

Une multiplicité d'organismes

Dans sa diversité typologique, cet ensemble, composé de quelque 100 organismes au début de la décennie 1980, en regroupérait quelque 650 dans le monde en 1990.
Mais des différences de poids apparaissent nettement dans le monde des serveurs avec quelques gros organismes, et beaucoup de petits.
Ainsi pour l'Europe occidentale, plus de la moitié des interrogations est réalisée en 1982 sur trois serveurs seulement : LIS-Dialog (USA), System Development Corporation (SDC)-Derwent (USA-UK) et ESA-IRS.
En 1987, 74 % des organismes interrogés dans le cadre d'une enquête utilisent Dialog, 66 % Pergamon-ORBIT-Infoline (ex-SDC-Derwent depuis son rachat par Robert Maxwell en septembre 1986), et 55 % ESA-IRS. En 1990, l'écart se creuse entre Dialog (71 % d'utilisateurs), et les autres dont Datastar et Pergamon (39 % chacun), STN (31 %) et ESA-IRS (27 %).

Une rentabilité aléatoire

Bien que la demande potentielle soit importante et que sa croissance oscille entre 25 et 35 % par an, cette industrie de prestation d'information documentaire est à haut risque financier, et sa rentabilité est aléatoire depuis quelques années, ce qui entraîne la disparition d'un assez grand nombre de serveurs, nord-américain (Innerline aux États-Unis) et européen (Spidel, Citère-SG2, CISI en France).
Dans ce contexte, les États-Unis ont profité de l'avance prise par leur industrie de l'information pour dominer ce marché par l'intermédiaire de quelques grands serveurs, en particulier Dialog, le premier dès 1972, Mead Data Central et Orbit-BRS. Cependant les autres pays s'organisent peu à peu. C'est le cas du Canada dans le début de la décennie 1970, et de la France à la fin de la même décennie.

Dialogue avec la machine...

Depuis peu, le monde des serveurs propose une nouvelle activité, celle de fourniture d'information par système vocal électronique qui semble offrir des perspectives de développement très importantes puisque les applications attendues sont nombreuses et diverses.
L'utilisateur pourra alors interroger les banques de données au moyen d'un simple combiné téléphonique et "dialoguer" avec une machine qui lui parlera ! ■

Les courtiers

Entre le serveur et le demandeur, un intermédiaire fort utile : le courtier en information.

Les courtiers ("information brokers") forment une profession d'intermédiaires entre les utilisateurs et les sources d'information. Et pour cela ils perçoivent une rémunération. Leur présence dans le monde de l'information est relativement ancienne puisque, parmi les courtiers recensés en 1986 en Europe, 12 ont commencé avant 1970, 58 dans la décennie 1970, et 120 depuis 1981. Rien que pour la France, leur nombre est estimé à 162 en 1990. Ils se sont vite intégrés au marché de l'interrogation en ligne en se proposant pour trouver et fournir cette information électronique à tous ceux qui la demandent et qui ne peuvent la retrouver parmi le grand nombre de serveurs et de banques qui s'offrent à eux.

Une activité reconnue et indispensable

Depuis quelque temps, cette activité a acquis une véritable reconnaissance, et plusieurs recensements ont été réalisés en Europe pour en évaluer l'importance. Il en ressort que 150 courtiers exercent en 1987, contre 109 en 1986. Un répertoire de la British Library en recense pour sa part 262 en 1987.

Parmi ces courtiers en information, on trouve :

• **des organisations professionnelles** qui proposent à leurs adhérents des services d'interrogation des banques de données. C'est le cas, en France, des Cridon pour les notaires, ou des Chambres de commerce et d'industrie pour les responsables des PMI-PME;

Leur rôle consiste soit à trouver et à fournir les documents désirés, soit à organiser un fonds documentaire.

• **des courtiers institutionnels,** généralement des organismes publics, comme les Agences régionales de l'information scientifique et technique (ARIST) pour les industriels, les Bibliothèques universitaires et les Unités régionales de formation et de promotion de l'information scientifique et technique (URFIST) pour le monde universitaire en France, ou le Danish Institute of Fisheries Technology, ou encore la Science Reference Library de la British Library de Londres;

• **des courtiers privés** agissant comme sociétés de services informationnels. On y trouve le service SVP, la société FLA-La Créatique, ou la société lyonnaise Sinfoni en France; la London Researchers en Grande-Bretagne.

Ces nouveaux intermédiaires, par leur présence et leur rôle, sont une parfaite illustration de l'évolution du marché de l'information. Élaborée, transformée, diffusée par des professionnels nombreux et pour répondre aux besoins de publics très diversifiés, l'information est un produit commercial ("information utile"). Désormais l'information se paie.

Au milieu de la décennie 1980, on estime à quelque 4 000 le nombre des organismes travaillant dans l'industrie de l'information, dont 2 750 rien qu'aux États-Unis. Parmi ceux-ci, on compte 629 serveurs – dont 168 en Europe, et 2 400 producteurs de bases de données. Mais il y a peu de place pour les sociétés qui n'ont pas déjà investi ce marché. ■

Grâce à une politique volontariste de l'information, les Européens pourront-ils ravir la première place aux États-Unis ?

L'INDUSTRIE DE L'INFORMATION EN EUROPE

La situation de l'industrie de l'information européenne présente à la fin de la décennie 1980, si on la compare à la situation des États-Unis, quatre caractéristiques.

UN MARCHÉ DOMINÉ PAR LES ÉTATS-UNIS

• Les pays européens, alors qu'ils possèdent une industrie traditionnelle de l'édition de taille mondiale, se sont fait distancer par les États-Unis dans le secteur de l'industrie de l'information. Les grands organismes – producteurs, serveurs, courtiers – sont tous, ou presque, américains. Les Européens ne jouent que les seconds rôles.

• Trois pays représentent à eux seuls près des trois quarts du marché de l'information européen : le Royaume-Uni pour environ un tiers du marché global, l'Allemagne pour un cinquième – moins selon d'autres chiffres qui lui attribuent seulement 12 % du marché –, et la France également pour un cinquième (18 % exactement). Mais la taille de ces marchés nationaux est sans commune mesure avec celle du marché américain puisque l'industrie européenne dans son ensemble ne représente, en 1985, qu'environ le dixième, en valeur, de l'industrie américaine.

• L'Europe produit, en nombre absolu et en nombre relatif, le plus grand nombre de banques de données bibliographiques. Les États-Unis, au contraire, dominent la production des banques de données factuelles, qu'elles soient numériques ou textuelles. Or ce dernier secteur est économiquement le plus intéressant puisque 90 % des interrogations concernent les banques factuelles contre 10 % les banques bibliographiques.

LE MARCHÉ DE L'INFORMATION EN EUROPE

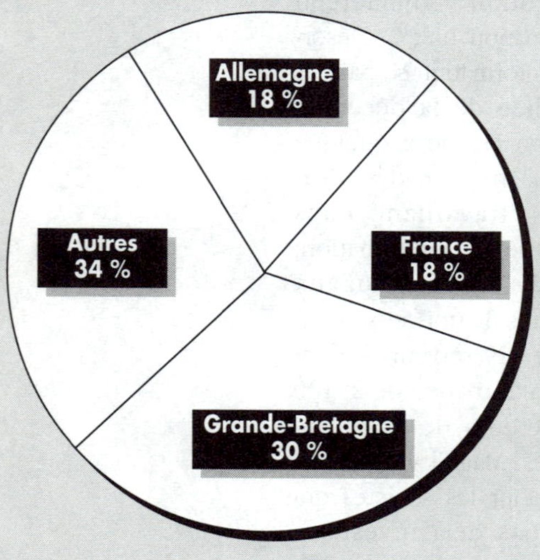

UNE POLITIQUE VOLONTARISTE

• La politique des gouvernements européens se caractérise par son côté éminemment volontariste et national.

L'Allemagne, la France illustrent parfaitement, chacune à sa manière, cette volonté de promouvoir leur propre industrie de l'information.

L'Europe paraît seule capable de relever encore le défi de la domination américaine, mais les nationalismes politiques et linguistiques rendent l'établissement d'un marché commun de l'information encore très aléatoire.

PROBLÈMES JURIDIQUES ET ÉTHIQUES

Enfin l'avènement de cette industrie de l'information soulève un certain nombre de problèmes dont la solution est d'ordre politique, juridique et social.

1) La propriété des données est un problème fondamental pour une industrie dont le caractère est international.

Sa résolution dans le cadre d'une convention du droit d'auteur international est indispensable pour permettre le développement de cette industrie.

2) La liberté des flux transfrontières de données. Celle-ci est admise sans contrôle quand il s'agit de l'imprimé. Elle est freinée quand il s'agit de signaux électroniques pour cause d'indépendance et de sécurité nationale.

3) La protection de la vie privée – liée à l'existence de très nombreuses banques contenant des informations de natures très diverses sur les personnes – rend ou devrait rendre nécessaire la possibilité de contrôler l'honnêteté des informations qui y sont conservées.

Certains pays, la Suède et la France, ont d'ailleurs fait adopter une législation dans ce sens. ■

UNE INDUSTRIE BALBUTIANTE

Inégalement répartie dans le monde, souvent encore peu rentable, l'industrie de l'information est fragile.

Les années 1970 ont ainsi vu la naissance d'une véritable industrie de l'information avec ses entreprises, ses techniques de traitement, de diffusion et de gestion, ses méthodes et sa logique. Conçue pour fournir l'information "utile" le plus rapidement possible à ceux qui en ont besoin, cette industrie n'est pas encore une industrie florissante même si les perspectives de croissance sont bonnes. C'est que l'information scientifique (au sens étroit), essentielle à la recherche et à l'indépendance nationale, n'est pas un produit économiquement rentable.

UN MARCHÉ RÉDUIT

L'information économique, éphémère et souvent confidentielle, représente certes un meilleur produit commercial, mais pour un public très réduit. Ainsi le marché de l'information est essentiellement un marché pour les professionnels. Il n'a donc pas explosé dans les années 1980 comme beaucoup l'auraient annoncé ou souhaité•. Cette fragilité économique explique que cette industrie, hormis aux États-Unis, est soutenue artificiellement.

Mais ce soutien fait davantage dépendre son développement d'une politique incitative à consommer des produits nouveaux que d'une réponse nouvelle à des besoins anciens en information. Dès lors, l'utilisateur – final ou intermédiaire – commence à se poser des questions sur l'intérêt de tels services. S'il ne doute pas du gain de temps, il reste souvent perplexe sur la qualité des banques interrogées : leur couverture, leur originalité et leur actualité.

UNE RECOMPOSITION S'ANNONCE

Cette industrie est enfin très regroupée économiquement et géographiquement. D'une part, les pays en développement sont, pour la plupart, incapables de générer leur propre industrie. Celle-ci ne concerne que les pays développés, et encore de façon inégale, puisqu'elle apparaît très concentrée dans les pays occidentaux. D'autre part, l'émiettement de l'industrie en Europe de l'Ouest ne favorise pas l'émergence d'une solide industrie nationale, et européenne, face à la toute-puissance américaine, elle-même concentrée, pour les trois quarts, dans les mains de deux serveurs : Mead et Dialog. Enfin à l'aube de la décennie 1990, on observe une recomposition du marché, traditionnellement partagé entre producteur, serveur et courtier, avec l'arrivée de nouveaux venus – éditeurs électroniques et intermédiaires en tous genres – qui souhaitent recueillir une partie de la valeur ajoutée et des recettes générées par cette industrie dont l'évolution est ainsi loin d'être achevée. ■

DÉCENNIE	SERVEUR	BANQUE DE DONNÉES
1960	Tout petit nombre	Une vingtaine
1970	Grands serveurs commerciaux	Environ 600
1980	Environ 500	Plus de 3 000

BASES ET BANQUES DE DONNÉES

Chiffre d'affaires	1989	1993
États-Unis (dont vidéotex 2 %)	35 Mds FF	72 Mds FF
CEE (dont vidéotex 15 %)	14 Mds FF	28 Mds FF
France (dont vidéotex 80 %)	1,7 Mds FF	3,5 Mds FF
Nombre de bases et banques de données hors vidéotex : (3 %)	4 200 dont	160 en France

Nombre total d'utilisateurs :	2,5 millions
Nombre total de références en ligne :	5 milliards

LA PRODUCTION DE BANQUES DE DONNÉES DANS LE MONDE

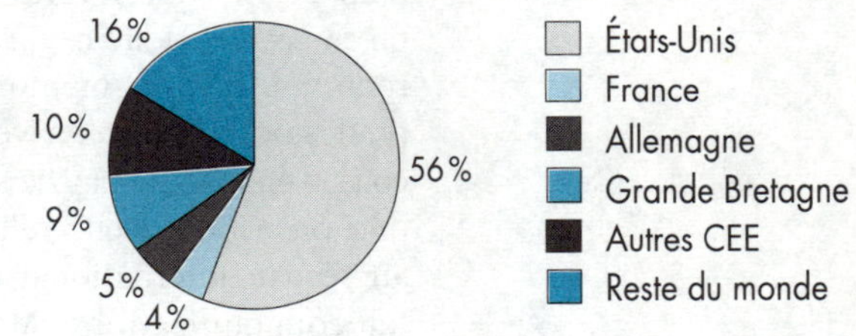

• Le succès du Minitel, en France, s'est fait sur d'autres services que l'"information utile".

BIBLIOGRAPHIE

"Information, communication et croissance" – le Bulletin de L'IDATE, juillet 1984, n° 16, 275 p.

Le marché français de l'information en ligne : comportements, stratégies, tendances – Paris, la Documentation française, 1988, 123 p.

Pierre PELOU – *l'Europe de l'information* – EME, 1990, 223 p.

Le rêve encyclopédique paraît donc aujourd'hui réalisable. Mais est-il souhaitable ?

LA MÉMOIRE UNIVERSELLE

UN RÊVE ENFIN RÉALISÉ ?

Depuis toujours l'homme rêve d'avoir au bout du doigt tout le savoir du monde. Or techniquement ce rêve apparaît de plus en plus réalisable puisqu'il suffit d'être équipé d'un clavier de saisie – en attendant le microphone et le lecteur optique –, d'un écran pour vérifier ce qu'on envoie, et lire ce qu'on reçoit, et d'une mémoire pour stocker ce qu'on veut conserver, le tout branché sur une prise universelle reliée au réseau international de télécommunications. Mais faut-il le souhaiter?

TOUTE LA MÉMOIRE DU MONDE...

Les nouveaux outils de communication – ceux des télécommunications –, et de traitement – ordinateur – vont permettre la réalisation de cette mémoire universelle, dont Paul Otlet, Henri Lafontaine, H. G. Wells, Vannevar Bush, et bien d'autres ont rêvé en leur temps. Cette mémoire sera naturellement électronique, immatérielle et globale puisqu'elle conservera toute l'information existante quelle que soit sa nature – texte, image et son. Soit elle sera constituée par le regroupement physique en un seul lieu de toutes ces données dans une gigantesque machine. Soit, et sans doute plus justement, elle sera la réunion "virtuelle" d'un grand nombre de banques de données existant à travers le monde et couvrant tous les domaines d'intérêt. Quelle qu'en soit sa forme, la "superbibliothèque" électronique, internationale et accessible de partout, aura alors vu le jour.

> La bibliothèque totale : instrument de libération ou d'oppression ?

Une macroréalisation de ce type risque cependant de générer de nombreux problèmes psychologiques et sociaux, totalement nouveaux à bien des égards.

AVANT TOUT UN MODÈLE OCCIDENTAL

Les éléments de cette superbibliothèque seront essentiellement réunis par les pays développés dont ils renforceront la suprématie intellectuelle, le pouvoir d'identification, l'emprise culturelle. Les pays en développement resteront dépendants de technologies de communication et de stocks d'information conçus et constitués en fonction de critères non adaptés à leurs conditions sociales, culturelles, politiques ou économiques, ou entrent même parfois en conflit avec elles, comme cela a pu être constaté lors de la constitution du réseau international de documentation en agriculture, le projet AGRIS de la FAO.

LE DANGER DE "SUFFISANCE"

La nature même de cette mémoire universelle peut laisser croire qu'elle contient l'intégralité des connaissances humaines, et qu'en conséquence sa consultation est à la fois essentielle et suffisante. Tout homme n'aurait plus qu'à se brancher sur cette mémoire supposée tout savoir afin de fonder sa décision et d'organiser son action. Cette attitude peut avoir des conséquences sociales pernicieuses.

Outre qu'elle élimine en grande partie la communication entre les hommes, puisque le savoir est désormais détenu par la machine, la mémoire universelle apparaît comme une sorte de machine ordonnatrice, un nouveau démiurge. ■

Immobilisme et désinformation guettent l'homme qui croit disposer de toute la connaissance.

UNE ILLUSION DANGEREUSE

François-Régis Hutin a pu écrire justement : "D'un côté, on gobera tout de ce fourre-tout; de l'autre, on se croira au prix d'une fastidieuse recherche arborescente, branché sur le monde entier. En définitive, on ne trouve que ce qu'on cherche et l'on ne cherche que ce qu'on connaît, si bien que le public, croyant pouvoir accéder à tout, n'accédera, en fait, qu'à sa propre préoccupation. Il sera en quelque sorte bouclé sur lui-même, en croyant être ouvert au monde entier. Toutes les composantes d'une formidable massification sociale sont donc mises en place."

LE RISQUE DE CONFORMISME

On peut également craindre cette éventualité dans le domaine scientifique. L'existence de la mémoire universelle peut modifier la conception, et influer sur le développement d'une recherche intellectuelle puisque l'information est inséparable de son organisation, de son mode de stockage. La recherche qui se nourrit de curiosités, de rapprochements imprévus, de tâtonnements fructueux, de feuilletages aléatoires, de tout processus hasardeux, risque alors de devenir strictement limitée par ce cadre de connaissances, et ainsi de perdre toute ouverture à ce qui lui est étranger. À long terme, il ne s'agit pas seulement de l'avantage que peut conférer la connaissance de telle ou telle donnée.

Le savoir finira par se modeler, comme il l'a toujours fait, sur les stocks d'information.

Le savoir finira par se modeler, comme il l'a toujours fait, sur les stocks d'informations.

UNE FAUSSE UNIVERSALITÉ

Or l'importance d'une telle mémoire, ou même de mémoires fragmentaires dans n'importe quel domaine des connaissances, serait telle qu'il serait difficile, malgré les remarques précédentes, de ne pas les consulter. Pourra-t-on à la fois montrer aux utilisateurs qu'elles ne sont pas universelles, et participer à leur alimentation pour les rendre plus universelles ?

ILLUSION DE TRANSPARENCE...

Ainsi et quels que soient ses besoins, tout homme aura à sa disposition une information "transparente", c'est-à-dire diversifiée, vérifiée, actualisée, objective, accessible directement et instantanément. Il vivra dans un espace de données, un Dataland, conçu à sa mesure. Mais il ne faut pas se bercer d'illusions. Pour des raisons d'économie, de morale, d'idéologie ou d'opportunité, cette vision se heurte à de nombreux obstacles, dont le moins important n'est pas celui de filtre, de contrôle exercé par certains. La plupart du temps l'information est en effet le résultat de choix collectifs ou de jugements individuels qui sont implicites dans la sélection des nouvelles, dans les modalités morphologiques et linguistiques utilisées pour la transmettre (cf. l'exemple du journal télévisé), dans la conservation des données, dans la présentation des produits intellectuels, et dans la détermination du contenu des programmes. ➡

Le passage d'une société de masse à une société « confédérale » fondée sur les technologies de l'information se heurte aux inégalités déjà existantes dans le monde.

Dès lors la société de l'information devient doublement médiatisée par les outils techniques et par les hommes qui les utilisent. Elle va transformer, à une échelle inconnue jusqu'alors, les rapports des hommes avec le monde. Pour reprendre une image utilisée par le sociologue Jean Cazeneuve, "Nous sommes dans la même situation que les prisonniers de la caverne platonicienne : confrontés à un théâtre d'ombres, nous ne percevons les événements qu'à travers leur restitution."

> Se pose là le problème de "la capacité informationnelle et réceptionnelle de l'être quotidien", pressé par le temps et aux possibilités financières limitées – (Abraham Moles, *la Communication et les mass média*, 1973, p. 170-171.)

… ET DE GRATUITÉ

En outre, au fur et à mesure que l'accès à l'information se diversifie et se généralise, la gratuité de consultation disparaît peu à peu. Devenant produit commercial, l'information a maintenant un prix. Mais cela peut engendrer une situation paradoxale. Car c'est au moment même où l'information se répand, que sa consultation risque de se restreindre. L'abondance côtoierait alors la privation. ■

UNIVERSALISME ET "MICROMONDE"

Un monde idéal se dessine pourtant : celui de microsociétés ouvertes sur le savoir universel.

La réalité de tous ces dangers et l'impossibilité malgré tout de refuser ces évolutions conduisent à concevoir un monde idéal dans lequel chaque entité culturelle, économique et sociale, à des niveaux appropriés, constituera sa propre mémoire contenant toutes les informations qui forment son patrimoine commun, selon son propre schéma intellectuel, avec ses propres outils linguistiques. Chaque entité pourra également conserver les connaissances, voire une partie de la mémoire, d'autres entités pour compléter ses propres informations. Cette vision paraît la seule capable de préserver les originalités et les spécificités de chaque personne et de chaque groupe, mais elle exige énormément de temps, d'argent, de compétence dans une société où les choix dépendent trop d'enjeux qu'elle ne maîtrise qu'imparfaitement.

UNE ÉVOLUTION POSSIBLE…

À moins qu'elle ne corresponde aussi à l'évolution de notre société, qui, d'une société de masse s'appuyant sur les technologies de l'énergie, se transforme en une société s'appuyant sur les technologies de l'information, pour devenir une "société de microsociétés", confédérale, formée de groupes, de collectivités, d'entreprises, interdépendantes et coordonnées, mais non subordonnées dans une hiérarchie pyramidale et prenant appui sur les technologies de l'information.

Quoi qu'il en soit, tout citoyen, consommateur conscient ou forcé de ces nouvelles techniques et produits d'information, devra se défendre, seul ou en association, face aux organisations privées et publiques dont le poids est de plus en plus écrasant pour lui.

… MAIS QUI SUPPOSE DE LA VIGILANCE

L'accès à ces mémoires locales de masse est désormais possible pour tous. Mais en admettant que tout le monde en ait envie, en

ait le temps, ou en ait besoin, la maîtrise des outils intellectuels permettant de les interroger est-elle aussi universelle ?
Les procédures d'accès et de connexion, les langages d'interrogation, les logiques de recherche constituent encore aujourd'hui des obstacles sérieux à leur utilisation générale car la maîtrise de ces techniques implique un minimum de compréhension de leur mode de fonctionnement, la possession des mêmes référents, et la connaissance des réseaux et des informations disponibles. Or ces éléments ne sont pas également partagés par tous.
Les bénéfices du progrès technologique vont essentiellement à ceux qui sont déjà, de par leur statut économique ou social, en position favorable pour l'accepter et l'utiliser, les élites scientifique, économique, culturelle, sociale ou technique.

TÉLÉMATIQUE, SAVOIR ET POUVOIR

Le modèle culturel d'une société repose aussi sur sa mémoire, dont la maîtrise conditionne largement la hiérarchie des pouvoirs. L'accès à des sources d'informations infiniment accrues entraînera des mutations fondamentales et pèsera sur la structure sociale en modifiant les modalités d'appropriation du savoir.

Avec la télématique, l'archivage change de dimension et de nature. La mise sur ordinateurs suppose un effort d'organisation fondé à la fois sur des contraintes techniques et des impératifs financiers. La constitution de banques de données va être à l'origine d'une restructuration rapide des connaissances suivant des contours aujourd'hui difficiles à définir. Cette mutation se fera à l'initiative des promoteurs de ces banques et selon toute probabilité aux États-Unis. Prévaudront de ce fait des critères sécrétés par le modèle culturel américain.

L'informatique risque alors d'être à l'origine d'une de ces discontinuités autour desquelles pivote le savoir. Les frontières des disciplines seront plus fluides, plus mobiles, parce qu'elles résulteront de codifications multiples, de tentatives éparses, sans orchestration, ni dessein. Liée au premier chef à la nature des banques de données, cette évolution traduira aussi l'influence de la culture américaine, qui ne s'organise pas en corps de bataille et ne fonde pas des corporations. La multiplication des configurations affaiblira le poids des classifications unificatrices : le savoir y perdra le réconfort d'une tradition et d'une sociologie. Y gagnera-t-il une once de liberté ?

L'informatique va aussi bouleverser une culture individuelle constituée principalement de l'accumulation de connaissances ponctuelles. Désormais la discrimination résidera moins dans le stockage de savoirs et davantage dans l'habileté à chercher et à utiliser. Les concepts l'emporteront sur les faits, les itérations sur les récitations. Assumer cette transformation serait une révolution copernicienne pour la pédagogie. La priorité donnée à l'acquisition d'un microsavoir universel est aujourd'hui liée à une conception de la culture dont l'école assure la pérennité. Celle-ci est inséparable des traits sociologiques du monde scolaire et universitaire, de la méritocratie particulière, sur laquelle il se fonde, de l'idéologie dont les enseignants sont imprégnés. Ce basculement vers l'apprentissage des structures et des concepts se fera sans doute lentement. Il ouvrira une période pendant laquelle l'enseignement ne sera pas encore adapté à la métamorphose que représentent les banques de données. Pendant ce temps les enfants, pour qui l'école est le principal moule culturel, seront désarmés devant ce nouveau rapport au savoir...

Simon Nora, Alain Minc, *l'Informatisation de la société*, Le Seuil, 1978, pp. 117-118.

UNE NOUVELLE SÉGRÉGATION

On peut donc craindre des phénomènes de ségrégation sociale entre ceux qui savent effectivement maîtriser les techniques et ceux qui ne le savent pas ou mal, entre, d'un côté, ceux qui maîtrisent le langage moderne des communications – lequel fait largement appel aux langues occidentales, en particulier l'anglais –, et de l'autre, ceux qui ne possèdent que leur langue maternelle pour communiquer, au risque de générer "les exclus de l'abstraction", les "exclus de l'interactivité" et les "exclus de la vitesse et de la flexibilité" comme les appelle Yves Lasfargue; ce qui représenterait probablement un tiers de la population active. Et craindre surtout que les possibilités offertes à ceux-ci de combler le fossé ne soient qu'illusions devant l'ouverture de nouveaux fossés au fur et à mesure de l'introduction de nouveaux outils de communication.
Dès lors on peut se demander s'il ne faudrait pas mieux que la "mémoire universelle" n'existe jamais. Car ce qu'elle apporterait sur le plan informationnel est assez facile à imaginer et sans doute fortement illusoire. Or cela risque d'engendrer frustration et opposition, ce qui socialement la rendrait difficile à défendre.
À moins que son existence ne conforte l'institution scolaire dans son rôle d'espace d'apprentissage, de réflexion, de construction, de critique. ■

BIBLIOGRAPHIE

Yves LASFARGUE – *Technologies nouvelles, nouveaux exclus* – Futuribles, n° 136, oct. 1989.

Simon NORA, Alain MINC – *l'Informatisation de la société* – Paris, Le Seuil, 1978.

Lucien SFEZ, Anne CAUQUELIN, Marc CHOPPLET – *Antiope. Esquisse d'une problématique du système télématique* – Paris, ministère des PTT, SPES, 1982, 72 p.

François-Régis HUTIN – *la Télématique : problème technique ? politique !* – Communication et Langages, n° 49, 2e trim. 1981.

L'ouverture de centres de documentation scolaires est récente; elle correspond à une pédagogie plus active.

LA DOCUMENTATION À L'ÉCOLE

UNE DISCIPLINE COMME UNE AUTRE ?

Le rôle grandissant du CDI montre que l'on est passé d'une pédagogie magistrale à une pédagogie vivante.

La documentation à l'école est un phénomène relativement récent – 40 ans au plus en France, qui ne lui a pas encore permis de se faire connaître et reconnaître par le monde scolaire.

D'ABORD UN LIEU...

Dès la deuxième moitié du XIXe siècle, le besoin s'est fait sentir d'offrir aux élèves des outils pour accompagner ou poursuivre la classe, et leur donner le goût et l'habitude de la lecture. Ainsi sont apparues les premières bibliothèques de classe dont l'existence dépendait très étroitement de l'intérêt du maître qui achetait et prêtait les livres.
Dans les années 1920-30, et dans le monde anglo-saxon, apparaissent les bibliothèques d'écoles dont le développement va être rapide et soutenu puisqu'elles y sont considérées comme le support essentiel d'une pédagogie centrée sur l'élève. Ainsi dans les années 1960, les établissements scolaires américains offraient des bibliothèques capables d'accueillir 10 à 15 %, parfois 30 %, des effectifs à la fois.

... ET UN ÉTAT D'ESPRIT

En France, par contre la pédagogie est restée longtemps centrée sur le maître. Les enseignants conservaient les livres dont ils avaient besoin pour leur cours dans la bibliothèque des professeurs. Parallèlement, chaque classe avait une petite bibliothèque mais exclusivement réservée à la lecture.

LE SERVICE DE DOCUMENTATION (SD)

Après la Seconde Guerre mondiale, les méthodes pédagogiques sont remises en cause. Au style dogmatique jusqu'alors en vigueur, on oppose un mode d'enquête et de découverte : l'enfant doit construire lui-même son savoir à partir des matériaux qu'il collecte. Ce changement entraîne une réflexion sur le rôle de la documentation dans l'enseignement du second degré : le document devient un outil pour l'enseignant (circulaire du 13 octobre 1952). On demande alors à l'Institut pédagogique national de faire l'inventaire des ressources pédagogiques externes.
En octobre 1958, l'inspecteur général Jacotin émet l'idée de créer dans les lycées un service spécifique rassemblant toute la documentation. Ainsi sont créés à la rentrée d'octobre 1958, les 25 premiers services de documentation (SD). Un peu plus tard, dans le cadre de la grande réforme de l'enseignement initiée en 1959, une place est désormais reconnue au service de documentation dans les établissements d'enseignement (circulaire du 10 février 1962). Le SD doit servir de soutien à une pédagogie qui se veut active. Il recevra pour cela le concours du CRDP (circulaire du 10 juin 1963). ■

> De la bibliothèque de lecture à la documentation.

Les années 60 et 70 voient la documentation jouer un rôle croissant dans le cadre scolaire.

Du SDI au CDI : naissance d'une institution

À partir de 1966, sous l'impulsion de l'inspecteur général Sire, s'amorce un regroupement des bibliothèques de lecture et du SD qui, pour l'occasion, change de nom. Il s'appelle désormais le service de documentation et d'information (SDI). On précise ses fonctions : il doit désormais réunir tous les livres, la documentation pédagogique et le matériel associé ainsi que la documentation scolaire et professionnelle. Il doit aussi diffuser toute l'information qu'il détient à l'ensemble des membres de l'établissement scolaire : les enseignants, les élèves et leurs parents.

Naissance du CDI

Un nouveau changement de nom intervient par la circulaire du 20 mars 1973 : le SDI devient le centre de documentation et d'information (CDI). Puis dans la circulaire du 14 mars 1974, le Ministère établit les règles d'aménagement pour tous les CDI.
En 1974, on dénombrait 1800 CDI, gérés par quelque 2 000 documentalistes-bibliothécaires. Cinq ans plus tard, en 1979, 3 518 établissements du second degré sur 7 117 étaient dotés d'un CDI, principalement dans les lycées puisque 97 % d'entre eux en sont dotés, contre 43 % des collèges et 25 % des LEP. Mais sur les 3 518 CDI, seuls 2 589 bénéficient d'un poste de documentaliste-bibliothécaire.

> Un lieu d'apprentissage, de rencontre, d'évasion : un lieu de formation.

La période 1958-1962 apparaît ainsi comme étant celle de l'expérimentation. La période 1963-1972 serait celle de la croissance. La période qui suit, 1973-1980, serait plutôt celle de la définition. À la fin de cette décennie, le bilan est le suivant : le nombre des CDI a régulièrement augmenté mais reste largement insuffisant.

Généralisation du CDI

Depuis la loi de décentralisation, ce sont désormais les collectivités territoriales qui ont la charge de la construction, de l'équipement et du fonctionnement des établissements scolaires, collèges et lycées. Elles ont à cœur de remplir cette tâche et de soutenir l'institution du CDI dont le rôle est particulièrement déterminant dans les zones sensibles, ZEP par exemple. Cette intégration du CDI dans le dispositif local, départemental et régional conduit à la fois à plus d'ouverture et à plus de collaborations... donc à plus de collaborateurs. L'objectif de la loi d'orientation de 1989 de généraliser le CDI (et les postes afférents) sera sans doute très vite atteint.

Vers le rêve

On se met à imaginer alors dans tous les établissements scolaires un lieu, le CDI, lieu d'apprentissage, lieu de rencontre, lieu d'évasion au service des élèves, des collègues enseignants, des membres de l'administration. Un lieu fréquenté parce qu'apprécié, parce que plaisant, parce que réellement intégré à la formation du futur citoyen. Un rêve ? ■

Les documentalistes sont membres de la communauté éducative, au même titre que les autres enseignants.

La documentation à l'école : la fonction

Parallèlement au CDI, le Ministère précise, circulaire après circulaire, le rôle et la fonction de son responsable :
- **rôle des responsables documentalistes et bibliothécaires** (circulaire du 2 juillet 1971);
- **règles de recrutement des documentalistes-bibliothécaires** avec la priorité au détenteur d'un diplôme technique (circulaire du 19 mars 1974);
- **rôle du responsable de CDI** dans un établissement d'enseignement secondaire : le documentaliste-bibliothécaire est, au même titre que ses collègues enseignants, membre de la communauté éducative (circulaire du 17 février 1977). Il doit assurer des fonctions techniques, d'accueil, de relation et d'information dans une optique essentiellement pédagogique.

Des missions : pédagogie, animation et gestion

Durant la décennie 1980, les missions des personnels exerçant dans les CDI sont de mieux en mieux définies et affirmées avec la circulaire du 13 mars 1986 : le documentaliste-bibliothécaire doit assurer des missions pédagogiques (formation à la recherche des élèves) en liaison avec l'équipe pédagogique de son établissement, d'animation, de communication et enfin de gestion de son service.

La réalité de la situation

Malgré la bataille menée par les documentalistes scolaires dans le cadre de leur association professionnelle (la FADBEN), malgré les discours et les textes officiels, pendant trop longtemps la fonction documentaire en milieu scolaire a été utilisée pour régler des situations diverses : on y affectait l'enseignant qui n'avait pas son volume horaire statutaire et qui le complétait à la documentation; on y plaçait la personne chahutée, en déprime ou dégoûtée de la classe qui ne pouvait ou ne voulait plus – pour des raisons psychologiques, comportementales et relationnelles – assurer sa place dans la production, en l'occurrence l'enseignement.

> Le CDI : un refuge pour enseignants débordés ?

Le CDI était considéré comme un exutoire, un refuge, une échappatoire à la classe, et par certains même comme un lieu de réadaptation.
Cette solution traduisait bien l'image que les responsables se faisaient alors de la fonction documentaire dans le monde scolaire.

À la fin de la décennie 1980, et même si cela n'est pas spécifique à la France puisque l'on observe la même situation dans les autres pays européens – Grande-Bretagne ou Allemagne –, bien des progrès restent encore à faire car il faut souvent déplorer, malgré la création du CAPES de documentation :
- une méconnaissance du rôle de la documentation pour tous les membres de l'institution scolaire;
- une absence assez générale de statut et de formation des personnels en poste;
- un sous-équipement général;
- une persistance d'une vision archaïque de la bibliothèque de lecture scolaire.

Une pédagogie centrée sur l'élève

La documentation, c'est un outil mis au service de la communauté éducative.
Les nouvelles méthodes pédagogiques font appel à l'initiative de l'enfant, et suscitent des recherches de documents. De même, l'accent mis sur l'équipe pédagogique témoigne d'un début de transformation de la vie de l'école par une plus grande collaboration entre enseignants. Cela a une grande conséquence puisque ce projet s'appuie souvent sur la documentation qui en est l'élément fédérateur. Celle-ci en est valorisée de l'intérieur et collectivement. Ainsi l'exigence d'une pédagogie nouvelle, fondée sur l'élève, induit un recours constant à la documentation. ■

Le documentaliste a sa place dans le processus éducatif : il développe l'autonomie et le sens de la responsabilité des élèves; il se met au service de l'ensemble de la communauté éducative.

LA DOCUMENTATION, APPRENTISSAGE DE LA VIE D'ADULTE

La documentation, c'est essentiellement, dans le cadre de l'école, des documents et des outils de recherche.

Cette condition matérielle est absolument indispensable si l'on veut habituer les élèves, d'une part, à se servir de documents, quels qu'ils soient, à les manipuler, à en découvrir les ressources et les richesses, car c'est par cet apprentissage à l'école qu'il sauront "déchiffrer" la somme des informations reçues à l'extérieur de l'école : télévision, publicité, presse, etc.

DÉCHIFFRER L'INFORMATION ET SAVOIR LA TROUVER

D'autre part, à apprendre des méthodes de consultation et de recherche, soit dans les fichiers, soit dans des ouvrages de références, soit dans des mémoires informatisées, car la tâche prioritaire de l'équipe pédagogique est d'habituer des jeunes à fréquenter les lieux où se trouvent ces documents, afin qu'ils s'y familiarisent, qu'ils s'y trouvent à l'aise, et qu'ils s'en servent. Demain, c'est le projet que l'on formule au départ, ils devront travailler en bibliothèque d'étude. La manipulation par les élèves eux-mêmes de ces documents, et en particulier des documents audiovisuels, participe à leur éducation, contribue à développer leur habileté manuelle, et leur sens de la responsabilité envers l'ensemble des membres de la communauté scolaire.

> **UN MOYEN, PAS UNE DISCIPLINE**
>
> Dans l'esprit de la plupart des membres de la communauté scolaire, la documentation reste un moyen, indispensable certes pour "confier aux élèves une plus grande part de responsabilité dans leur propre formation", pour "l'apprentissage du travail en équipe", pour "la modification du rapport pédagogique entre le maître et l'élève", pour "ouvrir l'enseignement sur la vie", pour "donner à l'élève l'attrait et les moyens de l'école parallèle", pour "apprendre à mieux maîtriser les apports sauvages", pour "offrir une vie scolaire moins monotone", mais un moyen, pas une discipline.

UNE LENTE RECONNAISSANCE

Après quarante ans d'histoire commune avec l'école, la documentation a désormais son espace : le CDI, à la fois vitrine, tambour et défi pour l'établissement.

Elle a son responsable – le professeur-documentaliste. Mais il est difficile de considérer que la documentation soit devenue une discipline comme une autre. Comme telle, elle n'est pas encore pleinement reconnue à l'école, par l'école, dans l'école.

Beaucoup de chemin reste à faire pour lui donner toute sa place, et dans ce cadre-là, la juste définition par les autorités, et la bonne perception par les collègues du rôle du professeur-documentaliste, apparaissent essentielles.

Or celles-ci dépendent en partie de sa formation préalable et des conditions de son recrutement.

Cela ne peut se régler en une année. ■

BIBLIOGRAPHIE

Jacqueline BAYARD-PIERLOT, Marie-José BIRGLIN – *Le CDI au cœur du projet pédagogique* – Paris, Hachette Éducation, 1991, 159 p.

Le document et l'information. Leur rôle dans l'éducation – sous la directon de Marcel SIRE, Paris, Colin-Bourrelier, 1975, 320 p. (Bourrelier Éducation, 13).

Jean HASSENFORDER, Geneviève LEFORT – *Une nouvelle manière d'enseigner : pédagogie et documentation* – Paris, les Cahiers de l'Enfance, 1977, 191 p.

Revue Inter-CDI, 2, résidence de Guinette, 91150 Étampes, tél. 64 94 39 51.

Le documentaliste en milieu scolaire est encore perçu de manière floue : la spécificité de sa profession est souvent difficile à définir.

LE DOCUMENTALISTE

L'évaluation est un processus systématique qui vise à déterminer dans quelles mesures des objectifs pédagogiques sont atteints.

IMAGE ET RÔLE DANS L'INSTITUTION SCOLAIRE

Le besoin général en information, le nombre important de documents diffusés tous les jours, la diversité des sources à consulter, l'impossibilité pour chacun de maîtriser pleinement et totalement cette matière première, et le développement de nouvelles techniques de traitement expliquent que le documentaliste soit devenu, d'une part, un partenaire de toute activité, et, d'autre part, un spécialiste dans son domaine.
Malgré cela, son image et son rôle restent souvent mal définis par les usagers qui voient en lui un technicien, un gestionnaire, un distributeur plutôt qu'un professionnel, un pédagogue, ou un accompagnateur.

PROFESSEUR DE DOCUMENTATION

N'importe qui peut-il faire de la documentation au risque de faire n'importe quoi ? Que peut-on attendre de ce spécialiste ? Et dans le cadre particulier de l'établissement scolaire, quelle est la fonction d'un documentaliste ? Peut-il être aussi enseignant ? Et alors de quoi ?
Avec ces questions, se trouve en fait posé le rôle qu'on lui voit et le rôle qu'il aimerait avoir : le professeur-documentaliste est-il professeur de documentation et/ou professeur pour la documentation ?

EST-IL UN PROFESSIONNEL ?

Un métier est l'ensemble des savoirs, pratiques, techniques auquel un individu consacre son activité avec plus ou moins d'habileté et d'où il tire ses moyens d'existence. En ce sens, il y a des métiers de l'information, entre autres celui de son traitement documentaire.
Le concept de profession exprime l'idée de la classe à laquelle on appartient par son activité, et se caractérise par les connaissances spécialisées qu'elle requiert – acquises par une formation spécifique –, par l'autonomie d'exercice, par l'identification à un groupe professionnel plutôt qu'à l'entreprise ou l'organisme, par la responsabilité vis-à-vis de la société pour la qualité de ses services. C'est un phénomène social beaucoup plus que juridique.
Or le caractère professionnel de l'activité documentaire est sérieusement mis en doute. Le travail actuel a perdu totalement de sa spécificité (classement, recherche), soit que les techniques qu'il requiert (promotion, informatisation) appartiennent à d'autres professions, soit que les activités, services et organismes – considérés comme "dinosaures" – ne paraissent plus justifiés dans leur rôle de conservation et d'identification. ■

LES CRITÈRES DU PROFESSIONNALISME

Une profession sans critères distinctifs – formation, recrutement, techniques – a du mal à se faire reconnaître.

L'activité documentaire apparaît comme une activité pratiquée par qui le veut sans en avoir nécessairement acquis la formation préalable (secrétaire, chargé d'information, ingénieur, enseignant...) ou ayant acquis une autre formation (bibliothécaire, archiviste). En outre ceux qui s'appellent documentalistes, bien qu'ils aient des profils, des pratiques, des savoir-faire très différents, ne représentent pas tous ceux qui pratiquent cette activité, car beaucoup parmi eux ne veulent pas s'appeler documentalistes.

Comment identifier exactement le service rendu ?

En l'absence de délimitation précise du territoire de cette activité, on observe un monde nébuleux, formé de personnes d'horizons variés, de formations différentes, ayant des objectifs multiples.

Une profession organisée a généralement une représentation unique, or ce n'est pas le cas puisque bibliothécaires, documentalistes, archivistes se regroupent dans des associations différentes.

Une profession est identifiée par le service qu'elle rend et non pas par le lieu où exercent ses membres. C'est le cas pour les médecins. Ce n'est pas toujours le cas, loin de là, pour les bibliothécaires, documentalistes, documentalistes-bibliothécaires et autres archivistes.

L'ABSENCE DE BASES THÉORIQUES

Les normes de fonctionnement des professionnels ne s'accordent pas toujours avec la logique de l'organisme ou celle de la structure auxquels ils appartiennent. Mais dans le cas de ces professionnels, le problème ne se pose pas, car c'est l'organisation qui suggère le rôle joué et assumé par chacun des acteurs.

Les professionnels du traitement de l'information n'ont pas cherché à fonder leurs pratiques sur des bases théoriques, à forger des concepts, à imposer un vocabulaire. Ils agissent généralement de façon totalement empirique, sans mise à distance et réflexion sur ce qu'ils font. Cela explique en grande partie pourquoi la documentation est investie par qui veut.

QUELLE ÉVALUATION ?

En outre, l'idée de professionnalisme paraît étroitement associée à la possibilité non pas de contrôler les pratiques des personnes, mais d'évaluer la qualité des services rendus à la société. Tant qu'aucun comité d'évaluation ne pourra être mis en place parce que les critères d'évaluation de leurs services sont inexistants, il ne peut y avoir de profession de traitement documentaire.

Enfin si tout le monde peut gérer et retrouver ses informations de façon autonome, ces professions ont perdu leur raison d'être et les professionnels sont devenus inutiles.

DES TECHNIQUES, UN MÉTIER...

Il y a d'évidence une pratique documentaire puisque tout le monde ou presque a besoin aujourd'hui de rechercher des informations et de rassembler des documents. Il y a des techniques documentaires – identification, classement, recherche, diffusion... Il y a justement un métier du traitement de l'information documentaire. Mais peut-on parler de profession pour les documentalistes ? On peut réellement en douter. ■

La situation des documentalistes reste incertaine : un statut administratif bâtard, peu ou pas de formation...

Le professeur-documentaliste

Les documentalistes-bibliothécaires de l'enseignement public proviennent souvent de ce milieu scolaire auquel ils veulent continuer d'appartenir sans être ou avoir pu être enseignant.

À la recherche d'un statut

Ils sont recrutés par les recteurs au mieux comme adjoints d'enseignement, ou seulement comme maîtres auxiliaires, en fonction de la seule possession d'une licence d'enseignement. Beaucoup sont encore choisis pour leurs services antérieurs dans l'enseignement public plus qu'en raison d'une qualification professionnelle quelconque. Il leur reste donc à acquérir "les connaissances fondamentales qui leur permettront de répondre le plus rapidement possible aux services que l'on attend d'eux" (circulaire ministérielle du 3 novembre 1975). À cet effet on prévoit pour eux, après leur recrutement, un stage de... deux semaines. Tout cela traduit assez l'ignorance, voire le mépris, de la fonction documentaire dans l'enseignement.

Leur situation reste précaire et mal reconnue bien que l'administration tienne pour sa part beaucoup à ce qu'ils soient des membres du personnel enseignant plutôt que d'en faire un corps particulier (*J.O.*, Sénat, 17 novembre 1981, p. 2774). Leur gestion est ainsi plus facile ; leur rémunération est plus faible car ils se situent dans des catégories du bas de l'échelle des enseignants ; leur amélioration de statut est très limitée car rien ne permet de tenir compte des qualifications techniques qu'ils ont pu acquérir dans le domaine de la documentation.

Cela entraîne un recrutement purement interne qui à son tour tend à justifier et à perpétuer la déqualification dont souffrent ces quasi-enseignants d'autant que jusqu'en 1979, seule la catégorie des adjoints d'enseignement (les AE) pouvait accéder à cette fonction. L'ouverture aux certifiés et aux agrégés a pu apparaître comme un élément de normalisation, tout au moins sur le plan des statuts des personnels en CDI.

Une formation encore insuffisante

À la fin de la décennie 1970, certes les rôles des personnels de CDI sont bien définis. Mais alors que le nombre de ceux qui y sont nommés ne cesse d'augmenter – en 1976 ils étaient environ 2 400 –, leur formation se réduit à quelques journées de sensibilisation aux techniques documentaires. Et surtout ils n'ont toujours pas de statut, bien que plusieurs projets aient été élaborés depuis 1970 sans jamais être adoptés.

Durant la décennie 1980, le combat des documentalistes-bibliothécaires pour leur reconnaissance statutaire se poursuit avec le relais très efficace de leur association professionnelle, la FADBEN.

> Les années 80 ont peu à peu vu aboutir les revendications de la profession.

Pour une reconnaissance statutaire

Les autorités de tutelle publient le 29 juillet 1982 une circulaire qui, en apportant des précisions sur le niveau de recrutement et les besoins en formation des documentalistes de CDI, a fait un peu évoluer la situation. Elle a permis le recrutement d'auxiliaires titulaires et d'une licence d'enseignement et d'un diplôme professionnel. Elle a modifié les conditions de la formation en établissant des stages théoriques et pratiques plus longs. Mais rien ne concerne les personnels déjà en poste. Beaucoup d'entre eux ont, alors, cherché à acquérir cette formation professionnelle. Mais cela s'est pratiquement toujours fait sans appui de la part de l'institution elle-même. ■

LA RECONNAISSANCE : LES ANNÉES 90

La loi d'orientation de 1989 a fait leur place aux documentalistes comme professeurs. Mais la disparité des formations reste forte.

Le bilan de la décennie 80 n'est pas complètement négatif. D'une part si l'augmentation du nombre des établissements a été relativement faible – 7 335 en 1989 contre 7 117 dix ans plus tôt –, celle du nombre des postes de professeurs-documentalistes a été beaucoup plus nette puisqu'il a presque doublé : on est passé durant la même période de 2 589 postes à 5 776. D'autre part, toutes les pétitions et protestations ont abouti à une prise de conscience de l'importance de la fonction documentaire en milieu scolaire.

> Dans un discours prononcé le 17 mai 1989, le ministre de l'Éducation nationale affirmait la nécessité de "clarifier la situation des personnels documentalistes face à l'hétérogénéité des personnels exerçant la fonction de documentaliste d'une part, à l'exigence d'un haut niveau de qualification requis pour les tâches techniques et pédagogiques d'autre part".

Le ministre annonçait la création d'un CAPES de documentation dont "l'instauration apporte la garantie d'une compétence professionnelle spécifique, rationalise le recrutement des personnes désireuses d'exercer dans les CDI et offre une voie de promotion bien méritée à celles qui y sont en fonction. Elle est aussi le symbole de l'ancrage pédagogique de [la] profession" et "donne enfin une cohérence aux missions du documentaliste qui placent celui-ci au sein de l'équipe éducative".

L'AMÉLIORATION DU RECRUTEMENT

Avec le recul que permettent les trois années d'observation de la nouvelle situation faite à la documentation scolaire, on peut tenter une analyse immédiate.

Si l'on considère les trois objectifs définis par Lionel Jospin dans son discours du 17 mai 1989 – compétence professionnelle spécifique; rationalisation du recrutement; possibilité de promotion –, il apparaît que les deux derniers peuvent justement être atteints.

LE CAPES DE DOCUMENTALISTE

En effet, les professeurs-documentalistes ont désormais leur propre concours de recrutement : CAPES de documentation, concours externe et interne, qui leur confère un statut à l'égal des autres membres enseignants : corps des professeurs certifiés. Depuis le premier concours externe, ouvert en 1990, 1 000 nouveaux professeurs-documentalistes ont été recrutés, et on peut espérer la création d'une agrégation de documentation, laquelle ferait de la documentation une discipline comme les autres.

Mais on peut craindre que sur le plan de la professionnalisation l'objectif ne soit encore lointain. L'absence réelle de plan de formation, le contenu même des épreuves du concours, sans parler de leur interprétation, la mainmise du corps du secondaire – et celle des professeurs-documentalistes eux-mêmes – sur la préparation et le recrutement de leurs futurs collègues aboutissent à une reproduction des tâches par simple imitation, et à un renforcement du corporatisme sans apporter pour autant la preuve d'un professionnalisme que l'on cherche en vain dans un vocabulaire technique partagé, dans une conception globale de la fonction, ou dans une mise en distance. La pédagogie sert de masque à une pauvreté théorique que la pratique ne peut jamais compenser. ■

L'image du documentaliste souffre encore d'un passé peu flatteur. Elle pourrait pourtant être complètement transformée.

DES HOMMES EN QUÊTE D'IMAGE

Une image peu flatteuse a été longtemps accolée au documentaliste scolaire. Certes il y eut de notables exceptions. Mais malgré les textes officiels valorisant pour la fonction, et peut-être par une assimilation trop rapide avec l'image traditionnelle de la bibliothécaire, ceux qui auraient dû faire appel à lui avaient tendance à considérer le documentaliste scolaire comme un gardien de machines et de livres chargé de faire leurs photocopies, ou encore un classeur de documents qu'il fallait déranger le moins possible. Rarement, si ce n'est jamais, comme un enseignant comme un autre, même s'il est différent des autres.

LE RÊVE

Sur le plan professionnel, on imagine un professeur-documentaliste :

> Le documentaliste devrait être le relais entre l'école et la modernité.

- **gestionnaire d'un système d'information** utilisant les techniques modernes de traitement, de conservation et de diffusion de l'information ;
- **initiateur des élèves aux nouvelles technologies** – celles de l'accès à l'information – pour éviter ou réduire, dès l'école, les exclusions précoces – celle de l'abstraction, celle de la vitesse, celle de l'adaptation permanente, celle de l'interactivité –, lesquelles ne touchent pas seulement les élèves en situation d'échec scolaire ;
- **concepteur** – dans le cadre d'une vraie négociation – **d'un nouveau mode de travail** pour soi-même, pour les collègues, pour les élèves à travers des propositions d'achat d'équipements et de documents. Il devra réfléchir en quelque sorte à la réalité de cette société sans papier. Réfléchir à la possibilité de vivre et de travailler, avec ou sans papier puisque demain un volume croissant d'information ne sera accessible que sous la forme de signes électroniques.

FAIRE VIVRE UNE INSTITUTION

Sur le plan institutionnel, le professeur-documentaliste devra créer, gérer, animer un lieu d'accès à l'information, à la culture, à la rencontre ; participant ainsi pleinement à la formation des élèves selon leur niveau scolaire, leur aptitude, leur goût et leur besoin ; offrir à ses collègues des outils, des produits, des documents leur permettant d'améliorer la qualité de leur travail ; faciliter la tâche de l'administration.

Un tel projet implique des moyens en personnel, en argent, en matériel. Il nécessite une valorisation de l'espace et de la situation, en fait une véritable et juste reconnaissance du rôle du professeur-documentaliste. ■

RÔLE DU DOCUMENTALISTE

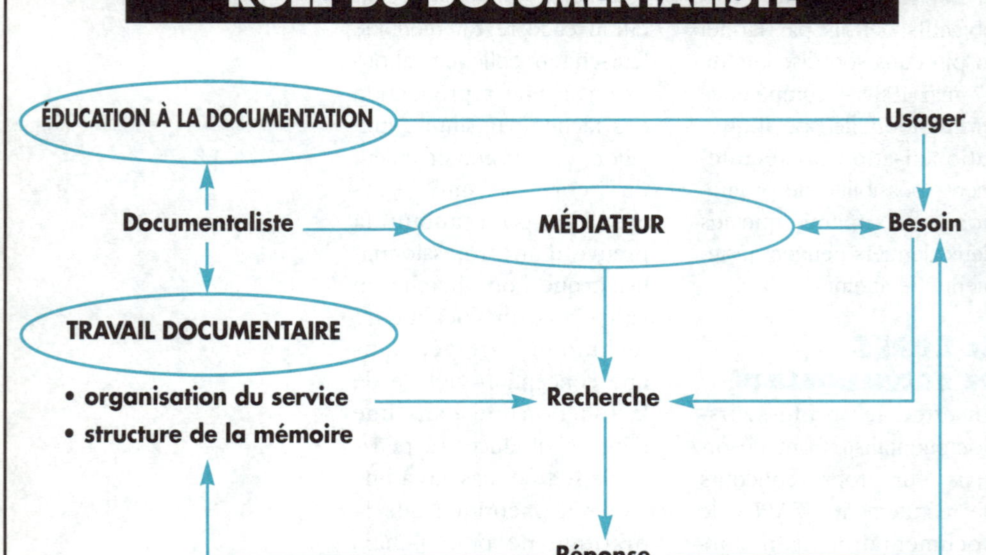

UN ENSEIGNANT DIFFÉRENT

L'accès à un statut propre permet de voir se dessiner le profil du documentaliste de demain : un homme de communication.

Le documentaliste est à la fois un enseignant comme les autres, et un enseignant différent des autres dans la façon qu'il a d'intervenir. Il est un enseignant comme les autres statutairement et différent parce que, à la différence de celui qui enseigne, il n'enseigne pas ce que les élèves apprennent mais il met à la disposition des élèves ce par quoi ils peuvent apprendre.

UNE FONCTION SPÉCIFIQUE...

Dans la reconnaissance de cette différence, que peut-on attendre d'un professionnel de la documentation ?
Une capacité à gérer des ressources utiles à tous, à assurer les prestations attendues par tous, à connaître les besoins collectifs et individuels, à communiquer son savoir, à dialoguer avec les gens, à écouter et à conseiller; mais pas à jouer le rôle d'animateur culturel polyvalent et permanent.

... AU SERVICE DES AUTRES

Que doit-on admettre ? Qu'il travaille non pas pour lui mais pour tous les usagers. Cela a des conséquences sur certaines pratiques : analyse, recherche, etc.; sur certains services : prestations collectives et personnalisées; et sur certaines attitudes : disponibilité, attention. Et l'usager doit à la fois l'exiger et le reconnaître.
Qu'il ne se substitue pas à l'utilisateur, sauf si celui-ci le demande expressément : recherche documentaire par exemple. Il est là pour aider l'utilisateur dans son travail en lui fournissant des documents ou en lui apportant les documents qu'il désire, en l'orientant vers les documents extérieurs.
Qu'il lui faut du temps pour faire son travail de documentaliste et celui d'enseignant, et qu'on exige souvent beaucoup de lui en peu de temps car quand il vient au CDI, l'usager est toujours pressé.

LE PROFIL PROFESSIONNEL

Il faut être curieux pour s'intéresser à tout. Il faut aimer le contact pour dialoguer avec les autres. Il faut être disponible envers tous, élèves, collègues et membres de l'administration. Il ne faut jamais oublier que l'on travaille pour les autres, sans que cela soit au service de l'autre, et que les documents que l'on possède, ou que l'on connaît, sont faits pour être à leur tour connus des autres et utilisés par eux. Il faut être réellement motivé pour ce métier.
Il faut aussi pas mal d'abnégation car, obligé pour être reconnu d'être l'égal de celui pour qui l'on travaille, on reste malgré tout, dans les esprits, l'auxiliaire.

DÉCOUVREUR ET FORMATEUR

Le professeur-documentaliste est ainsi à la fois un découvreur de l'information, un intermédiaire entre celle-ci et ceux qui la cherchent, un formateur des utilisateurs, un enseignant qui apprend à travailler, et un organisateur gestionnaire de son service.
Mais la situation actuelle montre combien il lui est difficile d'être un vrai professionnel, et combien il lui est plus facile – dans un contexte où personne ne sait réellement ce qu'est la documentation, et sur quelle base théorique repose cette technique – d'être un professeur pour la documentation plutôt qu'un professeur de documentation.
On se met à rêver à la reconnaissance – mais dans combien de temps encore – par chaque communauté éducative de la fonction éminemment éducative du professeur de et pour la documentation. Il faudra sans doute encore du temps pour régler définitivement ce problème. Mais c'est le défi à relever par les professeurs-documentalistes. ■

La problématique sociétale
Concepts généraux
Se documenter
Comprendre la documentation

Pour devenir transmissible et opérationnelle, l'information doit subir un traitement qui la transformera en données, intégrées dans des systèmes de communication. Pour l'enseignant d'aujourd'hui, l'interrogation sur les concepts de base et les théories de l'information et de la documentation devient incontournable.

PARTIE 2

CONCEPTS GÉNÉRAUX

Le mot « information » recouvre des définitions diverses. Tâchons de faire le point.

L'INFORMATION

UN PROBLÈME DE DÉFINITION

Le mot *information* est porteur de significations très différentes. On écoute une information de politique intérieure, une "nouvelle". On étudie les besoins en information – connaissance spécifique – de tel ou tel public. On parle des problèmes de l'information en France, autrement dit des systèmes assurant sa production, son traitement et sa diffusion, la presse écrite et audiovisuelle, ce que les Anglo-Saxons dénomment les "mass-média". On expose la politique française en matière d'information, alors considérée comme une matière première utile à la société. On traite l'information.

Le mot *information* est ainsi utilisé aussi bien pour désigner un contenu et, à travers lui, les attitudes individuelles et les comportements collectifs que cette connaissance entraîne, que pour dire la façon dont ce contenu est produit et transmis. Aussi bien pour désigner la façon dont le message est formé, que pour décrire la réalité économique et sociale liée à ce contenu. L'ennui c'est que chacun tend à considérer comme légitime le sens qu'il attribue à ce mot, et à déplorer celui que les autres lui confèrent.

LA NATURE DE L'INFORMATION

À partir d'une conception générale des relations entre l'homme et le monde, on peut distinguer six catégories possibles pour l'emploi du mot *information.*

UN ÉVÉNEMENT

• **Tout élément discret** – distinctif –, toute "structure" que l'homme perçoit directement ou non dans son environnement, sont des informations. Selon cette conception, l'information est préexistante à sa connaissance par l'homme.

UN MESSAGE

• L'information est **une connaissance communiquée**, c'est, selon Jean Meyriat, "le contenu cognitif d'un acte de communication" lequel cohabite avec un contenu affectif, volitif, ou émotif. L'homme acquiert en effet par contact avec le monde environnant des connaissances – "signifié", "événement", "objet" – qu'il communique à autrui. Ce sont des "informations".

C'est l'acception qui est implicite dans la théorie de la communication. C'est l'idée que Bertram C. Brookes a couché dans son "équation fondamentale" : $K[S] + \Delta I = K[S + \Delta S]$ que l'on pourrait traduire par : "la connaissance du récepteur ($K[S]$) est modifiée ($K[S + \Delta S]$) par l'apport d'une connaissance communiquée (ΔI)".

En affinant, on distinguera une *information latente,* celle qui correspond au stade de la constitution de la connaissance, et une *information activée,* celle qui correspond au stade de sa communication à autrui.

UNE QUANTITÉ

• L'information est **la mesure quantitative de l'imprévisibilité du contenu d'un message,** ou encore "la mesure de la réduction de l'incertitude qu'il peut y avoir au sujet de l'état d'une partie de l'univers (ce qui se passe au lieu émetteur) par l'intermédiaire d'un message". Dans ce contexte, l'information n'est pas une valeur invariable et universelle, une entité immuable et constante. C'est au contraire une mesure qui peut varier. Et le degré de la variation est établi par la formule mathématique proposée par Claude E. Shannon dans sa *Théorie mathématique de l'information.*

UNE SIGNIFICATION

• L'information c'est la signification, c'est le contenu même du message reconnu quelles que soient les conditions d'élaboration et de réception de ce message. C'est la signification normalement perceptible par tout être humain.

Un résultat

• **L'information, c'est le résultat observé d'un processus de communication** particulier. L'information est ce qui modifie ce que nous savons déjà, c'est la réduction d'une incertitude chez le récepteur. Pour d'autres, l'information c'est "la modification apportée à l'état cognitif du partenaire dans un processus de communication". Cette acception est celle qui est privilégiée par les comportementalistes (Behaviourists).

Certains ont une approche plus psychologique, puisque pour eux, l'information d'un message c'est la part d'incertitude qui est levée quand nous sommes sûrs que ce message est vrai.

Un processus

• L'information, c'est **le processus même de communication** et non plus seulement un élément de ce processus de communication. L'élément remplace le tout. "L'information est un phénomène habituel, global, par lequel un informateur répand, diffuse l'annonce d'un événement, une nouvelle, à des gens qui l'ignoraient." (Albert Samuel, *Comprendre l'information*, Chronique Sociale, 1979.)

Un symbole

Avec l'informatique, on ajoutera un dernier sens :

• L'information désigne un symbole numérique (0 ou 1) qui est codé de façon binaire. L'informatique, domaine du "traitement automatique de l'information", utilise le mot *information* en ce sens : symbole numérique binaire.

Toutes ces significations sont en fait très connexes puisqu'il est souvent difficile de distinguer le fond de la forme, le contenu de son mode d'expression et de transmission et ainsi de la réalité sociale qui l'engendre. Néanmoins ce terme recouvre des phénomènes très différents qu'il devient nécessaire de distinguer. ■

> "L'information, c'est la mise en forme qui permet d'éviter le chaos et qui prête existence aux choses et aux êtres en donnant une structure à l'énergie, et par conséquent à la matière."
> Jean Cloutier, *la Communication audio-scripto-visuelle à l'heure des self-media ou l'ère d'Emerec*, Montréal, Presses de l'Université de Montréal, 1973.

La typologie de l'information

Les critères de définition d'une information varient avec le point de vue que l'on adopte et l'utilisation que l'on vise.

Les critères qui permettent de déterminer les différents types d'information sont nombreux et variés. Leur choix dépend essentiellement du cadre général, dans lequel est observée l'information, et de l'objectif poursuivi.

Le critère d'originalité : info brute ou traitée

L'information peut être caractérisée par sa nature propre, son originalité :

• **l'information originale,** c'est celle qui est communiquée telle qu'elle a été créée, conçue, mise en forme par son auteur. On peut la subdiviser en *information brute,* représentation généralement brève d'un événement (questionnaire, photographie...), et en *information élaborée,* résultat de la pensée ou de l'activité de l'auteur (analyse, synthèse...);

• **l'information traitée** ou réécrite : par opposition à l'information originale, celle-ci a subi un traitement par quelqu'un d'autre que l'auteur afin de lui ➡

BIBLIOGRAPHIE

Joachim MARCUS-STEIFF – « l'Ambiguïté du mot information ou les enjeux du vocabulaire » – pp. 91-113 – in *l'Espace social de la communication* – Paris, CNRS, 1985.

Jean MEYRIAT – « Information vs communication » – pp. 63-69 – in *l'Espace social de la communication* – Paris, CNRS, 1985.

Fernand TERROU – *l'Information* – Paris, P.U.F., 128 p. (Que sais-je ? n° 1000)

N° 14, 15 et 19 de la revue *Schéma et schématisation.*

L'information peut entrer dans des typologies variées, selon le critère retenu. Quelques exemples...

● **L'historien trouve naturellement un intérêt durable dans la perspective particulière qui est la sienne.**

donner une forme adaptée au public final auquel on la destine : traitement de type journalistique (pour faire savoir), ou de type documentaire (pour permettre de retrouver).

Publique ou privée, durable ou éphémère, l'information n'existe que dans un contexte donné.

Le critère temporel

L'information peut être caractérisée par son obsolescence plus ou moins grande, c'est-à-dire l'intérêt qu'elle offre à un moment donné. D'où une typologie reposant sur la durée. On distingue ainsi :

• **l'information éphémère :** celle dont l'intérêt est un phénomène étroitement conjoncturel et dont la consommation doit être immédiate. Elle peut être soit renouvelée (renseignement mis à jour continuellement : les cours de la Bourse par exemple), soit annulée dans le temps (programme de cinéma). C'est le cas de l'information de presse;

• **l'information durable ou permanente :** celle dont l'intérêt n'est pas une fonction du temps. Elle fait partie du stock des connaissances humaines, dont elle accroît le volume, et par ce fait a une valeur indépendamment de l'époque où elle a été créée. Du fait de ce caractère, il y a nécessité absolue d'en garder une trace, de la conserver.

Le critère social

On peut établir une typologie qui repose sur le statut social de l'information, sur la nature du public visé. On distingue ainsi :

• **l'information publique :** celle qui est accessible à tous sans contrôle, ni limitation, si ce n'est financière. On la partage en *information générale, de presse, écrite et non écrite,* et *information documentaire* destinée à un public plus spécialisé, plus sectorisé. Cette information publique se caractérise par sa diversité, sa variété, son volume, son universalité, sa valeur économique, et son rôle social;

• **l'information privée :** confidentielle, multiforme et discrète. Elle est réservée à des utilisateurs précisément définis. Elle est globalement désignée par les mots courrier ou lettre.

Le critère de l'effet

L'information peut être caractérisée par ses effets sur l'environnement. On distingue :

• **l'information *structurelle* :** celle qui opère un changement sur la structure d'un système, celle qui indiquerait ce que les gens doivent faire pour atteindre l'objectif;

• **l'information *paramétrique* :** celle qui n'agit que sur un des paramètres du système sans modifier fondamentalement sa structure. Celle qui signale ce que les gens font réellement dans une situation donnée.

Le critère du média

L'information peut être caractérisée par la nature physique des moyens de sa communication.

Ce critère prend acte de l'évolution technique considérable qu'ont connu les moyens de communication de l'information depuis quelques années. À côté des supports matériels traditionnels sont apparus des supports immatériels et cela indépendamment de la nature de l'information communiquée. La prise en compte des modes de transmission – les "flux" – a conduit à distinguer deux types d'information :

• **l'information matérielle ou *inscrite* :** l'information est couchée sur un support à but de conservation. Le transfert d'information se fait par communication d'objets matériels, de documents.

• **l'information immatérielle ou *sans support* :** le transfert d'information se fait par simple transfert de signes électroniques. ■

À QUOI SERT L'INFORMATION ?

On s'informe pour agir, pour connaître, mais aussi pour se distraire, ou pour le plaisir. D'où la distinction entre « information utile » et « information gratuite ».

L'information peut être caractérisée par ses fonctions.

• L'information peut être recherchée **dans un but de réflexion, d'action ou de décision**. L'information reçue est naturellement qualifiée d'utile. Cette qualité est liée à l'usage que l'on en fait, nullement à sa nature. En terme de résultat, cet apport se traduit par un accroissement des connaissances du récepteur, lequel entraîne une réduction de son incertitude, de son ignorance, et en conséquence une amélioration de sa capacité de décider ou d'agir.

• L'information peut être recherchée **dans un but de culture, de distraction, de délassement, d'imagination,** d'émotion, d'évasion, pour le plaisir de l'expression écrite, iconique, cinématique ou autre. Cette information aurait un caractère plus individuel, serait plus proche à toucher la subjectivité et à rejoindre la morale.

Dans les deux cas, il s'agit toujours d'une acquisition de connaissances et d'un élargissement de l'esprit qui assurent le comportement de l'homme et rendent le jugement mieux armé et plus sûr. À travers ces deux fonctions, on établit les concepts opératoires d'information utile ou documentaire, d'une part, et d'information gratuite ou distractive, d'autre part.

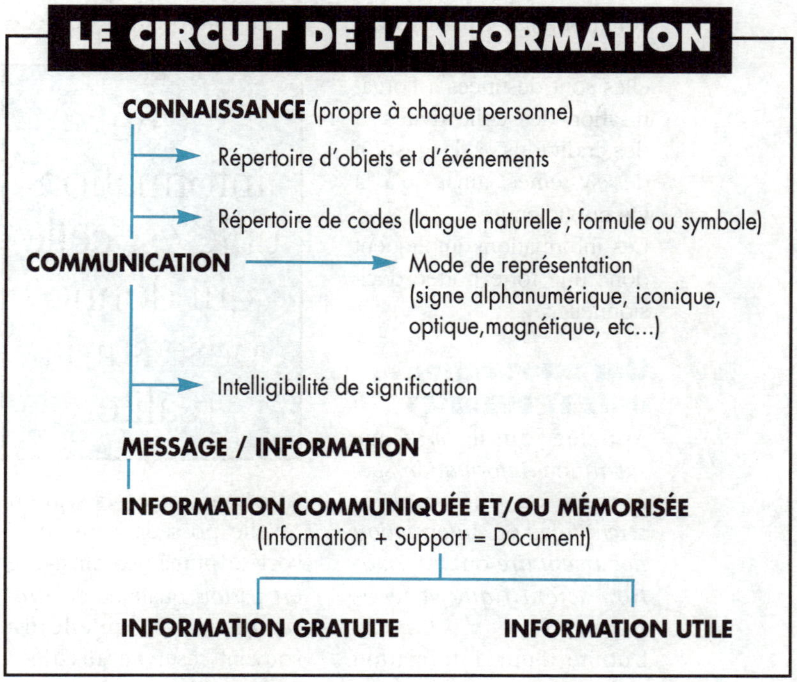

Compliquons l'analyse

On peut envisager de croiser deux critères pour construire une typologie plus élaborée et aussi plus opératoire.

Parmi tous les croisements possibles, certains paraissent plus intéressants car ils peuvent être intégrés dans un ensemble théorique cohérent. Ainsi en est-il lorsque l'on croise les critères d'obsolescence et les critères fonctionnels. En effet, derrière l'expression d'information utile, se cachent des attitudes différentes car la notion d'utilité varie en fonction du temps. On obtient dès lors un tableau à double entrée, dans lequel on peut identifier quatre types d'information.

Une information utile et éphémère

Ou *information-service,* ou – *pratique,* ou – *de renseignement,* ou *divers* au sens de produit éphémère pour le fonctionnement quotidien de l'homme. Dans ce cas l'utilité est limitée à l'instant présent et perd cette qualité aussitôt qu'elle a été utilisée. C'est le cas d'un grand nombre d'informations pratiques, ponctuelles, conjoncturelles, changeantes, donc ➡

L'information utile et durable peut être appelée « information scientifique », si l'on donne à cette expression un sens large.

constamment à renouveler, à recréer par l'homme – comme la météo ou les cours de la Bourse ou les petites annonces, les renseignements pratiques ou administratifs –, mais essentiellement pertinentes car elles sont destinées à l'organisation des collectivités et des individus, à la gestion des systèmes, ainsi qu'à la vie quotidienne.
Ces informations impliquent donc une forte portée décisionnelle.

Une information utile et durable

Appelée aussi *message savant* ou *information spécialisée* ou *information scientifique* ou *information documentaire* ou *information scientifique et technique* (IST).
L'utilité d'une information est durable lorsqu'elle constitue un élément du savoir que possède et enrichit constamment tout homme pensant. Par savoir, il faut entendre un ensemble organisé de connaissances cumulées et durables, c'est-à-dire qui restent valables et utilisables dans des cas semblables, à des moments différents. La possession d'un savoir met donc en mesure de résoudre des problèmes, de répondre aux situations dans lesquelles on se trouve. Elle donne prise sur la réalité. Ce qui rend cette information utile. Cette information est plus ou moins indépendante des faits. Surtout, elle est le résultat d'une reconstitution intellectuelle à partir de connaissances acquises, généralement avec un objectif opératoire ou décisionnel. Par là, elle se veut une information abstraite, objective et supérieure. D'où l'importance de cette information et la valeur qu'elle possède dans toute société humaine. Ainsi elle est parfois qualifiée de *stratégique* en ce qu'elle est souvent réservée aux décideurs. Elle est souvent appelée *scientifique* en ce qu'elle est produite et demandée par les chercheurs. Cette dernière appellation – *information scientifique* – fait cependant problème du fait de ses connotations différentes.

> Une information utile est celle qui donne prise sur la réalité.

Vous avez dit "scientifique" ?

C'est la volonté de l'homme de toujours mieux décrire, de toujours mieux comprendre la réalité qui l'entoure, et cette volonté relève d'une démarche proprement scientifique. Ainsi l'homme a accumulé un ensemble de connaissances dont le caractère est d'être abstraites, formulables en lois, et plus orientées vers l'action. Dès lors toute information qui vient ajouter à ce savoir, ou qui transmet à autrui un élément de ce savoir, peut donc être qualifiée de *scientifique*. Ainsi présenté le concept est clair et s'applique à toutes les disciplines de recherche, et plus globalement à toutes les activités humaines. Par information scientifique, on se représente une information objective, rationnelle, essentiellement destinée à la recherche ou à l'action organisée qui inclut non seulement l'information scientifique et technique, mais aussi l'information administrative, juridique, économique.

IS, IST, ISTE...

Mais les connotations anciennes sont longtemps restées et restent encore dans les esprits, et le concept scientifique, par opposition à celui de littéraire, est souvent pris dans un sens réducteur, qui le limite aux sciences dures ou exactes. Ainsi pour qualifier le phénomène d'explosion de l'information qui a caractérisé le XXe siècle, on a parlé, après la Deuxième Guerre mondiale, du développement de l'information scientifique et technique (IST). Puis dans la décennie 1970, pour mieux marquer qu'à côté de l'information scientifique et technique, il y avait une information économique, certains ont ajouté un E et constitué le sigle ISTE.
Quoi qu'il en soit, sur le plan purement théorique, l'expression *information scientifique* paraît encore la plus heureuse s'il est bien

NATURE DE L'INFORMATION

Temps / Utilité	Information durable	Information éphémère
Information utile	Message savant	Information pratique
Information gratuite	Information culturelle	Actualités

entendu qu'elle s'applique à toutes les disciplines de recherche.

Une information gratuite et éphémère

Qualifiée également d'*information générale* ou de *presse* ou *actualités* (certaines *nouvelles*), c'est celle qui s'impose à l'homme dans son environnement. C'est le produit d'une observation du monde. Quand elle est liée à un événement physique (tremblement de terre ou cyclone), elle est presque naturelle. Quand elle est liée à un événement social (fait divers ou émeute), elle est parfois qualifiée de critique. Quelle qu'elle soit, sa nature est d'être à renouveler constamment. C'est une information que l'on pourrait qualifier de rituelle – c'est-à-dire sans grande portée décisionnelle – et qui aujourd'hui est collectée par les agences de presse et diffusée par les entreprises de presse.

Une information gratuite et durable

Appelée aussi *information culturelle* ou *message artistique* : c'est celle qui est le résultat d'une élaboration intelligente de l'homme dans la recherche d'un éternel, d'un dépassement. C'est une manifestation de la pérennité des valeurs (esthétiques ou morales), et de la volonté humaine de pérennité. Les deux domaines privilégiés de ces manifestations sont les arts et la littérature.

Une information fluide

Le croisement des critères d'obsolescence et de flux d'informations correspond à un nouveau type d'information apparu avec l'utilisation des réseaux électroniques de transmission : l'*information fluide*.

Le concept d'*information fluide* a été mis en évidence dans la décennie 1970. Les réseaux de téléinformatique avec leurs liaisons par câble coaxial ou fibre optique, ou encore par satellite, vont devenir le vecteur unique de la totalité des signaux : texte, son, image fixe et animée. Dès lors tous les foyers, tous les lieux de travail et de loisirs, équipés d'une seule prise, seront reliés à un véritable service de distribution d'énergie informationnelle à domicile. L'information va devenir un fluide comme l'eau, le gaz ou l'électricité, indispensable à la vie, distribuée aussi largement et disponible moyennant le paiement d'une taxe de raccordement au réseau et celui du volume d'informations consommées.

En fait le concept d'*information fluide* serait opératoire pour un public spécialisé, mais semble encore bien étranger au grand public.

Sur le plan conceptuel, la notion d'information fluide recouvre aussi bien l'information utile (type renseignement ou information de presse), que l'information distractive (jeux, détente).

Mais elle est de nature :

- immatérielle, car uniquement électronique, afin d'assurer la rapidité de la transmission ;
- et éphémère – du type renseignement ou information de presse, car la nature des moyens de transmission convient bien à ce type d'information. C'est l'information immédiate, à chaud. ■

RÉFLEXION

Selon Jean Meyriat, une donnée à laquelle on donne un sens devient une connaissance ; une connaissance ne devient information que lorsqu'elle est communiquée, la communication étant le processus.

Dès lors il n'y a pas de producteur d'information, il y a des producteurs de connaissances, et des transmetteurs d'information. (*L'Espace social de la communication*, Paris, CNRS, 1985.)

La communication humaine s'élabore à partir d'un système complexe de transmission et de réception de signes.

LA COMMUNICATION

QU'EST-CE QUE COMMUNIQUER ?

Le terme "communication" est devenu polysémique, et aucune définition ne peut suffire à couvrir la totalité des sens qu'on lui donne. Étymologiquement, il est de la même famille que "commun" ou "communauté", ce qui génère l'idée de partage. Toute communication implique alors nécessairement au moins deux entités et une chose à partager. Des chercheurs ont essayé de formaliser cette activité, et d'élaborer une théorie de la communication.

> «La communication, c'est la guerre.»

Pierre Schaeffer propose l'analyse suivante : "Le préfixe *cum* est bien connu, il indique la pluralité et l'échange. *Municatio* signifie munir, se prémunir, et s'applique aux travaux de terrassement et de fortification. *Munia,* peut-être de la même racine, désigne enfin chez les Romains, le pécule rattaché aux charges officielles et les cadeaux – les munificences – que le futur consul distribuait à ses électeurs." Pour lui, cela recouvre "les deux aspects plus ou moins cachés de la communication : celui du jeu pour le pouvoir et celui, plus cru, sans doute plus réel, du jeu de munition. La communication, c'est la guerre. Communiquer, c'est s'envoyer des marrons, des tomates, des patates, des coups d'un côté à l'autre d'une barrière autrement infranchissable".•

• ***Le Monde Aujourd'hui*, 30 mars 1986, p. 11.**

LE PHÉNOMÈNE DE LA COMMUNICATION

La nature a doté tout individu de systèmes ou d'appareils qui lui permettent de communiquer avec l'extérieur, c'est-à-dire de transmettre ou de recevoir des signes par modification d'un état, grâce à un apport d'énergie. La valeur informative de ces systèmes dépend d'une série de paramètres indépendants comme la couleur, l'intensité, la position. Pour chacun de ces paramètres, il existe un seuil de sensibilité, en dessous duquel l'homme ne ressent rien, et un seuil de saturation au-delà duquel la sensation n'augmente plus.

L'ÉMISSION DES SIGNES

Lorsqu'il veut émettre des signes, l'homme dispose de deux systèmes :

- **le système moteur,** c'est-à-dire l'aspect physique, le geste, le mouvement, l'attitude corporelle. Il est relativement efficace même s'il est réducteur, car le nombre de signes possibles est faible, et si sa portée est limitée dans l'espace ;
- **le système phonique,** qui est beaucoup plus riche en signes. Il comprend essentiellement la voix, l'intonation, le bruitage ou la musique. C'est le système émetteur de la communication orale. Comme le système moteur, il suppose le rapprochement car sa portée est relativement limitée, surtout en terrain découvert où il s'épuise rapidement. Cette portée peut être augmentée en recourant à une architecture particulière – celle que l'on trouve dans l'amphithéâtre ou la cathédrale –, ou encore en utilisant des outils, porte-voix ou amplificateur. En outre ce système est plus efficace dans une ambiance calme.

LA RÉCEPTION DES SIGNES

Lorsqu'il veut recevoir des signes, l'homme dispose de trois systèmes :

• **le système tactile**, le toucher : ce système nécessite un contact physique avec l'environnement. Il est donc uniquement adapté à la communication interpersonnelle ;

• **le système visuel** : il comprend les yeux et les instruments qui prolongent la vue. Il est tout à fait adapté à la communication dans un groupe car une de ses caractéristiques fondamentales est d'assurer la perception de l'espace. Il est fiable et précis. En outre, sa capacité de perception est importante car, en un temps donné, il peut enregistrer un grand nombre de signes. Mais il a des contraintes. Il exige la lumière et une absence d'obstacles entre les individus qui communiquent par ce moyen ;

• **le chenal auditif** avec l'oreille ou les instruments qui en prolongent la capacité : c'est le système récepteur de la communication orale. Comme le système visuel, il est adapté à la communication dans un groupe. Sa capacité est toutefois nettement inférieure – environ 100 fois moins – car dans le même laps de temps et du fait de la linéarité de la réception, il ne peut recevoir autant d'informations. Elle correspond en fait à celle de la mémorisation du cerveau. Une autre particularité de ce système est qu'il permet l'établissement de la communication sans que celle-ci soit nécessairement décidée par l'émetteur et le récepteur, car l'énergie qu'il utilise se propage à distance et dans toutes les directions, grâce à son support, l'air. Mais alors l'origine des sons perçus est souvent mal localisée dans l'espace ce qui peut entraîner une gêne dans la communication.

Un espace de communication

L'ensemble de ces éléments – le système émetteur d'une part et le système récepteur d'autre part – délimite autour de l'homme un espace dit *espace de communication*. Cet espace est limité uniquement par les performances physiques des systèmes de transmission humains et techniques.
Un de ces espaces est particulier parce que propre à l'homme. C'est celui qui est délimité par son système moteur – acuité visuelle, habileté tactile et capacité gestuelle – et son système phonique – portée de la voix. Robert Escarpit l'appelle "l'espace manipulaire". Il correspond à la taille maximale du groupe d'hommes – une douzaine de personnes selon Robert Escarpit – dans lequel la communication peut se faire directement avec la voix et le geste.

L'espace limité

Cette notion d'espace est peut-être actuellement en train de disparaître avec le développement technologique. Les performances des outils de communication – téléphone, télex, télécopie, radio, télévision par exemple – deviennent en effet de plus en plus grandes et permettent dans une certaine mesure de s'affranchir de ces contraintes d'éloignement et de distance. À ces contraintes physiques des systèmes de transmission s'ajoute la limite temporelle car le geste et le son ont une existence éphémère. Or il est difficile de concevoir une communication sans durée. Pour pallier cet inconvénient, l'homme utilise une partie de son cerveau, sa mémoire. Il a aussi de plus en plus recours à des machines qui lui permettent de s'affranchir de ces contraintes de temps en conservant et en transmettant intact le message originel : magnétophone, magnétoscope, disque numérique... Ainsi tout appareil de communication doit comporter un vecteur et une mémoire.

Sens et réalité

Dès lors tout individu rationnel, conscient, capable de prévision et doté du libre arbitre acquiert, du fait de sa familiarité avec le milieu dans lequel il vit, un certain nombre de connaissances définies. ➡

LES SYSTÈMES D'ÉMISSION ET DE RÉCEPTION

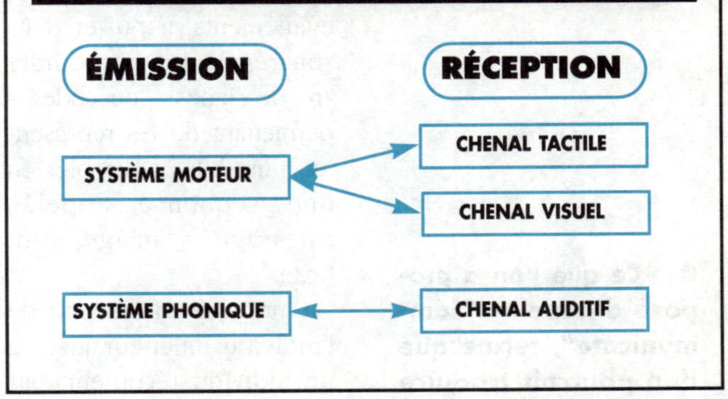

L'acte de communication consiste dans la transmission d'un message d'un individu émetteur à un individu récepteur.

Il est ainsi en mesure de découper la réalité qui l'entoure, même si c'est de façon arbitraire, en éléments distincts. Il rend cette réalité "discrète", c'est-à-dire composée d'éléments identifiables et dénombrables. Ceux-ci sont appelés "objets" s'ils sont placés dans l'espace, ou "événements" s'ils sont situés dans le temps, ou encore plus globalement "signifiés", et appartiennent soit à un univers proche, l'entourage familial par exemple, soit à un univers plus lointain, celui de l'environnement social.

En outre, tout individu est capable d'appeler à sa conscience ces éléments en établissant une correspondance entre ces signifiés et des éléments de signification, des signes, variations d'énergie de tous ordres, qu'il répertorie dans sa propre mémoire, et qui sont en nombre "n" fini. À un niveau supérieur, ce sont des séquences d'événements ou des collections d'objets – qu'on appelle "pattern" en anglais, ou "Gestalt" en allemand, et "structure" en français – que l'homme peut constituer, retrouver et distinguer de toute autre séquence ou collection. À cela s'apparente le hasard, considéré comme une absence d'ordre, et s'oppose le non-ordre, le "random", le "chaos" des Grecs anciens, le "tohou vebohou" des Juifs. Enfin – et partant du principe que l'homme ne vit pas seul –, on admet qu'aucun processus de partage d'expériences ou de connaissances ne peut exister entre des individus s'il n'existe entre eux une norme admise conjointement.

On suppose dès lors au moins un autre individu doté des mêmes éléments de signification, connaissant les mêmes signes et possédant le même répertoire.

À partir de ces trois postulats, qui mettent l'homme au centre du phénomène, s'est élaborée la théorie de la communication, appelée aussi théorie du vecteur par Robert Escarpit. ■

LA THÉORIE DE LA COMMUNICATION

Pour Claude E. Shannon, la communication se décompose en une série d'actes élémentaires parfaitement identifiables.

Sur le plan théorique, l'acte de communication consiste, pour un individu émetteur, à retrouver dans sa mémoire des objets, des événements, à puiser dans son répertoire un nombre "n" de signes – ou codes – permettant de les représenter, puis à les assembler en une séquence appelée "message" – image, son, texte.•

Ce message est transmis de l'individu émetteur jusqu'à un individu récepteur, par modification de son état premier – grâce à un apport d'énergie, physique ou électrique par exemple –, par l'intermédiaire d'un canal. La réception est l'identification de ce message, de cette séquence de signes – codes – par confrontation avec ceux que le récepteur possède dans son répertoire, leur reconnaissance et la reconstruction du message original par correspondance avec sa mémoire d'objets et d'événements.

LA COMMUNICATION COMME PROCESSUS

Claude E. Shannon a proposé un schéma théorique qui décrit la communication comme une série d'actes élémentaires et successifs que l'on peut identifier séparément. La communication devient le processus par lequel un message – séquence aléatoire de signes – est transmis d'une entité émettrice vers une entité réceptrice. Sa représentation prend la forme d'un graphique linéaire,

• Ce que l'on a proposé d'appeler "communicate", terme que l'on pourrait traduire par "communicat" en français.

SCHÉMA LINÉAIRE DE LA COMMUNICATION

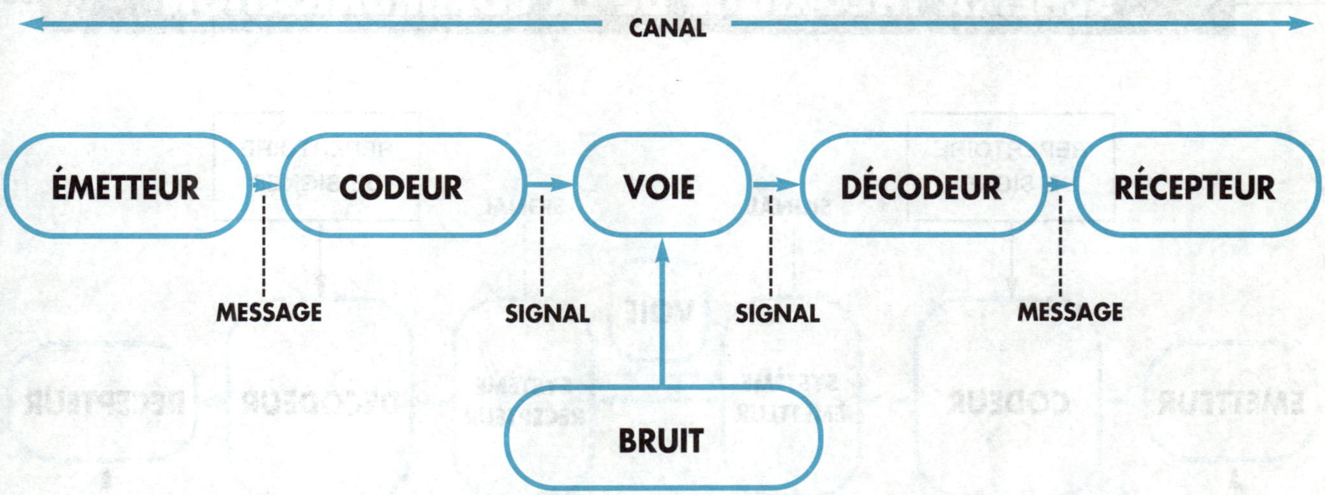

une chaîne – fidèle en cela à l'approche occidentale fondée essentiellement sur l'utilisation de l'hémisphère gauche du cerveau – dans laquelle l'accent est mis sur la transmission du message, sur les aspects techniques de la communication.

UN PROCESSUS EN HUIT ÉTAPES

Une analyse plus générale permet de distinguer huit éléments dans ce schéma.

1) L'émetteur ou la source : c'est un être intelligent qui, dans une intention de communication, construit une (ou des) représentation(s) mentale(s) à partir d'un répertoire d'objets et d'événements. Lors de cette étape, il produit des connaissances et non pas des informations.

2) Le codeur : pour donner une forme adaptée à l'intention de communication, il traduit le message mental en signes organisés selon des règles communes à partir d'un répertoire. Ces signes ont fait au préalable l'objet d'une convention entre l'émetteur et le récepteur. Cette convention est soit innée – mémoire génétique –, soit construite par expérience – système de relations équivalentes, de codes –, soit apprise dans un groupe social – le langage. L'imposition d'un code sur un langage est la condition de toute communication médiatisée.

3) Le système émetteur : l'ensemble de signes ne peut être transmis tel quel. Il faut l'adapter aux moyens disponibles. Il faut transformer chaque signe – ou ensemble de signes – en signal. Ce système génère le signal physique qui traduit le message en fonction de la voie de communication utilisée.

On peut caractériser les systèmes émetteurs selon la nature du codage – acoustique, optique, électrique… ou selon la directionnalité de la voie – récepteur unique ou multiple.

4) La voie : c'est le moyen de transport des signaux. C'est toujours un support physique – air, fil électrique ou fibre optique. ➡

RÉSUMÉ

LE SCHÉMA DE LA COMMUNICATION

Shannon distingue cinq éléments :
- une source d'information productrice d'un message ;
- un codeur qui transforme le message en un signal adéquat pour la transmission ;
- un canal qui permet la transmission du message entre l'émetteur et le récepteur ;
- le décodeur qui agit comme le codeur mais en sens inverse ;
- la destination qui peut être une personne ou une chose.

La théorie de la communication se veut essentiellement un modèle explicatif du processus de communication humaine.

SCHÉMA THÉORIQUE DE LA COMMUNICATION

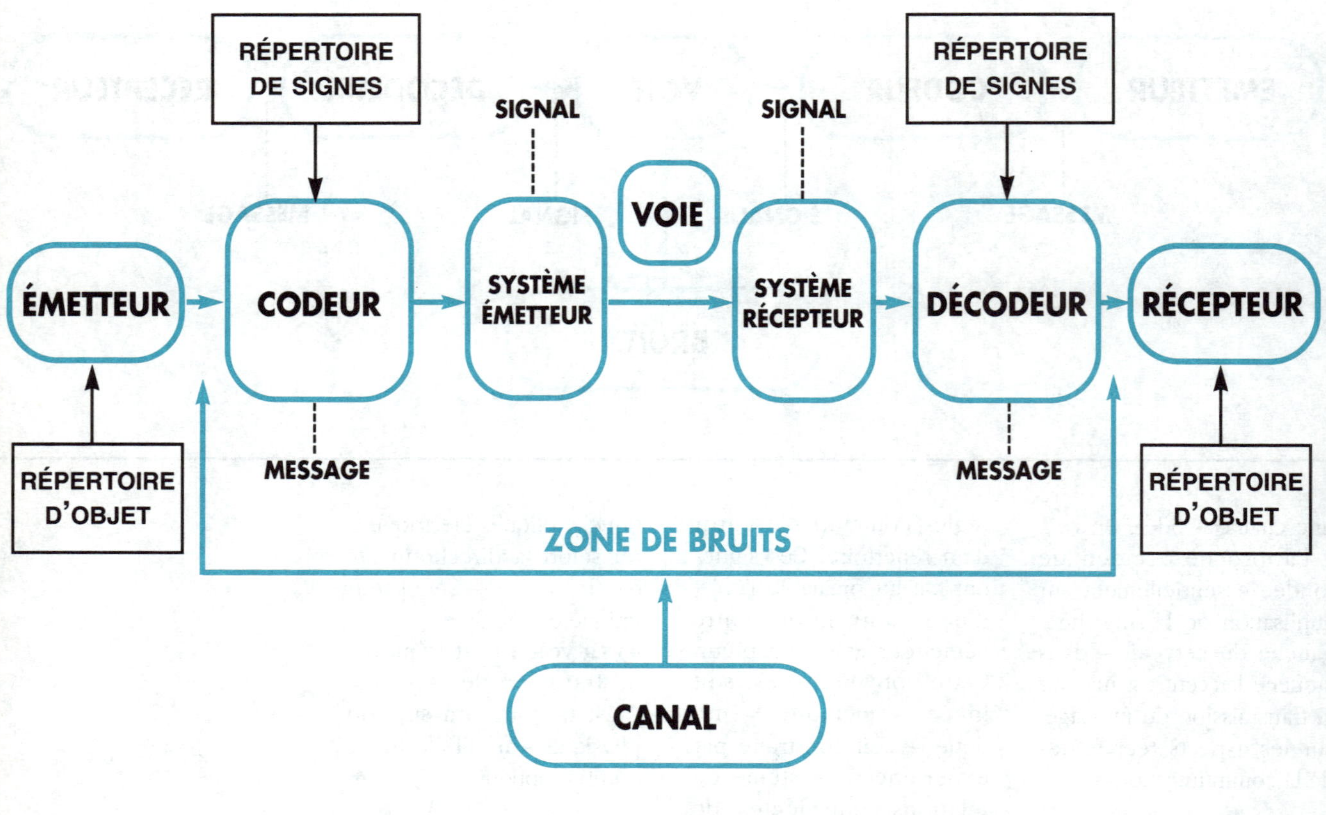

Sa qualité première est de transmettre en sortie exactement la même quantité de signaux que celle qu'elle reçoit à l'entrée. On peut distinguer deux types de voies : la voie naturelle directe – un homme parlant à un autre par exemple –, et la voie artificielle qui nécessite un système technique : support papier, lignes de télécommunications, etc.

DU COTÉ RÉCEPTEUR

5) Le système récepteur : il reçoit le signal physique, et, après transformation en une suite de signes, le transmet au décodeur.

> Le "bruit" recouvre "tout phénomène se produisant à l'occasion d'une communication, et qui n'appartient pas au message intentionnellement émis".

6) Le décodeur : il agit comme le codeur mais en sens inverse. En conséquence, son rôle est d'identifier les signes reçus en les confrontant à ceux de son répertoire. C'est l'opération de déchiffrement. La connaissance de l'autre devient information pour celui qui reçoit. Pour qu'il y ait pleinement communication, il doit être doté du même répertoire de signes que l'émetteur.

7) Le récepteur ou destinataire : c'est la personne à qui le message est destiné. Grâce à celui-ci, elle va pouvoir augmenter ses connaissances – le nombre d'objets ou d'événements qu'elle possède déjà dans son répertoire –, ce qui lui permettra de comprendre d'autres messages.

8) Le canal : c'est l'ensemble des éléments – codeur + système émetteur + voie + système récepteur + décodeur – situés entre la sortie de la source et l'entrée du destinataire.

Le canal est une zone sensible. Lorsque l'ensemble est parfaitement transparent, les signaux parviennent au récepteur tels qu'ils ont été émis par l'émetteur. Le canal est dit "sans bruit". Mais souvent, l'ensemble n'est pas transparent. Les signaux sont perturbés ou modifiés d'une manière plus ou moins importante par toutes sortes d'interférences, de parasites, d'altérations, de bruits. Ce bruit est généralement considéré comme une gêne, plus ou moins bien acceptée.

POUR UNE THÉORIE DU BRUIT

Les sources de bruits, responsables de tous les parasites qui nuisent à la parfaite transmission des signaux, à la bonne communication, sont nombreuses. Elles peuvent être d'origine technique (grésillement, interférence, parasitage), mais aussi physiologique (fatigue), psychologique (sympathie, préjugés), sociale (éducation, niveau de langue : populaire, savante, technique), institutionnelle (hiérarchie), culturelle (groupe social, leader d'opinion) ou politique (idéologie).

A. Einstein et H. Nyquist ont établi une théorie du bruit. Pour eux, celui-ci est "une agitation spontanée du monde extérieur ou des éléments matériels d'un canal, qui vient superposer ses effets, sous forme d'un signal parasite, au signal que l'homme envoie intentionnellement dans ce canal". Le bruit c'est tout ce que l'on ne voudrait pas quand justement on veut communiquer. Ils le considèrent comme "la toile de fond de l'univers", donc inhérent à la nature, donc inhérent à tout phénomène de communication.

MÉRITES ET INSUFFISANCES

La théorie de la communication se veut essentiellement un modèle explicatif du processus de communication humaine puisqu'elle implique émission et réception de signes intelligents. Elle énumère des éléments dans un système discret de communication.

Elle situe un certain nombre de problèmes, d'ordre technique (bruit, éloignement), sémantique (signe et message), psychologique (attitude) et économique (efficacité) dans un schéma explicatif global.

Elle correspond à une logique de la vérité, à une logique scientifique. Ce n'est pas un de ses moindres mérites même si le modèle proposé paraît insuffisant pour comprendre toute la complexité du phénomène de communication.

Ainsi, dans sa formulation première, elle exclut pratiquement une identité entre émetteur et récepteur, et donc l'action sur soi ("autoplastique"). En outre elle n'aborde pas la logique de l'action sur autrui ("alloplastique"). Enfin, selon ce modèle, pour qui communiquer c'est échanger consciemment des objets ou des événements, ces entités ne peuvent être que des êtres vivants et intelligents. Il serait alors abusif de parler de communication lorsqu'un des éléments est un animal, encore plus si c'est un objet inanimé ou une machine. Dès lors, de nouveaux phénomènes de communication – la communication entre un homme et une machine par exemple – lui échappent en partie. ■

> La communication ne s'établit qu'entre des êtres vivants et intelligents.

Peut-on réduire la communication à un processus linéaire d'émission de messages d'un émetteur à un récepteur nettement dissociés ?

Les limites de la théorie de la communication

La représentation théorique du processus de la communication ressemble à un phénomène linéaire, monodirectionnel de transmission de signaux d'un point à un autre dans un but de contrôle, dans lequel les fonctions d'émetteur et de récepteur sont nettement dissociées puisque placées aux deux bouts de la chaîne. La communication est réduite à un simple processus d'échanges de messages, de diffusion de contenus qu'il suffirait de comptabiliser.
Ce schéma n'illustre en fait qu'une partie de la réalité.

Des modèles parallèles

D'autres modèles ont été proposés pour le compléter en lui apportant une dimension nouvelle.
Étant plutôt d'inspiration psychologique, ou sociologique ou anthropologique, ils envisagent la communication comme une tentative d'ajustements à des rapports sociaux en permanente transformation, et s'intéressent aux recherches d'influence ou d'effets d'un phénomène de communication qui s'analysent cependant globalement selon les mêmes éléments. D'une part, ils insistent sur le fait que l'émetteur et le récepteur doivent non seulement posséder le même répertoire mais encore être "sur la même longueur d'onde", dans le même environnement pour que la communication puisse s'établir.

La communication, un mécanisme à sens unique ?

D'autre part, ils montrent que le processus de communication est un phénomène plus complexe que la représentation linéaire que l'on en donne. Le récepteur réagit au message de l'émetteur. Chacun exerce successivement sur l'autre une influence.
Il y a phénomène de réciprocité, de "feed-back". Une rétroaction s'établit à partir de ce que chacun des partenaires fait, dit et pense.

Un processus réciproque

Ces modèles rétablissent l'égalité entre les deux pôles de la communication en accordant à chacun le même degré d'initiative et la même latitude d'action.
Dès lors le schéma de la communication cesse d'être purement linéaire. Il devient circulaire. Il prend l'aspect d'une boucle dans laquelle le récepteur devient, à son tour et en réaction, l'émetteur d'un nouveau message constitué à partir du même répertoire de signes mais agencés différemment. C'est la réponse.
Et celle-ci n'est pas un élément ajouté ou superflu. Elle est au contraire inhérente au phénomène de communication.
C'est ce que Jean Cloutier a résumé en un mot : "Émerec", à la fois émetteur et récepteur.• ■

• **Jean Cloutier, *la Communication audio-scripto-visuelle*, 1973.**

L'INTÉRÊT DE LA THÉORIE DE LA COMMUNICATION

La théorie de la communication permet d'éclaircir les rapports entre l'homme et la nature.

Globalement, la théorie de la communication offre un cadre explicatif de la forme des rapports de l'homme avec le monde qui l'entoure. Elle réduit la complexité apparente de l'univers à un petit nombre d'entités sans exclure l'homme. Elle éclaire sans l'épuiser notre compréhension de l'Homme, de la Nature et du Monde.

Spécifiquement, le schéma de la communication offre au spécialiste de ce domaine un instrument d'identification des différents éléments de la chaîne de communication – de la source jusqu'au destinataire en passant par un canal avec bruit. Il donne un cadre d'analyse de leur caractéristique, de leur interaction, de leur dépendance, de leur complexité, et de leur multiplicité. Selon cette conception, les questions d'un des théoriciens de la communication, Harold D. Lasswell – "Qui – dit/transmet quoi – par quel moyen – à qui – avec quel effet?" – fournissent davantage une liste d'éléments à considérer dans l'analyse du phénomène de communication, qu'un bon outil d'analyse globale du processus même de l'échange, car elles traduisent l'idée d'un processus mécaniste qui induit un émetteur actif et un récepteur passif, en fait une communication à sens unique, ce qu'elle n'est pas.

> «Qui – dit/transmet quoi – par quel moyen – à qui – avec quel effet ?»

Cette grille d'analyse – bien connue du sociologue ou du spécialiste des médias – est un outil à réserver pour l'analyse de situations de communication bien particulières : la publicité, la propagande et les systèmes politiques par exemple.

Rite, culture et société

Pour l'analyse des médias, James W. Carey propose, en opposition au modèle purement mécaniste de la théorie, un modèle rituel de la communication, dans lequel l'homme crée, modifie et transforme son environnement culturel. Pour lui tous les éléments du public – pas seulement les émetteurs – sont acteurs dans la communication, en ce qu'ils participent en quelque façon à l'élaboration d'un schéma culturel collectif. Ainsi ce modèle définit la communication comme le processus de "maintenance of society in time".•

● **Le partage sociétal permanent**

Ce schéma a également été proposé comme modèle d'étude de la fonction bibliothécaire et documentaire puisque les analogies sont nombreuses entre ces deux fonctions et celle des médias. On trouve les mêmes protagonistes : source ; émetteur ; canal ; récepteur; destinataire. Pour jouer leur rôle, ils rencontrent les mêmes problèmes : sélection des messages, définition des publics, adéquation des produits, réduction des bruits, évaluation de la satisfaction.

Un récepteur autonome

Il semble enfin que ce soit uniquement dans le cadre d'étude sur la communication de l'information scientifique et technique que l'on ait pour l'instant reconnu au récepteur un statut de pleine autonomie. Celui-ci est estimé apte à choisir ses messages, à les parcourir en fonction de ses propres besoins. Dans toutes les autres situations de communication, le récepteur est considéré comme un partenaire plus ou moins passif. ■

BIBLIOGRAPHIE

Christian BAYLON, Xavier MIGNOT – *la Communication* – Paris, Nathan, 1990, 400 p. (Coll. Nathan Université).

Jean CLOUTIER – *la Communication audio-scripto-visuelle à l'heure des self-media ou l'ère d'Émerec* – Montréal, Presses de l'Université de Montréal, 1973, 253 p.

Jacques DURAND – *les Formes de la communication* – Paris, Dunod, 1981, 215 p.

Robert ESCARPIT – *L'Écrit et la communication* – Paris, P.U.F., 128 p. (Que sais-je ? n° 1546).

Robert ESCARPIT – *Théorie générale de l'information et de la communication* – Paris, Hachette-Université, 1976, 218 p.

Abraham MOLES, Claude ZELTMAN – *la Communication et les mass média* – Verviers, Gérard, 1973, 393 p.

Rapport sur la communication dans le monde – Paris, Unesco, 1990, 524 p.

Warren WEAVER, Claude E. SHANON – *Théorie mathématique de la communication* – Paris, Retz, 1975, 188 p.

Les formes d'échange qui caractérisent la communication entre un émetteur et un récepteur sont multiples et variées.

Les formes de communication

Le schéma théorique offre un outil d'analyse du phénomène global de communication. Mais cela cache des situations de communication très nombreuses et variées. Autrement dit les éléments peuvent être analysés en fonction de diverses formes d'échange.

La communication peut être à la fois personnelle et immédiate (cas de la conversation téléphonique) ; ou anonyme et immédiate (cas du vidéotex) ; ou personnelle et différée (la correspondance littéraire) ; ou anonyme et différée (le livre ou la presse).

C'est ce que l'on constate dans les systèmes d'information primaire.

> "Dans tout système social, la communication apparaît comme un acte d'affirmation de l'individu et du groupe contre l'espace et le temps pour contrôler l'environnement, renforcer son identité, agir sur et avec les autres. Elle demeure à la fois inhérente à la condition humaine et élément constitutif de toute structure sociale.", "Rapport intérimaire" – Unesco, 1978.

Si en outre elle est anonyme, immédiate et multipersonnelle, elle caractérise le journalisme audiovisuel.

Si elle est anonyme, immédiate et unipersonnelle, elle caractérise la télémessagerie (téléphone rose).

Les conserves du savoir (systèmes d'information documentaire) ont, sans en avoir l'exclusivité, recours à une communication à la fois anonyme et différée.

Si en outre elle est monodirectionnelle et unipersonnelle, elle caractérise plutôt le centre de documentation.

Si elle est monodirectionnelle et multipersonnelle, elle caractérise plutôt la bibliothèque.

Communication, ouverte ou fermée

La communication n'est efficace que si elle tient compte des besoins, frustrations, chimères de l'autre.

C'est un échange d'information afin de mieux comprendre la réalité de ce qui fait son propre environnement et celui de l'autre. C'est l'univers de la rencontre – qui s'oppose à celui du contrôle – de deux entités capables de penser et de partager. La communication est une relation dans laquelle le récepteur a autant à voir dans les effets que l'émetteur.

La communication devient une relation sociale construite autour de l'échange d'informations, et cet échange d'informations modifierait davantage la relation elle-même avec l'émetteur et/ou le récepteur. À une conception orientée, dirigée, contrôlée de la communication, s'oppose une conception souple, ouverte et globale dans laquelle chacun des éléments joue un rôle même si les partenaires de la communication ne sont pas nécessairement également actifs – ce qui est le cas dans la communication de groupe ou de masse, et est moins vrai dans la communication entre personnes. Quoi qu'il en soit, la communication est toujours fonctionnelle. Elle remplit un besoin social, elle satisfait une envie personnelle, elle répond à une exigence économique et apparaît comme une nécessité politique. ■

> « La communication est une relation dans laquelle le récepteur est aussi impliqué que l'émetteur. »

INFORMATION ET COMMUNICATION : POUR UNE DISTINCTION

Information et communication apparaissent indissociées. Pourtant, conceptuellement, il convient de les distinguer.

UNE DISTINCTION CONCEPTUELLE

Les mots "communication" et "information" sont souvent utilisés confusément d'un pays à l'autre, et d'un chercheur à l'autre. Ainsi les habitudes et les connotations font que ce que les Français appellent Association internationale des études et recherches sur l'information (AIERI) devient pour les Américains International Association for Mass Communication Research (IAMCR).

UNE CONFUSION CONSTANTE

Beaucoup d'auteurs emploient indifféremment – sans qu'on puisse savoir d'ailleurs si c'est volontairement ou non – les expressions "théorie de la communication" et "théorie de l'information" pour aborder cette étude du signe, du message, de sa signification, de sa transmission et de son influence sur l'environnement humain ou mécanique. De même dans la littérature, qu'elle soit spécialisée ou non, on trouve les expressions "the information age", "the communication revolution", "la société de l'information", "le monde de la communication" qui toutes recouvrent à peu près la même idée.

Ces confusions prouvent à quel point les deux notions "communication" et "information" sont à la fois indistinctes, indissociées et d'usage aléatoire.

DISTINGUER LE PROCESSUS ET LE CONTENU

Ces deux termes appartiennent à l'outillage explicatif des sciences qui étudient les phénomènes de la vie et du mouvement : biologie, physique, sociologie, droit, informatologie, médialogie... Ils sont utilisés pour exprimer le fonctionnement des échanges qui s'établissent entre les éléments constitutifs des corps, systèmes ou ensembles, car la vie n'existe que grâce aux échanges, la mort marquant la fin de ces échanges. Or l'étude de ces échanges, de ces relations, concerne deux aspects fondamentaux :

- **celui du processus de l'échange** (le comment ?);
- **celui du contenu de l'échange** (le quoi ?).

DES CONCEPTS COMPLÉMENTAIRES

Ces deux aspects apparaissent totalement complémentaires et indissociables car ils correspondent aux deux facettes d'une même réalité. Cette situation explique la difficulté d'usage des mots "communication" et "information" sensés les exprimer. Cette difficulté peut être levée en rattachant chacun de ces deux mots à un, et un seul, de ces aspects fondamentaux comme le propose Pierre Albert :

- **"communication"** conviendrait pour exprimer le **"processus de l'échange"** dont les différents éléments à observer sont fournis par la grille établie par Harold D. Lasswell, grille classique du sociologue ou

Rien n'oblige à subordonner la notion d'information à celle de communication; ni à privilégier le contenu par rapport à l'échange.

du spécialiste des médias : "Qui – dit/transmet quoi – par quel moyen – à qui – avec quel effet";

> La distinction entre information et communication est celle du contenu et des moyens.

• **"information"** conviendrait pour exprimer le **"contenu de l'échange"**. Dès lors le schéma d'analyse du contenu ou schéma d'actance – outil du documentaliste-analyste – s'articule autour d'une des questions proposées par Lasswell : "qui dit quoi". Il la reprend, mais pour mieux interroger le contenu, il la fait éclater : "à cause de – qui – fait – quoi – où – quand – comment – pour quoi".

À la différence du précédent, ce schéma n'est pas un outil d'analyse de la relation globale "émetteur–récepteur". Il isole le seul élément qui l'intéresse : le message véhiculé.

Une distinction sans séparation

Il n'y a pas plus de raison de subordonner la notion d'information à celle de communication, que de privilégier le contenu par rapport à l'échange.

Il y a certes une dynamique essentielle de l'information, comme il y a une réalité incontournable de la communication.

Mais ces deux notions restent fondamentalement consubstantielles. L'une ne peut aller sans l'autre. La communication est un phénomène d'échange qui ne se comprend que par le contenu de cet échange. Et l'information sans la communication n'existe pas. Il n'y a information que par la communication.

On s'oriente ainsi nettement vers une distinction conceptuelle et une fusion opérationnelle des processus et des contenus. ■

Quand faut-il parler de "transmission", de "diffusion" ou de "transfert" de l'information ?

Précisons les processus

Transfert", **"transport"**, **"diffusion"**, **"distribution"**, **"dissémination"**, **"transmission"**, **"circulation"**, **"communication"**, **"publication"**, **"propagation"**, autant de notions que l'on rencontre couramment et indifféremment – voire confusément – dans la littérature.

Ces notions sont toujours associées dans les esprits à une idée de mouvement. À chaque fois, on retrouve l'idée de passage d'un message d'une source vers un destinataire. Elles ne sont toutefois pas exactement synonymes.

Transférer ou transporter

Par **"transfert"**, on entend généralement le déplacement d'un élément quelconque d'un point à un autre.

Le terme de **"transport"** est lui réservé pour indiquer le transfert de matière ou d'énergie, autrement dit de contenu sans signification.

Par contre, quand il s'agit d'un transfert d'information, autrement dit de contenu avec signification, on utilise plutôt le terme de "communication". La distinction entre ces deux notions repose uniquement sur le sens. Mais toute l'activité organisée, individuellement ou collectivement, autour des transferts et des échanges d'idées, de faits et de données, relève des industries de la communication.

La **"transmission"** est la phase qui permet de faire franchir au message la distance et parfois le temps. Elle s'effectue par le canal. C'est une opération purement technique qui est caractérisée par le fait qu'elle est unidirectionnelle.

La diffusion suppose l'amplification du message original. Mais les stratégies de diffusion des messages sont fondées largement sur le hasard, et entraînent pour la société, comme pour tout être vivant, d'énormes gaspillages car une grande partie de l'information n'est jamais utilisée.

Pour mieux comprendre le phénomène de diffusion de l'information écrite, on a cherché une analogie avec la diffusion en sciences physiques. Une solide adéquation est apparue, ce qui laisse espérer une formulation plus scientifique du phénomène.

> Selon Jean Cloutier, " La diffusion du message produit est le processus final qui permet au médium de jouer son rôle dans la communication. Elle complète l'opération transmission et est l'inverse de l'opération production."

Publication et circulation

La **"publication"** consiste à rendre public – manifeste – le message produit. C'est une diffusion organisée.

Le concept de **"circulation"** qui s'est forgé au XVIIe siècle, est lié à l'étude de la circulation sanguine, découverte en 1616 par l'Anglais Harvey. Il a été utilisé au XXe siècle en France par les urbanistes – concept de "circulation routière" alors que les Anglo-Saxons parlent de "trafic". Il évoque la possibilité d'aller d'un point à un autre dans un cadre organisé.

Dans le contexte de l'information, la notion de "circulation" recouvrirait et la production et la distribution de l'information. Quoi qu'il en soit, la circulation de l'information reste un phénomène inhérent à toute société organisée.

Sans celle-ci, on ne peut imaginer les progrès de l'administration, du commerce, de l'éducation, du savoir, du pouvoir.

...et la documentation?

Même si les deux notions d'information et de communication paraissent étroitement liées à tel point qu'il est souvent difficile de les dissocier et que les confusions sont nombreuses dans les discours, il convient d'essayer de les distinguer conceptuellement, ne serait-ce que parce que théoriquement elles ne se confondent pas, et que pratiquement elles correspondent à des approches, préoccupations et points de vue assez différents.

La documentation privilégie l'information, le message, mais ne peut oublier qu'une information est une connaissance communiquée. ■

BIBLIOGRAPHIE

Pierre ALBERT – « Communication, information et documentation : essai de clarification des notions et du vocabulaire » – *Schéma et schématisation*, n° 14, 2e trimestre 1981, p. 8-12.

Jean CLOUTIER – *la Communication audio-scripto-visuelle à l'heure des self-media ou l'ère d'Émerec* – Montréal, Presses de l'Université de Montréal, 1973, 253 p.

"Communication" – *Scientific American*, sept. 1972, vol. 227, n° 3, pp. 30-172.

La distinction entre donnée et information est loin d'être évidente. Les définitions informatiques sont sans doute les plus claires.

BASES ET BANQUES DE DONNÉES

QU'EST-CE QU'UNE DONNÉE ?

• Signification qu'un être humain assigne à une donnée en utilisant les représentations conventionnelles.

Les informaticiens se présentent comme les spécialistes du traitement de l'information, ce que revendiquent aussi les journalistes et les documentalistes. Là encore sous les mêmes mots ou expressions, chacun défend quelque chose de spécifique qui d'ailleurs justifie parfaitement son existence. Mais la confusion ne tient-elle pas à un abus de langage ? Ne pourrait-on pas distinguer les concepts et en conséquence éviter les confusions ?

INFORMATION ET DONNÉE

L'acception de "donnée" est variable. Le mot est utilisé pour représenter des états différents dans le processus de communication.

L'édition 1966 de l'*International Federation of Information Processing* – IFIP-ICC Vocabulary – donne les définitions suivantes :

• **data** : "a representation of facts or ideas in a formalised manner capable of being communicated or manipulated by some process".•• Ces faits et idées sont naturellement reconnus par une opération de l'esprit;

•• Data : faits ou idées représentés sous une forme qui puisse être communiquée ou traitée par quelque procédé que ce soit.

•**information** : "the meaning a human assigns to data by means of the known conventions used in their representation".• C'est tout aussi naturellement par une opération de l'esprit qu'un sens est attribué.

Selon ces définitions, la donnée, élément que l'on peut communiquer ou traiter, est synonyme de connaissance. Dans ce cas, la donnée est préalable à l'information. L'homme crée, conçoit à partir d'événements. Pour communiquer cela, il le traduit en données. Le récepteur traduit les données communiquées en information. En outre, l'information apparaît être la valeur accordée à la donnée dans un contexte particulier. Dès lors, la même donnée, selon ce qu'on en fait, peut avoir un sens différent, et donc fournir des informations différentes.

En revanche Jean Meyriat distingue la "donnée" et la "connaissance". Une donnée ne devient connaissance que si on lui donne un sens. Pour lui, elle est synonyme d'événement, d'élément discret, de "pattern". Une connaissance ne devient information que lorsqu'elle est communiquée dans un message, la communication étant le processus (*l'Espace social de la communication,* Paris, CNRS, 1985).

Dans les deux cas, la donnée est cependant l'élément préalable.

DES DÉFINITIONS AMBIGUËS

Ces définitions (voir définition 1) paraissent ambiguës dans la mesure où, même si la donnée est conçue pour en faciliter le traitement, l'information peut également être traitée. Dès lors, la donnée ne serait plus qu'une possibilité de représentation – pour l'ordinateur ? – selon la nature ou la difficulté du traitement à effectuer. Hors ce problème, le contenu de ces définitions montre surtout qu'il ne peut y avoir une donnée s'il n'y a pas eu préalablement une information.

UN PRINCIPE D'ANTÉRIORITÉ...

Quel est alors l'ordre de succession entre la connaissance, l'information et la donnée? Le postulat est qu'au départ, il y a toujours un événement, un élément discret quel qu'il soit (stade 1). Si l'homme est capable d'en tirer un sens, il acquiert une connaissance. Cette connaissance paraît préalable à toute action de communication (stade 2). Pour communiquer cette connaissance, l'homme crée une forme, en

DÉFINITION 1

Les définitions officielles françaises de ces deux termes remettent en cause la hiérarchie entre ces notions (arrêté du *Journal officiel* du 28 octobre 1980, confirmé par celui du 22 décembre 1981) :

- **une "information"** est un "élément de connaissance susceptible d'être représenté à l'aide de conventions pour être conservé, traité ou communiqué";
- **une "donnée"** est la "représentation d'une information sous une forme conventionnelle destinée à faciliter son traitement".

choisissant dans son répertoire de signes, ceux qui conviennent à la situation. Il constitue une séquence aléatoire de signes, un message (stade 3). Le message est transmis par un canal à autrui, acte de communication (stade 4). Le récepteur déchiffre ce message pour en extraire le contenu, la connaissance communiquée, l'information (stade 5).•

... OU UNE DISTINCTION FOND/FORME

Ainsi l'information, dans le cadre d'une conception plus étroite que celle fournie par la définition officielle, mais aussi plus proche de celle proposée par la théorie de la communication, devient l'"élément de connaissance susceptible d'être représenté à l'aide de conventions pour être communiqué" (considération d'une communication potentielle), ou la "connaissance communiquée" (considération d'une communication effective). La donnée est alors "la représentation de cette information – donc une fois la communication faite – sous une forme qui permette son traitement" (stade 6). L'ordre ainsi proposé est conforme à la place généralement accordée aux notions retenues. Il conforte l'acception "informatique" de "donnée" (voir définition 2).

LA DONNÉE = UNE FORME

C'est la transformation de l'information pour en permettre le traitement manuel ou informatisé, c'est-à-dire sa récupération à partir de critères.

À titre d'exemple, pour un message dont le contenu informationnel serait :

"La hauteur du mont Blanc est de 4 810 m", la représentation correspondante permettant le traitement de cette information sous forme de "données" serait alors :

Montagne = mont Blanc
Hauteur = 4 810 m

Pour un autre message dont le contenu est : "L'auteur des *Misérables* est Victor Hugo", la transformation en données serait :

Auteur = Hugo Victor
Titre = les Misérables

UN PRINCIPE ANALYTIQUE

C'est le principe du catalogage, de la description formelle du document. Les bibliothécaires et documentalistes font de la transformation en données souvent sans le savoir.

Une donnée est ainsi l'ensemble constitué d'un ou plusieurs binômes réunissant une rubrique – ou variable – identifiant la nature de l'information (ici "montagne" ou "auteur"), et une valeur – ou contenu – expression de la connaissance (ici "mont Blanc" et "Hugo Victor"). ■

• Si le message est considéré comme une séquence aléatoire de signes sans signification, il n'y a pas "information".

DÉFINITION 2

LA DONNÉE SELON LA THÉORIE DE LA COMMUNICATION

observation	+ pensée	= événement
événement	+ compréhension	= connaissance
connaissance	+ signe(s)	= message
message	+ partage	= communication
communication	+ connaissance	= information
information	+ code de traitement	= donnée

La banque de données contient une information utile et immatérielle, qu'elle soit permanente ou éphémère.

LA BANQUE DE DONNÉES

Elle contient des stocks d'informations de même nature. Pour continuer l'exemple utilisé ci-dessus, la banque de données à constituer contiendrait toutes les données sur les montagnes françaises et étrangères, ou sur les ouvrages de littérature française. Ce recueil autoriserait un certain nombre de traitements, et permettrait d'obtenir, entre autres, un classement de ces montagnes par altitude décroissante ou par ordre alphabétique; ou des listes par auteur ou par titre.

QUE CONTIENT-ELLE?

En règle générale, l'information contenue dans une banque de données est :

• **"utile"** : renseignement pratique ou information spécialisée;

• **"immatérielle"** ou "électronique", même si à tout moment, on peut obtenir une forme matérielle sous forme de listage;

• **"permanente"** (information spécialisée) ou **"éphémère"** (renseignement pratique).

POUR QUELLE COMMUNICATION?

La forme de la communication est :

• **généralement monodirectionnelle**. Elle peut devenir bidirectionnelle si le programme est pourvu d'une certaine intelligence et réclame une attitude active;

• **illusoirement unipersonnelle**, alors qu'elle est multipersonnelle puisque le même message est envoyé aux personnes qui posent les mêmes questions. La façon de résoudre la question permettrait cependant d'introduire un paramètre d'initiative personnelle et donc de renforcer le caractère unipersonnel de la communication;

• **toujours immédiate**, tout au moins pour celui qui interroge. Face au terminal, la personne obtient immédiatement réponse à ses questions, même si ce ne sont pas toujours les réponses souhaitées;

Informaticiens et documentalistes ne parlent pas le même langage.

• **parfaitement organisée**, l'interrogation des banques de données se fait en suivant des procédures très strictes qui tiennent autant à la nature des outils utilisés (ordinateur et logiciel), qu'à des obligations de contrôle des accès et d'identification du demandeur.

BASE ET BANQUE DE DONNÉES

Une tradition documentaire qui nous vient des pays anglo-saxons et qui a été reprise par Simon Nora et Alain Minc dans leur rapport sur *l'Informatisation de la société*, ce qui a fortement contribué à la populariser en France, a entériné, dans la décennie 1970, l'expression "base de données" pour qualifier celle qui

DÉFINITIONS

La base de données est un ensemble de données organisé en vue de son utilisation par des programmes correspondant à des applications distinctes et de manière à faciliter l'évolution indépendante des données et des programmes.

La banque de données est un ensemble de fichiers apparentés rassemblant des données dans un domaine défini de connaissances et organisé pour être offert aux consultations d'utilisateurs.
(arrêté du ministère de l'Éducation nationale et du ministère de l'Industrie en date du 28 octobre 1980, confirmé par celui du 22 décembre 1981).

BASE ET BANQUE DE DONNÉES

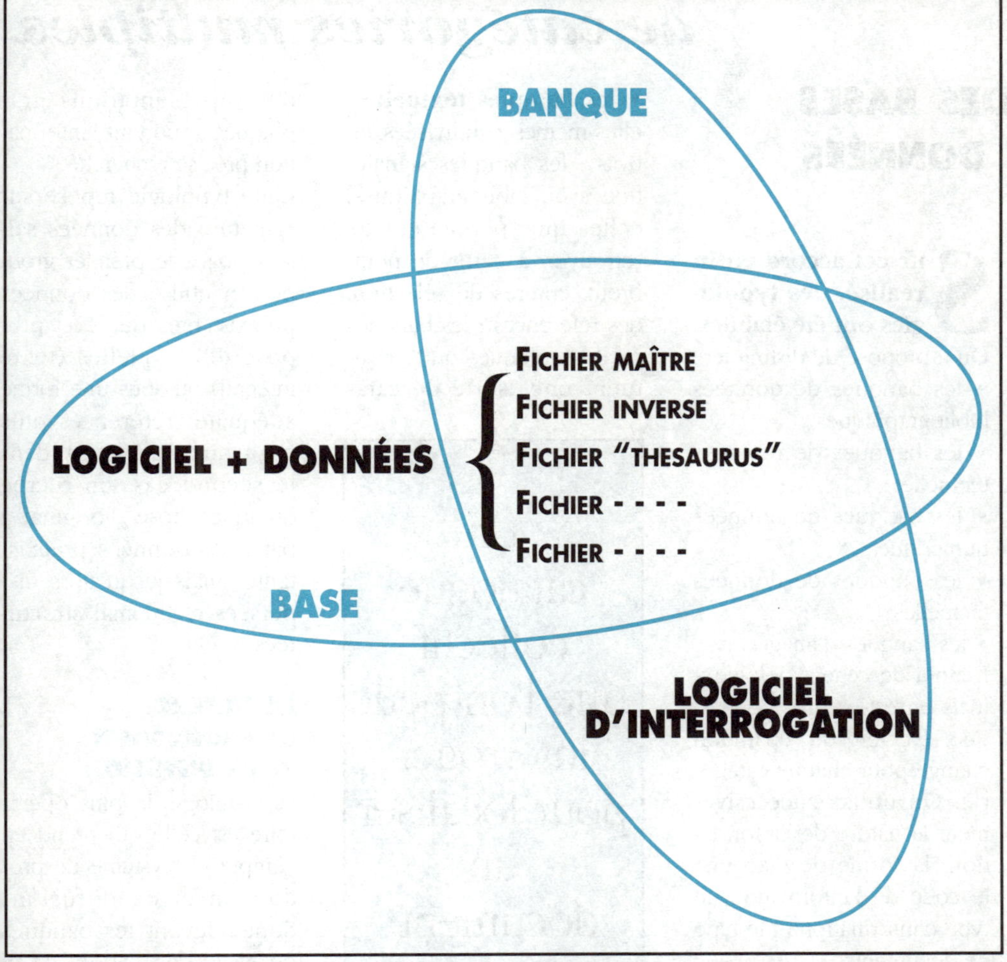

contient des données bibliographiques, et par opposition, l'expression "banque de données" pour qualifier celle qui contient des données non bibliographiques. Seulement cette tradition – vite et bien ancrée à tel point qu'on la trouve encore aujourd'hui – s'est heurtée à celle des informaticiens pour qui "base de données" avait un autre sens. Le dialogue devenait dès lors très difficile entre ces deux populations appelées néanmoins à travailler ensemble autour de projets d'informatisation.

DÉFINITIONS OFFICIELLES

Pour régler ces divergences, des définitions officielles ont été établies pour ces termes. On conçoit donc désormais que si l'on prend le point de vue du concepteur – souvent l'informaticien –, il n'y a que des "bases de données". Par contre, si l'on prend celui de l'utilisateur, il n'y a plus que des "banques de données" au sens que leur donne le Groupement français des fournisseurs d'information en ligne (GFFIL) : "systèmes de documentation accessibles en temps réel et en conversationnel au moyen de terminaux reliés par des réseaux de transmission à l'ordinateur". L'ennui, et cela explique la confusion tenace chez certains professionnels comme les documentalistes, c'est qu'on peut être en même temps et concepteur et utilisateur de sa propre "base de données" – également "banque". De même quand on utilise les bases produites par les autres, ce sont des banques pour soi. L'embrouillement dans la terminologie est sinon inévitable, du moins compréhensible. ■

Les classements proposés pour les banques de données ne sont guère satisfaisants : critères variables ou trop larges pour rendre compte de catégories multiples.

La typologie des bases et banques de données

Sur cet accord enfin réalisé, des typologies ont été établies. On a proposé de distinguer :

- les banques de données bibliographiques ;
- les banques de données textuelles ;
- les banques de données numériques ;
- les banques de données factuelles ;
- les banques d'images.

L'ennui de cette typologie – mais en est-ce une ? – c'est que le critère de répartition change pour chaque catégorie. On utilise successivement la nature de l'information, la forme de discours, le code de l'information, le type d'information et le type de documents.

Le critère formel

Une autre repose sur les signes utilisés. On distingue :

- les banques alphanumériques (banques textuelles et bibliographiques);
- les banques purement numériques (les banques factuelles);
- les banques iconiques (les banques d'images).

Le critère de contenu

Enfin on a proposé de répartir les banques de données selon deux grandes catégories :

- **les banques textuelles**, elles-mêmes subdivisées en trois : les banques signalétiques ou bibliographiques, celles qui "permettent de retrouver, à partir de nombreux critères de sélection, des références"; les banques catalographiques qui constituent une "sorte de catalogue collectif que l'on peut interroger pour localiser un document"; les banques en texte intégral qui "permettent d'obtenir directement le document ou l'extrait de document qui contient l'information recherchée";
- **les banques factuelles** (ou numériques), lesquelles sont "constituées, non pas à partir des documents mais, à partir des données extraites, puis validées et stockées et traitées de façon à permettre des corrélations, des comparaisons, des manipulations, des représentations graphiques apportant l'information précise recherchée".

> Un catalogue collectif que l'on peut interroger pour localiser un document.

Cette typologie repose sur la nature des données saisies : dans le premier groupe, on utilise des données préexistantes que l'on propose telles quelles (texte intégral) ou sous une forme adéquate (références plus ou moins complètes); dans le second cas, on recrée quelque chose d'original à partir de données préexistantes mais jusqu'alors dispersées et/ou mal structurées.

Le critère de production et de diffusion

La typologie la plus opératoire est celle qui prend en compte le "système de production et de diffusion" dont relèvent les banques de données. D'où deux groupes :

- celui du système primaire : les banques de données factuelles. Celles-ci se subdivisent en banques de données textuelles (texte original), banques de données numériques (série numérique) et banques de données iconiques (banques d'images). Naturellement des combinaisons sont possibles (images et textes, ou textes et chiffres par exemple);
- celui du système secondaire : les banques de données signalétiques (bibliographiques, catalogra-

phiques...), celles qui contiennent des références décrivant des documents originaux, celles qui ont été produites et diffusées par un des systèmes primaires de production et de diffusion de l'information.

UNE THÉORISATION NÉCESSAIRE

La pratique doit s'appuyer sur une théorie explicative et les praticiens d'une même discipline doivent utiliser des concepts et un vocabulaire qui leur permettent de communiquer entre eux et avec les autres praticiens.
Ce projet intéresse fortement la documentation.
L'activité "documentaire" s'analyse parfaitement dans le schéma de la communication. Elle agit sur l'information – qui est soit latente soit activée –, plus précisément pour y retrouver la connaissance que l'émetteur veut communiquer – le contenu du message. Elle effectue sur celui-ci et sur son support – le document – un certain nombre d'opérations, et en particulier des traitements qui, à certains moments – lors des phases de description ou d'indexation essentiellement –, requièrent une transformation en données. ■

SCHÉMA

COMMUNICATION ET TRAITEMENT DE L'INFORMATION DOCUMENTAIRE

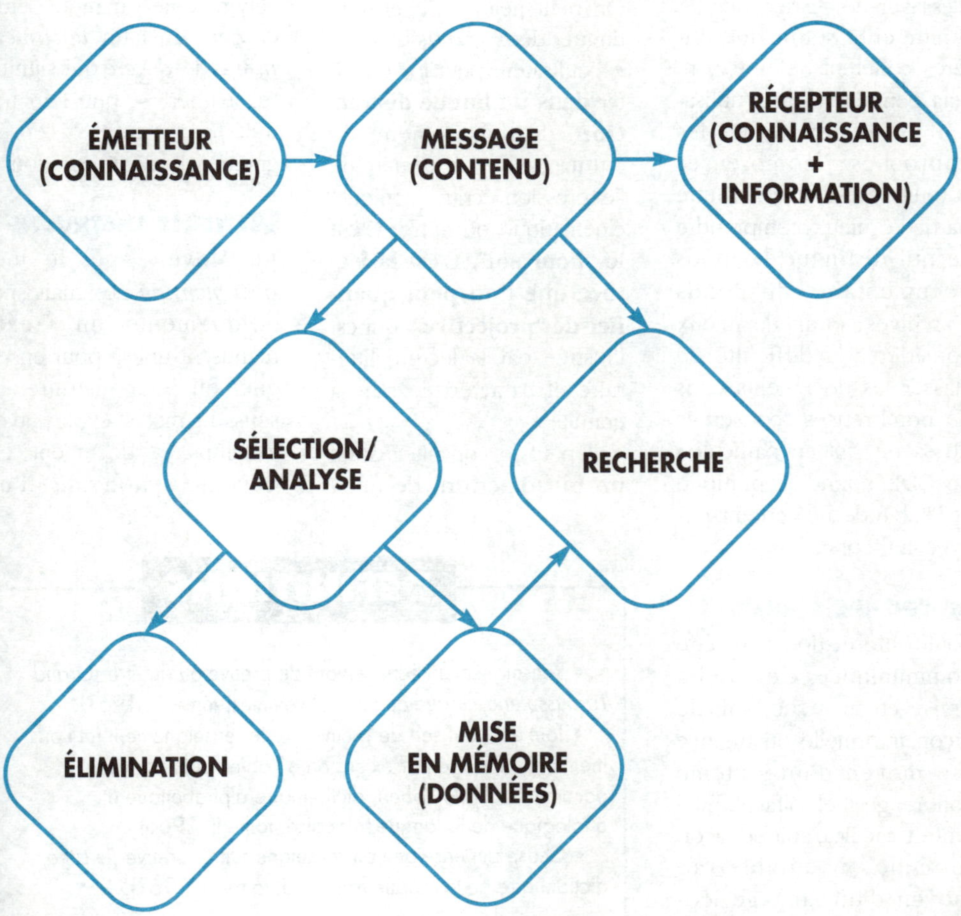

Du « documentum » au vidéodisque, le document est un outil essentiel de toute quête du savoir.

UN DOCUMENT, QU'EST-CE QUE C'EST ?

PLUSIEURS APPROCHES DU DOCUMENT

Certains mots sont aujourd'hui tellement utilisés que l'on en arrive à ne plus bien savoir ce qu'ils recouvrent. C'est le cas de "document", c'est le cas de son dérivé "documentaire". Il importe donc de définir ce qu'est un document et d'essayer de classer tous les documents selon des critères cohérents. D'une part, cela permettra à tout utilisateur de mieux cerner les approches nombreuses autour de cet objet; d'autre part, de mieux comprendre ce qui distingue le fonds documentaire du fonds d'archives; enfin de mieux considérer la difficulté de classer les documents dans de nombreuses "conserves du savoir", et en particulier en CDI, quand la pratique et l'habitude ne cadrent pas avec la théorie.

LE CRITÈRE FORMEL

Toute information peut être communiquée, c'est-à-dire émise et/ou reçue, soit de façon informelle ou fugitive (au moyen d'un système sonore, gestuel, olfactif, gustatif ou tactile), soit de façon formelle ou durable (au moyen d'un langage iconique ou écrit). Dans ce dernier cas, elle est obligatoirement couchée sur un support. On obtient ainsi un document qui peut être gardé, conservé, reproduit. Il peut également être traité en vue d'une récupération et d'une utilisation ultérieure par un quelconque destinataire. L'usage que peut en faire celui-ci est naturellement divers.

LE CRITÈRE D'USAGE

On peut néanmoins en distinguer deux grands types :

- l'utilisateur peut le consulter **dans un but de distraction**, de délassement, de culture, pour le plaisir de l'expression écrite, iconique, cinématique ou autre. **C'est le "pour soi". C'est la lecture que l'on peut qualifier de "projective",** qui est illustrée par la lecture littéraire et caractérisée par sa gratuité;
- il peut le consulter **dans un but d'action**, de décision : le document est une mémoire qu'une personne interroge en suivant son propre programme de travail. **C'est l'"en soi". C'est la lecture "objective"** qui est illustrée par la lecture documentaire et caractérisée par son utilité.

DÉFINITION DE "DOCUMENT"

Tous les dictionnaires ou presque indiquent d'abord l'étymologie du mot. Celui-ci vient du latin *documentum* – de *docere* qui signifie "enseigner" –, que l'on traduit par "exemple", "enseignement", "démonstration".

UN TEXTE INSTRUCTIF

Au Moyen Âge, le mot *documentum* désignait spécifiquement un texte manuscrit utilisé pour enseigner ou pour instruire. Le sens du mot a évolué avec le temps, et "document" est devenu synonyme d'un

DÉFINITIONS

• Renseignement écrit servant de preuve ou de titre *(Grand Larousse encyclopédique* en 10 volumes, tome IV, 1961).

• Tout écrit qui sert de preuve ou de renseignement (et l'on mentionne l'usage par extension d'"objets saisis comme documents...") *(le Robert,* dictionnaire alphabétique et analogique de la langue française, tome II, 1966).

• Chose qui enseigne ou renseigne : titre, preuve *(le Littré,* dictionnaire de la langue française, tome III, 1967).

écrit servant de preuve ou de renseignement. C'est la définition que l'on trouve dans les grands dictionnaires. Les définitions ne parlent pratiquement que du document écrit, ce qui, resitué dans le contexte historique, en particulier technique, est somme toute normal. Mais le développement récent des techniques, des pratiques et des besoins a encore fait évoluer la notion de document. ■

Document = information + support

Le document est d'abord la trace matérielle d'une information, directement lisible ou soumise à interprétation.

Un document est la combinaison d'une information (connaissance communiquée) et d'un support, moyen de communication. Il y a donc une trace à la différence du média qui utilise des moyens de communication sans trace (radio, télévision, vidéotex...) pour communiquer des informations.
On distingue le document par interrogation et le document par intention.

Le document par interrogation

Est document tout support d'information. C'est donc toujours un objet matériel. On peut concevoir à la limite que tout objet matériel, support de quelque chose, peut devenir un document à partir du moment où quelqu'un l'interroge, et qu'il le restera aussi longtemps qu'il y aura quelqu'un pour l'interroger. Mais cette capacité doit être actualisée d'autant que la capacité d'information contenue dans un objet est virtuellement illimitée. Ainsi les objets d'une salle de classe ont une valeur d'information différente selon que l'on est pédagogue – on s'intéressera à la disposition des tables et du bureau magistral –, architecte – on s'intéressera au volume de la pièce, aux matériaux de construction et à l'isolation phonique –, artisan-menuisier – on regardera la forme et le mode de fabrication du mobilier, tables et chaises –, ou historien de l'éducation – on cherchera la présence ou l'absence de l'estrade...

> Tout objet peut devenir un document, c'est-à-dire l'objet d'une recherche.

C'est parce qu'on veut un renseignement qu'on cherche une preuve, qu'on utilise un document. Pour qu'il y ait document, il faut donc quelqu'un qui cherche. C'est l'utilisation qui devient essentielle. C'est l'utilisateur qui fait le document. Il y a une action volontariste sur un document qui pourtant peut avoir été créé dans un tout autre dessein. Dès lors tout objet est potentiellement un document, même si tout objet n'a pas pour fonction normale de porter une information. Il doit donc être à jamais conservé. C'est l'approche de l'archiviste ou du muséographe.

Le document par intention

Certains objets ont été réalisés, et cela de façon bien intentionnelle de la part de leurs auteurs, pour porter et communiquer des informations. Ils ont été faits pour être documents, faits pour communiquer de façon répétée les mêmes informations. C'est la raison de leur existence. Cette caractéristique leur confère un rôle particulier dans la diffusion des connaissances, dont ils deviennent un vecteur privilégié. Le document par ➡

Le classement des documents n'est pas une question purement abstraite : il engage une pratique documentaire particulière.

intention est ainsi l'objet recherché du documentaliste et du bibliothécaire.

Le support d'un message informatif

Dans ce cas, le document est défini comme un support, élément physique, auquel une information matérialisée selon un code – un message en fait – a été confiée pour permettre sa communication, sa conservation, et ultérieurement sa récupération en vue d'une autre consultation ou utilisation.

Une très grande variété de supports

Les documents sont désormais non seulement écrits ou imprimés, mais aussi informatiques, graphiques, photographiques, cinématographiques, vidéographiques, phonographiques, ce que traduit bien la définition proposée ci-dessous par Robert Estivals et Jean Meyriat. ■

DÉFINITIONS

• L'Institut international de coopération intellectuelle dans sa définition établie en 1937 :
"Toute base de connaissance, fixée matériellement, susceptible d'être utilisée pour consultation, étude ou preuve."
• L'Organisation internationale de normalisation (ISO – TC 46) :
"Ensemble formé par un support et une information, généralement enregistrée de façon permanente, et tel qu'il puisse être lu par l'homme ou la machine."

"Toute connaissance mémorisée, stockée sur un support, fixée par l'écriture ou inscrite par un moyen mécanique, physique, chimique, électronique, constitue un document. Dans la chaîne primaire de création, tant que le document est créé mais n'est pas encore utilisé par un récepteur, il reste un document virtuel. Dès lors qu'il est employé et décodé par un récepteur, le document devient réel : il a trouvé son utilisateur."

LE DOCUMENT

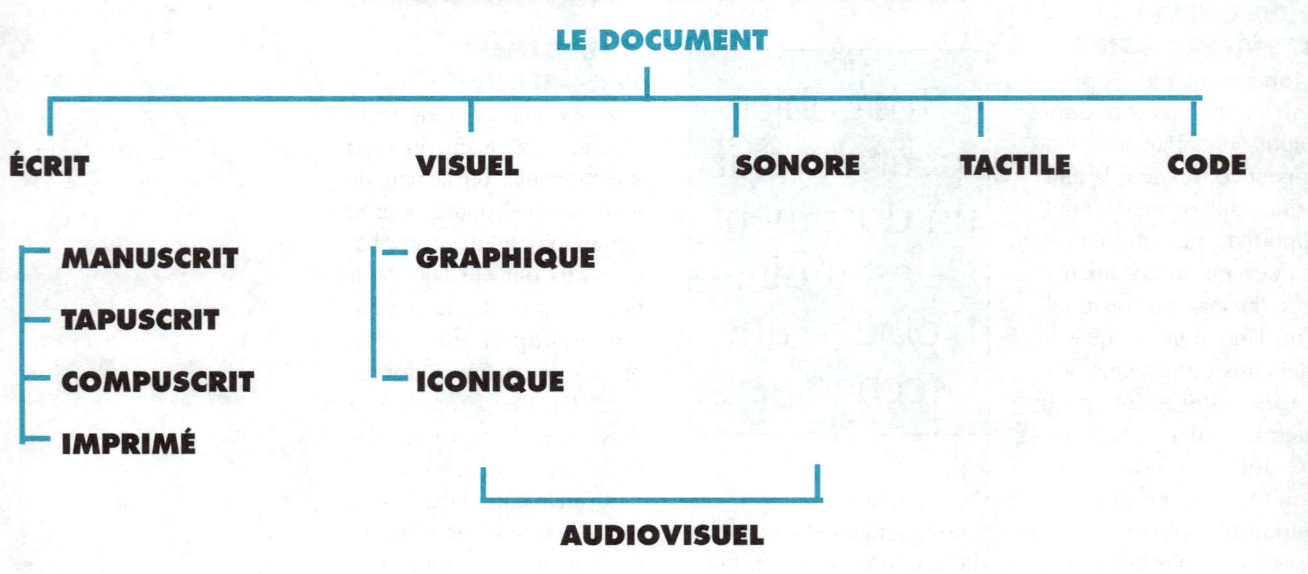

Les documents sont le plus souvent classés en fonction de leur mode de perception... ou d'enregistrement.

TYPOLOGIE DES DOCUMENTS PAR INTENTION

La typologie la plus citée, la plus connue, répartit les documents en :

1) Documents écrits, ce qui correspond à la fois à un mode de représentation et à un mode d'enregistrement. Ils ont une caractéristique commune en ce qu'ils sont tous porteurs d'une majorité de signes alphanumériques, marques de l'écriture.

Ils peuvent être subdivisés en :

• **manuscrit** : celui-ci est unique car écrit à la main, et a une diffusion confidentielle, c'est l'archive ou la lettre ;

• **tapuscrit** (ou document dactylographié) : il est composé à partir de caractères alphanumériques normalisés et est publié à moins de cinq exemplaires, d'où une diffusion restreinte. C'est le rapport ou le preprint ;

• **compuscrit** (ou document écrit électronique) : il est établi en un certain nombre d'exemplaires à partir de caractères alphanumériques normalisés en sortie d'ordinateur. C'est le listage ;

• **imprimé** : il est composé à partir de caractères alphanumériques normalisés. Sa technique de fabrication permet une large diffusion et son mode de distribution un large accès principalement par le réseau commercial. C'est le livre ou le périodique.

2) Documents visuels (mode de perception) ou iconographiques (type de signes). Ce sont les documents que l'on regarde bien qu'ils ne soient pas écrits.

Ils sont eux-mêmes subdivisés en :

• **graphique** : il est fait d'une majorité de formes géométriques. Il est soit projeté, dans ce cas sa consultation nécessite un matériel, à l'exemple du transparent ; soit non projeté, dans ce cas sa consultation se fait en accès direct. C'est le plan, le diagramme ou le dessin ;

• **iconique** : il est fait d'une majorité de formes non géométriques. Il est soit projeté, dans ce cas sa consultation nécessite un matériel, à l'exemple de la diapositive ou du diaporama ; soit non projeté, dans ce cas sa consultation se fait en accès direct. C'est la photographie ou l'estampe.

3) Documents sonores (mode de perception) : ce sont ceux qui produisent des sons perceptibles par l'oreille humaine – le disque ou la bande magnétique.

4) Documents tactiles (mode de perception). Ce sont les documents dont le contenu est communiqué par le toucher. C'est le document Braille (lecture de points imprimés en relief).

5) Documents codés (mode d'enregistrement). Le contenu de ces documents est enregistré au moyen de codes d'enregistrement, spécifiques du support utilisé, différents des codes fonctionnels ou intellectuels.

> Des documents illisibles par l'homme.

L'enregistrement peut se faire par une :

• **perforation** : la carte et la bande perforée ;

• **magnétisation** : la bande et le disque magnétique ;

• **incrustation** : le disque optique numérique (D.O.N.). Ils sont généralement illisibles directement par l'homme et nécessitent en conséquence un matériel pour la consultation.

6) Documents à deux dimensions (mode de perception). Leur consultation fait obligatoirement appel à deux organes sensibles. ➡

L'écrit privilégie le mode de représentation; l'audiovisuel, le mode de perception. La prédominance du premier mode est progressivement supplantée par le second.

Soit :

- **l'ouïe et la vue** (document audiovisuel) : le film ou la vidéo;
- **le toucher et la vue** : la maquette, le modèle ou le jeu éducatif.

Une typologie discutable

Cette typologie, très classique, n'est pas aussi opératoire qu'elle paraît, et explique peut-être l'extrême simplification choisie par les bibliothécaires quand ils répartissent les documents en deux groupes : les livres – en fait tous les documents écrits – et les "non–livres" – tous les autres types de documents.

D'un côté les livres, de l'autre, les non-livres.

C'est que le choix des rubriques de classement relève de critères différents. Celles-ci sont parfois établies en fonction du mode de perception (toucher, vue, ouïe), parfois en fonction du mode de représentation physique du signe (alphanumérique, iconique, graphique), ou encore des différentes techniques d'enregistrement (dessin, perforation, magnétisation, incrustation, écriture...). Historiquement, le rôle de l'écrit a conduit à privilégier le mode de représentation. Le développement de l'audiovisuel a aujourd'hui donné de l'importance au mode de perception.

Le mode de perception recouvre les moyens dont disposent l'homme et, par analogie, la machine pour consulter un document.

On trouve :

- **le toucher :** tout document dont le contenu est perçu par le toucher est un document tactile. Dès lors devraient appartenir à ce genre des documents comme un ouvrage en braille ou une carte perforée (perforation détectée par la machine);•
- **la vue :** tout document dont le contenu est perçu par l'organe de la vue, l'œil, est considéré ici comme visuel. Selon cette définition, le livre, comme l'affiche, est un document visuel;
- **l'ouïe :** tout document dont le contenu est perçu par l'oreille, est un document sonore. Le disque, la bande magnétique sont des documents sonores.

À ces moyens sont naturellement associées des actions :

- **la lecture :** l'homme lit un livre (texte), une photographie (icone), un plan (graphique). La machine lit une bande magnétique (magnétisation) ou une cassette vidéo (onde électrique), ou encore un D.O.N. (incrustation). Lire, c'est ainsi suivre des lignes pour déchiffrer les signes qu'elles portent. Cela est indépendant de la nature des symboles dont ces codes sont composés. Les films sont linéaires et "lus" bien qu'il soient composés de photographies;
- **l'audition :** l'homme écoute un disque, ou une bande magnétique (son), pas la machine.

Il y a des combinaisons possibles entre certains modes de perception (document à deux dimensions), par exemple entre la vue et l'ouïe. On notera toutefois que la terminologie consacrée, au lieu de s'appuyer sur un même critère (moyen ou action), s'est construite en les mélangeant : audio (action) et visuel (moyen).

Mode de représentation et d'enregistrement

Le mode de représentation recouvre les différents signes permettant de représenter une information : signe alphanumérique (textuel); iconique; graphique; optique; magné-

• **Pour Marshall McLuhan, la télévision est un média "tactile" puisqu'elle touche à la fois l'œil et l'oreille!** ***(Pour comprendre les média*, 1968.)**

tique ; acoustique ; électrique. Dans ce cas, le livre est un document textuel.
L'affiche est, selon le nombre relatif des signes qu'elle porte, textuelle, iconique ou graphique. La bande magnétique est un document magnétique.
Le mode d'enregistrement recouvre la traduction des différents signes selon un code d'enregistrement propre au support utilisé : perforation, incrustation, magnétisation, écriture, dessin... Dans ce cas le livre peut être un document écrit ou dessiné. La bande est soit perforée, soit magnétisée.

PROBLÈME DE CLASSIFICATION

Dès lors que l'on utilise uniquement ou conjointement ces critères de classification, certains documents peuvent être placés en plusieurs endroits, à l'intérieur d'un critère, ou à cheval sur plusieurs critères.
En effet faut-il considérer :

- **l'atlas** comme un document graphique, iconique ou imprimé ?
- **l'affiche** comme un document graphique, iconique ou écrit ?
- **la bande magnétique** comme un document sonore, magnétique ou codé ?
- **la microforme** comme un document écrit, visuel ou codé ? Même question pour la diapositive.

La réponse à ces questions apparaît impossible à fournir puisque ces ambiguïtés sont en fait inhérentes aux critères de classification retenus.

D'AUTRES CATÉGORIES?

D'autres critères de classification ont été proposés. Les documents peuvent ainsi être rangés dans des catégories selon que l'on utilise le critère de :

- **complexité du contenu :** document simple ou ne portant qu'une seule information (la dépêche de presse ou le télégramme) par opposition au document complexe qui porte plusieurs informations (le périodique);
- **obsolescence de l'information :** document éphémère ou précaire ou dont l'intérêt informatif est bref (le quotidien), par opposition au document durable, permanent, celui dont le contenu garde longtemps un intérêt informatif (le livre ou l'encyclopédie);
- **fréquence de parution :** document unique, publié une fois pour toutes (le livre), par opposition au document à publication répétée (le périodique);
- **mode d'acquisition :** document accessible par le réseau commercial (le livre ou le périodique), par opposition au document à diffusion restreinte, la "littérature grise" (le rapport ou le preprint);
- **mode de présentation :** document fixe ou qui ne change pas pendant la consultation (la photographie ou le brevet), par opposition au document animé ou composé d'un grand nombre d'éléments mis en mouvement (le film, le disque ou la vidéo);

Dans ce cas, le livre est-il un document fixe ou animé?

> Ces classifications offrent plus d'intérêt sur le plan de la pratique que sur celui de la théorie.

- **mode de consultation :** document qui peut être consulté directement, sans l'intermédiaire d'un outil quelconque – comme le livre, la carte ou la photographie –, par opposition au document "dont la consultation ou l'utilisation passe nécessairement par l'intermédiaire d'un appareillage approprié", – comme la diapositive, le film, la bande magnétique ou le disque, ce qu'une norme française de catalogage appelle étrangement le "document audiovisuel".••

Ces classifications, et la liste des critères n'est pas exhaustive, présentent en fait peu d'intérêt sur le plan théorique car les classes sont trop peu nombreuses, donc peu discriminantes. Par contre elles sont beaucoup plus opératoires sur le plan pratique car très simplificatrices. ■

•• **Norme AFNOR-ZA du 13 juin 1975 ; on notera que cette distinction est celle que choisissent les bibliothécaires pour classer leurs documents, celle-ci ne faisant qu'illustrer, avec un autre vocabulaire, leur vision d'un monde documentaire partagé en livre (document écrit) et non-livre (document visuel et document audiovisuel).**

La distinction la plus efficace, souvent pratique aussi, sépare les documents selon leur nature et leur fonction.

Document primaire et secondaire

Devant toutes ces difficultés, l'accord semble s'être fait, parmi les spécialistes, sur une classification établie d'après la nature du document, elle-même déterminée par l'appartenance à l'un des deux systèmes de production-diffusion des documents : le système primaire, celui qui va de l'auteur jusqu'au diffuseur en passant par l'éditeur; le système secondaire qui a été conçu pour faciliter la récupération des documents utiles parmi tous les documents générés par le système primaire.

Le document primaire

On identifie ainsi :

• **le document primaire (ou original) :** celui qui est le résultat de l'acte de pensée d'un émetteur, celui qui porte le message lors de sa création. Il peut être consulté, utilisé par n'importe quel récepteur (homme ou machine selon le support). Comme cette catégorie regroupe un grand nombre d'objets, on la subdivise en :

– **document primaire brut :** forme de reproduction d'un événement sans intervention de l'homme. Celle-ci peut être soit d'ordre quantitatif, c'est-à-dire constituée de données discrètes, statistiques, chimiques ou autres (cours de la bourse, résultats d'enquêtes); soit d'ordre descriptif (dépêche de presse; photographie, liste de noms ...).

– **document primaire élaboré :** porte la marque de l'émetteur (choix ou mise en ordre des informations). C'est le cas du livre, de la photographie d'art, ou du disque.

Le document secondaire

• C'est un produit élaboré dans le système secondaire de production-diffusion des documents, qu'il soit bibliothécaire, documentaire ou archivistique. Il est obtenu par un traitement effectué sur le document primaire. Il porte des informations sur le document primaire et permet sa récupération, sa consultation ou son exploitation ultérieure. Cette catégorie est illustrée par la bibliographie, la liste de titres, le catalogue de bibliothèque, le compte-rendu critique ou l'index, et plus récemment par les banques de données bibliographiques.

Ces documents secondaires constituent autant **d'outils documentaires**, dès lors qu'ils sont mis en œuvre dans un contexte d'usage.

Le traitement documentaire

Devant l'abondance des documents primaires et secondaires, sont élaborés des outils qui facilitent le traitement documentaire. Parmi eux :

• **les outils** qui servent au traitement du contenu des documents primaires en vue d'obtenir des documents secondaires. L'exemple classique en est le répertoire de vedettes-matières ou la liste de mots clés, ou encore le thesaurus;

• **les produits** qui résultent de l'inventaire et de l'évaluation des ressources documentaires en vue d'offrir de meilleurs services aux utilisateurs des organismes d'information. Ils s'élaborent à partir des documents secondaires. On y range la "bibliographie de bibliographies" ou la "liste de revues de résumés".

Certains auteurs parlent alors de document tertiaire. Cela paraît inapproprié car il n'existe pas de système de production-diffusion tertiaire des documents. Il s'agit là encore de documents élaborés dans le cadre du système secondaire de production-diffusion des documents.

De la connaissance à la bibliographie

Cette typologie qui correspond à des processus de production, de traitement et de diffusion différents, dessine une organisation de forme pyramidale avec à la base le stock énorme des connaissances, au-dessus le volume important d'informations matérielles et immatérielles, puis les nombreux documents primaires, et enfin au sommet les documents secondaires. ■

RÉSUMÉ

Il y a :

• l'information elle-même (connaissance utile);

• l'objet qui porte cette information (document primaire);

• le document qui indique où est l'information recherchée ou signale l'outil de récupération de cette information (document secondaire).

Conserver, communiquer, approfondir le savoir : telles sont les fonctions du document.

LES FONCTIONS DU DOCUMENT

On trouve deux grandes catégories de fonctions, celles liées à l'intention de celui qui élabore ou fournit le document (conservation, preuve, promotion), et celles liées à un contexte d'utilisation par le détenteur du document (réflexion, exploration).

CONSERVER L'INFORMATION

Une fonction de conservation de l'information : le document est une conserve, une trace de l'activité d'une personne ou d'un organisme. Il en constitue la mémoire extérieure.

Une fonction de référence : le document du fait de sa pérennité – et dans des conditions de conservation qui en garantissent l'intégrité – constitue un référent qui supplée momentanément à la mémoire de l'individu, voire la remplace complètement. Dès lors, il joue le rôle de preuve.

COMMUNIQUER LE SAVOIR

Une fonction de communication et de promotion sociale : l'auteur d'un document – à travers sa diffusion, sa consultation – cherche à faire connaître son apport personnel au développement des arts ou des sciences, et ainsi à obtenir une reconnaissance de sa qualité – d'écrivain, d'artiste, de chercheur – par la communauté à laquelle il appartient. Seul le document – par la trace qu'il laisse – assure pour l'instant cette fonction sociale très importante.•

Le document, c'est de la conserve.

DÉCOUVRIR

Une fonction de réflexion : le document, c'est l'objet qui fournit des informations, celui qui permet à un auteur – un émetteur – de communiquer ses connaissances, de faire savoir. C'est le moyen pour le lecteur – le récepteur – d'apprendre ce que les autres ont fait et construit avant. C'est le moyen de ne pas refaire ce que les autres ont déjà fait et de s'appuyer sur eux pour aller plus loin. De faire une démarche documentaire.

Une fonction exploratoire : la consultation de documents correspond un peu à un parcours initiatique dans un univers inconnu. La séquence de lecture, le hasard des enchaînements ainsi réalisés sont autant de découvertes de nouveaux phénomènes et de créations d'événements qui, à leur tour, vont venir alimenter le répertoire d'objets et enrichir le stock de connaissances de la personne.

THÉORIE ET PRATIQUE

Le document est un élément identifiable – comme un individu –, puisqu'il est matériel, visible, palpable, manipulable.

À ce titre il possède ses propres caractéristiques, modes d'utilisation et d'exploitation.

Mais, l'histoire a identifié le document au document écrit. Les autres, trop récents, cherchent une identité difficile à établir puisqu'en l'occurrence la théorie ne cadre pas avec la pratique.

Enfin, considéré globalement, ou dans un "continuum" – comme une foule d'objets semblables –, il acquiert une autre logique, celle du média, celle de l'édition, celle du cinéma... ■

• **cf. Le rôle social de l'édition scientifique chez les chercheurs.**

BIBLIOGRAPHIE

Audiovisuel et administration : typologie des documents, collecte, signalisation, droits d'auteur, communication, conservation – Paris, la Documentation française, 1988, 64 p.

Robert ESTIVALS, Jean MEYRIAT – « la Dialectique de l'écrit et du document : un effort de synthèse » – *Schéma et schématisation*, 2e trimestre 1981, n° 14, pp. 83-85.

Jean MEYRIAT – « Document, documentation, documentologie » – *Schéma et schématisation*, 2e trimestre 1981, n° 14, pp. 51-63.

Le résultat d'une recherche est scientifique s'il est inédit ; il est ensuite reproduit, ou vulgarisé.

LE DOCUMENT SCIENTIFIQUE

SCIENCE ET VULGARISATION

Avec l'accroissement récent mais spectaculaire du volume des connaissances humaines et le besoin de les diffuser le plus largement possible – on a ainsi écrit dix fois plus de livres scientifiques dans ces cinquante dernières années que depuis le commencement de l'imprimerie –, s'est développée une activité éditoriale particulière autour du document scientifique.

QU'EST-CE QU'UN DOCUMENT SCIENTIFIQUE ?

Cette question se pose pour le chercheur qui souhaite avoir une garantie de qualité sur la littérature qu'il doit consulter ; pour le documentaliste qui doit repérer pour les signaler aux autres les documents utiles ; pour l'enseignant qui doit apprendre à ses élèves à travailler en distinguant entre le scientifique et le vulgaire.

Cette question se pose aussi pour pouvoir faire la part dans l'explosion de l'information entre l'original et le redit et ainsi apprécier ce phénomène dans sa dimension sociologique.

Cette question se pose enfin pour tout auteur désireux de faire scientifique dans sa publication : que dois-je faire ?

LES CRITÈRES DE SCIENTIFICITÉ

On peut définir le document par son contenu.

La recherche scientifique est une quête permanente vers un savoir toujours plus important. Chaque chercheur essaie d'apporter sa pierre, sa contribution, à l'avancement des connaissances humaines.

Dès lors, un critère devient essentiel pour apprécier cet apport : l'originalité.

> Le document scientifique est celui dont le contenu d'information est inédit.

Le document scientifique est celui dont le contenu d'information est inédit, et, ce faisant, participe au progrès de l'Homme. Ce critère pour être essentiel n'est pas suffisant, puisque l'idée d'originalité permet la validation d'informations non vérifiées. Pour être scientifique, un document doit non seulement être original, mais aussi argumenté, sérieux, fondé sur une méthode scientifique telle que les résultats ne puissent être remis en cause *ipso facto*.

POUR UN PUBLIC RESTREINT

On peut le définir par ce qu'il n'est pas : un document de vulgarisation.

Le document scientifique peut être considéré comme un travail réservé exclusivement à quelques initiés, seuls capables d'apprécier la démarche de l'auteur-chercheur (sérieux) et de comprendre les résultats (originalité). *A contrario,* le document qui s'adresse à un public plus large – articles de synthèse pour un public d'étudiants avancés, d'ingénieurs, d'enseignants, voire de chercheurs d'autres disciplines – n'est plus scientifique.

C'est un document de vulgarisation destiné à faire connaître à d'autres un savoir déjà établi. Cette dénomination ne met pas en cause l'intérêt de ce travail car on a besoin d'ouvrages de vulgarisation de grande qualité pour des publics divers, sur tous les

LA DIFFUSION DE L'IST

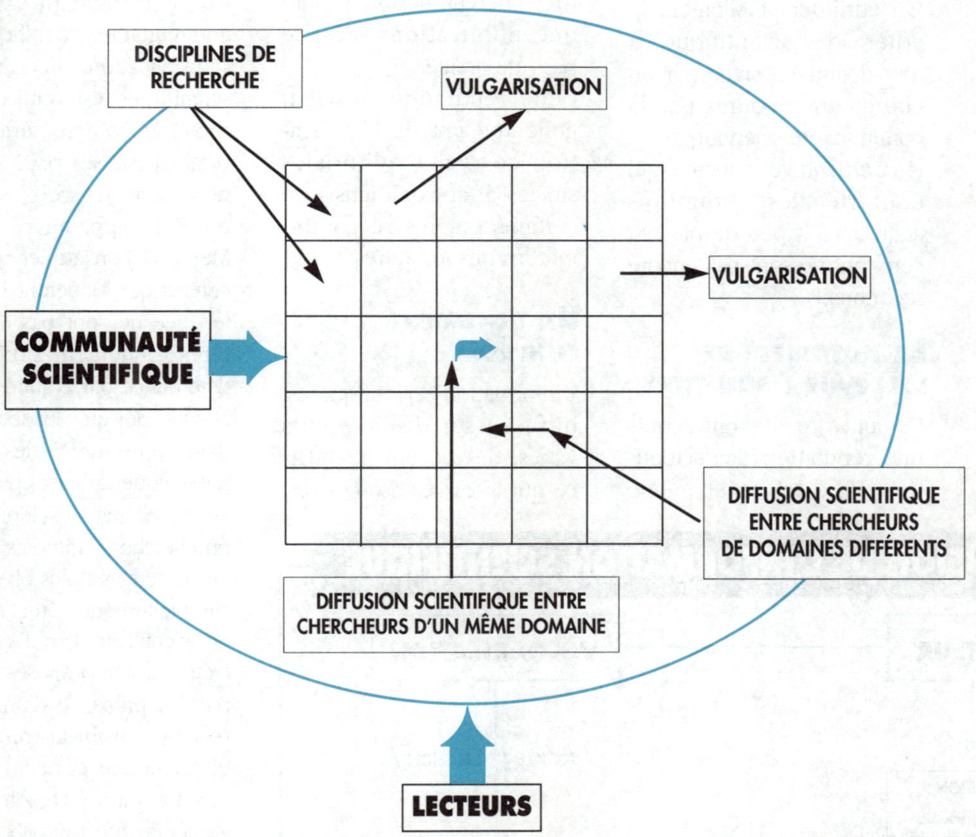

sujets où les connaissances progressent. Mais le caractère scientifique est incomplet car si l'on peut qualifier le travail de sérieux, il est souvent difficile de le qualifier d'original sur le plan scientifique.

LES CONDITIONS DE PUBLICATION

Le comité de lecture : la mention d'un comité scientifique – comportant des personnes reconnues par la communauté scientifique. En bonne règle, celui-ci devra être le garant d' :

- **une appréciation sérieuse** et professionnelle portée sur le travail présenté par l'auteur d'un manuscrit ;
- **une sélection des manuscrits** les plus aptes à être publiés parmi ceux qui ont été reçus ;
- **une qualité de la présentation** afin de donner aux manuscrits qui sont acceptés la meilleure forme possible ;
- **une réponse à donner** à chaque auteur dans un délai raisonnablement rapide.

LA FORME RÉDACTIONNELLE

On observera que certaines revues donnent aux auteurs de manuscrits des règles de présentation formelle strictes. Parmi celles-ci, certaines sont à noter puisqu'elles constituent une des bases des qualités scientifiques et qu'elles permettront d'exercer un contrôle sur le travail :

- bibliographie ;
- notes de bas de page.

LES LECTEURS

La qualité des lecteurs – ici chercheurs – peut permettre de définir une revue.
La notion de scientificité dépend donc de celui qui utilise le document, dépend de sa plus ou moins grande familiarité avec la discipline. ➡

Le caractère sérieux, scientifique, d'un document est proportionnel à la renommée scientifique de son auteur.

La notoriété de l'auteur

On attribuera facilement le critère de "scientifique" à tout document signé par un chercheur reconnu par la communauté scientifique.

A contrario ce principe qui conforte les situations acquises fait peu de place à ceux qui ne sont pas encore reconnus.

La notoriété de la revue : son titre

Certaines revues ont acquis une réputation de "scientifiques", à tel point même que pour être reconnu par la communauté scientifique, tout chercheur doit y faire une publication. C'est le passage obligé.

Cette réputation provient généralement de l'application de règles éditoriales strictes. Il apparaît ainsi que certains critères se confortent les uns les autres.

Un document contrôlé

L'information scientifique est diffusée sur des supports variés, des documents. Mais ce qui la caractérise ce n'est pas cette variété des supports, quels qu'ils soient, c'est le contrôle qu'exerce la communauté scientifique sur sa publication. Un document scientifique est celui qui est reconnu comme sérieux et original par ses pairs ou par le groupe de ceux auquel on désire appartenir.

Même si l'on admet que les critères qui fonderont l'appartenance ne sont pas des critères totalement subjectifs, déterminés par d'autres chercheurs, puisque le document devra répondre à des règles scientifiques admises par toute la communauté scientifique, on cherche néanmoins à définir des critères plus objectifs – car facilement détectables – de scientificité d'un document.

Deux ont été proposés. D'une part, la présence d'un appareillage bibliographique : bibliographie et/ou notes de bas de page. Dès lors on admettra que tout document qui contient cet appareillage a de bonnes chances d'être scientifique, ce qui n'exclut pas – mais rend le classement plus difficile – qu'un document dépourvu de cet appareillage le soit aussi.

D'autre part, un titre a deux niveaux : un titre et un sous-titre, celui-ci se distinguant de celui-là par la marque typographique ":". Selon cette proposition – dite "hypothèse de Dillon" – un document est "scientifique" si son titre s'écrit avec deux points.

Dans les deux cas, et mieux encore en combinant les deux critères, on dispose alors d'une base bibliométrique. ■

LA DIFFUSION DE L'INFORMATION SCIENTIFIQUE

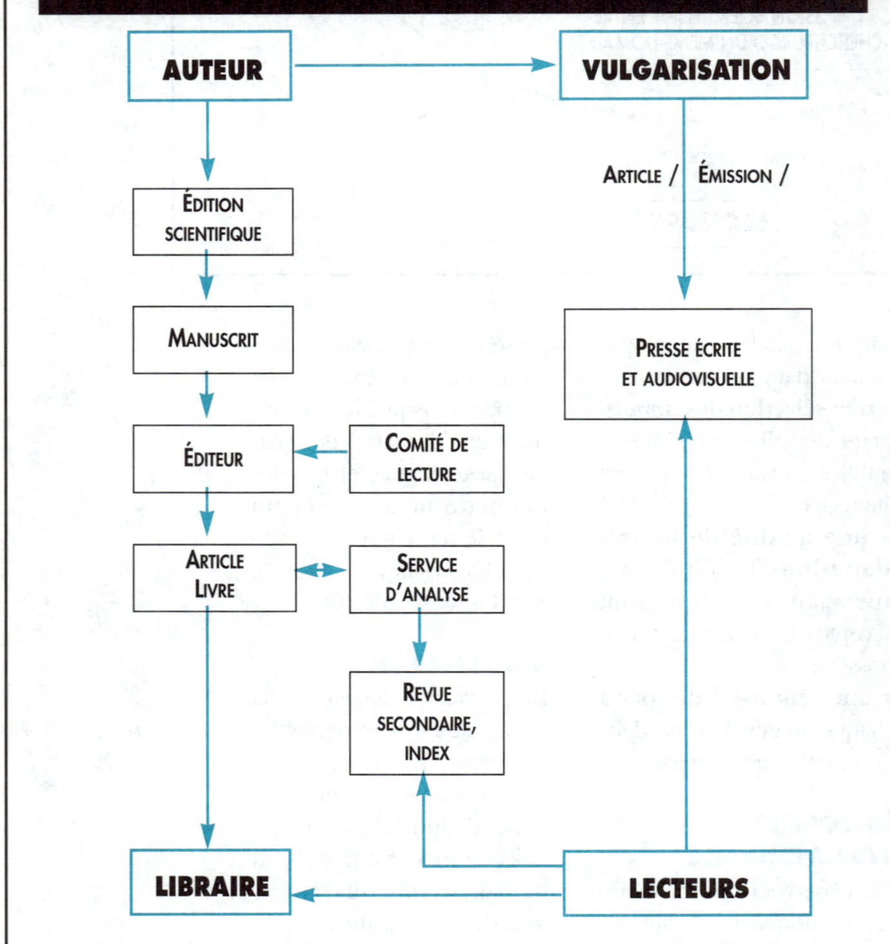

LES MODES D'ACCÈS ET DE DIFFUSION DES DOCUMENTS SCIENTIFIQUES

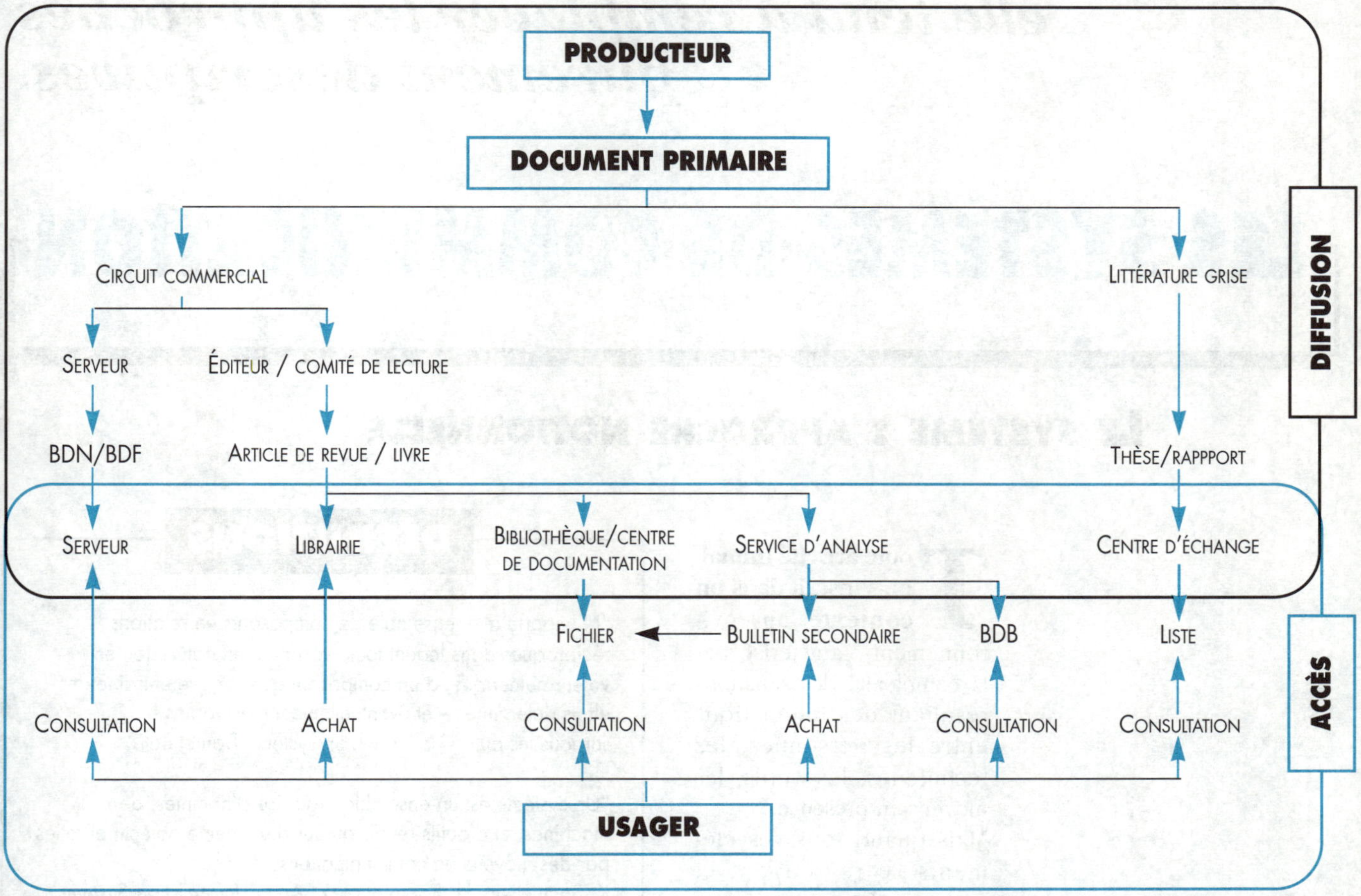

LES TYPES DE PUBLICATIONS SCIENTIFIQUES

PUBLICATIONS PRIMAIRES

ARTICLE. En moyenne un périodique compte 300 articles par an, avec 7 pages par article.
- revue scientifique générale
- revue scientifique disciplinaire
- revue scientifique spécialisée
- "lettre journal"
- annuaire

LIVRE
- monographie de recherche
- publications académiques : thèse, mémoire
- rapports de congrès
- rapports de recherche, "prépublication " (preprint)

DICTIONNAIRES, SÉRIES STATISTIQUES, CARTES-ATLAS, TABLEAUX, BANQUES DE DONNÉES FACTUELLES

PUBLICATIONS SECONDAIRES

PÉRIODIQUES
- index de citations
- bulletin signalétique
- revue analytique
- revue de sommaires

LIVRE
- bibliographie générale
- bibliographie spécialisée
- catalogue
- index

BANQUES DE DONNÉES BIBLIOGRAPHIQUES

L'approche systémique de l'information permet de mieux la cerner comme un processus global; elle tend à remplacer les approches purement descriptives.

LES SYSTÈMES DE COMMUNICATION

LE SYSTÈME : APPROCHE NOTIONNELLE

Toute activité humaine s'inscrit dans un contexte, un environnement, caractérisé par la complexité des situations résultant des interactions entre les personnes, les techniques, les outils, les moyens en présence.
Mais quand tous ces éléments se regroupent et agissent de concert pour viser et atteindre un même objectif, ils acquièrent une identité propre du fait que "l'association d'un certain nombre d'éléments fait naître un tout dont les propriétés inconnues au niveau des parties se manifestent au niveau du tout".• Ils définissent un système.

• Selon Edgar Morin, le système "n'est qu'une des avenues qui nous permettent d'approcher la complexité". En outre, cette situation est une illustration de son "principe d'émergence" selon lequel une situation inconnue peut sortir de la rencontre de plusieurs situations connues. Edgar Morin, *Sciences et Avenir*, nov. 1982.

UNE APPROCHE GLOBALE

La notion de système traduit la volonté non pas de sacrifier le tout à la partie, la partie au tout, mais de construire une approche globale parce que, comme disait Pascal : "Il est impossible de connaître les parties sans connaître le tout, non plus que de connaître le tout sans connaître particulièrement les parties."

DÉFINITIONS

"N'importe quel ensemble de composants en relations réciproques dans lequel toute variation en nature (ou en valeur numérique) d'un composant quelconque entraîne des effets déterminés – et éventuellement mesurables – sur tous les autres" constitue un système Daniel Bell.

"Un système est un ensemble organisé d'hommes, de machines, et d'outils réunis autour d'un même objectif et reliés par des moyens de communications..."
K. Samuelson, H. Borko et G. X. Amey, *Information Systems and Networks*, Oxford, North Holland Pub., 1977.

VARIÉTÉ DE SYSTÈMES

Du fait de la multiplicité d'associations entre éléments divers, les systèmes sont nombreux et variés. Parmi ceux-ci, on peut distinguer les systèmes "déterminés" (l'organisme humain) ; les systèmes à objectif (un ensemble de personnes réunies pour une tâche) ; les systèmes "variables" (un réseau de bombardiers et leurs bases aériennes); les systèmes "lâches" (l'économie considérée comme un tout), les systèmes clos (le message chiffré, la banque de données bibliographiques) et les systèmes ouverts (le langage naturel, le film...).
Les systèmes sont imbriqués les uns dans les autres, car chaque système est un sous-système d'un plus large, et chaque système est lui-même composé d'un nombre variable de sous-systèmes. Il est ainsi bien difficile parfois de distinguer un système parmi d'autres. ■

Les systèmes d'information et de communication ont acquis une spécificité telle qu'ils sont désormais pleinement reconnus.

LES SYSTÈMES D'INFORMATION ET DE COMMUNICATION (SIC)

Les systèmes d'information et de communication (SIC) sont identifiés par l'objet qu'ils traitent ou le processus qu'ils privilégient. Le flou des concepts et la globalisation envahissante dans ce champ autoriseraient le classement de ces SIC dans les systèmes "lâches". Ils relèvent cependant plus sûrement des systèmes à objectif.

LE SYSTÈME DE COMMUNICATION

L'homme seul est capable de distinguer, d'observer des événements dans son environnement, puis de les répertorier pour pouvoir ultérieurement les rappeler à sa mémoire, et les utiliser. Tout son savoir est ainsi le résultat d'une interaction permanente entre lui-même et ce qui l'entoure. Comme l'homme a besoin d'échanger avec d'autres ses connaissances – interaction sociale –, il va créer et participer à un ou des systèmes de communication en réunissant trois sous-ensembles : la source, le codeur et le système émetteur d'une part, le destinataire, le décodeur et le système récepteur d'autre part, les supports de transmission enfin.

Dès lors tout système de communication dans lequel il n'y a pas au moins un homme conscient, ne transporte jamais que de l'énergie. Il ne transporte pas de l'information. Dans le cadre de la théorie générale, ce n'est pas un système de communication, mais simplement un système de transport d'énergie.

> Identifier, produire et rendre disponibles toutes les informations utiles à la gestion de l'organisation.

CARACTÉRISTIQUES

Un système de communication est caractérisé par :

- **un espace d'échange** délimité par les performances physiques – humaines et/ou techniques – du système émetteur, du système récepteur et du système de transmission utilisé.
- **un appareil de communication** d'autant plus complexe qu'il est obligé de préserver une durée à la communication, et donc de pallier la limite temporelle du système de transmission. Il doit comporter un vecteur et une mémoire. Cette mémoire peut être le cerveau de l'homme, ou des machines capables de conserver et de transmettre intact le message originel : le magnétophone, le magnétoscope, le disque numérique…
- **une base de communication** qui est limitée uniquement par les performances intellectuelles de la source et du destinataire (taille des répertoires), et par la communauté des signes échangés (taille du langage).

LE SYSTÈME D'INFORMATION

C'est une expression à la mode dans les milieux où se prennent les décisions en matière d'informatisation. Pour eux, toute entreprise doit mettre en œuvre un système d'information, autrement dit, doit ➡

Le développement de l'outil informatique est inséparable de l'environnement humain qui le comprend.

identifier les événements qui peuvent surgir dans son environnement et son fonctionnement. Elle doit ensuite réaliser les procédures qui lui permettent d'avoir la réaction la plus efficace si l'événement survient. Il s'agit d'identifier, de produire et de rendre disponibles toutes les informations utiles à la gestion de l'organisation. Cela avec l'outil informatique.

Une interaction permanente

Les informaticiens ont les premiers compris que l'utilisation de l'outil informatique ne pouvait se concevoir en ignorant l'environnement humain dans lequel il s'insérait. Tout projet informatique devenait de plus en plus un projet global, dans lequel tous les flux d'information, toutes les tâches de travail, toute l'organisation implicite ou explicite d'un système étaient à considérer.

Une fonction plutôt qu'un outil

Par le biais de leur compétence, reconnue comme indispensable dans un tel projet d'informatisation, ils en sont venus à regarder davantage la fonction (l'information – au sens large – et sa communication) que l'objet ou l'outil (l'ordinateur). Dès lors, ils prennent l'ensemble constitué de personnes, de machines, de producteurs, de consommateurs, d'agents de stockage et de diffusion de l'information, de flux d'information de toutes natures engendrés par une organisation, comme objet de leur étude et de leur analyse. Sur la base d'une large mise en œuvre de l'outil informatique, ils doivent proposer les solutions propres à permettre d'atteindre les objectifs fixés par l'organisation, et indiquer les processus les plus adéquats pour gérer cet ensemble. Ils revendiquent dès lors la direction de l'"info-centre".

«L'info-centre»

Le concept d'info-centre a été forgé en 1976 par la société IBM avec l'idée de promouvoir l'utilisation de l'informatique dans l'entreprise par le conseil, la formation et l'assistance. Ce concept est à dessein ambigu puisqu'il connote aussi bien l'informatique que l'information, illustrant le fait que l'usager ne peut désormais accéder à l'information que par l'informatique.

L'usage de cette expression participe d'une autre mode qui consiste de plus en plus à remplacer le terme de donnée par celui d'information, de la même façon que l'informatique est ou serait la "science du traitement de l'information".

Glissements de sens

Il traduit par là une confusion entre la notion d'information et celle de donnée, entre la connaissance communiquée et la représentation qu'il faut lui donner pour en faciliter le traitement par les ordinateurs alors même que les définitions qui ont été retenues récemment l'ont été à la demande des informaticiens. Même si ces données représentent des images, des sons ou des textes, c'est leur forme adaptée au traitement informatique qui les caractérise.

S'appuyer sur son étymologie – "information" signifie "mise en forme" – pour revendiquer cet usage du mot, paraît intellectuellement abusif de leur part, et crée bien des difficultés d'échange.

> "Le système d'information est cette combinaison de ressources humaines et informatiques qui permet la collecte, le stockage, la recherche, la diffusion et l'utilisation de données dans le but d'améliorer la gestion des organisations."
> K. Samuelson, H. Borko et G. X. Amey, *Information Systems and Networks*, Oxford, North Holland Pub., 1977.

Pour les mettre en forme, pour les traduire en données, les gens de l'informatique ont besoin de connaître l'emploi qui sera fait des informations qu'on leur confie. D'où aussi le glissement dans leur vocabulaire. Ils revendiquent une approche globale, intégrant le traitement du contenu, laquelle leur paraît justement illustrée par le mot "information". La notion de système d'information est ainsi nettement associée à celle de système informatique, et à celle de système informatisé, tout simplement parce que c'est le recours à l'ordinateur qui a obligé à la formaliser. Mais elle les dépasse, ce qui normalement laisse un espace d'intervention au spécialiste des systèmes d'information face à l'informaticien. ■

SCHÉMA 1

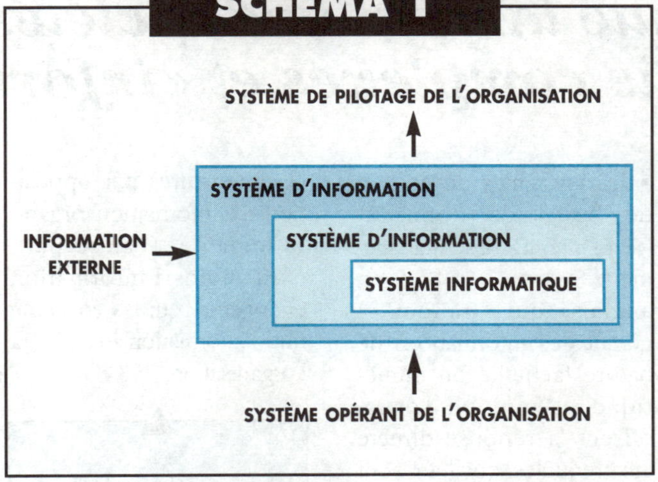

Selon les critères adoptés les systèmes d'information admettent plusieurs classifications. Même si les dits critères paraissent flous.

LA TYPOLOGIE DES SYSTÈMES D'INFORMATION

Du point de vue organisationnel, les systèmes d'information peuvent être répartis en trois grands types :

- **le système d'information de gestion (SIG) :** il se subdivise en "système d'information administrative" pour la gestion d'une ressource (le personnel, les finances...) ; en "système de gestion opérationnelle" qui intervient comme aide à la décision (l'exploitation, la maintenance...); en "système de pilotage" qui suit une variable essentielle pour l'organisation (le stock, le suivi de projet...) ; et en "système évolutif" qui intervient comme aide à la décision personnalisée ;
- **les systèmes d'information d'études (SIE) :** dans lesquels on regroupe les "modèles d'aide à la décision" (la simulation ou la prévision...), les "bases de données" qui constituent la mémoire de l'organisation et assurent une meilleure connaissance de l'environnement; la "conception assistée par ordinateur" (CAO) qui assiste les tâches de conception. Selon ce modèle, le sous-système "documentaire" se situe au sein du SEI ;
- **les systèmes d'information liés aux processus :** on y place les "systèmes de commande et de contrôle des tâches"; les "systèmes d'aide au diagnostic et à la maintenance".

UNE TYPOLOGIE "UTILISATEUR"

Une autre typologie a été construite sur le principe suivant : "Un système d'information récupère l'information stockée dans une base de données en réponse à la question d'un utilisateur." Cette typologie, fondée sur une approche "utilisateur", et même "utilisateur final", distingue :

- les "systèmes documentaires" (SD, "Document Retrieval System" – DRS en anglais) qui traitent "des informations de nature textuelle et, en sortie, fournissent, non pas la réponse directe, mais le ou les documents présumés contenir la réponse recherchée"; ➡

Ouverts ou fermés, destinés aux spécialistes ou au plus grand nombre, les systèmes d'information doivent répondre au défi que lancent nos sociétés de plus en plus complexes et « informativores ».

• les "systèmes de gestion de bases de données" (SGBD, "Data Base Management System" – DBMS en anglais) qui "traitent et gèrent des informations de nature factuelle ou numérique et qui, en sortie, offrent la réponse directe aux requêtes qui leur sont soumises";
• les "systèmes experts" (SE, "Question-Answering System" ou "Expert-System") qui "manipulent des connaissances" et "offrent en sortie la réponse directe à une question ou à un problème posé".

• Les systèmes sont d'ailleurs souvent appelés "système d'information dans l'organisation" ou "système d'information organisationnel", voir la série d'articles de Jean-Louis Le Moigne dans la revue *Informatique et gestion*, de novembre 1978 à mars 1979.

La position des spécialistes

Les critères de la typologie paraissent pourtant bien flous – la nature de l'information –, et bien dépassés à l'heure du multimédia. Dès lors cette typologie semble davantage reposer sur les outils logiciels à mettre en place que sur les objectifs propres de chaque système.
Les spécialistes et professionnels de l'information documentaire qui utilisent la même expression de système d'information, et semble-t-il avec une antériorité d'usage, ont une approche un peu différente. D'une part, le concept d'information est pour eux plus restrictif puisqu'ils le limitent à l'information d'étude (l'information scientifique et technique, ou documentaire) par opposition à l'information organisationnelle. D'autre part, c'est moins l'information endogène• qui les concerne que l'information exogène à l'organisation.

> À l'heure du multimédia les critères typologiques paraissent bien dépassés.

Enfin pour eux, ce n'est pas quelque chose qui est généré par une organisation et mis à son service, c'est l'organisation elle-même à partir du moment où son objectif est de traiter et diffuser l'information, et qu'elle réunit un ensemble de moyens de production, de recherche, d'analyse et de réception pour le faire. Lorsque cet objectif a une visée commerciale (les serveurs; les courtiers; les agences; les sociétés de presse...), ils parlent plus facilement d'industrie. L'expression de système d'information semble dès lors connoter l'absence de rapport marchand. Pour eux, elle englobe : la bibliothèque, le centre de documentation, les centres d'archives, les services de recherche et d'orientation... Paradoxalement, ils mettent cependant moins l'accent sur la production d'informations que sur sa diffusion.

Typologie de Blaise Cronin

Sur cette base, Blaise Cronin établit une différente typologie des systèmes d'information. Il distingue les systèmes :
• **"mission-based"** (approche par objectif) : novateur, interdisciplinaire, relativement onéreux, il correspond parfois à un secteur particulier de recherche (défense, énergie...). Il est conçu pour alimenter les chercheurs en information originale afin de susciter de nouvelles créations;
• **"discipline-specific"** (approche disciplinaire) : il doit participer à la recherche et à la formation dans un domaine particulier. Il doit être capable de mobiliser les moyens nécessaires pour satisfaire au mieux les besoins en information du public. C'est un système ouvert. On en trouve de tous les types en termes de taille ou de moyens techniques. Il est le plus souvent de type traditionnel, et orienté vers la fourniture de références;

• **"intelligence processing"** (approche institutionnelle) : il traite les informations stratégiques liées aux besoins de sécurité nationale, de police ainsi que de la concurrence. C'est un système généralement hautement informatisé, et au contenu très actualisé, réservé aux décideurs politiques;
• **"financial"** (approche décisionnelle) : il contient de l'information éphémère par essence, mais hautement stratégique durant sa durée de pertinence. Il est réservé à des publics restreints, très spécifiques, et qui acceptent de payer pour avoir l'information à jour (décideurs politiques, économiques et sociaux);
• **"corporate"** (approche organisationnelle) : c'est le système d'aide à la gestion et à la prise de décision dans l'entreprise afin d'en accroître l'efficacité économique. Il est généralement informatisé, et fait de plus en plus appel au "système-expert" et aux outils de l'intelligence artificielle;
• **"social utility/problem solving"** (approche éducative) : c'est le système à faible budget – d'autant plus qu'il dépend des fonds publics –, généralement manuel et à portée locale. Son fonctionnement repose sur la présence d'un intermédiaire spécialisé, mais son évolution suppose une interrogation – éventuellement assistée – par les usagers eux-mêmes. Son domaine de prédilection est celui des sciences humaines et sociales;
• **"repository/archival"** (conserves culturelles) : les bibliothèques et les archives. Leur caractéristique essentielle n'est certes pas l'innovation car ils utilisent généralement des techniques traditionnelles. Mais ils cherchent à être au service du public. Ce sont les gardiens des informations culturelles et, à ce titre, doivent être subventionnés. Sinon ils disparaîtront;
• **"informel" :** on le trouve plutôt dans le milieu universitaire. Mais celui-ci n'en a pas l'exclusivité. Il est réservé à un réseau, à un petit groupe, voire à un seul individu (messagerie électronique) dont il doit servir en premier et avant tout les besoins;
Sa conception repose totalement sur l'utilisateur et exclut généralement toute considération commerciale. Son optimisation est constante. Sa durée de vie est celle du besoin à satisfaire. Après il disparaît.
• **"homespun/personal"** (domestique) : ce sont les systèmes conçus et développés par des individus à titre de passe-temps ou de besoin personnel. Leur utilisation dépasse rarement ce niveau.

UNE ÉVOLUTION PERMANENTE

Deux acceptions coexistent et se concurrencent, ce qui naturellement crée des difficultés de communication entre informaticiens d'un côté et professionnels de l'information documentaire de l'autre. Mais quelle que soit l'approche retenue, une même constante caractérise un système d'information. C'est sa capacité permanente à évoluer face :
• au changement de l'environnement;
• à l'autonomie de plus en plus affirmée des acteurs;
• à un volume de plus en plus important des flux;
• à l'introduction de nouvelles techniques.

La notion de système est aujourd'hui largement utilisée pour décrire tous les éléments indispensables à la production, au traitement et à la communication de l'information. C'est qu'elle permet d'en décrire toute la complexité apparente et la solidité supposée – et parfois temporaire – autour d'un même but.

Elle introduit une dynamique à des objets d'information et de communication qu'il paraît difficile d'analyser autrement sans trahir leur essence. ■

LE SYSTÈME D'INFORMATION

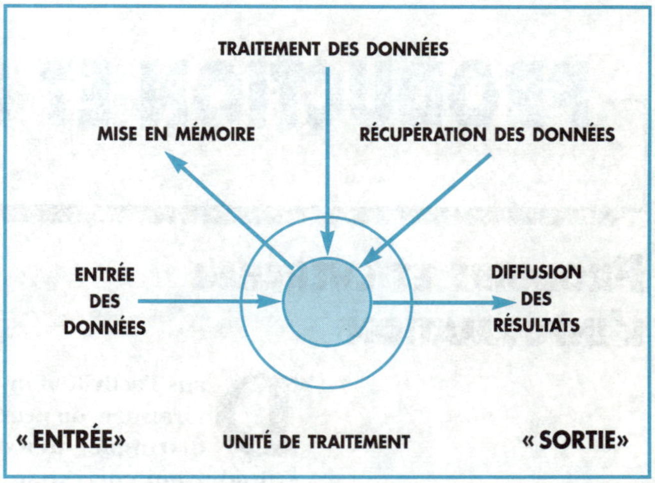

BIBLIOGRAPHIE

Gérard BALANTZIAN – *l'Évaluation des SIC* – Paris, Masson, 1989, 270 p.

Jean-Louis LE MOIGNE – *les Systèmes d'information dans les organisations* – Paris, P.U.F., 1973, 237 p.

De la même façon que pour les documents, on classe les systèmes de production et de diffusion en deux catégories, « primaire » et « secondaire ».

PRODUCTION ET DIFFUSION DE L'IST

PRODUIRE ET CHERCHER L'INFORMATION

Dans l'activité d'information, on peut distinguer deux attitudes qui correspondent à deux situations différentes, voire opposées : la fourniture et la recherche d'information. La première correspond à une situation dans laquelle une personne – émetteur – possède de l'information et veut la communiquer. La seconde correspond à une situation dans laquelle une personne – récepteur – a besoin d'information et veut l'obtenir.

DES BESOINS DIFFÉRENTS

L'émetteur quand il produit une œuvre et qu'il cherche à la diffuser, le récepteur quand il cherche une œuvre et qu'il veut la consulter, obéissent généralement à un des besoins ou motivations suivants :

• **celui de vérité** qui induit une mise entre parenthèses de sa propre personne et de celle des autres – une absence d'acteur – puisque l'information est alors censée être indépendante des acteurs particuliers intervenant dans le processus de communication (œuvre scientifique);

• **celui de l'action sur lui-même** qui induit la présence d'un seul acteur – le créateur. Elle alimente un souci d'évasion ou de distraction (œuvre littéraire ou artistique);

• **celui de l'action sur autrui** qui induit la présence d'au moins deux acteurs, l'émetteur et le récepteur. Elle relève d'une logique de faire savoir pour convaincre, influer et/ou aider (persuasion, propagande...).

Ces besoins et motivations sont très différents mais tout aussi indispensables au bon fonctionnement des sociétés humaines. Celles-ci ont en conséquence développé des systèmes dont l'objectif est d'en assurer la production et la diffusion sous toutes les formes.

> Selon Jean Cloutier, "la diffusion du message produit est le processus final qui permet au médium de jouer son rôle dans la communication. Elle complète l'opération transmission et est l'inverse de l'opération production" ("*la Communication audio-scripto-visuelle...*").

SYSTÈME PRIMAIRE ET SYSTÈME SECONDAIRE

Étant donné leur position diamétralement symétrique, ces deux attitudes, et les objectifs qu'elles sous-tendent, ont déterminé la création de deux systèmes, distincts bien qu'interdépendants, qui ont parmi leurs fonctions celles de produire des documents, de le faire savoir et de les diffuser.

DES SYSTÈMES TECHNO-SOCIAUX

Leur appellation a été élaborée à partir de la séquence des attitudes. Le système qui veut fournir de l'information est naturellement

DÉFINITIONS

Production : elle comprend la création et la réalisation, qui sont, selon la nature de l'œuvre, plus ou moins séparées (ex. : livre – création = écriture par l'auteur ; réalisation = mise en page par l'éditeur).

Diffusion : elle suppose l'amplification d'un même message original dans le temps et dans l'espace. Les stratégies de diffusion des messages sont fondées largement sur le hasard, et entraînent pour la société, comme pour tout être vivant, d'énormes gaspillages car une grande partie de l'information n'est jamais utilisée.

préexistant au système qui la recherche. Il y a là une situation de rapport "amont-aval" qui a été traduite par les spécialistes en "primaire-secondaire". On identifie ainsi au moins un "système primaire de collecte, de production et de diffusion" et un "système secondaire de collecte, de production et de diffusion", chacun pouvant à son tour être divisé en sous-systèmes. Enfin du fait de l'importance prise par deux de leurs éléments, les hommes et les techniques, ces systèmes peuvent être définis comme des systèmes "techno-sociaux". ■

Le système primaire crée les liens entre auteurs et récepteurs au moyen de techniques et d'outils spécifiques.

LE SYSTÈME PRIMAIRE DE COLLECTE, DE PRODUCTION ET DE DIFFUSION DE L'IST

Il englobe toutes les structures dont l'objectif est de collecter et de diffuser l'information originale sous quelque forme qu'elle soit, et pour quelque usage qu'il soit.

Son objectif est de faire connaître, quel qu'en soit le motif, une œuvre de création, un travail original à ceux qui en ont le besoin ou le désir, donc de créer un lien entre un auteur ou un créateur, et un destinataire ou un utilisateur. Pour cela, il se doit de lui donner une forme communicable ou transportable (codes et supports de l'information gratuite ou de l'information utile) et de le faire savoir, par toute structure ou moyen approprié.

Il comprend des personnes (auteur, éditeur, entreprise et maison de presse, imprimeur, libraire, courtier...).

Il s'appuie sur des techniques (conception, mise en page, reproduction, promotion...). Il utilise des outils (machines, logiciels...).

> De l'auteur aux lecteurs : une série d'étapes plus ou moins longues, avec des bifurcations...

Ce système se subdivise en fait en de nombreux sous-systèmes, selon le type d'information (gratuite ou utile) qu'il faut produire et transmettre, selon les techniques utilisées (manuelles ou informatiques) lesquelles sont choisies en fonction du nombre d'exemplaires voulu, et des publics concernés.

On distingue quatre sous-systèmes.

LE SYSTÈME DE COMMUNICATION INTERPERSONNELLE

C'est le plus simple, puisqu'il peut se réduire à deux acteurs : l'émetteur et le récepteur. Il utilise des moyens et des techniques propres à l'homme (voix, geste...). Il peut également prendre une forme plus élaborée qui permet la conservation du produit à travers le temps, et/ou en assure la diffusion à travers l'espace : la lettre, la bande magnétique ou vidéographique.

LE SYSTÈME ÉDITORIAL GRAND PUBLIC

Sa fonction est de produire en grande quantité et de diffuser largement un même document, support de l'information "distractive". Cette activité requiert un grand nombre de ➡

Si l'accès à un document édité commercialement est relativemen aisé, il n'en est pas de même pour les documents spécialisés. Ce qui justifie l'existence du système secondaire.

compétences humaines et de moyens techniques qui ont été réunis autour d'un processus industriel avec ses concepteurs (éditeurs, intellectuels, conseillers artistiques...), ses financiers (éditeur, producteur), ses fabricants (imprimeurs, monteurs, presseurs...), ses commerçants (démarcheurs, vendeurs, courtiers...), et ses diffuseurs (grandes surfaces, libraires, disquaires, critiques).•

• Cf. le "Processus de communication" du livre et du journal décrit par Robert Escarpit, in *L'Écrit et la Communication*, 1973, Que sais-je ? n° 1546 ; l'organigramme du système éditorial et l'analyse de ce système proposés par Jean-Marie Bouvaist, « Schémas élémentaires pour une approche des systèmes éditoriaux », *Schéma et schématisation*, n° 13, 2ᵉ trim. 1980 ; aussi le schéma du système des écrits littéraires à haut tirage proposé par Jacques Breton, « la Normalité dans la production et la diffusion des écrits », *Schéma et schématisation*, n° 14, 2ᵉ trim. 1981.

Une véritable industrie

Certains de ces documents, comme le livre, le disque, le film ont généré autour d'eux une véritable industrie entièrement consacrée à leur production et à leur diffusion. Pour le livre, par exemple, on utilise fréquemment l'expression "le circuit du livre" pour traduire la transmission d'un message de l'auteur vers le lecteur et pour décrire celle-ci à travers quatre fonctions : la fonction direction et gestion ; la fonction littéraire ; la fonction fabrication ; et la fonction commerciale.

Le système éditorial scientifique

Sa fonction est de produire et de diffuser l'information utile, documentaire, auprès d'un public de spécialistes. Sa structure diffère assez sensiblement de celle du

DOCUMENT 1

SYSTÈME DE L'INFORMATION SCIENTIFIQUE ET TECHNIQUE, 1970

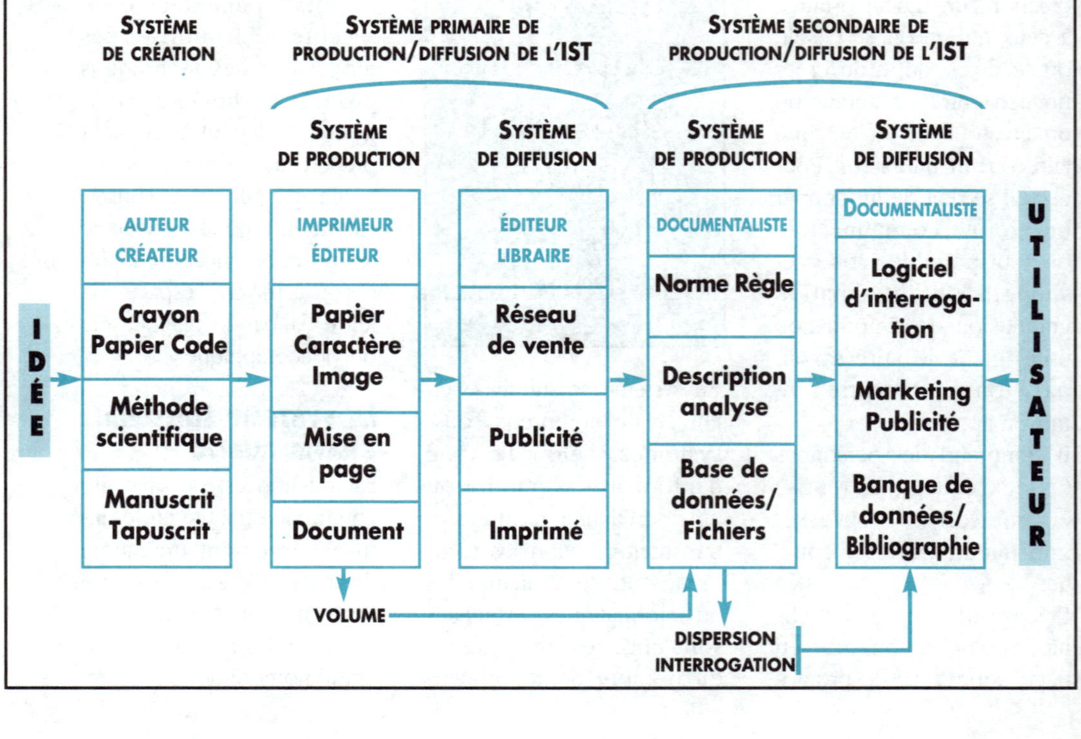

DOCUMENT 2

SYSTÈME DE L'INFORMATION SCIENTIFIQUE ET TECHNIQUE, 1990

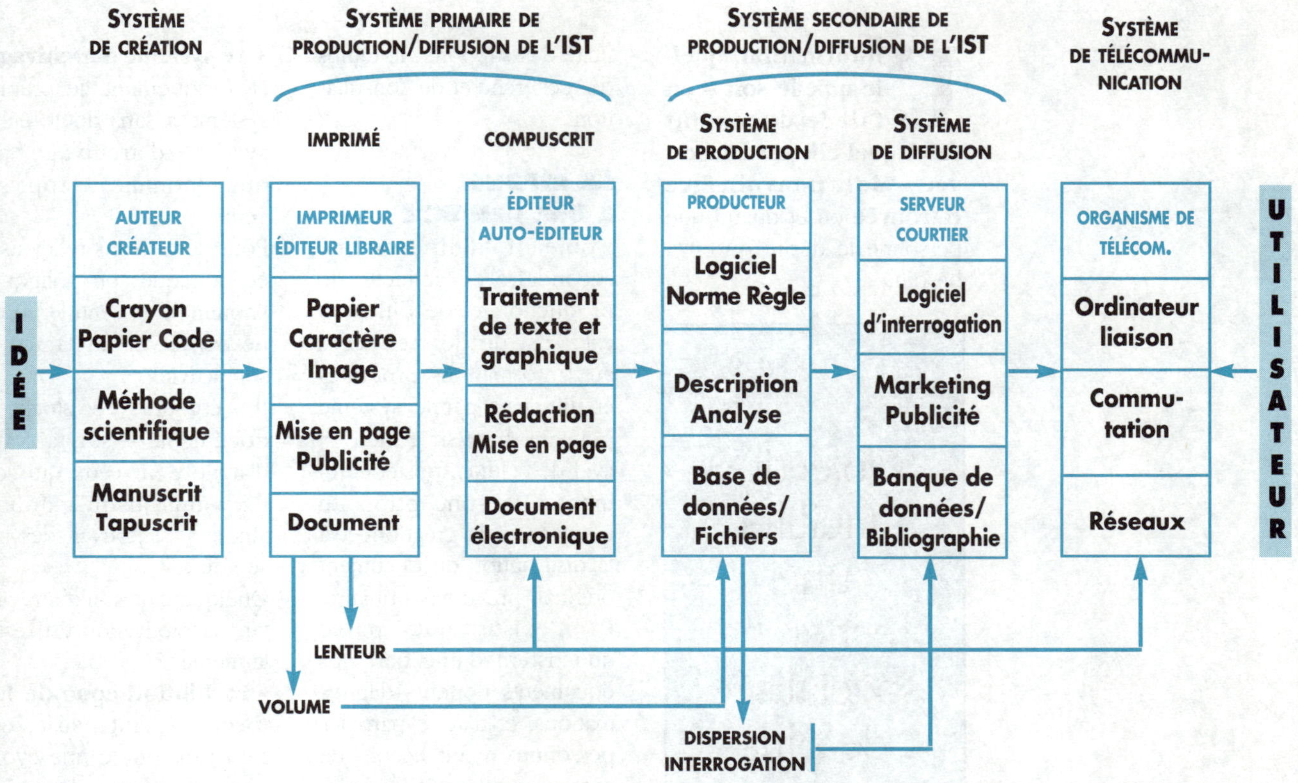

système précédent du fait de la spécificité de ses auteurs et lecteurs, et du circuit de distribution – essentiellement par les librairies.

LE SYSTÈME ÉDITORIAL ÉLECTRONIQUE

Il est apparu dans la décennie 1980 avec les outils de traitement de texte, de mise en page et d'impression de haute qualité disponibles sur les micro-ordinateurs. Désormais une chaîne continue, de la création du produit à sa transmission vers qui le demande, permet une accélération spectaculaire dans la diffusion de l'information.
En outre, l'outil électronique offre des facilités inconnues jusqu'alors pour modifier, changer, effacer les signes du message quels qu'ils soient – textuels, iconiques ou sonores.

LA FIN DU PAPIER

Ce système a acquis une nouvelle dimension quand il a été relié aux réseaux de communication électronique. Les signes du message sont non seulement produits, manipulés, et stockés, mais aussi transportés électroniquement. Il n'y a plus de trace papier. Le destinataire reçoit une trace électronique qu'il peut cependant convertir sur du papier.
Les auteurs y ont vu le moyen de s'approprier entièrement la paternité de leur travail, et la possibilité de le diffuser rapidement et immédiatement. Le monde de l'édition a, quant à lui, progressivement – et non sans mal – intégré ces nouveaux outils. ■

Ce système a pour fonction de donner accès aux documents diffusés par le système primaire.

Le système secondaire de collecte, de production et de diffusion

L'information, quelle qu'elle soit – en fait le document sur lequel elle est conservée – doit pouvoir être retrouvée où et quand une personne le désire ou en a besoin.

Objectif : faciliter une recherche spécialisée de plus en plus importante.

Or des difficultés de toutes natures existent : le nombre des documents – conséquence de la masse documentaire –, et leur accès qui est relativement aisé pour ceux qui sont édités commercialement, mais beaucoup plus difficile pour ceux accessibles uniquement par d'autres circuits : la littérature "grise" ou les documents en diffusion restreinte ; la variété et la spécificité des supports ; le temps de recherche et de consultation.

La réponse à une demande

L'objectif d'un système secondaire de collecte, de production et de diffusion est ainsi de donner accès aux informations produites et diffusées par le système primaire. Il se situe bien en aval de celui-ci, postérieurement à la conception du message, à la création et à la distribution du document original, processus primaire. Il n'existe que parce qu'existent d'une part des documents porteurs d'informations, et d'autre part des personnes ayant besoin de ces informations. Leur création est la réponse plus ou moins adéquate, d'une part, à un volume d'information de plus en plus important, et, d'autre part, à une demande d'information de plus en plus grande.

La "conserve culturelle"

Ces systèmes ont aussi pour fonction de réunir l'information – souvent en la conservant matériellement. Abraham Moles parle d'une fonction de "conserve de la communication" dont une part relève de la "conserve culturelle", fonction essentielle dans toute société puisqu'elle constitue sa mémoire.

• **Le système d'archivage.** Historiquement, le premier système a sans doute été le système d'archivage, dès que l'homme a appris à écrire.

Pour des raisons religieuses, économiques ou politiques, l'homme a ressenti le besoin de conserver une trace de son activité.

Il a constitué des stocks de documents – sur tablettes d'argile pour ceux qui sont parvenus jusqu'à nous – auxquels il pouvait dès lors se référer.

Quelque cinq mille ans plus tard la motivation est restée la même.

• **La bibliothèque de lecture.** On peut penser que c'est sans doute une évolution du système d'archivage, qui à l'origine conservait tout en un même lieu. Progressivement, on a appris à distinguer entre activité publique et activité privée, et entre savoir et pouvoir. La bibliothèque de lecture est organisée pour faciliter la consultation de tous les documents écrits. Sa fonction recouvre à la fois l'identification, la conservation, et la consultation des documents. ■

L'information scientifique et technique nécessite un système documentaire de plus en plus complexe pour répondre à la demande des chercheurs.

LE CAS PARTICULIER DE L'IST

Des structures plus ou moins complexes existent actuellement avec pour objectif affirmé de sélectionner et collecter les informations originales qui ont été couchées sur des supports – les documents –, de créer des outils de recherche, et de diffuser l'information ou les documents vers qui en a besoin. C'est le cas de la bibliothèque de recherche ou du centre de documentation. C'est le cas plus récent pour les systèmes de production de bulletins d'analyse et de banques de données. L'idée d'analyser ces structures comme un système date du milieu de la décennie 1960. Cela a permis d'avoir un outil méthodologique pour démonter ces systèmes, pour mieux les analyser et les évaluer et donc savoir si leur objectif était atteint et de quelle manière. Cela a permis aussi d'en améliorer le fonctionnement.

LA CHAÎNE DOCUMENTAIRE

Ces structures comprennent des personnes, dont le gestionnaire du système – professionnel du traitement de l'information à la fois concepteur, bâtisseur et régulateur –, le demandeur, utilisateur final de l'information, et très souvent des agents intermédiaires – documentalistes ou bibliothécaires de recherche – dont le rôle est de retrouver pour cet utilisateur final l'information souhaitée. Quel que soit leur statut, gestionnaire, demandeur ou intermédiaire, ces personnes s'appuient sur des techniques – que l'on appelle, selon les lieux ou les personnes, bibliothéconomiques ou documentaires –, et utilisent des outils – lexiques, machines – pour effectuer des opérations qui constituent les différents éléments, les maillons, de ce que les professionnels appellent encore couramment "la chaîne documentaire" : collecte des documents utiles, sélection des informations, organisation des collections et des mémoires, recherche des informations et diffusion des documents.

Ces opérations caractérisent l'activité documentaire. D'où le nom de "système documentaire" désormais attribué à ce système.

LE SYSTÈME DOCUMENTAIRE

Cette appellation apparaît juste si l'on entend par "documentaire" le fait que le système considéré donne accès à des documents, et si l'on met l'accent sur la démarche qui est effectivement documentaire. Elle l'est moins si l'on pense que le traitement et la diffusion du contenu – l'information – sont essentiels par rapport à la collecte et au traitement du contenant – le document. Mais, d'une part, l'un ne va pas sans l'autre, et, d'autre part, l'histoire a tranché, tout au moins en France, pour "documentaire".

BULLETINS D'ANALYSE ET BANQUES DE DONNÉES

Le développement récent et rapide de ces besoins a engendré la fourniture de produits spécifiques : "bulletin d'analyse" et "banque de données".

a) Le système de production de bulletins d'analyse. Des organismes – souvent professionnels – ont été créés dès le XIXe siècle pour collecter toute l'information "utile", en fait les documents, dans un domaine – ou sur un thème – particulier, puis en établir le signalement (bibliographique et analytique), et cela grâce à la compétence d'un personnel spécialisé formé d'analystes. Enfin pour les diffuser – sous une forme

L'approche systémique des organismes de production et de diffusion d'information est une petite révolution.

imprimée – à ceux qui le demandent. Certains de ces organismes – l'American Chemical Institute éditeur du *Chemical Abstracts* par exemple – sont devenus de véritables institutions.

b) Le système de production de banques de données.

Il est apparu dans les années 1960 au sein des organismes documentaires qui ont les premiers utilisé l'ordinateur. Durant la décennie 1970, dans un contexte de développement de la mémoire informationnelle et d'émergence d'un marché de l'information, la construction et la gestion des banques de données nécessitent une organisation quasi industrielle et un personnel important.

Une approche industrielle

C'est le cas de l'Institute for Scientific Information (ISI) éditeur du *Science Citation Index* aux États-Unis; du Centre de documentation sciences humaines (C.D.S.H). et du Centre de documentation sciences et techniques (C.D.S.T.) du C.N.R.S., maintenant regroupés dans le cadre de Institut national de l'information scientifique et technique (INIST) à Nancy, avec leurs *Bulletins signalétiques* en France. Elles génèrent une approche systémique. Au cours de la dernière décennie du XXe siècle, ces systèmes s'orientent vers la création de produits d'information stratégique, nombreux et actualisés à destination d'un public considéré comme solvable.

Des fonctions spécifiques

Ces deux sous-systèmes doivent sélectionner les informations utiles, concevoir des outils de production (logiciel, langage...), créer des produits correspondant à des besoins réels, et mettre en place les moyens de traitement et de communication les plus aptes à leur permettre de remplir leurs objectifs. Pour assurer ces fonctions et justifier leur existence, ils doivent en outre intégrer des paramètres de gestion et d'évaluation.

Ils sont encore distingués car chronologiquement, l'un est venu après l'autre. Mais en fait la production du second n'est qu'une autre forme donnée à la matière première manipulée par le premier, même si cette nouvelle forme en a sans doute modifié complètement et l'usage et l'intérêt.

Pour une approche systèmique

L'idée de concevoir les organismes de production et de diffusion d'information comme un système est en soi une petite révolution, surtout pour les systèmes secondaires – bibliothèque et centre de documentation – qui très longtemps ont vécu sans s'être jamais préoccupés d'une quelconque justification technique, économique et sociale. Ils existaient cela leur suffisait.

Cette approche systémique offre aux chercheurs un outil permettant de mieux regarder, comprendre, apprécier, juger, évaluer tous les éléments mis en œuvre pour produire et diffuser l'information. Elle permet – sans exclure d'autres approches – aux gestionnaires d'agir sur tous les paramètres de leur système et ainsi de passer progressivement de préoccupations strictement techniques à une préoccupation plus globale, plus sociétale.■

> "Le rôle du spécialiste de l'information... est de faciliter la circulation et la diffusion de l'information à travers le temps et l'espace. Son activité n'est pas liée à des opérations spécifiques (acquisition, traitement, exploitation) ni à des institutions (bibliothèque, centre de documentation) mais à l'information elle-même et au système documentaire conçu comme un tout". (Jean de Bonville, « Application du paradigme de Shannon à la bibliothéconomie et à la documentation », *Revue canadienne des sciences de l'information*, vol. 3, mai 1978.)

APPROCHE SYSTÉMIQUE

FONCTION INFORMATION-DOCUMENTATION DANS LES ORGANISATIONS

1. Essai de définition

La systémique n'est pas une nouvelle discipline. Cela serait plutôt une méthodologie, un mode de pensée, un langage permettant par des éclairages variés et complémentaires, d'observer, de comprendre le mode de fonctionnement d'un système complexe et d'agir sur ce système.

2. Pourquoi une telle approche ?

La pensée systémique se pose en réaction contre le caractère réducteur des méthodes classiques – principalement la méthode analytique – fondées sur le déterminisme ; elle est née de l'expérience de leur insuffisance.

Elle répond au besoin d'une méthode permettant de comprendre une réalité complexe et favorisant le travail interdisciplinaire.

Elle introduit un nouveau paradigme selon lequel une maîtrise totale du réel est impossible, le déterminisme inopérant, pour comprendre une situation complexe, étant donné le jeu d'interactions en présence. Le réel ne pourrait être appréhendé que par rapport à la représentation qu'en a l'observateur (notion de contingence liée à l'histoire et à l'expérience de l'observateur).

L'approche systémique se concentre donc sur les interactions existant au sein d'un système situé dans un environnement, ce système étant délimité et étudié selon la représentation de l'observateur ou un groupe d'observateurs.

3. Qu'est-ce que l'approche systémique ?

La caractéristique principale de cette approche est de fournir une vision globale du système à observer en portant l'accent sur les interactions entre les éléments du système, plutôt que sur l'analyse détaillée de chacun des éléments.

Un système peut être défini comme un ensemble d'éléments en interaction dynamique les uns avec les autres, organisés en fonction d'une finalité. Un système peut être ouvert ou fermé, selon qu'il est en relation ou non avec son environnement. Il peut être dynamique ou statique selon que les éléments agissent ou non les uns sur les autres.

Un système présente des propriétés d'autonomie (rapport avec l'environnement), de cohérence (présence de sous-systèmes interdépendants entre lesquels existent des liens assurant la cohérence du système), et d'évolution.

Selon de Rosnay, l'approche analytique « cherche à ramener un système à ses éléments constitutifs les plus simples, afin de les étudier en détail et de comprendre les types d'interaction qui existent entre eux, puis en modifiant une variable à la fois, d'en déduire les lois générales permettant de prédire les propriétés du système dans des conditions différentes » : il lui oppose l'approche systémique « qui considère un système dans sa totalité", sa complexité et sa dynamique propre [...], les lois d'additivité des propriétés élémentaires ne jouant évidemment plus dans le cas des systèmes de haute complexité, constitués par une très grande diversité d'éléments liés par des interactions fortes ». Les deux approches sont cependant complémentaires, l'« approche systémique permettant d'ordonner les connaissances qui proviennent de l'approche analytique afin de déboucher sur l'action la mieux adaptée à l'obtention d'objectifs déterminés ».

On peut distinguer deux aspects de la pensée systémique :

- l'approche systémique cognitive, dont l'objet est de décrire, d'expliquer, de comprendre, de prévoir des phénomènes physiques, biologiques ou sociaux ;
- l'approche systémique décisionnelle, qui s'apparente à une technique d'aide à la décision.

On distingue six étapes dans l'analyse de systèmes (approche décisionnelle):

- définition des objectifs et des contraintes ;
- détermination des différentes solutions possibles ;
- analyse et évaluation de chacune des alternatives et choix ;
- modélisation ou simulation ;
- mise en œuvre ;
- évaluation et rétroaction pour modifications éventuelles.

Christiane Volant
Documentaliste, vol. 22 n° 4-5, juillet-octobre 1985, pp. 143-144.

BIBLIOGRAPHIE

Jacqueline CALIXTE, Jean-Claude MORIN – *Management d'un service d'information documentaire* – Paris, Éd. d'Organisation, 1985, 240 p.

UNISIST – *Étude sur la réalisation d'un système mondial d'information scientifique* – Paris, UNESCO, 1971, 181 p.

Le mot « documentation » qualifie à la fois un processus, des moyens techniques et un résultat.

LA DOCUMENTATION

QU'EST-CE QUE LA DOCUMENTATION ?

Le mot "documentation" est de ces termes qui sans être réellement à la mode sont souvent entendus. Cette fréquence n'a pourtant pas levé les ambiguïtés d'usage qui existent autour de lui à tel point que le professionnel à souvent de la peine à expliquer ce qu'il fait. Le médecin soigne, autrement dit il élimine une douleur physique. L'enseignant enseigne, autrement dit il communique des signes (il "ensigne"). Le documentaliste documente. Mais cela signifie quoi ?

> "Le monde est tellement complexe et les interconnexions entre les faits sont si nombreuses que, pour agir correctement, il faut être informé d'une foule de faits, dans leur réalité mouvante ; ceci a donné naissance à une science nouvelle : la science de la documentation."
> (Jean Fourastié, *le Grand espoir du XXe siècle*, Gallimard, 1963.)

LA DOCUMENTATION À L'ÉCOLE

• C'est l'ensemble de documents que possède l'établissement = avoir une documentation.

• C'est l'apprentissage de recherche de documents sur un thème = établir une documentation.

• C'est l'activité exercée sur le document = faire de la documentation.

Quand le documentaliste dit qu'il documente, en fait il fait tout cela. Le terme "documentation" est ainsi aussi bien employé pour qualifier un processus, une activité, que le résultat de cette activité, et les moyens liés à cette activité.

LA DOCUMENTATION : UN PROCESSUS

Il peut désigner une démarche, un processus – comme "communication" –, celui de recherche des documents utiles à la satisfaction de besoins en information d'une personne, pour appuyer une étude ou une thèse.• Ainsi se documenter, c'est réunir un ensemble de documents sur un sujet défini. La documentation devient le principe de tout accès au savoir, de toute diffusion de la connaissance.

Dans la même idée, on parlera d'"autodocumentation" comme processus de recherche de documents par soi-même.

• C'est la définition qui figure, en 1878, dans le premier supplément du *Grand Dictionnaire Larousse*; on la retrouve dans pratiquement tous les dictionnaires, cf. P. Robert, *Dictionnaire alphabétique et analogique de la langue française*.

LA DOCUMENTATION : UN RÉSULTAT

Ce terme peut désigner, par dérivation, un ensemble de documents résultant de l'activité humaine : fournir, rassembler une documentation. C'est le deuxième sens généralement toujours indiqué dans les dictionnaires. C'est l'acception la plus courante, la plus répandue. La documentation reflète alors la multiplicité des documents publiés dans tous les domaines.

Ces deux significations sont anciennes puisqu'on les rencontre en France dès 1870, et en Grande-Bretagne dès 1882. Elles sont souvent confondues car "documentation", comme les mots qui se terminent en *-tion,* identifie à la fois une activité et le produit de cette activité.

LA DOCUMENTATION : UNE PRATIQUE

Il peut désigner enfin un ensemble de pratiques mises en œuvre pour identifier et fournir les documents répondant utilement aux besoins des usagers. C'est l'acception professionnelle, celle qui est la plus récente, celle qui s'est forgée dans les premières années du

XXe siècle en réaction à la conception statique des bibliothécaires. Elle englobe toutes les techniques – l'acquisition, la description, la mise en mémoire, la conservation, la recherche et la diffusion de l'information utile contenue principalement dans les rapports et les périodiques – qui permettent, avec le maximum d'efficacité, de fournir tous les documents sur un sujet donné, ou des références à des documents, même les plus récents, à ceux qui ont besoin des informations qu'ils contiennent.

UN MOT À SUCCÈS...

Depuis lors, ce terme a eu un réel succès puisqu'il est encore utilisé aujourd'hui, même si l'usage et le sens ont fluctué avec le temps.
Avant la Seconde Guerre mondiale, le mot "documentation" est pratiquement inconnu.
Et lorsqu'il est utilisé, c'est le fait de petits groupes et dans des acceptions tout à fait différentes.
Il ne s'est progressivement imposé qu'après 1945. C'est alors que le concept se précise vraiment, que son usage se répand, que les professionnels proposent des définitions dans lesquelles, tout en intégrant les techniques bibliothéconomiques classiques, ils insistent sur la spécificité proprement documentaire : la spécialisation du domaine d'activité, la pertinence de l'information établie, entre autres, par l'actualité, la diversité des sources, et la communication des documents à ceux qui en ont besoin..., parfois de façon un peu pompeuse.

> La documentation est "la méthode qui doit permettre de découvrir la source vive de l'information, de relativiser les connaissances individuelles, d'encourager à chercher des opinions", c'est "une invite à l'exploration intellectuelle".

Malgré ces fluctuations, "documentation" connote toujours l'idée de la diffusion d'une information répondant à un besoin, par delà le temps et l'espace. Pour réaliser cela, l'information doit être couchée sur un support, un document. D'où le mot "documentation".

... POUR UNE ACTIVITÉ GLOBALE

Cette nouvelle activité a pour tous comme objectif de transformer en probabilités suffisantes, la possibilité qu'a tout homme d'obtenir en temps voulu l'information qui l'intéresse.
Elle recouvre tous les aspects du traitement des documents, de tous les types de documents, de leur production jusqu'à leur mise à la disposition au public. Elle met davantage l'accent sur la sélection des documents, sur l'extraction, l'exploitation et la diffusion des informations utiles conservées dans une mémoire. D'où la définition classique :
"Documenter, c'est réunir, classer et distribuer des données de tout genre dans tous les domaines de l'activité humaine."
Pour ce faire, on a créé des techniques spécifiques, dites techniques documentaires. Celles-ci recouvrent tout ce qui a trait à :
• la collecte et la sélection des documents;
• l'analyse et la mise en mémoire de l'information;
• la recherche des informations;
• la diffusion des documents.

"DOCUMENTAIRE"

Le substantif "documentaire" définit un document quelconque destiné à renseigner ou à instruire sur un sujet : ce film est un documentaire.
L'adjectif "documentaire" a un double sens.
Un sens premier de "relatif au document", par exemple : l'information documentaire.
Un sens dérivé de "relatif à la documentation" : la formation documentaire.
Pour éviter toute confusion, on a proposé de réserver "documentaire" au sens dérivé : les "organismes documentaires" ou "archives documentaires" (de la documentation), et d'employer l'adjectif "documenté" quand il veut signifier le sens premier : les informations documentées. ■

Nature et fonction des documents définissent des types de documentation différents.

Les types de documentation

Deux critères essentiels permettent de mieux comprendre la variété des situations documentaires : la nature des documents et les modes d'utilisation de la documentation fournie.

La nature des documents

Traditionnellement le document combine le support matériel et l'information. C'est un objet physique – le livre, le périodique... – que l'on stocke, que l'on manipule, que l'on consulte. Il est alors plus ou moins bien identifié et localisé par l'usager. Ce qui importe, c'est que le document existe matériellement même quand on ne l'utilise pas. Il requiert donc de la place pour le stocker et une organisation pour le retrouver quand il est demandé.

Avec l'avènement d'une documentation sans papier, le document perd sa nature matérielle. Il devient quelque chose de virtuel, de potentiel qu'il suffit de demander quand on en a besoin et d'éliminer après usage. Dès lors ne se pose plus le problème de la conservation et de l'organisation de stock de documents. Il importe seulement de connaître des personnes-ressources, des lieux-ressources et de solliciter ceux-ci quand le besoin existe.

Le mode d'utilisation des documents

On appellera une documentation personnelle celle qui est nécessaire à l'activité courante d'une personne, soit parce qu'elle lui est spécifique du fait de sa fonction ou de sa compétence; soit parce que la personne l'interroge constamment et qu'elle doit l'avoir à portée de main.

A contrario, la documentation collective est celle qui intéresse globalement un groupe identifié de personnes sans qu'on puisse déterminer clairement quand et qui l'utilisera puisque cela dépend de l'activité exercée par chacun, même si l'on sait – et c'est pour cela que cette documentation est constituée – qu'elle est utile dans le cadre de l'institution.

En croisant ces deux critères, on obtient le tableau suivant.

Quatre types de documentation sont ainsi identifiés

• La valise documentaire

Elle est établie par celui qui la possède en fonction de ses besoins. Elle contient les documents nécessaires à l'accomplissement quotidien de sa fonction dans l'institution. La nature et la qualité de ces documents sont définies par son détenteur et non par la structure documentaire.

• Le réseau personnel

C'est l'ensemble des ressources – en personnes, en lieux, en objets – qu'une personne peut solliciter dans le cadre de son travail. Naturellement, chaque personne a son propre réseau, ce qui en fait l'originalité, la valeur et l'intérêt. Naturellement, chaque

TABLEAU

Types de documentation		Utilisation de la documentation	
		Personnelle	Collective
Nature de la documentation	Matérielle réelle	Valise documentaire	Structure documentaire (centre, service, unité)
	Potentielle virtuelle	Réseau personnel (relations, ancienneté, compétence...)	Réseau documentaire • local, régional, national • thématique

personne amène et emporte son réseau avec elle.

• **La structure documentaire**

C'est l'entité qui est constituée autour d'un objectif précis : fournir l'information ou les documents utiles à ceux qui le demandent dans le cadre des activités d'une institution. Étant normalement organisée autour d'un objectif, cette structure documentaire peut s'analyser en termes de systèmes, avec son personnel, ses moyens financiers, ses outils, ses produits, ses prestations, ses contrôles, son évaluation...

> La structure documentaire peut s'analyser en terme de système.

Sur le plan technique, elle est chargée de réaliser la collecte, l'identification (description), la gestion, la diffusion, la recherche des documents utiles – ceux qui portent sur la thématique de l'institution et peuvent être recherchés pour améliorer la compétence, la connaissance, le service d'un groupe d'usagers nettement identifiés. On conviendra qu'elle n'a pas dans ses attributions les documents considérés comme des outils permanents, ceux qui constituent la valise documentaire. On conviendra également que ce qui compte désormais c'est moins la réalité du document – le fait de l'avoir chez soi – que la virtualité – le fait de le retrouver dans des délais et des coûts acceptables où qu'il soit. La structure documentaire joue un double rôle de centre de diffusion de documents possédés et de centre d'orientation de documents détenus ailleurs. D'où l'intérêt du réseau documentaire.

• **Le réseau documentaire**

C'est un partage de ressources par la mise en commun de personnes, de documents, de moyens, d'outils, de techniques, de savoirs et de savoir-faire afin d'optimiser ces ressources, d'accroître les moyens, de rationaliser les acquisitions, d'exploiter les compétences de chacun. Le réseau peut être informel et fonctionner uniquement par la bonne volonté des professionnels. Il peut être formel et alors son fonctionnement repose sur des règles admises par l'ensemble des membres du réseau.

POUR UNE COMPRÉHENSION MUTUELLE

Pour l'usager, la documentation correspond aux documents qu'il cherche ou qu'il a réunis. Par contre pour le professionnel, la documentation, c'est l'activité qu'il déploie, et les techniques qu'il applique pour satisfaire ses usagers.

Le professionnel doit convenir que l'usager ne se préoccupe nullement et justement de l'activité et des techniques, mais uniquement du résultat qu'il juge souvent – par méconnaissance des problèmes documentaires – décevant. Il ne doit pas lui imposer ses techniques et ses outils.

UNE ÉDUCATION DE L'USAGER

L'usager doit comprendre que le professionnel ne peut pas tout faire, surtout immédiatement. Il doit apprendre ce qu'il peut demander à – voire exiger de – la documentation dont il a souvent une représentation très médiocre. Il doit accepter une éducation à la documentation.

Mais celle-ci ne peut plus être une éducation à une documentation conçue sur l'idée que les professionnels se font de l'attente traditionnelle des usagers, idée selon laquelle le meilleur organisme serait celui qui possède le plus de documents, et celui qui crée les outils pour les mettre immédiatement à leur disposition, image d'une documentation "presse-bouton" qui malheureusement, dans la pratique, engendre plus de frustrés que de satisfaits.

On attend une éducation à une vision nouvelle de la documentation où l'usager doit apprendre à évaluer ses besoins et à les exprimer; où le professionnel doit s'engager à y répondre sous une forme acceptable et dans un délai négocié. ■

BIBLIOGRAPHIE

Claire GUINCHAT, Michel MENOU – *Introduction générale aux sciences et techniques de l'information et de la documentation* – Paris, UNESCO, 1981, 402 p. (mise à jour 1990, 543 p.).

Georges VAN SLYPE – *Conceptions et gestion des systèmes documentaires* – Paris, Éd. d'Organisation, 1977, 264 p.

La problématique sociétale
Les concepts généraux
Se documenter
Comprendre la documentation

L'essor des moyens de communication pose de manière nouvelle et plus aigue le problème de la reproduction des œuvres et de leur propriété, tandis que la demande d'information amène à concevoir de nouveaux lieux de stockage et d'échange ainsi que de nouveaux modes d'enseignement : le CDI serait la clef de voûte de l'établissement scolaire.

PARTIE 3

SE DOCUMENTER

L'accès à l'information est régi par des lois, nationales et internationales, qui protègent les auteurs des «œuvres de l'esprit».

LA DOCUMENTATION ET LE DROIT

La protection des œuvres

La définition des œuvres protégées a évolué avec les nouvelles techniques d'information.

L'usager s'approprie très vite le document qu'il a entre les mains. Et cette tendance – naturelle – est d'autant plus marquée qu'il a aujourd'hui à sa disposition des outils de reproduction rapides et fidèles.

> Un droit de propriété exclusif et opposable à tous.

Il oublie facilement que ce document a été conçu, fabriqué, diffusé par d'autres, lesquels peuvent avoir des exigences ou des droits moraux et pécuniaires dessus.

Il importe donc à l'usager de connaître quelles sont les conditions d'utilisation, d'exploitation et de reproduction des documents.

Un droit récent...

L'idée de protection de l'œuvre d'auteur est relativement récente puisqu'il a fallu attendre la Révolution française pour que cette notion soit avancée. Jusqu'alors, pratiquement, les droits de l'auteur et de l'éditeur n'existaient pas.

... et variable : le droit d'auteur

C'est le droit qui protège la création littéraire et artistique. Au sein de la CEE coexistent actuellement douze systèmes légaux organisant le droit d'auteur. Ceux-ci peuvent être regroupés en trois blocs de conception juridique plus ou moins homogène : le système britannique, le système allemand et le système français.

Dans la perspective du marché européen unique, une harmonisation des différents droits s'impose. Une esquisse résulte de l'application de certaines dispositions du Traité de Rome au droit d'auteur : libre circulation des marchandises, libre prestation de services et droit de concurrence. Une jurisprudence européenne est en train de se constituer.

En attendant, en France, les créations intellectuelles et artistiques sont protégées par la loi du 17 mars 1957, modifiée par la loi du 3 juillet 1985.

Comment définir une œuvre protégée ?

La loi considère comme œuvres de l'esprit "les livres, brochures et autres écrits littéraires et artistiques et scientifiques, les conférences et les allocutions, les œuvres dramatiques, les œuvres chorégraphiques, les compositions musicales, les œuvres cinématographiques et audiovisuelles, les œuvres photographiques, les dessins, peintures, œuvres d'architecture, de sculpture, de gravure, les illustrations, les logiciels".

Pour être protégée, l'œuvre doit faire preuve d'originalité, elle doit refléter la personnalité de son auteur. La loi ne protège pas les idées, mais la forme sous laquelle s'exprime l'auteur, c'est-à-dire son expression, sa composition.

Qui est l'auteur légal ?

Dans le cas de l'écrit, c'est la personne qui signe, qui prend la responsabilité de l'œuvre. Reste bien entendu le cas des œuvres anonymes ou dévoilées sous un pseudonyme. On conviendra toutefois que dans ces deux cas, la volonté de dissimuler n'existe pas vis-à-vis de celui qui édite.

Pour les œuvres audiovisuelles, en particulier l'image, le cas est plus épineux, car il est délicat de fixer jusqu'où va la simple reproduction de l'événement à couvrir et où commence la véritable création, donc originalité. Dès lors selon les pays, c'est soit le photographe-créateur (France, Allemagne, Danemark, Italie, Suisse...), soit le commanditaire, propriétaire du support (Canada, Japon, Nouvelle-Zélande, Royaume-Uni).

Dans le cas d'auteurs multiples, on convient le plus souvent que celui qui a pris la responsabilité de l'ensemble a les droits.

NATURE DE LA PROTECTION

Elle assure à l'auteur "un droit de propriété exclusif et opposable à tous". Ce droit comporte des attributs d'ordre intellectuel (exploitation de l'œuvre) et moral (droit de divulgation, respect du nom, respect de l'œuvre, repentir ou retrait), mais aussi financier (droit à rémunération).

Autour de ces principes généraux, des modalités spécifiques ont été établies pour les différents documents étant donné leur nature, leur ancienneté, leur mode d'exploitation différents.

LE CAS DE LA PROPRIÉTÉ INDUSTRIELLE

Certaines œuvres sont protégées dans le cadre du droit de propriété industrielle. C'est le cas des marques (logo, appellation, etc.), des dessins (mode, architecture, etc.), et des brevets d'invention. Dans ce cas, l'auteur ou le créateur se voit accorder un droit exclusif d'exploitation sur son œuvre pendant une durée déterminée.

> Le brevet d'invention est "dans un pays donné et pour une durée déterminée le droit exclusif accordé par l'État à un déposant d'exploiter une invention, en échange d'une description honnête dont profitera ensuite la collectivité".

Le droit français des brevets d'invention est issu de la loi du 5 juillet 1844, abrogée et remplacée par la loi du 2 janvier 1968. C'est donc un droit ancien. Le brevet doit faire la preuve d'une activité inventive dans un quelconque "procédé de fabrication présentant un intérêt industriel ou commercial".

Dès lors que la protection est accordée, toute violation de l'information industrielle – secret de fabrique – relève du droit pénal (art. 418). ■

La loi, libérale quant à l'accès à l'information, est stricte quant à sa reproduction.

LE DROIT DE L'INFORMATION

Il touche tout ce qui a trait de près ou de loin au recueil et à la diffusion de l'information, dans son acception la plus large. Il concerne toute personne ayant une activité documentaire, c'est-à-dire faisant ou voulant faire usage de documents, et en particulier les professionnels de l'information et de la communication : le journaliste, le documentaliste entre autres.

Il recouvre actuellement trois grands domaines.

• **L'accès au document administratif :** il est défini par trois lois votées à la fin de la décennie 1970 :

– loi du 6 janvier 1978 : accorde le droit à un individu de rectifier toute information le concernant contenue dans les fichiers de l'administration;

– loi du 17 juillet 1978 : définit les règles d'accès aux documents administratifs;

– loi du 11 juillet 1979 : définit les relations entre l'administration et le public.

• **Le droit de reproduction :** "La reproduction est la fixation matérielle d'une œuvre par tous procédés permettant de communiquer celle-ci au public d'une manière indirecte" (art. 28-1 et suivants de la loi du 11 mars 1957).

Or la même loi établit que : "Toute représentation ou reproduction intégrale ou partielle faite sans le consentement de l'auteur est illicite." Idem pour "la traduction, l'adaptation, la transformation, l'arrangement ou la reproduction par un art ou un procédé quelconque". ➡

«Toute représentation ou reproduction intégrale ou partielle faite sans le consentement de l'auteur est illicite.»

Ainsi la reproduction doit être faite avec le consentement de l'auteur. En outre elle donne droit à rémunération pour toute œuvre reproduite. D'où l'interdiction de copie sans dédommagement à titre public ou commercial. Mais des limites légales existent. En effet lorsque l'auteur a divulgué son œuvre, il ne peut s'opposer aux reproductions à usage privé, aux analyses et "courtes citations justifiées par le caractère critique, polémique, pédagogique, scientifique ou d'information de l'œuvre à laquelle elles sont incorporées", à condition que soient clairement indiqués le nom de l'auteur et la source. L'auteur ne peut non plus en empêcher le pastiche ou la caricature. Une copie est donc licite si l'usage qui en est fait est non collectif – c'est-à-dire privé. Mais cette disposition se trouve souvent battue en brèche par les nouveaux moyens de copie, en particulier la photocopie. ■

Logiciels et banques de données : quel droit et quelle protection ?

Le cas de la documentation

Cela s'applique-t-il aux activités documentaires d'indexation et de réduction ? La représentation d'une œuvre par des mots clés et par un résumé est-elle licite sans l'accord de l'auteur? Ce point de droit avait une réelle importance pour les producteurs de documents secondaires, en particulier les banques de données bibliographiques, et pour les diffuseurs – les serveurs – de ces produits. La réponse déterminait tout le développement de la nouvelle industrie de l'information. Après bien des péripéties, la Cour de cassation, par un arrêt rendu en assemblée plénière le 30 octobre 1987, a tranché positivement, considérant que "les résumés, constitués uniquement de courtes citations de l'œuvre, ne dispensaient pas le lecteur de recourir à celle-ci". Cela donne désormais une base juridique aux activités d'indexation et de réduction, et confère toute légalité aux produits secondaires, en particulier les banques de données bibliographiques.

Désormais le producteur d'une BDD est considéré comme auteur d'une œuvre seconde sur laquelle il a un droit de représentation dans le respect du droit des auteurs. Ce faisant, il a aussi le droit de s'opposer à la copie de sa BDD.

En dehors de ces cas, la reproduction, la représentation ou la diffusion d'une œuvre de l'esprit en violation des droits d'auteur est un délit de contrefaçon (art. 426 du code pénal).

Lutter contre le "photocopillage"

D'où la lutte engagée par les éditeurs et par les auteurs à travers leurs syndicats ou associations diverses – en France comme à l'étranger – contre toutes les formes de piratage :

– copie de l'écrit : les éditeurs dénoncent l'usage abusif de la photocopie, ce qu'ils appellent le "photocopillage". Selon eux 7 des 55 milliards de photocopies faites annuellement en France concernent des œuvres protégées dont 3 concernent des livres et des périodiques;

– copie de l'audiovisuel : ils dénoncent l'écoute ou le visionnement collectif d'une œuvre enregistrée à titre individuel;

– copie de logiciel (loi du 5 juillet 1985) laquelle est interdite même à titre privé. La seule copie autorisée est la copie de sauvegarde d'un logiciel acquis légalement.

Un accord à trouver

On assiste parallèlement à des discussions entre organismes-reproducteurs et auteurs ou détenteurs de droits. Ainsi du fait du développement des systèmes de fourniture électronique de documents (Adonis en Grande-Bretagne, Transdoc en France, etc.), une négociation est actuellement menée avec les éditeurs scientifiques concernés, représentés par le Centre français du droit de copie (anc. Centre français du copyright). Un accord doit être signé, y associant les éditeurs étrangers, pour une rémunération fondée sur les statistiques de fourniture de documents. C'est le cas avec le CNRS-INIST depuis l'été 1989. Cela devrait être le cas avec les bibliothèques universitaires et autres "grands diffuseurs de photocopies". Le Centre français du droit de copie, organisme de perception et de répartition des redevances de propriété littéraire, a été créé en 1983 par la Fédération nationale de la presse spécialisée (FNPS) et le Syndicat national de l'édition (SNE). Ses adhérents sont des éditeurs de presse et de livres. ■

La loi garantit, par la protection des œuvres, la diffusion des informations... et la liberté de chacun.

PROTÉGER LES INDIVIDUS ET LES ŒUVRES

Tout individu a le droit d'interdire la collecte de certaines informations et de s'opposer à leur diffusion si celles-ci relèvent de sa sphère d'intimité, de sa vie privée, ou si elles procèdent d'une volonté de dénigrement sur sa personne. Cela concerne aussi bien la divulgation malintentionnée de documents, la publication de son image dans la presse ou la constitution de fichiers informatisés sur les individus.

LA FRAUDE EST TROP FACILE

Ce principe s'avère difficile à faire respecter dans le cas des produits issus de traitement par l'informatique et/ou stockés et diffusés par des outils et supports générés par les nouvelles technologies. L'incertitude est totale car la fraude est facile. Il ne permet pour l'instant que de réprimer les abus les plus criants.

Tout un arsenal juridique de protection des œuvres de l'esprit et des œuvres industrielles s'est constitué progressivement depuis deux cents ans. En outre depuis une vingtaine d'années, il fait l'objet de débats d'autant plus importants que l'irruption de nouveaux outils de traitement, de conservation, de reproduction et de consultation de ces œuvres posent de nouveaux problèmes juridiques. Faut-il à chaque fois proposer une protection spécifique au risque de toujours être en retard d'un progrès et d'une attitude ? Faut-il au contraire chercher à adapter – dans leur esprit – les lois anciennes ? Le débat déjà difficile à trancher sur le plan national, l'est encore plus sur le plan international. Or précisément les nouveaux outils favorisent les échanges entre pays.

La priorité est sans doute à l'établissement d'un arsenal juridique minimum, dans le respect des droits de l'homme à l'information et à la communication, et dans le respect de l'auteur et de son œuvre.

CHACUN EST RESPONSABLE

Or parallèlement beaucoup d'usagers ignorent, délibérément ou non, tous les droits existant sur l'objet créé et diffusé, ou considèrent ces droits comme un frein à la diffusion d'un savoir, propriété de l'humanité, donc gratuit. Et les nouveaux outils de reproduction, les nouveaux supports de stockage et de diffusion leur donnent une occasion facile d'agir impunément. Or non seulement ces pratiques lèsent auteur, éditeur, diffuseur et autres protagonistes des industries culturelles qui mettent l'accent sur la lutte contre toutes les formes de fraude, mais elles menacent l'avenir même du document puisque le manque à gagner dû au non-respect des droits devient économiquement insupportable. Le document deviendra plus rare. Le savoir sera diffusé plus difficilement. L'intérêt de tous est évidemment que les règles du droit soient respectées même si celles-ci peuvent apparaître conjoncturelles et parfois trop favorables à l'un ou à l'autre. Sinon on risque d'assister à un chassé-croisé entre "tricheur" et "contrôleur", entre "pratique frauduleuse" et "contre-mesure", ce qui n'aboutirait pas nécessairement à un progrès dans la diffusion du savoir. ■

BIBLIOGRAPHIE

Banques de données et droit d'auteur, colloque organisé par *l'Institut de recherche en propriété intellectuelle, Paris, 27 novembre 1986* – Paris, Librairies techniques, 1987, 175 p.

Claude COLOMBET – *Propriété littéraire et artistique* – Paris, Dalloz (Précis Dalloz).

André FRANCON – *la Propriété littéraire et artistique* – Paris, P.U.F., 126 p. (Que sais-je? n° 1388).

Le documentaliste doit constituer son fonds propre et savoir ce qui est accessible ailleurs.

LES RESSOURCES DOCUMENTAIRES

QUE RÉUNIR DANS UN FONDS DOCUMENTAIRE ?

Le grand souci de tout usager est de connaître les ressources qu'il peut attendre d'une structure documentaire qu'il a identifiée – par le rôle et la localisation – comme étant là pour répondre à ses besoins.

La grande préoccupation du responsable de la structure est de proposer un accès direct ou potentiel, immédiat ou différé, à toutes les ressources susceptibles d'être demandées par ses usagers.

Derrière la notion de ressources, il y a l'attente de l'usager et les moyens que se donne tout responsable d'une structure documentaire pour répondre à cette attente.

RÉPONDRE À UNE VASTE DEMANDE

Généralement, les ressources à réunir doivent répondre à un triple objectif : la demande de documentation ponctuelle, la demande de mise à jour de connaissances spécifiques, la demande de culture générale. Pour ce faire, le documentaliste s'appuiera sur des ressources propres, celles qui sont chez lui, et sur des ressources extérieures, celles qui existent hors de l'établissement ou de l'institution, d'une part parce qu'il n'a pas les moyens de tout avoir chez lui, et d'autre part parce qu'il est inutile de refaire ce qui existe ailleurs.

> Dans l'idéal, on ne devrait acheter que ce qui est introuvable ailleurs...

On peut – dans le cadre d'un réseau documentaire – imaginer que la structure documentaire n'achètera que les documents que les autres membres du réseau ne possèdent pas, et ne réalisera que les produits dont elle a besoin mais qu'elle ne peut trouver ailleurs ou qu'à des conditions insuffisantes.

DES PROBLÈMES EXISTENT, DES SOLUTIONS AUSSI

Cela posera certes des problèmes de transmission des documents (réseau de téléinformatique), des problèmes de localisation du détenteur (fonctionnement interne du réseau documentaire), des problèmes juridiques (reproduction de documents), etc., mais des solutions existent ou seront apportées progressivement.

De toute façons cela ne peut dispenser la structure documentaire d'avoir un fonds propre à proposer immédiatement à ses usagers. ■

Le responsable d'un CDI doit faire des choix nouveaux : support écrit ou électronique.

LE FONDS DOCUMENTAIRE PROPRE À UN CDI

C'**est l'ensemble des documents – acquis gratuitement** (documents internes envoyés par le MEN par exemple) ou à titre onéreux (abonnement et achat) – dont la possession est jugée indispensable pour remplir les missions qui ont été reconnues au CDI dans l'établissement scolaire.

LES SUPPORTS

Un élément intervient de plus en plus dans le choix : les supports documentaires. L'information est aujourd'hui accessible sur différents supports : document papier, banque de données informatiques, Minitel, CD-Rom, microfiche, etc. C'est maintenant souvent le cas pour une même information. Les critères de choix du support varient à chaque fois en fonction de l'usage (occasionnel ou fréquent), du coût, de l'équipement (aucun pour le papier, plus ou moins important pour les autres), de la rapidité d'accès (immédiat sur CD-Rom, plus ou moins long pour le papier), de l'habitude (le papier pour tout le monde mais cela se fait aux dépens de la rapidité), etc.

INTÉRÊT DE LA DOCUMENTATION ÉLECTRONIQUE

La tendance paraît aujourd'hui de plus en plus à utiliser une documentation électronique, car :
- elle circule plus vite (téléchargement);
- elle est mise à jour régulièrement;
- elle s'intègre bien aux outils de traitement (micro-ordinateur et logiciels documentaires).

On peut néanmoins considérer que les conditions documentaires et pédagogiques dans un CDI d'établissement d'enseignement font nettement pencher en faveur du papier même s'il faut progressivement habituer tous les membres de la communauté scolaire à utiliser d'autres supports.

LE CONTENU

Il est nécessaire de rappeler que le but n'est pas de tout posséder, mais simplement d'avoir les documents indispensables en fonction de critères comme :
- la fréquence de la demande et de la consultation;
- le type de support qui détermine un mode d'utilisation;
- le délai d'obtention du document;
- l'obsolescence : taux de renouvellement des documents;
- l'environnement documentaire : existence et facilité d'accès à des sources et ressources extérieures.

Sur ces bases, on considérera que, à titre d'exemple, l'abonnement à des revues de vulgarisation scientifique est une nécessité.

DES CHOIX VARIABLES

Le choix, naturellement variable en fonction des lieux (problème d'environnement documentaire; cycle d'études; spécialisation de l'établissement) et évolutif, implique de bien connaître l'institution, ses objectifs, les pratiques de son personnel, et les capacités de traitement et de diffusion documentaires.

CONNAISSANCE DE L'INSTITUTION

- L'école et son administration;
- l'école et son public;
- l'école et ses objectifs;
- l'école et ses problèmes.

Connaissance du public
- Variété des fonctions : le personnel administratif, les enseignants, les élèves, éventuellement les parents d'élèves;
- variété des situations : de la demande de diapositives faite juste avant un cours, au dossier à préparer, à la circulaire à retrouver;
- connaissance des attentes et des besoins documentaires difficiles à exprimer mais réels;
- image imparfaite de la documentation, en particulier méconnaissance du service à en attendre. ➨

Les années 1980 ont vu la mise en place d'un environnement documentaire sans précédent et dont on saisit encore mal la portée.

DIFFÉRENTES SOURCES DES DONNÉES ET DE L'INFORMATION

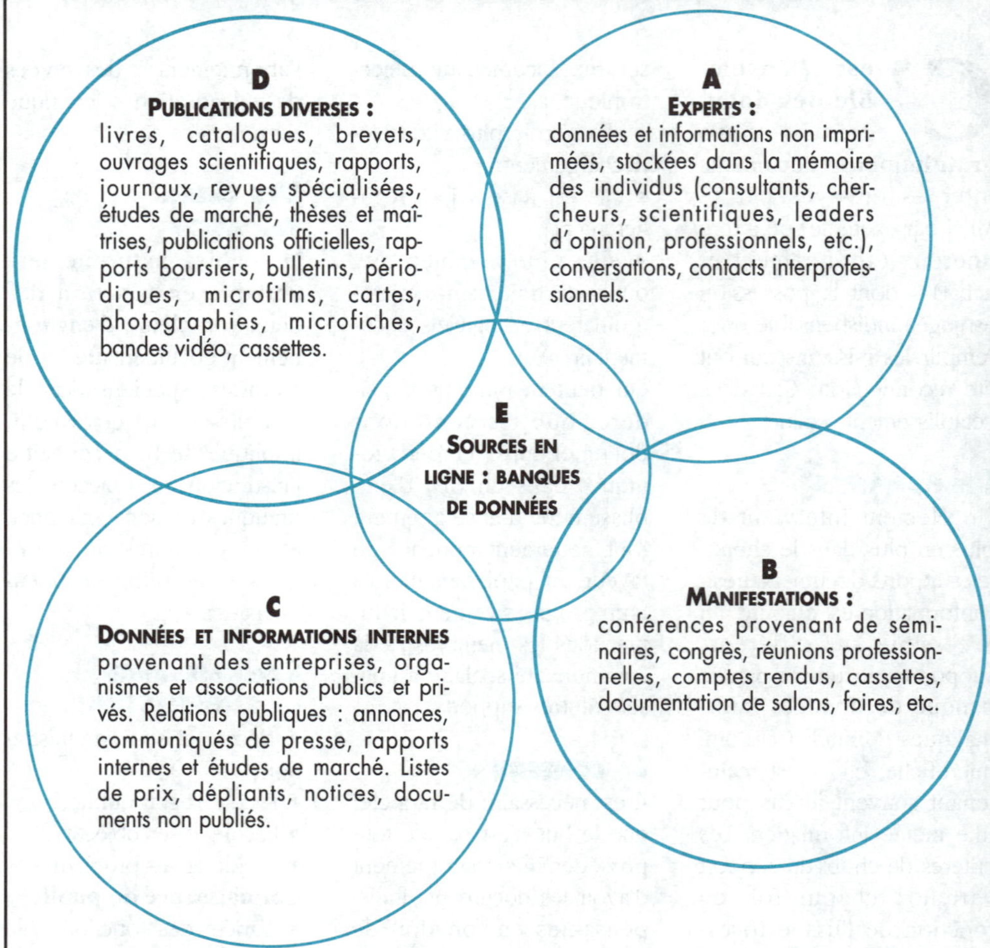

Source: Documentaliste, *vol. 26, n°4-5, juillet-octobre, 1989.*

Répondre à une demande vague

Si les usagers connaissaient leurs besoins documentaires et avaient une bonne connaissance du fonctionnement du service documentaire, la logique serait de construire une documentation sans document, et de se former et de s'équiper pour aller chercher au coup par coup ceux qui sont demandés.

La demande sociale envers le documentaliste : «Tout ou rien !»

Comme les usagers ne connaissent pas leurs besoins documentaires et méconnaissent le fonctionnement de la documentation, la logique est de leur proposer des choix qui tiennent compte des moyens techniques et financiers de l'établissement, et qui, en fonction de la personne, du moment, du besoin ponctuel, permet indifféremment – et là réside la gageure de la définition précise d'un fonds documentaire – de répondre à :

- je veux tout ce qu'il y a sur…;
- je veux l'essentiel sur…;
- je veux m'informer sur…;
- je viens voir ce que vous avez sur…

À moins de tout posséder – ce qui est hors de question – les choix seront toujours imparfaits. La qualité du fonds peut toujours être améliorée dans le cadre d'une bonne collaboration avec tous les membres de l'établissement. Encore faut-il que tout le monde en ait conscience.

L'ENVIRONNEMENT DOCUMENTAIRE ET PÉDAGOGIQUE

Au regard des historiens de l'éducation, les années 1980 seront marquées par :

- l'offre accrue et non ordonnée des produits d'intérêt culturel ou éducatif (documentaires, jeux éducatifs, banques d'images...);
- la diffusion de masse d'informations sous toutes formes et sur tous sujets au sein des programmes des chaînes de télévision, sans repérage particulier des produits d'intérêt éducatif;
- la diffusion large du concept de poste de travail individuel, notamment autour du micro-ordinateur.

Par ailleurs, les éditeurs accroissent nettement leurs catalogues d'outils d'apprentissage individuel, en liaison avec des objectifs scolaires ou généraux (exemple des langues vivantes...).
Enfin l'équipement systématique du territoire français en réseaux télématiques suscite de nouveaux services d'enseignement à distance (messagerie, conseils en léger différé, banques d'exercices, expertise...). ■

Le documentaliste a tout intérêt à tirer parti des ressources extérieures au CDI, pour ne pas alourdir son budget.

LES RESSOURCES DOCUMENTAIRES EXTÉRIEURES ACCESSIBLES DANS LE CDI

Parmi toutes les ressources documentaires, quatre sont plus particulièrement à considérer :

LES RESSOURCES NATIONALES OU GÉRÉES NATIONALEMENT

Les structures documentaires des établissements d'enseignement ne peuvent s'appuyer sur les ressources gérées au niveau national, au niveau des institutions centrales dépendant du Ministère, comme l'INRP ou le CNDP. Elles peuvent en attendre une aide mais pas de prestations documentaires. Dès lors, les fonds à constituer doivent l'être sans considération de la documentation possédée au niveau national.
Néanmoins un début de collaboration s'ébauche entre structures avec, par exemple, le partage de fichiers bibliographiques (fichier informatisé du CRDP de Poitiers). C'est la preuve que ponctuellement des tâches répétitives peuvent être réduites.

LES RESSOURCES DOCUMENTAIRES LOCALES

Des centres de documentation, d'archives et des bibliothèques peuvent jouer localement le rôle de centres-ressources pour toute structure documentaire en milieu scolaire, en raison de la nature de leurs fonds ou de leur statut – organisme public ou de statut public.
Ces ressources peuvent être sollicitées auprès de certains établissements, entre autres :

- les Archives Départementales;
- les bibliothèques municipales;
- les administrations régionales et départementales;
- l'INSEE.

NOUER DES CONTACTS

Dans tous les cas, une des tâches du personnel documentaire sera d'identifier ces ressources locales, de reconnaître ces fonds et d'apprécier leur pertinence par rapport aux besoins des usagers du CDI.
Si cette recherche s'avérait positive, il faudrait envisager des conventions ➡

Le CDI se trouve désormais, si on lui en donne les moyens, au centre d'un réseau fascinant de potentialités documentaires. Au documentaliste de construire les réseaux de l'école du futur.

de prestations avec ces organismes. On conviendra aussi que dans ce cas, l'existence d'un réseau personnel facilite grandement les choses. Cela semble être une façon de travailler bien comprise parmi les professionnels de la documentation d'entreprise. Il faudra donc que le personnel du CDI noue des contacts.

On n'oubliera pas de mentionner – ou de rappeler – le rôle que doivent jouer, et que jouent, les CRDP et les CDDP comme structures d'appui à toute cette politique documentaire dans le monde scolaire.

Les banques de données extérieures

Des banques de données existent actuellement dans pratiquement tous les domaines d'activité : juridique, politique, économique (macro et micro), scientifique et technique (agriculture, urbanisme et environnement entre autres).

Un intérêt certain...

Ces banques représentent une ressource intéressante car :

- elles permettent d'accéder rapidement à un grand volume de documents;
- elles donnent accès à des documents ou à des informations traitées par d'autres. Elles évitent ainsi de refaire ce que d'autres ont déjà fait;
- elles proposent des informations dont la mise à jour est régulière.

Mais cela n'est pas gratuit. Il faut donc savoir quand il est préférable d'avoir recours à des services extérieurs et quand il est plus utile de les réaliser sur place. C'est souvent un problème de coût, donc de fréquence d'utilisation. C'est aussi un problème de temps et de formation.

... mais à quel prix ?

Ces banques sont accessibles par des centres serveurs (contrat de service à établir) ou sur le réseau télématique (Minitel). Dans le premier cas, l'interrogation d'une banque de données, quel que soit le serveur, est facturée selon des tarifs d'utilisation variant de 400 à 800 F HT par heure environ. Dans le deuxième cas, l'interrogation revient

UN NOUVEAU SUPPORT

LES MÉMOIRES OPTIQUES

Le disque optique compact (DOC/CD-Rom)

Ces nouveaux supports d'information sont adaptés à un nombre important d'interrogations portant sur les mêmes sources puisque le coût d'achat est encore relativement élevé. Ils dispensent naturellement de l'interrogation en ligne et sont, pour la plupart, régulièrement mis à jour (minimum trois mois).

Ils nécessitent un équipement spécifique : un lecteur de CD-Rom (d'un coût de 5 à 7 000 F HT), connecté à un micro-ordinateur. Le logiciel de pilotage qui est fourni avec le CD-Rom, permet une interrogation multicritère avec une aide lexicale pour la recherche.

Ce type de support est adapté à des interrogations multiples et peut être utilisé en réseau. Son équipement et son coût, ponctuellement élevés, doivent être appréciés en fonction de ces critères. Il paraît bien correspondre aux besoins d'une structure documentaire scolaire et cela quel que soit le cycle d'études.

de 300 à 600 F HT par heure pour certaines d'entre elles accessibles par le système de Kiosque-Télétel haut palier : 3628 et 3629. Ici la facturation est comprise dans la consommation téléphonique.

L'organisation documentaire doit être discutée par la communauté éducative.

Il faut y ajouter le coût d'impression des résultats.
Dans tous les cas, une bonne connaissance de ses besoins réels et une maîtrise des coûts est indispensable.

Les ressources accessibles hors du CDI

Le CDI n'est pas, dans un établissement scolaire, le seul point d'accès à l'information et au document. Les informations ponctuelles ou de circonstance, en particulier, peuvent être diffusées par un réseau téléphonique (les "infos du jour" sur répondeur) ou télématique (serveur local ou régional), un réseau vidéo (les infos sur écran), un journal imprimé, voire sonore, des panneaux d'affichage spécialisés, etc.
Une partie du fonds documentaire de l'établissement peut également être déconcentrée au niveau d'un groupe de salles, avec une gestion déléguée à un enseignant ("cabinet" d'histoire-géographie, "cabinet" de sciences naturelles ou de technologie...) ou d'un secteur (atelier technique).

Le CDI : un objet de réflexion pédagogique

L'information documentaire (ressources propres au CDI ou banques de données externes) peut aussi, si cela est demandé, être obtenue en des lieux situés hors du CDI (salle ou bureau des professeurs, atelier technique...).
L'emplacement des postes de consultation, leur disponibilité et les conditions d'accès doivent faire l'objet d'une réflexion collective au sein de la communauté éducative – au moins entre l'administration, les collègues enseignants et le professeur-documentaliste –, afin d'articuler les utilisations en classe et les accès en libre-service au CDI.
L'obligation de câblage des nouveaux établissements, prévue dans la loi d'orientation, ouvre de telles perspectives de délocalisation. Ces nouvelles pratiques exigent néanmoins une plus grande concertation entre partenaires de l'établissement, et une mise en cohérence globale de l'accès à toutes les ressources documentaires par un professionnel afin de faciliter le repérage.

Avoir le temps...

Le responsable d'un CDI a pour tâche de se donner les moyens de répondre aux besoins de ses usagers, voire de devancer leurs attentes informationnelles. Or ses moyens sont souvent limités, et les usagers ne savent pas bien exprimer leurs propres besoins.
Dans ces conditions, définir les ressources nécessaires dans un CDI paraît un peu une gageure.
Néanmoins, on comprendra que ces ressources seront d'autant plus pertinentes que le responsable aura une bonne connaissance de son environnement direct – l'établissement et l'institution scolaires –; d'autant plus utiles qu'elles auront été négociées avec tous les membres de la communauté scolaire; d'autant plus complètes qu'elles tireront parti de ressources qui pour être extérieures n'en sont pas moins accessibles; d'autant plus exploitées qu'elles auront été bien localisées.
Le problème est désormais d'avoir le temps de gérer tout cet ensemble. ■

Le CDI, bien utilisé, doit participer à la transformation des relations pédagogiques.

LOCALISATION ET SIGNALISATION

LE MODE D'EMPLOI DU CDI

Indiquer, signaler, c'est permettre de trouver des lieux, des objets ou des règles. Or trop souvent, l'usager ne cherche plus parce qu'il ne sait plus où se diriger, parce qu'il ne comprend plus, parce qu'il n'a plus de repères. Il importe donc de lui faire comprendre où se trouvent les objets, comment ils sont organisés, ce qu'on peut faire avec et comment le faire. Cela est en soi faire œuvre "éducatrice".

> "Dans les disciplines scientifiques, par une aberration remarquable, on s'imagine que ce qui a été publié est connu. Mais on oublie que la recherche en bibliothèque est parfois un processus plus compliqué et plus incertain que la première découverte en laboratoire."
> Lord Rayleigh, 1884.

SIGNALER POUR AIDER OU POUR ÉGARER ?

Dans les villes médiévales, les enseignes signalaient la présence de maisons d'artisans. Sur nos routes modernes, des panneaux indicateurs signalent les directions à suivre. Universellement reconnus, ces symboles permettent à chacun d'identifier et de retrouver ce qu'il cherche. Or l'usager d'une "conserve du savoir", d'un CDI par exemple, est un peu dans la même situation que le bourgeois du Moyen Âge ou l'automobiliste du XXe siècle. Il a besoin de savoir où aller, de connaître le mode d'emploi des outils mis à sa disposition ou de retrouver des documents qu'il ne connaît pas. Sinon il hésitera à venir, voire ne viendra jamais.

ÉVEILLER À LA RECHERCHE DOCUMENTAIRE

C'est une situation que le professionnel de la documentation déplore souvent sans bien la comprendre. Il oublie que la participation à une activité quelconque est fonction de l'effort que cela requiert par rapport au bénéfice que l'usager attend de sa visite et du temps passé. Or l'intérêt pour la documentation n'est pas encore suffisamment grand pour se permettre de décourager les bonnes volontés qui le seraient naturellement devant toutes les difficultés d'une recherche documentaire. Il importe donc que le professeur-documentaliste conçoive, propose, réalise des objets de facilitation offerts à tous ceux qui voudraient venir au CDI ou qui y sont venus. Ce souci correspond d'ailleurs à l'une de ses missions qui est de familiariser les membres de la communauté éducative avec la documentation, de les inciter à fréquenter le CDI, de les amener à utiliser des documents. Pour réussir cette mission, il doit élaborer tout un système de signalisation et réfléchir à la localisation des signaux afin d'aider les usagers à aller vers et à se situer dans son CDI. Ce travail sera d'autant plus productif aux yeux de la communauté éducative que l'effort demandé à l'usager consistera à établir une correspondance entre ses propres catégories mentales et les structures d'un espace d'information.

LES ÉLÉMENTS À SIGNALER

Tout ce qui conduit à la documentation, facilite son usage, conforte une démarche, indique les règles de fonctionnement, doit virtuellement être signalé à partir du principe selon lequel l'utilisateur potentiel ne sait rien. Cette signalisation acquiert toute sa pertinence au moment de l'apprentissage, ce qui lui donne un caractère à la fois indispensable et ponctuel. Elle doit donc être conçue pour être oubliée par celui qui sait.

SIGNALER QUOI ?

Celui-ci doit donc pouvoir trouver des indications sur :

• **l'existence même du CDI** même si cette information est donnée au début de l'année, et si une visite est organisée par le professeur-documentaliste. La publicité ne choque pas les élèves;

• **la localisation du CDI** dans l'organisme : il doit pouvoir s'y rendre en s'appuyant sur une signalisation appropriée, rencontrée en des lieux identifiés par la communauté scolaire comme communs;

• **la localisation des objets dans le CDI :** il doit pouvoir rapidement situer les différents objets dans l'espace et ainsi repérer où peut être l'objet qu'il cherche : fichier, livre, magnétoscope, etc.;

• **les modalités de classement :** il doit avoir un schéma global de la classification qui est utilisée pour classer les documents en accès libre, les grandes catégories;

• **les règles à respecter pour le travail dans le CDI :** accès aux documents, consultation des fichiers manuels ou informatisés, prêt de documents, information sur les nouvelles acquisitions. Il doit avoir un guide d'usage, sorte de menu, lui indiquant la conduite à tenir en chaque occasion.

LES RÈGLES D'ÉLABORATION

Une bonne signalisation est celle qui s'impose sans peine à celui qui en a besoin et celle qui s'efface devant celui qui a appris.

Pour être efficace, une signalisation doit être :

• univoque : autrement dit son interprétation ne doit pas être ambiguë;

• visible : autrement dit repérée sans être recherchée, et non pas proposée comme un jeu de piste;

• lisible : construite avec des formes typographiques et des combinaisons de couleurs telles que l'information à communiquer soit rapidement et clairement perçue;

• mise en valeur : une présentation accrocheuse, voire publicitaire, n'est pas systématiquement à refuser sous prétexte que l'on conduit vers où travailler dans une "conserve du savoir";

> La signalisation du CDI a un rôle pédagogique.

• intelligible : elle doit être culturellement et socialement adaptée aux différents usagers. On doit savoir choisir quand il convient d'utiliser l'indice Dewey 900 ou le mot "histoire"; l'image d'un "penseur" ou le mot "philosophie", une couleur ou une flèche;

• adaptée à une situation : étant donné la variété des choses à signaler, il paraît possible et souhaitable de choisir des formes, des codes, des référents aussi variés;

• bien localisée : il existe des passages obligés, des points de rencontre. On veillera tout particulièrement à renseigner en ces lieux.

SIGNALER COMMENT ?

Divers types de signaux sont à la disposition de la documentation pour représenter les choses.

Dans tous les cas, le professeur-documentaliste devra choisir parmi tous ces types celui qui lui paraît le mieux adapté à la situation connue de lui; celui qui peut-être pourra être l'occasion d'un travail avec d'autres collègues.

FACILITER LA VIE...

Le CDI doit être à la fois un lieu d'apprentissage et de découverte pour l'élève; un outil d'information et de travail pour l'enseignant; un outil de renseignement pour le personnel administratif et les parents d'élèves. Ce projet donne véritablement sa place au CDI dans la vie d'un établissement scolaire.

Encore faut-il que les membres de la communauté scolaire le fréquentent et aient envie de le fréquenter; que non seulement ils s'y retrouvent, mais encore retrouvent des documents, ultime raison de leur démarche.

Il faut donc clairement, intelligemment, visiblement, signaler son existence, signaler où sont les choses qui justifient la présence – même rapide – des usagers; signaler quand et comment il fonctionne puisque comme tout système – même de petite taille – il a ses règles et des modalités; et non pas transformer la visite du CDI en épreuve de force ou course d'obstacles. ■

TYPES DE SIGNAUX

• Le signal analogique : une chose est représentée par une image qui lui ressemble (un téléphone par sa représentation figurée).

• Le signal idéographique : une chose est représentée par une image ou un code qui la suggère (la direction indiquée par "l'index").

944 • L'indice pour "histoire de France". Cela n'est possible que si le code est commun à tous les usagers.

99 • Le signal alphabétique : une chose est représentée par une chaîne alphabétique conventionnelle ("livre" est un ensemble d'au moins 49 pages).

Le paradoxe de la recherche : comment retrouver ce que l'on ne connaît pas puisque c'est justement ce que l'on cherche ?

LA RECHERCHE DOCUMENTAIRE

ACCÈS DIRECT OU INDIRECT ?

La recherche documentaire repose sur un paradoxe fondamental : comment peut-on rechercher quelque chose qu'on ne connaît pas puisque c'est justement ce que l'on cherche.
La recherche devient ainsi *a priori* une opération dévoreuse de temps et d'énergie, sans assurance de réussite.

UNE AFFAIRE DE SPÉCIALISTES

Dès lors est-elle affaire de spécialistes qui, à force d'habitudes, de savoirs spécifiques, d'entraînements réguliers, sauront, malgré tous les obstacles, trouver ce quelque chose ; ou peut-elle être l'affaire des usagers si on les aide un peu à franchir ces obstacles ?
Le spécialiste a-t-il réellement envie de se faire déposséder de la recherche ? Autrement dit les obstacles viennent-ils uniquement de l'extérieur ? Le spécialiste n'en ajoute-t-il pas pour se rendre indispensable, au lieu de chercher à faciliter le travail de l'usager ?

LE PARADOXE DE LA RECHERCHE

Comment peut-on retrouver ce qu'on ne connaît pas ?
Il ne s'agit pas de disserter sur ce paradoxe, mais de comprendre la démarche d'une recherche. Pourquoi cherche-t-on ? D'une part, c'est que, quelle que soit la raison, celui qui cherche a besoin d'information; d'autre part, c'est qu'il a le sentiment que quelque chose d'intéressant existe quelque part. Son problème est qu'il ne sait pas où le trouver. En fait rechercher ce n'est pas rechercher quelque chose qu'on ne connaît pas, c'est bien davantage rechercher où se trouve ce quelque chose que l'on voudrait, et que l'on est à peu près capable de décrire. *A contrario*, celui qui ne peut décrire ce qu'il cherche, ne trouvera jamais. Et, en outre, il embêtera tout le monde, et en particulier le documentaliste.

"La bibliothèque est un grand labyrinthe, signe du labyrinthe de la vie. Tu entres et tu ne sais pas si tu en sortiras (...) « Comment faites-vous pour connaître la place de chaque livre ?" Malachie lui montra des annotations qui accompagnaient chaque titre. Je lus : III, IV gradus, V in prima graecorum ; II, V gradus, VII in terra anglorum, et ainsi de suite (...) et j'osai demander de plus amples renseignements (...) Malachie me regarda avec sévérité : « Vous ne savez sans doute pas, ou vous avez oublié, que l'accès de la bibliothèque n'est consenti qu'au seul bibliothécaire. Et il est donc juste et suffisant que seul le bibliothécaire sache déchiffrer ces choses-là.

– Mais dans quel ordre sont reportés les livres dans cette liste ? demanda Guillaume. Pas par sujet, me semble-t-il. » Il ne fit pas allusion à une classification par auteur qui suive l'ordre même des lettres de l'alphabet, car c'est un procédé astucieux que j'ai vu mis en œuvre ces dernières années seulement, et qu'on n'utilisait guère autrefois.

« La bibliothèque plonge ses racines dans la profondeur des temps, dit Malachie, et les livres sont enregistrés selon l'ordre des acquisitions, des donations, de leur entrée dans nos murs.

– Malaisés à trouver, observa Guillaume.

– Il suffit que le bibliothécaire les ait tous présents en sa mémoire et sache pour chaque livre l'époque où il arriva. Quant aux autres moines, ils peuvent se fier à sa mémoire. »"

Umberto Eco, *le Nom de la rose*, Paris, Grasset, 1982.

Le contexte de la recherche

Posséder l'information est un pouvoir, savoir trouver l'information confère du pouvoir. Longtemps le spécialiste a été l'intermédiaire obligé entre l'usager et les documents. Lui seul savait où ils se trouvaient. Ce savoir devenait sa raison d'être. Dès lors il a eu intérêt à ne pas le communiquer, voire à le compliquer à dessein.

À la décharge du professionnel, l'usager ne lui facilite pas le travail. D'une part, il n'arrive souvent pas à bien formuler sa demande – il est vrai qu'il cherche. D'autre part, il a un comportement changeant : quand il cherche, il veut tout. Quand il sait, il ne veut "que". Quand il est curieux, il veut tout et plus. Quand il est pressé, il veut uniquement mais pas tout.

Comment satisfaire la demande?

Professionnellement la réponse à ce souci s'est faite en trois temps :

- concevoir le classement le plus adapté pour chaque document;
- concevoir un classement unique quel que soit le lieu de consultation;
- concevoir les outils les plus variés et les mieux adaptés à chaque recherche. ■

> Selon la loi du "moindre effort" (loi de Mooers), un système documentaire sera déserté par les usagers s'il est plus pénible et ennuyeux pour eux de trouver un document, que pénalisant de ne pas l'avoir.

Une démarche procédurière

On ne peut soupçonner systématiquement tous les spécialistes des bibliothèques ou centres de documentation d'avoir la même attitude. Pourtant la première impression de l'usager quand il entre dans un tel lieu, est celle d'une grande comple-xité, celle d'une démarche procédurière. Alors qu'il est venu pour trouver une solution, pour se libérer d'une tâche, on lui en impose d'autres : apprendre des langages (documentaires); manipuler des outils (fichiers divers); relever des signes qu'il ne comprend pas (la cote). On comprend que beaucoup appliquent – souvent sans le savoir – la loi du moindre effort, et ne fréquentent plus les systèmes documentaires.

"Connaître, penser, c'est classer" (Clemenceau)

Le classement des documents

Le classement est une opération intellectuelle qui consiste, théoriquement, à introduire un ordre – alphabétique, séquentiel, systématique, topographique, ou autre, par combinaison de plusieurs critères –, là où il n'y en a pas, pratiquement, à choisir un emplacement physique pour un objet quel qu'il soit. Dans tout classement, il y a un souci **d'organisation immédiate** (gain de place pour économiser l'espace). Il y a aussi un souci **d'efficacité ultérieure** (être capable de retrouver quelque chose que l'on sait avoir et dont on a besoin).

Un classement par objectif

Le problème du classement est différent selon que l'on œuvre pour soi ou pour l'autre. Ainsi le classement de tous les objets selon leur couleur choisi par Bécassine n'est aberrant que si d'autres personnes qu'elle doivent retrouver un objet, car en soi il peut parfaitement correspondre à une préoccupation, à un centre d'intérêt.

Une opération délicate

Le classement est une opération obligatoire dans les "conserves du savoir" où le nombre d'objets est tel qu'ils doivent être rangés.

REMARQUE

Le classement est généralement complété par une opération matérielle, le rangement, qui consiste à mettre effectivement l'objet à l'emplacement choisi.

Elle est délicate car son résultat (rangement précis d'un élément dans ➡

Quand l'usager cherche, il veut tout; quand il sait, il ne veut que ce qu'il cherche.

une série) risque de se retourner contre l'objectif (celui de retrouver l'élément), à partir du moment où cet élément, objet identifié, est noyé dans des séries non identifiées. L'opération est d'autant plus délicate que celui qui cherche est rarement celui qui classe, et qu'alors deux représentations du monde peuvent co-exister sans se rencontrer.

Existe-t-il un «bon» classement?

Mode de classement :

- classement alphabétique selon une clé à définir;
- classement systématique selon une organisation logique;
- classement topographique en fonction du lieu de l'objet;
- classement séquentiel ou par ordre d'arrivée;
- classement "taille" ou selon le format. ■

Accès direct au savoir

Trouver un mode d'organisation du savoir aussi clair et complet que possible : une préoccupation ancienne.

On ne peut retrouver – puisque c'est logiquement l'objectif d'une recherche – que ce qui est organisé. Tout est donc une question d'organisation de l'espace, et des divers éléments dans l'espace.

> Pour l'usager, la recherche devient une «navigation à vue dans l'espace documentaire».

Cette préoccupation est relativement ancienne puisqu'on la trouve exprimée dans la deuxième moitié du XIXe siècle par des professionnels de la bibliothèque qui se veulent novateurs et plus ouverts aux nouvelles idées de démocratie et d'éducation.

Logiquement, ils réfléchissent à l'organisation matérielle de leur collection, et proposent des techniques et des outils conçus pour faciliter l'accès direct de tous aux documents. Ils imaginent ainsi de les classer selon un ordre logique, correspondant à une organisation de toutes les connaissances. Ce projet aboutit à la publication en 1876 de la classification de Melvil Dewey dont l'originalité repose sur le principe de la division décimale (création de 10 classes thématiques et division régulière en 10 sous-classes).

Ainsi à l'origine, la classification se veut d'abord un outil de facilitation selon l'idée que les usagers – tous les usagers – quand ils cherchent, agissent de la même façon : ils cherchent à situer logiquement une chose dans une organisation globale; ils construisent intellectuellement leur espace; ils procèdent par exclusion, par inclusion; ils opposent, ils rapprochent des notions.

Elle se présente comme une organisation globale des connaissances. Selon le principe que cette organisation est la même pour tous, il suffit de situer chaque objet dans ce cadre pour le retrouver. Selon cette vision classificatrice, tout usager pourra – en réfléchissant – retrouver ce qu'il cherche.

L'espace a donc été désormais (quel est l'usager qui s'en plaindrait ?) très souvent organisé autour de cette idée : l'accès direct.

Classifier

Tout langage comporte deux grands types de rapports :

- les rapports de sélection : choisir un terme, un message par opposition aux autres;
- les rapports de combinaison : choisir un élément en complément à un autre.

EXEMPLE 1

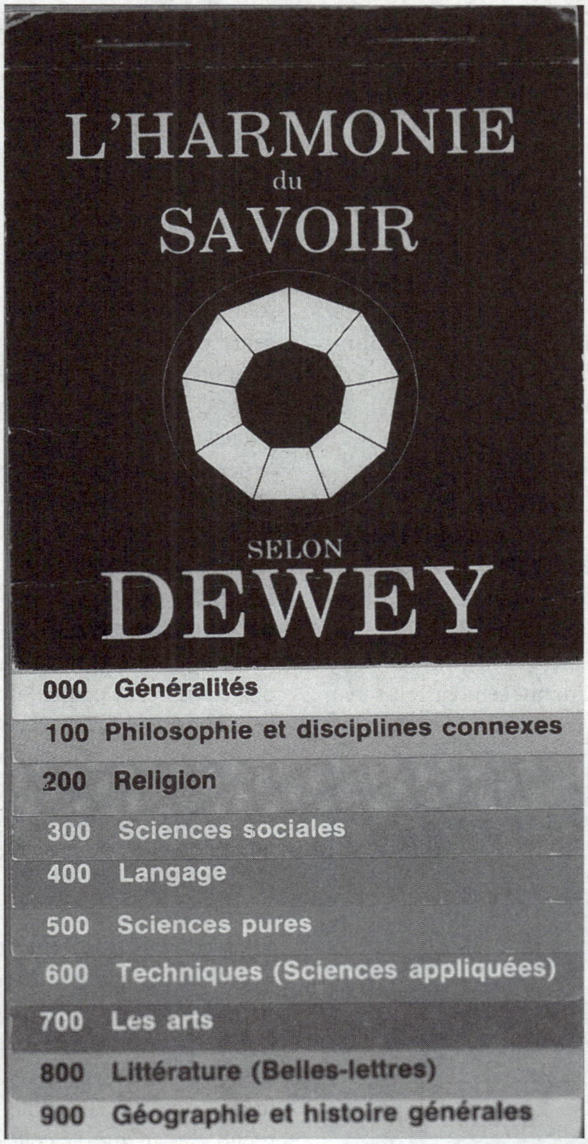

De l'approche pratique à la conception universelle

Quand Melvil Dewey a proposé sa classification, son projet était uniquement d'offrir un outil de facilitation à ses usagers. Il ne se doutait sans doute pas du succès qu'allait avoir son idée. La charnière des XIXe et XXe siècles est caractérisée par deux grands mouvements :

- d'une part le grand rêve documentaire de deux avocats belges, Paul Otlet et Henri Lafontaine de créer une "Bibliographie universelle" de tout ce qui se publie partout dans le monde;
- d'autre part la recherche par les bibliothécaires, de règles communes dans leur travail pour augmenter la facilité d'usage des organismes dont ils sont responsables. Ils veulent donner à leurs lecteurs des réflexes, en s'appuyant sur leur savoir, en créant une familiarité avec le lieu. Dès lors un même document doit toujours se trouver à la même place logique quel que soit l'établissement qui le possède dans le monde.

> Élaborer un "vaste répertoire embrassant l'ensemble de la production scientifique, littéraire et artistique de tous les temps et de tous les pays, comprenant l'inventaire des articles contenus dans les revues et dans les publications des sociétés savantes aussi bien que celui des livres, brochures et manuscrits…"

Le modèle classificatoire

Or le modèle classificatoire semble bien répondre à ces projets, à tel point que Paul Otlet et Henri Lafontaine publient en 1905 une classification décimale universelle (CDU) en reprenant la logique de construction de la classification de Dewey, et en en développant largement le contenu des classes. Deux grandes classifications documentaires coexistent désormais la classification DEWEY et la classification CDU – dont l'usage s'est, depuis lors, progressivement imposé dans nombre de bibliothèques et de centres de documentation. ■

EXEMPLE 2

INDICE DE LA CLASSIFICATION CDU

Histoire = 9

Histoire de France = 944

Enseignement secondaire en France = 373 (44)

Aspects économiques de la sylviculture = 634.0.003

Le système unique de classification est remis en cause depuis plusieurs années. Les usagers réclament des outils plus adaptés.

De l'accès unique aux accès multiples

Dans la deuxième moitié du XXe siècle, et le mouvement semble s'être accéléré durant la décennie 1980, l'unanimité quasi parfaite autour de ces outils s'effrite. Les outils classificatoires sont mis en cause. Les usagers réclament des outils plus adaptés. D'autres méthodes apparaissent.

La problématique de la classification

La méthode classificatoire – avec les rêves universalistes et systématiques d'organisation des connaissances et d'accès aux documents qu'elle a engendrés – est contestée. Son principe d'organisation globale, universelle, des connaissances est intéressant mais discutable : où situer l'écologie par exemple ?
En outre conçue pour permettre l'accès direct aux documents, elle ne se justifie pas ou moins quand pratiquement tous les organismes n'offrent plus cette facilité. L'idée même de classification paraît trahie quand il ne reste plus au lecteur qu'un accès indirect à des fichiers CDU ou Dewey (ce qui a longtemps été le cas dans les bibliothèques universitaires françaises).
Enfin pour beaucoup, son "universalité" correspond davantage à une vision occidentale du savoir.

Défendre un système ou travailler pour l'usager ?

Le problème se pose d'autant plus dans les "conserves du savoir" que traditionnellement leurs responsables privilégient des pratiques à l'échelle internationale et adoptent les outils en fonction de leur diffusion.
Cette mise en cause les oblige à réfléchir sur les notions d'ordre, d'activité classificatoire, de priorité, de représentation de l'espace, d'organisation du savoir, d'universalisme de la culture, ce qui revient souvent à opposer la structure, le système, le schéma global et la personne, le lecteur, l'usager.

> Nouveaux savoirs et nouveaux usagers obligent à repenser le classement.

Le critère de récupération

Reste que tant qu'il y aura des documents palpables, il faut continuer à les classer pour se donner une chance de les retrouver. Pour être utile, ce classement doit se faire à partir d'un critère de récupération.
Le critère peut être :
- **les centres d'intérêt :** on regroupe tous les documents – quels que soient leurs autres caractéristiques – portant sur le même sujet. Cela facilite la recherche même si celle-ci est inévitablement relativement large ;
- **le type de documents :** on regroupe tous les documents qui appartiennent au même type. Cela facilite généralement la conservation, l'esthétique, la tradition ;
- **la taille :** ce critère est essentiel quand la place est mesurée car il optimise les espaces. Mais il rend impossible l'accès direct : l'ordre est totalement aléatoire.

Le type d'accès aux documents

Le problème est différent selon le type d'accès aux documents car un type d'accès implique un mode ou tout au moins peut en exclure :

• **accès direct :** il a été conçu pour créer un contact avec le document. Il exclut le classement "taille". Il implique normalement le "systématique";

• **accès indirect (fichier) :** il convient davantage à l'usager qui vient avec une idée assez précise de ce qu'il veut. Il exclut le classement alphabétique et systématique. Il implique la cote.

On conviendra qu'il est souvent difficile de décider du meilleur choix car il y a une forte hétérogénéité de la demande, reflet de la diversité socio-professionnelle du public. En outre, selon le moment, selon l'humeur, selon le besoin, l'usager a lui-même des attentes différentes et difficiles à concilier en un même lieu. ■

Il n'y a pas un usager type des CDI ; la diversité des usagers oblige à revoir la conception des lieux documentaires.

Un retour vers les usagers

Les usagers ont en fait été pratiquement absents de la conception des systèmes d'information élaborés pour eux, en particulier dans les bibliothèques. Ce n'est que très récemment que l'on a commencé à s'en préoccuper. Or il apparaît qu'il n'y a pas un usager comme les professionnels l'ont trop longtemps pensé ou montré, mais des usagers. Ce premier constat oblige à reconsidérer toute la conception actuelle de ces temples.

Un système peu démocratique

Est apparu aussi que ne se retrouve dans ces lieux que l'usager qui sait, celui qui culturellement peut comprendre l'organisation globale. Autrement dit, le système exclut pratiquement celui qui refuse de s'intégrer culturellement. Dans les faits, il ne trouve jamais sauf à passer systématiquement par le spécialiste, ce que très rapidement il évite. Il ne vient plus.

Pour retrouver ses publics, pour remplir sa fonction, une "conserve du savoir" doit offrir des modes d'accès variés, adaptés, personnalisés. Elle doit permettre une appropriation de la recherche dans des formes qui iront du tâtonnement progressif, au bricolage, voire au braconnage, c'est-à-dire une appropriation qui met en acte des techniques de montage des pratiques antérieures, par analogie et imitation, mais parfois aussi de manière éventuellement inédite et imprévisible.

Un débat d'arrière-garde

Le débat reste donc important. Mais on peut se demander si ce n'est pas désormais un débat d'arrière-garde au moment où l'on s'interroge sur l'avenir même de ces "conserves du savoir" alors concurrencées par les systèmes d'information électronique dans lesquels chacun pourra choisir son parcours, ses arrêts, ses lectures.

La diversification des outils de recherche

La recherche en accès direct, si elle se révèle passionnante par tous les parcours qu'elle permet, doit être complétée par d'autres moyens, par d'autres organisations, puisque la priorité est de retrouver ce qui est conservé. Sinon pourquoi consacrer autant d'énergie, de temps et d'argent à maintenir les lieux de conserve ?

Désormais, entre les produits papier en tous genres (index, bibliographie, ➡

Offrir des modes d'accès au « temple » suffisamment adaptés, personnalisés et variés pour ne pas rebuter les usagers.

bulletin, etc.), les fichiers sur tous supports (papier et électronique), l'usager dispose d'une choix d'accès direct et indirect au document de plus en plus vaste.

Modernité ou tradition ?

L'activité de recherche, traditionnellement réservée aux spécialistes, tend de plus en plus à être assurée par celui qui a besoin.

> Contrairement à l'opinion de certains professionnels, il n'y a pas un usager mais des usagers.

Or le classement dans les "conserves du savoir" reste encore fondamentalement marqué par l'histoire, par le passé, par une conception universelle de l'institution, par une certaine vision de la culture.
C'est typiquement le cas de nombre de bibliothèques publiques et de CDI des établissements scolaires français dans lesquels l'usager rencontre des systèmes et des outils conçus il y a plus d'un siècle : classification Dewey, catalogue systématique, etc.

Utiliser des outils bien adaptés

Pourtant, depuis lors le savoir a éclaté, a été largement partagé, et discuté. Le profil de l'usager a changé. Le classement des objets dans une conserve du savoir devient ainsi le révélateur d'une attitude professionnelle en ce qu'il est un indicateur de la priorité retenue : celle traditionnelle de l'institution ou celle, beaucoup plus actuelle, de l'usager. Beaucoup de professionnels semblent continuer à utiliser des outils désormais inadaptés.

Concilier complexité et simplicité

En fait pour concilier deux préoccupations manifestement différentes – celle du professionnel pour qui la complexité ne répond qu'à un seul souci, celui de ne rien perdre; et celle de l'usager qui souhaite une grande simplification tout en espérant néanmoins tout avoir –, il faut multiplier, diversifier les outils et les accès afin de permettre des itérations variées et insensibles lors de la recherche. En fait travailler pour une appropriation du système par tous les usagers.
Dès lors, il y a davantage complémentarité qu'opposition entre les deux modes de recherche – direct et indirect. Mais si cela se traduit de toute évidence par une charge de travail importante pour le professionnel, c'est à ce prix qu'il satisfera tous ses usagers et que son centre sera fréquenté et apprécié. ■

BIBLIOGRAPHIE

Sur la notion de *libre accès* aux documents dans une bibliothèque :

Jean-Claude PASSERON – « Images en bibliothèques, images de bibliothèques », *Bulletin des bibliothèques de France* – 1982, vol. 27, n° 2.

Eliseo VERON – « Des livres libres : usage des espaces en accès libre », *Bulletin des bibliothèques de France* – 1988, vol. 33, n° 6.

Eliseo VERON – *Espaces du livre : perception et usages de la classification et du classement en bibliothèque* – Paris, B.P.I., Centre George-Pompidou, 1989, 99 p.

LA TÉLÉINFORMATIQUE

Communiquer l'information, partout, sous toutes ses formes. Avec quels moyens ?

LA TRANSMISSION DES DONNÉES

L'ubiquité : l'homme peut être virtuellement partout. Il peut communiquer avec tous les autres hommes, ou avec n'importe quelle machine, où qu'il soit, de son lieu de travail, de son domicile, de sa voiture.

> L'homme communicant est ubiquiste.

Quels sont aujourd'hui les moyens – les canaux – mis à sa disposition pour transmettre l'information – les messages –, élément essentiel de la communication ?

LE CONTENU DE LA COMMUNICATION

Il est possible aujourd'hui de communiquer des messages dans toute leur variété : texte, son et image et combinaison de celles-ci (audiovisuel). Ces messages sont transmis soit sous forme analogique (télex, téléphone, télécopie, vidéotex; visiophone, téléconférence), soit sous forme numérique (banque de données, image satellite, etc.).

LES NORMES DE COMMUNICATION ÉLECTRONIQUE

Ce sont les spécifications auxquelles il est nécessaire de se conformer pour faciliter la communication électronique. Celles-ci sont généralement édictées par le Comité consultatif international télégraphique et téléphonique (CCITT).

• **Traitement informatique**
Pour exploiter des données provenant d'une autre machine, les ordinateurs doivent utiliser le même système de codage. Pendant longtemps des règles de codification différentes ont coexisté d'autant que l'intérêt de chaque constructeur (IBM ou Bull) était de se créer une clientèle captive autour d'un certain type de matériels. Des codes de transmission se sont néanmoins progressivement imposés : EBCDIC, en Europe, et, désormais, le code américain ASCII (7 bits + 1 bit de parité = 1 octet), lequel a été adopté par le CCITT.

• **Échange de données**
Les échanges de données entre machines hétéroclites sont largement facilités par l'adoption d'une norme qui permet aux données de transiter sur divers réseaux et d'être reconnues par le destinataire. Actuellement, deux normes sont en concurrence : d'une part, la norme X 12 établie aux États-Unis ➡

DÉFINITION

LE VOCABULAIRE DU TÉLÉTRAITEMENT

Bit : élément binaire = 0 ou 1 ; noir ou blanc ; oui ou non.

Octet : combinaison de 8 éléments binaires. Celle-ci est suffisante pour coder 128 signes tout en conservant un bit pour le contrôle d'erreurs.

Mot : ensemble d'éléments binaires manipulé comme un tout dans une machine électronique (ex. : un « mot » de 32 « bits »).

Bloc : ensemble de « bits » traité comme un tout par le système de protection contre les erreurs lors d'un transfert.

Message : ensemble de « bits » constituant un tout « intelligible » par le destinataire (machine ou humain). Cette notion est liée à une application.

Pour transmettre une information d'un point à un autre, il faut la traduire en données puis la transporter via un canal de transmission.

EXEMPLE 2

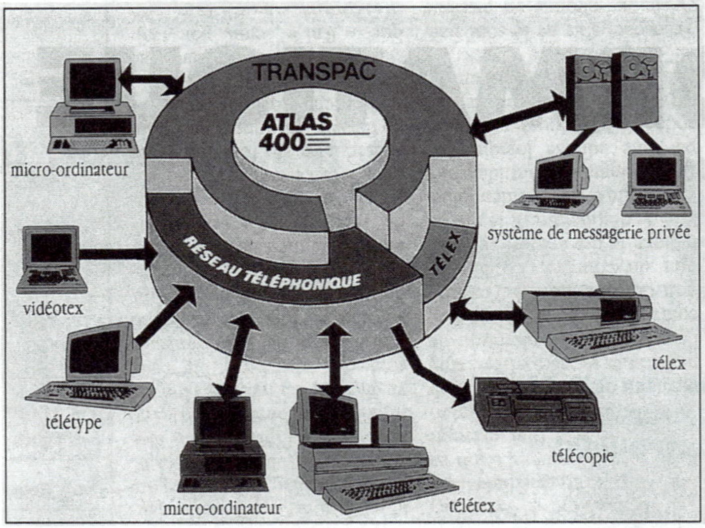

Le service de messagerie Atlas 400 est accessible à partir de terminaux divers, via le RTC, Transpac ou le réseau Télex.

en 1985, et, d'autre part, la norme Edifact (Electronic Data Interchange for Administration, Commerce and Transport), soutenue par la CEE et adoptée par l'ISO à la fin de la décennie 1980. Celle-ci définit le format d'extraction et d'échange des données et gère la communication avec le réseau EDI. Elle assure en principe une universalité des communications sur le plan technique.

Les protocoles de communication

Le transfert de données entre machines hétéroclites est largement facilité par l'adoption de protocoles de transmission. Parmi ceux-ci, on peut indiquer :

- **« RTC »** (Réseau téléphonique commuté) utilisé par les réseaux téléphoniques ;
- **« X 25 »** protocole de communication de données sur les réseaux de téléinformatique (communication par paquets à longue distance) permettant l'échange entre machines différentes.
- **« X 400 »** (messagerie Atlas 400 de France Télécom) protocole de communication de messages entre organismes juridiquement indépendants puisqu'il permet d'échanger des informations au moyen de différents outils (réseau de téléinformatique, télex, télétex);

Le système téléinformatique

C'est l'ensemble de moyens de transmission et d'équipements informatiques regroupés pour assurer les fonctions de transport – dans le cadre d'un réseau – et de traitement de données.

On y distingue :

- **le terminal** qui est constitué, d'une part, de l'élément de collecte et de traitement et, d'autre part, de l'équipement terminal de traitement de données (ETTD) avec au moins une carte physique de communication et un logiciel de contrôle de la transmission ;
- **l'équipement terminal de circuit de données** (ETCD), appareil qui transforme les signaux numériques en signaux analogiques et inversement, le plus connu étant le « modem » (modulateur-démodulateur). Il existera tant que l'on utilisera des réseaux hybrides, numérique et analogique ;
- **le circuit de données** ou ensemble des moyens qui permettent l'échange de données entre deux ETTD. Ils constituent les réseaux : réseau de circuit de télécommunications, réseau de téléinformatique, réseau intégré de données ;
- **la ligne de transmission :** celle qui assure le transport physique des données. C'est selon le volume ou la distance, soit le cable coaxial en cuivre, soit le réseau hertzien, soit le satellite, soit la fibre optique. ■

DÉFINITION

PROTOCOLE DE COMMUNICATION

Ensemble des règles qui déterminent le déroulement du dialogue et le format des messages échangés par les équipements connectés à un même réseau.

SYSTÈME DE TÉLÉINFORMATIQUE

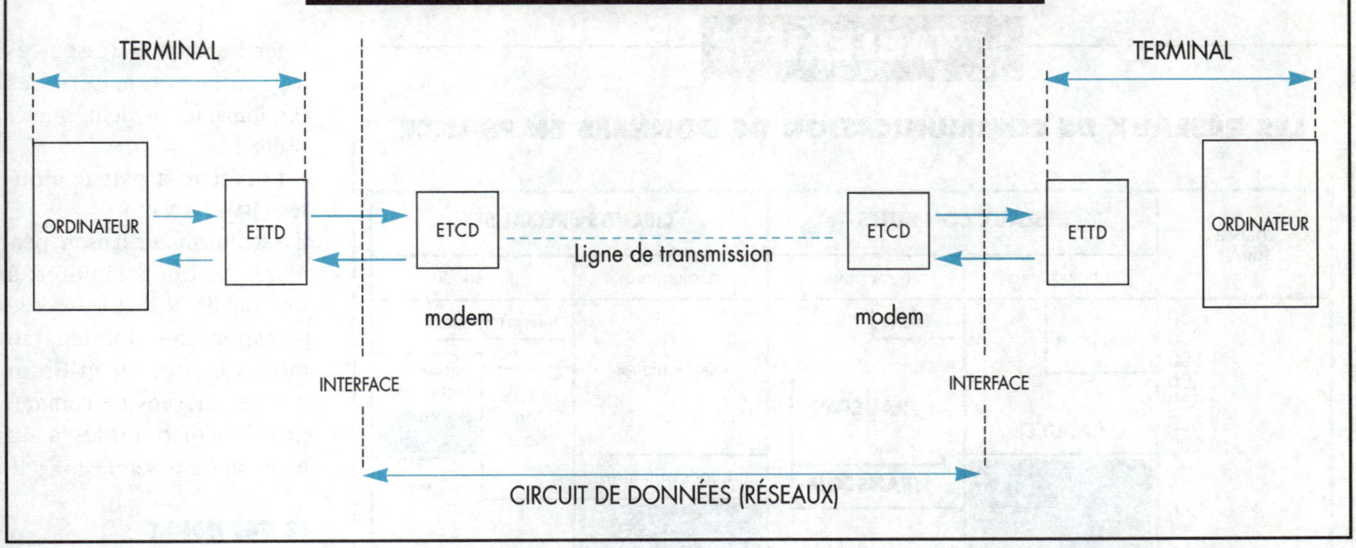

Les réseaux de transmission sont le moteur des échanges d'information entre les hommes.

LES RÉSEAUX DE COMMUNICATION

Comme les voies maritimes ou les axes routiers furent à l'origine du développement du commerce entre les hommes et les pays du monde, les réseaux de transmission de données deviennent l'élément moteur des échanges mondiaux de l'information.

Tout appareil, du téléphone au micro-ordinateur, du téléviseur au télécopieur, peut être connecté à un réseau de communications pour devenir un élément – «terminal» tour à tour émetteur et récepteur – d'un système global innervant le monde.

DES «AUTOROUTES ÉLECTRONIQUES»

Pour ce faire, toute transmission d'une information se fait par une traduction de celle-ci en donnée – soit analogique, soit numérique – et son transport via un canal de transmission entre deux points ou plus (émetteur/récepteur).

Sur le plan technique, on distinguera les réseaux entièrement analogiques et les réseaux entièrement numériques.

- **Le réseau analogique**

C'est un réseau de circuit commuté ou spécialisé :
– réseau télex (50 bits/s);
– réseau téléphonique (300 à 9.600 bits/s);
– réseau télécopie (TRANSFAX)

- **Le réseau numérique**

On distingue deux catégories selon la nature du service :

– **le réseau local ou privé (LAN)**

C'est un système de communication privé permettant les échanges, à des débits ➡

LES DEUX CATÉGORIES DE RÉSEAUX

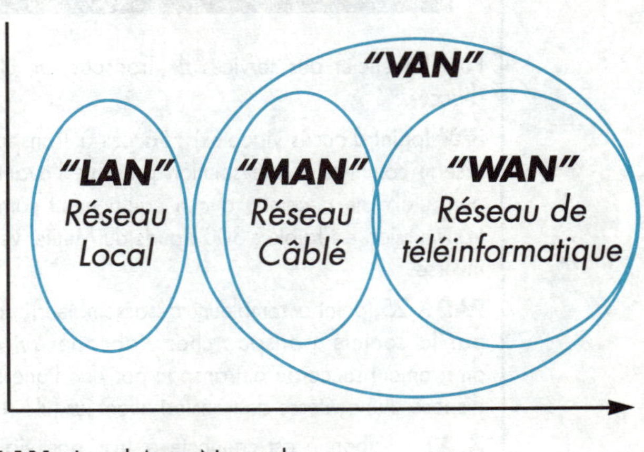

LAN : Local Area Network
VAN : Value Added Network
MAN : Metropolitan Area Network
WAN : Wide Area Network

Le réseau Transpac est accessible par la ligne spécialisée ou par le réseau téléphonique commuté.

TABLEAU

LES RÉSEAUX DE COMMUNICATION DE DONNÉES EN FRANCE

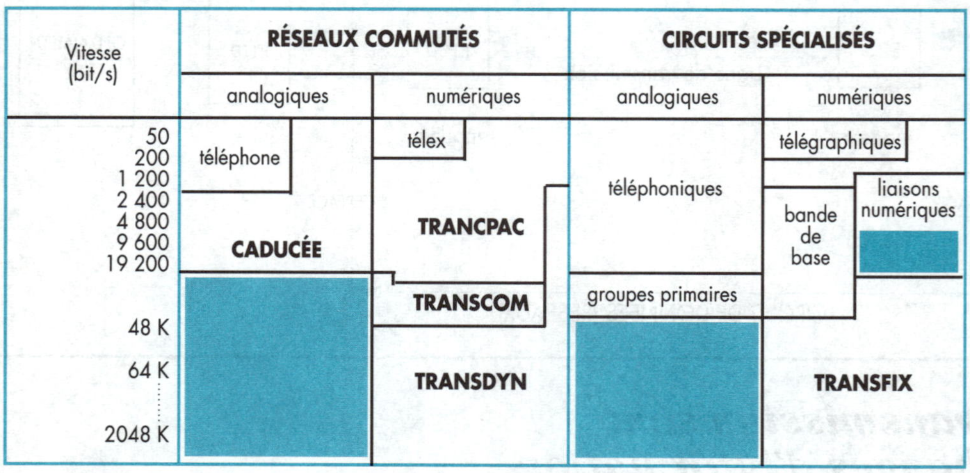

compris entre 1 Mbps et 16 Mbps, entre équipements informatiques – désormais hétérogènes, c'est-à-dire des machines ou des systèmes d'exploitation différents – dans un espace géographique restreint (généralement inférieur à 1 km) et appartenant à une même organisation. L'intérêt d'un réseau local est, d'une part, de partager la même information; d'autre part, de partager les mêmes ressources logicielles et matérielles (imprimante, modem, numériseur…);

– **le réseau à valeur ajoutée (RVA-VAN)**

Il est ouvert en liaison permanente ou commutée à tout public. Il doit assurer le transport des données au moindre prix en utilisant tous les moyens de communication disponibles à un moment ou en un lieu.

LE TRANSPAC

Selon leur capacité, on distingue :

• le réseau de téléinformatique à commutation de paquets (norme X 25 : TRANSPAC en France; TELENET pour les États-Unis).

Le message n'est plus transmis sans interruption sur une ligne, mais découpé en "paquets" – suite d'un nombre fixé de "bits" – lesquels peuvent emprunter des chemins divers avant d'être mis en ordre pour reconstituer le message chez le destinataire. Cette technique entraîne une accélération de la vitesse de transmission puisque le réseau choisit le chemin le moins encombré, conserve éventuellement et momentanément dans sa mémoire le paquet, et enfin assure la surveillance globale de la communication.

Le réseau français TRANSPAC, décidé en 1975, a été inauguré en mars 1979. Tout utilisateur peut y accéder par une ligne spécialisée ou par le réseau téléphonique commuté. ➨

LES DIFFÉRENTS MODES D'ACCÈS À TRANSPAC

Pour bénéficier des services de Transpac, un utilisateur dispose de plusieurs modes d'accès :

PAV (point d'accès vidéotex) : l'accès à Transpac se fait à partir d'un Minitel, via le réseau commuté. Cette solution présente l'avantage d'un coût particulièrement bas, puisqu'elle ne nécessite aucun équipement complémentaire. Toutefois, la vitesse de transmission est faible : 300 bauds du Minitel vers le serveur et 1 200 bauds en sens inverse.

PAD X 25 (point assembleur/ désassembleur) : le PAD est une « boîte noire » installée par la société Transpac chez l'abonné qui en fait la demande. L'abonné est directement raccordé à Transpac par une ligne spéciale partant de son entreprise. Il dispose d'une vitesse de transfert allant jusqu'à 48 000 bauds.

X 32 : l'abonné est connecté à Transpac via le réseau téléphonique commuté. Il emploie un modem standard V 22 ou V 22 bis et transmet aux vitesses respectives de 2 400 bauds et 4 800 bauds.

X 25 : V 24 de 300 à 1 200 bauds.

CONNEXIONS TRANSPAC

N° TÉL	DÉBIT	CCITT	MODE	TAXARION
PAD				
36 00	1200/1200 bps	V 22	Asynchrone	1 TB/6 mm
36 01	300/300 bps	V 21(1)	Asynchrone	1 TB/6 mm
36 02	2400 à 4800 bps	X 32	Synchrone	1 TB/2 mm
36 03	9600/9600 bps	VX 32	Synchrone	1 TB/2 mm
36 06 24 24	300/300 bps	V 21	Asynchrone	1 B/2 mm
	1200/1200 bps	V 22 bis	Asynchrone	1 TB/2 mm
	2400/2400 bps	V 22 bis	Asynchrone	1 TB/2 mm
36 06 64 64	Canal B RNIS	X 32	Synchrone	1 TB/90 s
PAVI				
36 13	75/1200 (r)	V 23	Asynchrone	T1
36 17	75/1200 (r)	V 23	Asynchrone	T2, T44
36 28 (2)	75/1200 (r)	V 23	Asynchrone	T6
36 29 (2)	75/1200 (r)	V 23	Asynchrone	T8

Comment se connecter à Transpac (principaux accès banalisés).
(1) : V 21 hors standard CCITT V 25 (pas de 2 100Hz en réponse).
(2) : numéros à 8 chiffres.
1 TB : une taxe de base
(r) : vitesses retournables.
Prix des taxes de base en fonction des accès :
T1 : 0,13 F/mn
T2 : 0,37 F/mn
(plus 0,32 pour DOM)
T44 : 2,19 F/mn
T6 : 5,48 F/mn
T8 : 9,06 F/mn

L'ACCÈS AUX DONNÉES

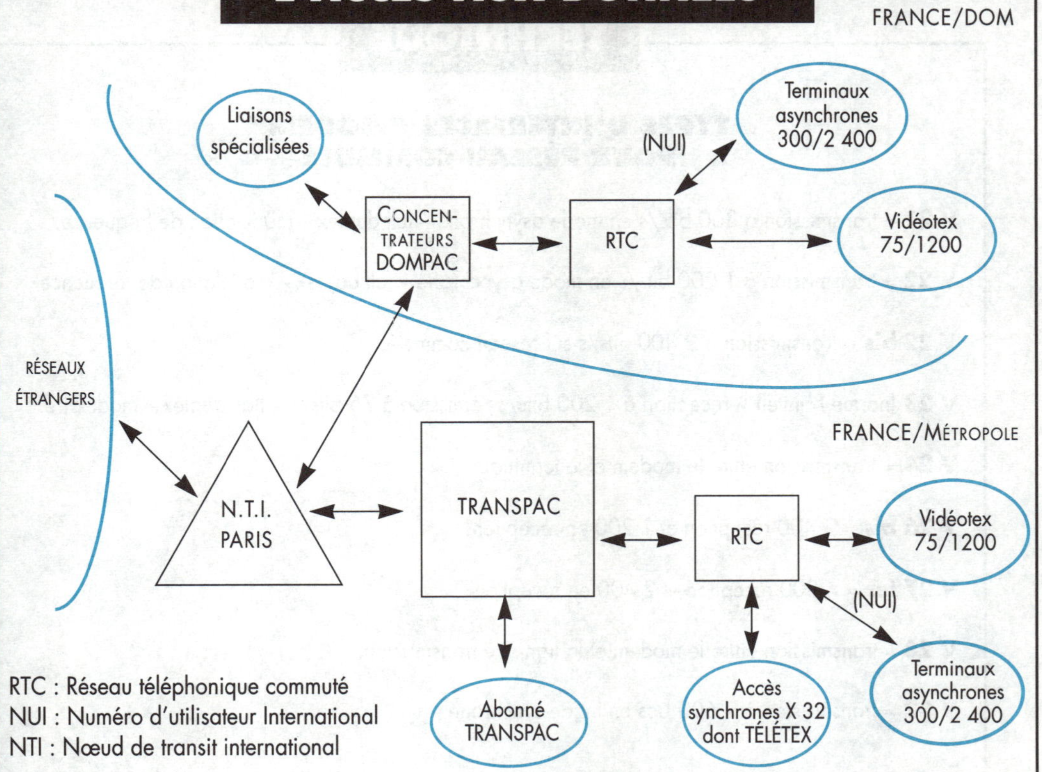

RTC : Réseau téléphonique commuté
NUI : Numéro d'utilisateur International
NTI : Nœud de transit international

L'EDI doit assurer la confidentialité et la sécurité du transport des données, couvrir le piratage comme leur perte.

La densité de son maillage assure une disponibilité élevée, une liaison rapide entre les ETTD, ainsi qu'une haute sécurité contre les pannes. (voir exemples 1, 2, 3).

Le RNIS : NUMÉRIS

• Le réseau intégré à grand débit : RNIS (Réseau numérique à intégration de services).

Le premier réseau commercial entièrement numérisé du type RNIS a été ouvert le 21 décembre 1987 dans les Côtes-d'Armor. En 1990, le RNIS français, désormais appelé NUMERIS, s'étend à l'ensemble du territoire.

Depuis, le réseau français a été interconnecté avec un certain nombre de réseaux étrangers dont celui de la société ATT (SDIS) aux États-Unis, les deux réseaux japonais, puis les réseaux allemand, anglais, belge…

L'intérêt du RNIS est d'offrir un ensemble de services entièrement numérisés sur une seule ligne de communication : le service de transmission de données entre deux sites informatiques; le téléservice comme la téléphonie, la télécopie, le vidéotex et le télétel; les compléments de services (identification, adressage, transfert, etc., d'appel).

Des réseaux hybrides

Au début de la décennie 1990, le transfert de données recourt généralement à des réseaux hybrides puisqu'ils utilisent : liaisons commutées ou spécialisées, réseau de téléinformatique (norme X 25), les RNIS. Ce stade provisoire dans une évolution, qui va du tout analogique vers le tout numérique, implique des interfaces (ETCD) entre les deux types de réseau pour transformer le signal. ■

TECHNIQUE

TYPES D'INTERFACES "MODEM" POUR RÉSEAU COMMUTÉ

V 21 = transmission à 300 bits/s en mode asynchrone – full duplex – modulation de fréquence.

V 22 = transmission à 1 200 bits/s en mode asynchrone – full duplex – modulation de fréquence.

V 22 bis = transmission à 2 400 bits/s sur réseau commuté.

V 23 (norme Minitel) = réception à 1 200 bits/s ; émission à 75 bits/s – hall duplex – modulaire.

V 24 = transmission entre le modem et le terminal.

V 26 bis = 2 400 réception et 1 200 en réception.

V 27 ter = 4 800 réception et 2 400 en réception.

V 28 = transmission entre le modem et la ligne de transmission.

V 32 = transmission à 9 600 bps en mode synchrone.

L'INTÉRÊT D'UN RÉSEAU DE TÉLÉINFORMATIQUE

L'interconnexion des réseaux est désormais la règle : elle présente de nombreux avantages pour l'utilisateur.

Il doit permettre à toutes les machines de se connecter entre elles et de communiquer.

Il doit permettre l'accès à des services télématiques (banques de données, messagerie…) dans le cadre de l'échange de données informatisées (EDI).

> Le problème du «tout numérique» n'est plus «Comment faire pour y aller», mais simplement «Où aller» ?

Il doit assurer la confidentialité et la sécurité du transport des données, aussi bien contre le piratage que contre la perte de données.

SÉCURITÉ ET COÛTS RÉDUITS

L'intérêt pour l'utilisateur, c'est que désormais il n'est plus facturé à la distance, mais en fonction du volume de données transportées sur le réseau et de la vitesse de transmission, et suivant le temps d'occupation sur le réseau.

La diversité des moyens utilisés, qui permettent un maillage serré du territoire – à l'échelle nationale et internationale – en font un réseau véritablement ubiquitaire. Cela rend progressivement désuète la distinction entre :

- le réseau câblé : accessible à un public restreint – pour des raisons de couverture géographique limitée (ville ou campus) – mais généralement de statut public ;
- le réseau de téléinformatique (pays) : accessible à tous et de statut public tout au moins en Europe, puisque l'interconnexion est désormais la règle.

L'AVENIR : LE «TOUT NUMÉRIQUE»

Pour l'heure, les services vidéographiques, informatiques, téléphoniques qui sont offerts à tous, font appel à des technologies différentes et empruntent des réseaux distincts – informatique, hertzien, téléphonique ou postal – selon la nature du signal – analogique ou numérique. L'avènement proche du «tout numérique» va modifier rapidement cette situation. Quelle que soit sa forme – texte, image et son –, le message sera entièrement numérisé. Il pourra être transmis sur le même canal sous la seule réserve que celui-ci puisse accepter le débit le plus élevé – en pratique celui nécessaire à l'acheminement de l'image animée numérisée. C'est ce que permettent la fibre optique et le satellite. C'est la perspective offerte par l'ouverture des réseaux numériques à intégration de services (RNIS).

Parallèlement, le réseau de communication est planétaire. De grands systèmes de télécommunications, structurés en réseaux internationaux, nationaux, régionaux et locaux, donnent accès à toutes les ressources informationnelles dispersées à travers le monde. La distance et l'éloignement ne sont plus des obstacles à cette récupération.

Désormais le problème posé n'est plus «comment faire pour aller en tel lieu ?», mais tout simplement «où aller ?». ■

DÉFINITION

EDI («Electronic Data Interchange» ou échange de données informatisées) : «L'EDI consiste à échanger des données formatées de manière standard entre les différentes applications tournant sur les ordinateurs de partenaires commerciaux avec un minimum d'interventions manuelles.» Définition de la CCE (Commission des communautés européennes).

L'intérêt de l'EDI est de permettre le transfert de grandes quantités d'informations sous des formes diverses à un destinataire qui est immédiatement à même de les exploiter.

Les premiers projets EDI datent des années 1965-1969 aux États-Unis. L'EDI fait son apparition en Europe en 1970-75, plus particulièrement en Grande-Bretagne ; puis en France, en 1976.

BIBLIOGRAPHIE

AXIS – *le Complexe communication : réseau et services du futur* – Toulouse, Milan-Média, 1988, 123 p.

César MACCHI, Jean-François GUILBERT – *Téléinformatique : transport et traitement de l'information dans les réseaux et systèmes informatiques* – Paris, Dunod, 1986, 934 p.

Guy PUJOLLE, M. SCHWARTZ – *Réseaux locaux informatiques* – Paris, Eyrolles, 1988, 265 p.

Guy PUJOLLE – *les Réseaux d'entreprise, réseaux locaux et bureautique* – Paris, Eyrolles, 1984, 265 p.

Les nouvelles technologies permettent un traitement de l'information toujours plus rapide et plus efficace.

LA TÉLÉMATIQUE

LE TRAITEMENT DE L'INFORMATION

TÉLÉMATIQUE : ensemble des services et techniques qui combinent les moyens de l'informatique et ceux des télécommunications. Autrement dit la télématique permet à un quelconque usager d'avoir accès, de façon sélective et interactive, à des services informatisés d'information, de communication et de transaction et ce via les réseaux de télécommunications ("communication").

Sous le terme de "nouvelles technologies", sont regroupés tous les nouveaux moyens, outils, produits et services nés de la numérisation des données et de leur intégration à l'outil informatique, ainsi que de la convergence et de l'intégration issues de cette numérisation entre les techniques de traitement, de stockage et de transmission à distance.

UN CHANGEMENT RADICAL

Les nouvelles technologies sont apparues durant la décennie 1970. Mais leur développement, spectaculaire, date de la décennie suivante. Elles concernent tout le monde dans la mesure où elles touchent aussi bien la vie professionnelle que la vie privée, et qu'elles modifient de façon souvent radicale les pratiques des gens. Elles affectent en conséquence les organismes. Faut-il, alors que l'on constate partout une forte résistance à leur utilisation (changement des habitudes, crainte du chômage, nécessité d'une formation), rêver sur les possibilités énormes qu'elles offrent à chacun, et en

TABLEAU

CAPACITÉ DES MÉMOIRES DE STOCKAGE

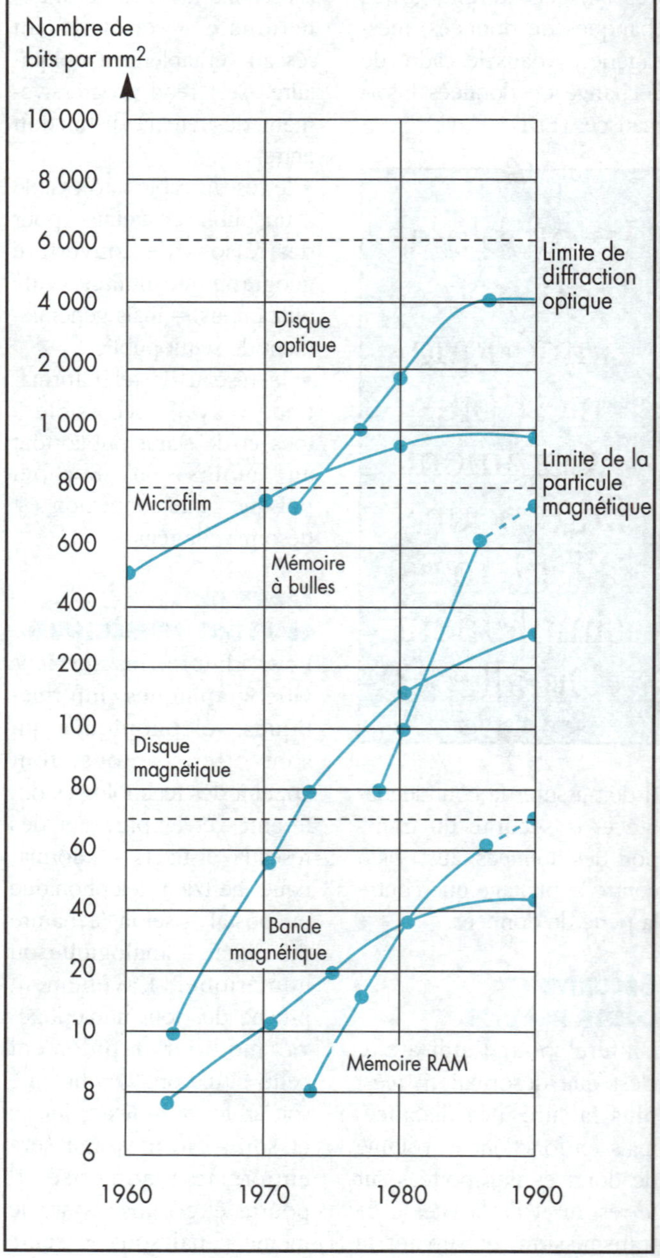

regrettant que les adultes les ignorent, faut-il penser que leur utilisation passe par une sensibilisation intense de la jeunesse dans le cadre de l'école primaire?

> "Au XVIIIe siècle, l'ombre symbolisait l'ignorance, la connaissance avait pour modèle la lumière. Avec l'informatique, ce n'est plus la lumière, c'est sa vitesse qui est en jeu. S'il y a une évolution, elle est là. Nous étions dans la pensée lumière, nous vivons dans la pensée vitesse, et j'aime la vitesse de la pensée. Un sot est toujours lent et prévisible." (Michel Serres, cité in Hervé Le Tellier, « la Révolution du document », *Ressources-Temps réel*, déc. 1988, n° 40).

Numérisation du texte, du son et de l'image

D'une façon générale, les informations que nous recevons de notre environnement naturel ou humain, varient de façon continue : intensité lumineuse, position d'un objet, hauteur d'un son, etc. Ces informations sont dites analogiques. Celles-ci s'opposent aux informations digitales ou plutôt, numériques, lesquelles sont constituées par une série de valeurs discrètes – identifiables et isolables – que peut prendre une grandeur en fonction du temps ou de l'espace.

La numérisation

La numérisation est le processus de transformation d'un objet matériel (texte, dessin, pièce mécanique, diapositive, etc.) en un fichier numérique ou binaire pouvant subir un traitement informatique.
Le document original est soit frappé sur un clavier, chaque lettre étant ensuite "traduite" en une série de bits; soit entendu par un synthétiseur; soit lu par un numériseur (scanner) qui enregistre, pour une résolution donnée (nombre de points par pouce carré ou "dots per inch" ou "dpi") et selon un certain nombre de réglages, la luminosité, le contraste, les variations d'intensité de la lumière réfléchie par chaque point.

Convergence et intégration

Le tout numérique offre des convergences entre services, et entre fonctions qui jusqu'alors étaient indépendants :
- informatique et télécommunications = téléinformatique;
- informatique et stockage de données = mémoire universelle;
- téléinformatique et mémoire de masse = télématique. ■

AGROMATIQUE : utilisation des nouvelles technologies dans les activités agricoles : gestion, culture, élevage...

EXEMPLE

SIGNAL ÉLECTRIQUE ANALOGIQUE OU NUMÉRIQUE (REPRÉSENTATION DES VARIATIONS DE LA TENSION OU DE L'INTENSITÉ)

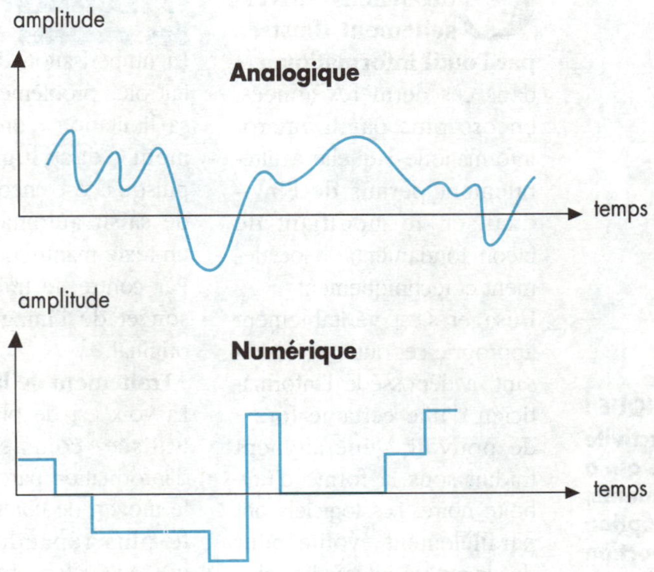

La révolution technologique dans le domaine informatique a, paradoxalement, rendu à l'homme une partie de son pouvoir.

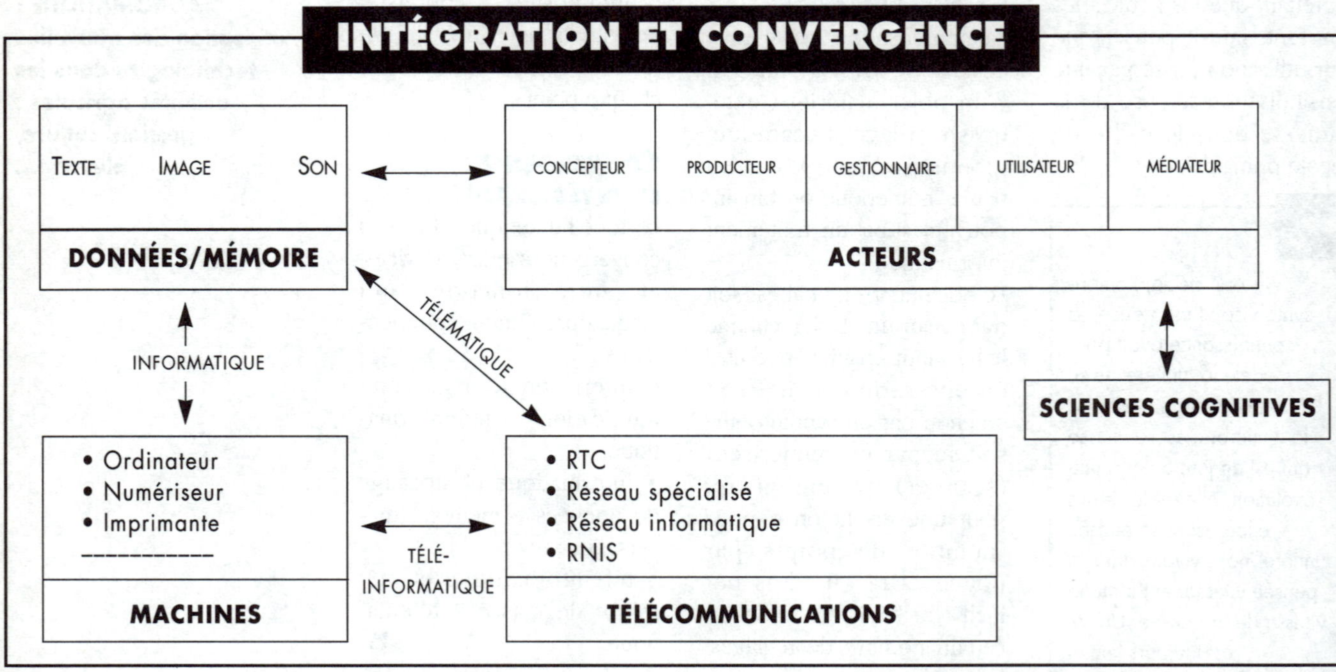

NOUVEAUX MOYENS ET OUTILS

L'outil informatique est devenu convivial, aisé, bon marché : il a cessé d'être une affaire de spécialistes.

DOCUMENTIQUE : branche d'activité englobant tout ce qui a trait aux documents, depuis leur conception jusqu'à leur destruction ou leur archivage en passant par leur exploitation.

Cette révolution est désormais universellement illustrée par l'outil informatique, et dans ces dernières années, encore plus par la micro-informatique laquelle a littéralement permis de l'invidualiser, le modifiant de façon fondamentale socialement et techniquement.

L'usager s'est véritablement approprié cet outil, et, ce faisant, a dépossédé l'informaticien d'une certaine forme de pouvoir, généralement traduit sous la forme d'une boîte noire. Les logiciels ont parallèlement évolué pour devenir plus interactifs, plus conviviaux, plus ergonomiques.

NUMÉRISATION ET TRAITEMENT DES DONNÉES

La numérisation du texte ne fait plus problème si ce n'est sa limitation d'ordre strictement dactylographique, puisqu'il est encore difficile de saisir automatiquement un texte manuscrit.

Par contre, le traitement du son et de l'image est plus original.

• Traitement de la parole

La voix est de plus en plus utilisée comme support d'information parce que c'est le moyen de communication le plus répandu, le plus usité. Dès lors, mais encore idéalement, la conservation et la recherche se font avec le même outil, le langage naturel.

Parmi les technologies de la voix, on distingue ce qui relève de la reconnaissance automatique de la parole (RAP), et ce qui relève de la synthèse automatique de la parole (SAP).

• Lecture optique

La reconnaissance optique de caractères (OCR) permet une saisie automatique d'un document (texte ou image) par ordinateur. Le logiciel de reconnaissance identifie des formes, des images, et transforme celles-ci en un fichier binaire qui peut ensuite être stocké en mémoire et retravaillé ultérieurement.

La plupart des logiciels ne

prennent actuellement en compte qu'un petit nombre de formes et de calligraphies (police "courrier" par exemple). Mais ils peuvent par apprentissage lire d'autres formes, en attendant qu'ils puissent lire les documents manuscrits.

• **Traitement de l'image**

Il s'agit de pouvoir reconnaître (interpréter) l'image, la coder, la stocker, la transmettre, la décoder, la manipuler à la demande.

Les développements se font actuellement aussi bien sur l'image iconique que sur l'image graphique.

NUMÉRISATION ET TRANSMISSION

La numérisation des informations exige de gros volumes de données. Pour pouvoir transmettre ces volumes d'un point à un autre des réseaux de télécommunications, les supports classiques (câble coaxial, faisceau hertzien) ont une capacité largement insuffisante surtout pour l'image animée. Ils se voient remplacer dans ce cas par deux autres supports : le satellite et la fibre optique.

LE SATELLITE

L'avantage réside dans sa capacité de transmission à très grand débit sur des lignes réservées, dans sa large couverture de la surface terrestre, dans son immobilité apparente (orbite géostationnaire).

C'est le cas du satellite français Télécom 1. Mais du fait de son coût encore très élevé, le satellite complète le réseau terrestre sans le remplacer.

LA FIBRE OPTIQUE

Dans la transmission sur fibre optique, l'information est portée sur une onde modulée qui se situe aux confins de l'infrarouge et de la lumière visible. La lumière est envoyée dans une fibre de verre où elle se trouve piégée. À l'entrée et à la sortie du circuit, on place des diodes et des détecteurs qui transforment le signal électrique en signal optique et inversement. Elle permet une transmission en bande large (grande capacité) dans de très bonnes conditions de sécurité et de qualité. ■

ÉDITIQUE : utilisation des nouvelles technologies pour l'édition de documents d'entreprise. Cette activité englobe la création, la gestion, le stockage, la diffusion de textes et d'images sur tous types de supports. Elle intègre la PAO qui ne concerne que la mise en forme électronique du document (« electronic publishing »).

IMAGE NUMÉRIQUE

Le concepteur a choisi des photographies d'athlètes, qui, réduites à l'échelle d'un timbre, conservent tout leur effet et toute leur signification.

À l'aide d'un ordinateur, les chiffres, correspondant à la codification des huit points, ont pu être affichés sur un écran et vérifiés par rapport aux données manuelles.

Il a superposé à chaque photo une grille de 900 carrés pour ensuite déterminer lequel des huit points serait utilisé dans chacun des carrés de façon à composer l'image voulue.

Finalement, une imprimante au laser hautement sophistiquée a été utilisée pour transformer des données numériques en dessins formant ainsi l'image désirée.

"Postes canadiennes", 1988

De nouveaux supports permettent la conservation de documents dans des espaces très restreints.

NUMÉRISATION ET STOCKAGE

PRODUCTIQUE : intégration de la production et de l'informatique, elle concerne tous les aspects de l'informatique industrielle, de la robotique à la conception et la fabrication assistées par ordinateur (terme déposé en 1978 par la société Philips).

Les nouveaux supports, avec leurs appareils de lecture, se caractérisent essentiellement par leur capacité, et en conséquence par la qualité quasi professionnelle de l'image obtenue qu'elle soit textuelle, graphique ou iconique.

Pour fixer les idées, on indiquera qu'un roman représente environ 2 Mbits ; la Bible, 20 Mbits ; l'encyclopédie Britannica 2 000 Mbits.

Ces supports offrent un moyen de conserver et de retrouver une information, plus diversifiée dans sa nature intellectuelle – information primaire ou originale, et information secondaire ou réécrite – et dans sa forme – texte, image et son – à l'exemple du "Domesday system" qui combine sur un D.O.N. 3 000 tableaux statistiques, 25 000 cartes, 50 000 images fixes et 1 heure de film vidéo sur l'état de la Grande-Bretagne en 1980.

> Un roman = 2 Mo, la Bible = 20 Mo.

• **Le vidéodisque :** support de stockage d'images analogiques, utilisable en lecture seulement. La densité d'enregistrement est élevée puisqu'un disque de 12 pouces (30,48 cm) de diamètre peut contenir quelque 95 000 images sur trame discontinue.

• **Le disque optique numérique** (D.O.N.) : support de stockage de grande capacité de données numérisées. Leur mode d'enregistrement en faisait des supports beaucoup moins souples que les supports magnétiques puisque, s'ils pouvaient être lus à l'infini ou quasiment, ils ne pouvaient être enregistrés qu'une fois ("WORM" : Write Once Read Many). Une mise à jour est possible mais elle entraîne la destruction de la partie effacée et donc la perte de son emplacement. Apparaissent sur le marché des disques magnéto-optiques ou réinscriptibles.

La capacité dépend de la taille (11, 20 et 30 cm de diamètre). Un disque de 12 pouces peut contenir quelque 800 millions d'octets.

• **Le CD-Rom** (Compact-Disk Read Only Memory) : c'est un support de stockage utilisable uniquement en lecture (Rom). Il doit donc être acheté entièrement enregistré, et sa mise à jour implique le remplacement du CD-Rom. Le logiciel de recherche est souvent de type "capacitif" et fourni avec le produit.

La normalisation concerne le support (norme Philips) mais pas encore la structuration des données. Il peut contenir quelque 600 millions d'octets, soit 400 à 500 000 notices.

• **Le CD interactif** (CDI) : produit capable de fonctionner sur n'importe quel micro-ordinateur et qui combine le son, l'image et le texte numériques pour des applications "grand public".

• **Le CD-vidéo** (CDV) : support mixte (image analogique ; son et texte numériques) qui permet de stocker, sur le disque de 12 cm, 5 mn d'images animées, ce qui en limite considérablement l'intérêt pour l'instant, mis à part pour les "clips" ; sinon l'enregistrement de 20 mn de son haute fidélité. (Voir tableau p. 156.)

Lorsque l'on veut choisir un support d'archivage, il importe de considérer les points suivants (voir tableau de la page 161). ■

EXEMPLE 2

LES DIFFÉRENTS SUPPORTS DE STOCKAGE

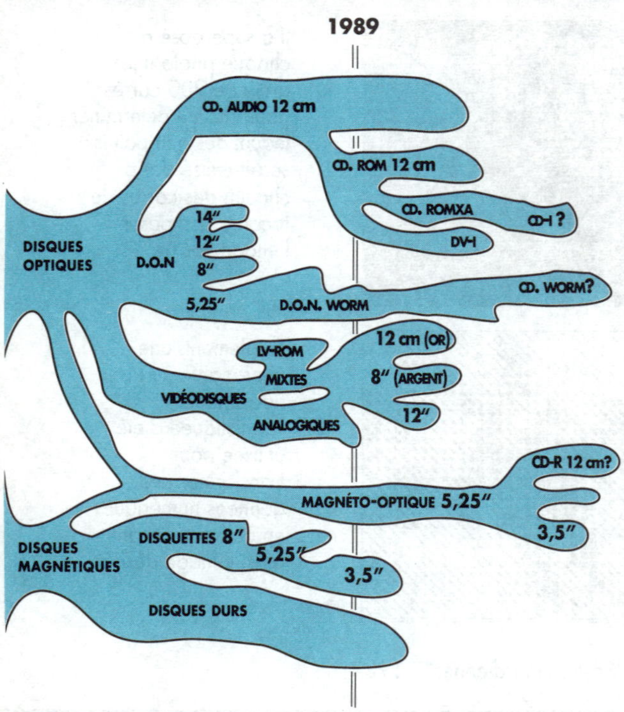

Comment évaluer l'intérêt des nouveaux services informatiques ? Essentiellement par le temps gagné...

NOUVEAUX SERVICES

Les nouveaux services se caractérisent par :
• **la nature des informations :** numérisées et stockées dans des mémoires électroniques;
• **L'accès** qui se fait uniquement par les réseaux de téléinformatique;
• **L'intérêt** qui s'évalue essentiellement par le gain de temps, mais aussi par la facilité de la recherche, et ce qui n'est certes pas à négliger, par la nouveauté.
On trouve cinq types de services :
• les services d'information : la consultation de banques de données (Annuaire téléphonique);
• les services de communication : la messagerie;
• les services de transaction : le téléachat, le télépaiement, le transfert électronique de fonds;
• les services de prestation : soit pour le divertissement (jeux), soit d'intérêt pratique (télémédecine, enseignement assisté par ordinateur – EAO);
• les services de contrôle et de surveillance : surveillance des locaux (télé-alarme), recueil de données (relevé de compteurs)...

DES TECHNIQUES VARIÉES

Ces services peuvent avoir recours à des techniques variées selon le type de signes à échanger ou le support utilisé.

INFORMATION INSCRITE SUR PAPIER

• **Télécopie :** elle requiert l'exploration optique d'un document en vue de convertir les signes qui y figurent en données numériques. La séquence numérisée ainsi obtenue peut alors être envoyée par fil (liaison téléphonique par exemple) ou être transmise par tout autre moyen à un récepteur ➡

TABLEAU

	VIDÉODISQUE	CD-Rom	D.O.N.
analogique	X		
numérique		X	X
capacité	+	++	+++
enregistrement	N	N	O
stockage	O	O	O
diffusion	O	O	N
coût	++	+	+
mise à jour	N	N	O

EXEMPLE

LES SERVICES D'INFORMATIONS

Type de données / Type de communication	**Texte**	**Image**	**Son**	**Multimédia**
Directe	Visiphone Serveurs de BDD	Visiphone Serveurs d'images	Téléphone Audioconférence	Téléconférence Visiophone
Différée	Telex Télécopie Téléécriture	Télécopie	Messagerie par répondeur	Messagerie multimédia

NOTES BIBLIOGRAPHIE

« Info-Révolution : usage des technologies de l'information » – *Autrement*, mars 1990, n° 113, pp. 4-348.

Innovation et nouvelles technologies de l'information – sous la dir. de P. PELOU et A. VUILLEMIN, Pari, la Documentation française, 1987, 544 p.

Pierre LEVY – *les Technologies de l'intelligence : l'avenir de la pensée à l'ère informatique* – Paris, La Découverte, 1990, 189 p.

Pierre MATHELOT – *la Télématique* – Paris, P.U.F., 128 p. (Que sais-je ?).

Les Nouvelles Technologies de la documentation et de l'information – sous la dir. Pierre PELOU et alain VUILLEMIN, Paris, la Documentation française, 1985, 496 p.

Une nouvelle conception de l'information qui permet une communication tous azimuts. En toute liberté.

ROBOTIQUE : concerne toutes les machines de conception avancée et les robots évolués.

DOMOTIQUE : intégration des nouvelles technologies dans tous les services de la vie domestique (« home automation »).

approprié qui reconstitue une image à l'identique par décodage de la séquence reçue, puis l'imprime.

• **Téléécriture :** elle permet la transmission à distance de l'écriture manuscrite (texte, graphique, dessin...) à condition d'utiliser une tablette appropriée grâce à laquelle les signes enregistrés vont être traduits numériquement et envoyés par le réseau de télécommunications sur un écran de visualisation, généralement écran de télévision.

• **Télétex :** il permet l'échange de données entre machines à écrire via le réseau téléphonique.

Information sonore et/ou visuelle

• **Téléphone :** il permet une communication sonore entre deux locuteurs ou plus. C'est un outil largement utilisé qui implique cependant la proximité d'une prise téléphonique. Cette contrainte devrait disparaître bientôt avec les bornes et le satellite.

• **Visiophone :** il combine l'image et le son, autrement dit le téléphone et le télécopieur. Cette combinaison (est-elle socialement utile ?) requiert des lignes de transmission de grande capacité, et explique sa difficile percée commerciale. On semble préférer s'équiper avec un téléphone et un télécopieur.

• **Téléconférence :** c'est un système de communication à distance entre plusieurs partenaires. On distingue :

• **Audioconférence :** la communication se fait oralement sur une ligne téléphonique partagée;

• **Visioconférence :** la communication s'établit par réseau télévisé ce qui permet l'établissement simultané d'une liaison son et image.

Information textuelle et visuelle

• **Vidéotex :** c'est une émission par réseaux téléphonique (télétexte-Antiope) ou hertzien (Télétel) de données mises en page de façon discontinue (page de 24 lignes de 40 caractères selon la norme française Antiope) qui peuvent ensuite être lues sur l'écran d'un récepteur cathodique.

L'exemple en est le Minitel français. ■

NOUVEAUX PROBLÈMES

Toute nouveauté engendre ses problèmes car elle ouvre des possibilités alors inconnues.

BUREAUTIQUE : (terme apparu en 1977 ; « office automation ») utilisation des nouvelles technologies dans les activités de bureau : courrier, rapport, etc. Concerne essentiellement la création du document par traitement de texte et publication assistée par ordinateur (PAO; « desktop publishing »), mais englobe de plus en plus le stockage et la diffusion interne.

Toute nouveauté modifie les habitudes, et peut être utilisée – détournée – dans un sens qui au départ n'avait pas été envisagé. C'est naturellement le cas des "N.T." :

• **problèmes juridiques :** ceux de l'honnêteté des données stockées dans les mémoires de masse, en particulier, quand elles sont universelles; du respect du droit à la vie privée des personnes; de l'établissement du droit d'accès lié à la confidentialité de certaines informations;

• **problèmes économiques :** le coût des matériels est en baisse mais il est contrebalancé par les risques de dépendance technique (interdiction de panne), et donc un coût de maintenance ou d'assurance en hausse. Le coût des logiciels est quant à lui sinon en hausse du moins stable;

• **problèmes sociaux :** concernent la facilité théorique d'accès à tous les fichiers avec en contre-partie une tendance à la rétention de certaines informations; la lenteur, si ce n'est le refus, d'acceptation des nouvelles technologies chez le personnel quel que soit le niveau de hiérarchie;

• **problèmes culturels :** ceux d'une emprise occidentale (américaine et japonaise essentiellement) sur les industries des matériels, des services et des produits avec tous les risques de façonnage sur ces modèles étrangers;

• **problèmes techniques :** avec l'absence fréquente de normes communes entre les constructeurs, ce qui freine le développement du marché.

LE SYSTÈME D'INFORMATION DU FUTUR

Cette évolution rapide du progrès technique vers l'intégration des fonctions de traitement, de stockage et de transmission autorise désormais la conception de bibliothèque électronique, et celle de systèmes d'information à domicile.

> C'est l'utopie de la "Jérusalem céleste", "l'image d'une communion de tous les instants".

Elle permet d'imaginer l'exercice d'un certain nombre d'activités à domicile, comme le travail (le télétravail), la recherche d'information, ou la distraction, sans déplacement physique. A cette conception est naturellement associée l'idée que tout homme peut désormais communiquer avec tout homme, que les libertés d'expression, de création et d'accès sont garanties, et que donc jamais les produits du travail intellectuel – écrits, visuels, sonores… – n'ont été aussi facilement et largement diffusés que maintenant.

C'est l'utopie de la "Jérusalem céleste", celle qui permet l'accès au tout en une seule fois, "l'image d'une communion de tous les instants"… Parfaitement délocalisée, elle nie les différences par souci de les réunir. Disant "tout est là", image d'un espace et d'un temps unifiés, capables d'être perçus de tous et vécus par tous, conception magique d'un monde en harmonie à l'élaboration duquel tous et chacun participent, et dont tous et chacun ont leur part.

LOUÉE ET CRITIQUÉE

Démocratique, sociale, autogestionnaire, cette vision se retrouve dans maints propos et discours tenus par ceux-là même qui ont un intérêt évident dans le développement et le contrôle technologique des outils de communication . Cette évolution est cependant violemment dénoncée par ceux qui demandent qu'on ne confonde pas le "village universel" créé par le téléphone, la télévision ou la téléinformatique, avec le vrai village car, comme l'écrit Claus Eurich "quiconque parle d'un quartier électronique a sûrement perdu tout souvenir de ce que signifie un vrai quartier, le sentiment de solidarité et même le sentiment tout court".

TOUJOURS PLUS

L'irruption rapide des nouvelles technologies a surpris tout le monde, d'autant qu'elles ont très rapidement pris une importance croissante.

Elles ont déjà bouleversé l'environnement matériel et technique du traitement de l'information. Elles vont encore continuer à le faire par les nouvelles possibilités de création (édition électronique), de manipulation (micro-informatique, bases de données), de transmission (réseau de téléinformatique, réseau numérique à intégration de services – RNIS), de diffusion (télématique, fourniture électronique de documents) et de stockage (disque optique numérique, mémoire holographique) qu'elles permettent. Elles entraînent un changement de la politique et de l'économie de l'information. ■

> "Cette communication totale qui se fait au présent, c'est le modèle qui hante et qui réunit en un point les parties d'un espace rendu unique par là même, c'est le modèle archaïque auquel s'efforce de parvenir la télécommunication. L'écran télématique rend présent, à un instant précis, la totalité du stock d'informations venues de toutes parts de l'espace. Immédiatement disponible, il joue le rôle de la Jérusalem céleste ."
> (Lucien Sfez, A. Cauquelin, M. Chopplet.)

● Cf, entre autres, l'attitude de la « Direction Générale des Télécommunication » en France.

BIBLIOGRAPHIE

Lucien SFEZ, A. CAUQUELIN, M. CHOPPLET – *Antiope* – Paris, Min. PTT, SPES, 1982.

Jean Claude QUINIOU – *Télématique, mythes et réalités* – Paris, Gallimard, 1980, 243 p.

La Télématique : de nouveaux services d'information – Problèmes audio-visuels, n° 1, mai-juin 1981.

Guide des technologies de l'information – sous la dir. de B. DYAN et G. CHARLES, Paris, Autrement, 1984, 459 p.

Yves LASFARGUE – *Vivre l'informatique* – Paris, Éd. d'Organisation, 1989, 191 p.

Bruno LUSSATO, B. FRANCE-LANORD – *la Vidéomatique. De Gutenberg aux nouvelles technologies de communication* – Paris, Éd. d'Organisation, 1990, 189 p.

Jacques ELLUL – *le Bluff technologique* – Paris, Hachette, 1988, 494 p.

Les banques de données documentaires (BDD) se sont multipliées. Elles ont leur rôle pour le documentaliste.

LES BANQUES DE DONNÉES DOCUMENTAIRES

Un outil pour la communauté scolaire ?

L'existence et les ressources potentielles des banques de données documentaires sont maintenant connues de tous, même des élèves et des enseignants, car on en parle partout, dans les journaux, à la télévision et à la radio.

Derrière un discours médiatique donnant l'impression que désormais toute l'information a été mise dans les banques de données, et qu'il suffit de les interroger pour obtenir celle que l'on cherche, qu'en est-il réellement ? Et en particulier, quel peut en être l'intérêt pour la communauté scolaire ?

> Quel peut en être l'intérêt pour la communauté scolaire ?

Historique

Quelques grands centres de documentation américains ont constitué, dans la décennie 1960, des fichiers bibliographiques sur ordinateur qui contenaient des références à des documents utiles dans des domaines particuliers de la recherche. Grâce à ceux-ci, ils pouvaient effectuer rapidement des recherches rétrospectives à la demande de leurs usagers. Mais la constitution et la maintenance de ces fichiers représentaient un coût tel que certains organismes ont pensé mettre ces ressources à la disposition d'un public plus large. D'abord en diffusant des bibliographies sur papier. Puis en offrant un accès direct pour une recherche en conversationnel.

La banque de données documentaires

Elle apparaît ainsi à l'origine comme un sous-produit d'une activité documentaire traditionnelle dans une optique de rentabilisation économique.

Le développement des banques de données tient néanmoins davantage au développement des moyens de télécommunications qu'à une politique délibérée des responsables des unités documentaires, ceux-ci n'ayant pas, pour la plus grande partie, de souci de commercialisation.

Vers une mémoire universelle

Or la décennie 1970 est celle du développement des réseaux de téléinformatique, nationaux puis internationaux. Grâce à eux, n'importe quel usager muni d'un téléphone a la possibilité de se connecter à toutes les mémoires documentaires, et ainsi, potentiellement, à la "mémoire universelle" puisque progressivement tout est mis sur ordinateur.

Un seul chiffre traduit cette évolution rapide : en un peu plus de vingt ans, le nombre de BDD a été multiplié par 200 (voir graphique). ■

Source : Martha E. Williams, 1988.

GRAPHIQUE

NOMBRE DE BDD DE 1965 À 1988

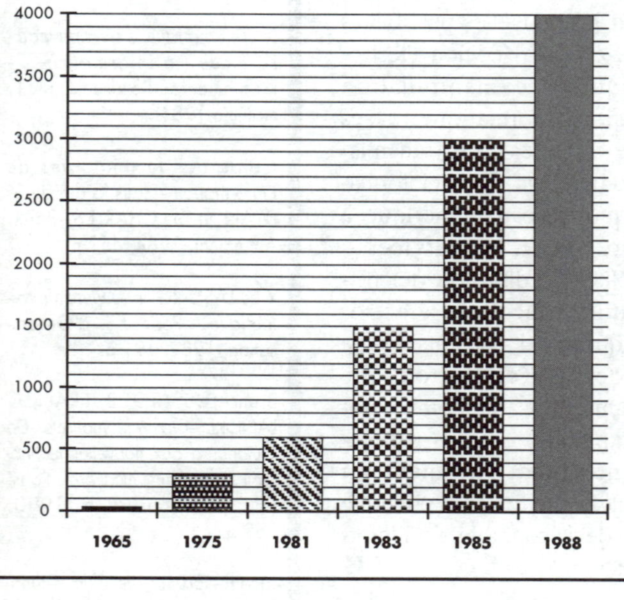

Les BDD se sont multipliées et touchent aujourd'hui tous les secteurs, scientifiques et économiques.

Dans la décennie 1960, les banques de données étaient essentiellement des banques bibliographiques, avec des produits référentiels signalant les documents susceptibles de donner des éléments de réponse à un usager.

De la banque bibliographique à la banque d'information

Celui-ci devait ensuite retrouver, dans une bibliothèque ou un centre de documentation, les documents signalés et les consulter pour trouver "information" sur sa question. Dans la décennie 1970, sont apparues des banques d'information fournissant immédiatement la réponse souhaitée. Depuis lors, leur nombre n'a cessé de croître pour dépasser aujourd'hui celui des banques bibliographiques. Leur origine est essentiellement nord-américaine alors que les Européens produisent encore davantage de banques bibliographiques.

Du monde scientifique vers le monde économique

À l'origine encore, les banques de données avaient été développées exclusivement ou presque dans les secteurs de la recherche scientifique afin d'offrir un produit documentaire efficace aux chercheurs. Ceux-ci pouvaient savoir rapidement ce qui avait déjà été fait dans leur domaine, où et par qui.

La demande a progressivement débordé le cadre strictement scientifique. Le monde économique s'est intéressé à l'information qu'il a vite qualifiée de stratégique puisqu'elle lui était indispensable pour décider et agir. L'offre a suivi. Tous les secteurs d'activité ont développé alors leurs banques de données.

Ainsi, en 1988, la part des banques de données scientifiques n'était plus estimée qu'à 40 % de l'ensemble.

De l'importance de la guerre froide dans la stratégie de travail des BDD

Traduisant les évolutions du public, les organismes producteurs ont eux aussi changé. Largement issus de ou subventionnés par le secteur public – même aux États-Unis puisque l'on était alors en pleine guerre froide contre l'URSS, et donc en pleine bataille technologique (armement et espace) –, les organismes producteurs se caractérisaient par le fait que, d'une part, ils ne cherchaient pas systématiquement la rentabilité, et que, d'autre part, ils n'imaginaient pas que l'on puisse vendre l'information.

Les tendances

L'extension des secteur privé

Anticipant sur les – plutôt que répondant aux – besoins documentaires d'une population de décideurs et d'acteurs en tous genres de la vie politique, économique et sociale des sociétés occidentales, seule population par ailleurs solvable, d'autres organismes sont alors apparus qui ont fait métier de réunir et de vendre une information utile, pour en vivre et si possible gagner de l'argent.

Dans la décennie 1980, ceux-ci ont dépassé en nombre et en activité les organismes non lucratifs, plus particulièrement aux États-Unis. Mais la tendance est nette en Europe aussi. ■

TYPOLOGIE

DES BANQUES DE DONNÉES BIBLIOGRAPHIQUES SONT ORGANISÉES :

- Selon la discipline de recherche : chimie, biologie, pétrole, sociologie, agriculture...
- Selon la spécialisation : bâtiment et travaux publics, géographie tropicale, économie sociale...
- Selon le support : rapport officiel,rapport de recherche, brevet, thèse universitaire...
- Interdisciplinaire : science, citation, index, pandex...

La recherche de rentabilité et le quasi-monopole américain rendent les BDD très sélectives.

Intérêt et limites des banques de données

Le nombre des banques de données ne cesse de croître. Mais cela ne correspond pas à une diversification des thèmes. En effet, n'existent que celles qui sont économiquement rentables pour le serveur. Autrement dit, celles qui ont une clientèle disposée à payer parce qu'elle a besoin d'information. Les autres sont déchargées par les serveurs même si leur intérêt est grand (ex. : les BDD sur les PVD). Et de nombreux projets ne voient jamais le jour.

FRANCIS

DOCUMENTS ANALYSÉS
1 300 000 notices bibliographiques dont 80 % d'articles de périodiques.
Accroissement annuel : 70 000 références.
Pays de publication : Europe de l'Ouest (63 %) dont France (26 %), États-Unis (20 %), Europe de l'Est (10 %), autres pays (7 %).
Langue des documents : Anglais (35 %), Français (33 %), Allemand (12 %), Italien (5 %), Espagnol (4 %), autres (11 %).
Domaines couverts :
■ Sciences humaines (63 %) : archéologie, histoire de l'art, histoire des sciences, linguistique, littérature, philosophie, préhistoire, religions.
■ Sciences sociales (33 %) : administration, Amérique latine, droit et informatique, éducation, ethnologie, géographie, santé (RESHUS), sociologie.
■ Sciences économiques (4 %) : économie (ECODOC), économie de l'énergie, gestion (DOGE).
CONSULTATION :
■ Papier : 19 publications bibliographiques.
■ Électronique : Minitel, serveurs Questel et EDD (Européenne de données), bandes magnétiques, CD-ROM.
Banque bibliographique produite par le CNRS.

L'obstacle linguistique

Les banques de données sont majoritairement d'origine américaine, surtout dans les grandes disciplines scientifiques (chimie, biologie, sociologie, etc.). Dès lors la couverture des documents étrangers et/ou dans une langue autre que l'anglais est relativement médiocre, ce qui pénalise entre autres les documents français ou de langue française. Cela justifie la volonté – politique – du CNRS français de continuer à produire les banques Francis (sciences humaines et sociales) et Pascal (sciences exactes et appliquées).

Intérêt et limites pour la communauté scolaire

D'une façon générale, les banques de données présentent peu d'intérêt car elles sont très spécialisées et, en cela, d'un niveau trop élevé. C'est le cas dans tous les domaines, en particulier dans les domaines scientifiques. Il est bon de préciser qu'il existe comparativement peu de banques littéraires.

Quelques BDD intéressantes

Certains usagers de quelques CDI de lycée peuvent être éventuellemet intéressés par certaines banques de données.

• Domaine politique
LOGOS (actualités politiques, économiques, et sociales), AGORA (dépêches de l'AFP, accessible aussi sur le 3629), et MONDE (articles du quotidien depuis 1987).

• Domaine économique
DELPHES (banque bibliographique du réseau CCI), SPHINX (banque bibliographique de l'INSEE).

• Domaine de l'éducation
"La Mémoire de l'éducation", produite par le CNDP.
EMILE produite par l'INRP et accessible sur le serveur QUESTEL; DAFTEL et EMMANUELLE également produites par l'INRP.
EUDISED produite par le Conseil de l'Europe et accessible sur le serveur ESA-IRS.

• Répertoires et informations générales
Plusieurs banques sont disponibles : SCRIP 3616 (annuaire télex et télécopie) ; CCN 3617 (catalogue collectif des périodiques pour localiser un titre) ; ELECTRE 3617 (ouvrages disponibles à la vente) ; DOCTEL 3615 (actualité politique et administrative française) ; ADMITEL 3616 (vie administrative française).

Les CD-Rom

De nombreuses banques de données sont commercialisées sur supports optiques (CD-Rom) :
• *Bilan économique et social, le monde en chiffres* (3 600 F)
• *Politique et société en France* (Documentation française)
• catalogue CCN-MYRIADE ;
• catalogue ELECTRE ;
• encyclopédies et dictionnaires (Robert).
Est prévu le *Journal officiel* à plus ou moins brève échéance. ■

L'invention du « fichier inversé » a permis un accès rapide à l'information.

DE LA MÉDIATISATION À L'APPROPRIATION

Même si en 1958, il ne devait pas encore y penser, Hans Peter Luhn a alors jeté les bases de la recherche informatisée en concevant le fichier inverse, fichier de recherche élaboré à partir de clés de recherche sélectionnées dans un fichier de documents.

Cela permet d'aller directement – ou aléatoirement – à une clé de recherche, et donc d'accélérer considérablement le temps de recherche.

Depuis lors, les modalités de cette recherche ont connu quatre grands moments qui pour la facilité de la présentation seront identifiés aux quatre décennies qui ont suivi cette date.

LA DÉCENNIE 1960

Elle est caractérisée par une recherche doublement médiatisée puisqu'elle nécessitait les services d'un documentaliste et d'un informaticien. L'usager venait poser sa question ➡

RECHERCHE AU MOYEN D'UN FICHIER INVERSÉ

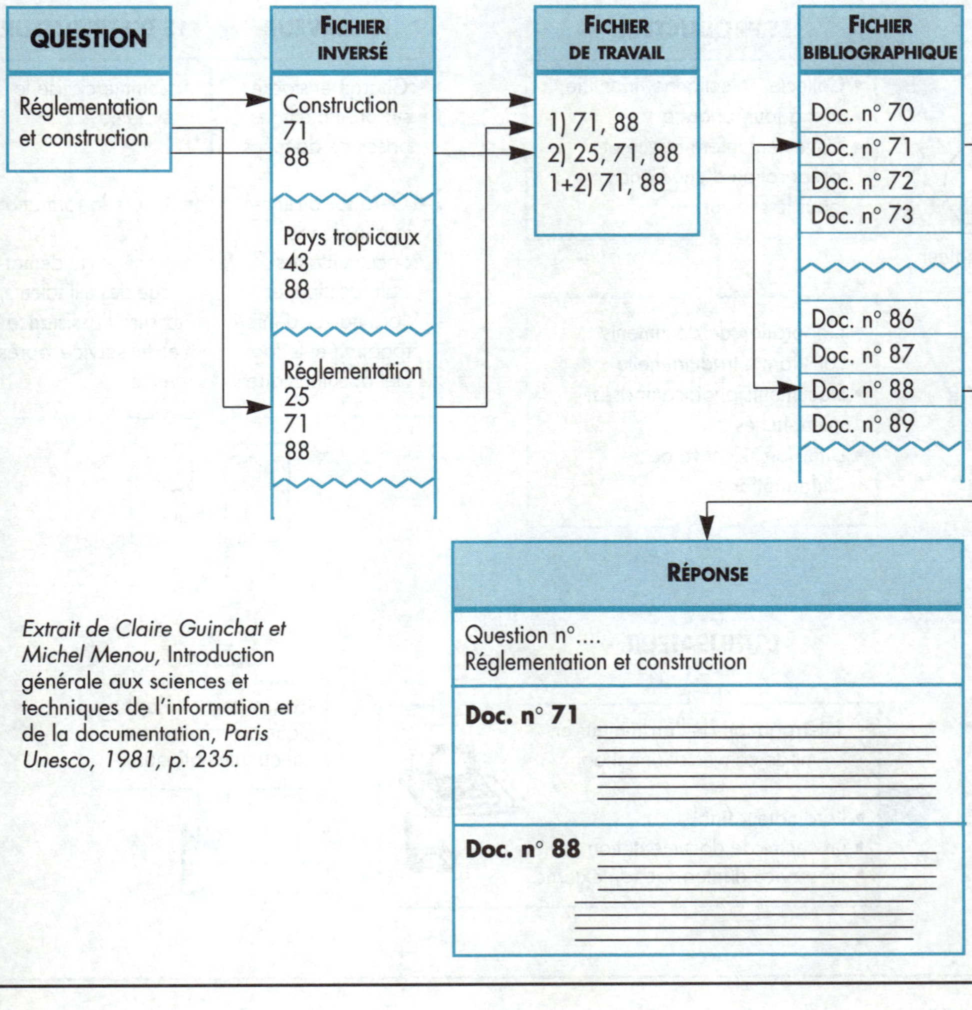

Extrait de Claire Guinchat et Michel Menou, Introduction générale aux sciences et techniques de l'information et de la documentation, *Paris Unesco, 1981, p. 235.*

Les années 70 virent s'installer la grande révolution dans le traitement des BDD. Maître d'œuvre : le documentaliste.

au documentaliste, lequel la traduisait en une équation de recherche en combinant des mots clés et des opérateurs booléens (ET, OU, SAUF). Celle-ci était alors envoyée à un informaticien qui décidait de sa priorité de traitement. De toute façon, il ne pouvait s'agir que d'un "traitement par lot", donc en mode différé.

La réponse était retournée au demandeurs. Si elle n'était pas satisfaisante, il fallait reprendre la même procédure que précédemment.

La décennie 1970

La grande révolution date de cette époque avec l'introduction du traitement en conversationnel à partir d'un terminal relié à une grosse machine. Désormais il n'y a plus qu'un seul intermédiaire, le documentaliste. Celui-ci connecte son terminal à l'ordinateur central, et soumet son équation de recherche au logiciel de recherche documentaire. Surtout il peut modifier les paramètres de son équation au fur et à mesure de l'avancement du traitement dont il contrôle maintenant le déroulement,

LA PRODUCTION ET L'INTERROGATION DES BASES ET BANQUES DE DONNÉES

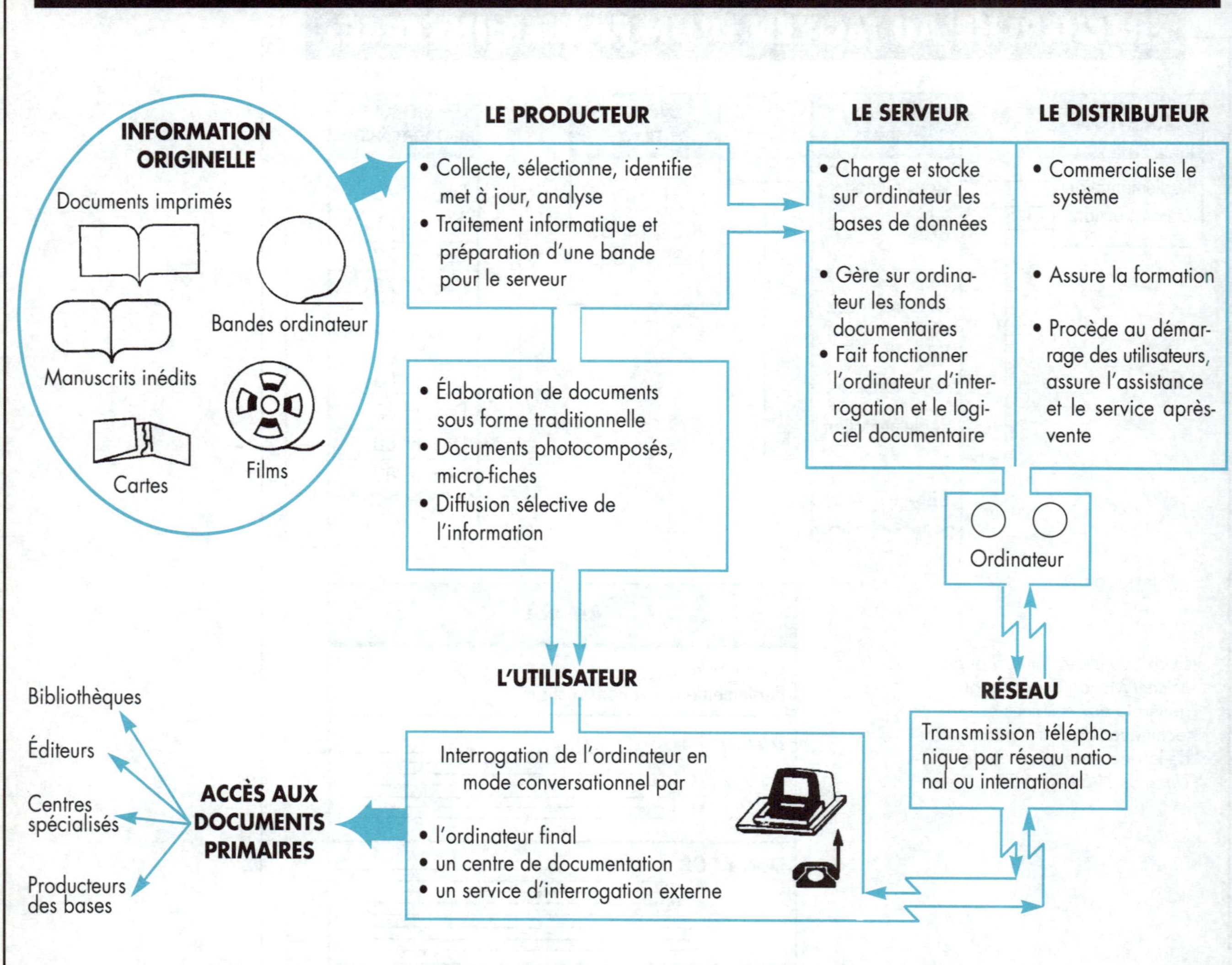

en utilisant des techniques de plus en plus élaborées : autopostage ou hiérarchie automatique, table de synonymes, troncature – à droite ou à gauche –, masque, et opérateur de distance, etc.

LA DÉCENNIE 1980

L'introduction de la micro-informatique va donner l'occasion à l'usager de s'approprier et l'outil informatique et l'opération de recherche documentaire.

> Plus d'information et moins d'intermédiaires grâce à la micro-informatique.

L'usager va pouvoir, à partir de son micro-ordinateur personnel, interroger, tout seul, en conversationnel et sans trop de difficultés, car les logiciels sont devenus de plus en plus ergonomiques, donc simples à utiliser grâce à des menus – permettant une recherche arborescente ou hiérarchique : du plus grand au plus petit –, des aides procédurales ou linguistiques, des propositions de termes. Il n'a plus besoin d'intermédiaire sauf s'il est pressé ou s'il doit interroger des fichiers hautement spécialisés (cas de certaines banques en chimie).

Il peut interroger soit ses propres fichiers, soit des fichiers extérieurs qu'il pourra lui-même télédécharger ensuite sur sa machine.

Interrogation sans abonnement préalable :
depuis 1990, les banques de données sont accessibles sans abonnement sur les préfixes téléphoniques 3628 et 3629.

TARIFS DE CONSULTATION DES BANQUES DE DONNÉES

1. LES TARIFS TÉLÉTEL AU ... 19..

Accueil	Prix pour l'utilisateur TTC
Télétel 1 **3613**	0,13 F/mn soit 7,30 F/h
Télétel 2 **3614**	0,37 F/mn soit 21,90 F/h
Télétel 3 **3615 ou 3625**	Trois tarifs possibles au choix du fournisseur de service : 0,84 F/mn soit 58,40 F/h 0,98 F/mn soit 58,40 F/h 1,25 F/mn soit 75,10 F/h
Télétel 3p **3616 ou 3626**	Deux tarifs au choix du fournisseur de service : 0,98 F/mn soit 58,40 F/h 1,25 F/mn soit 75,10 F/h
Télétel 4 **3617 ou 3627**	2,19 F/mn soit 131,40 F/h
Télétel 6 **36 28**	5,48 F/mn soit 328,40 F/h
Télétel 7 **36 29**	9,06 F/mn soit 543,40 F/h

Les reversements aux serveurs varient proportionnellement de 45 à 75 % du tarif facturé.

2. LES TARIFS SERVEURS
Ils varient en fonction de leur localisation (France ou étranger), on peut néanmoins s'appuyer sur une fourchette variant de 400 F à 600 F/h en moyenne.

* Valable en septembre 1992.

LA DÉCENNIE 1990

Les banques de données vont désormais être accessibles à domicile sur supports optiques, du type DOC-CD-Rom. Chaque utilisateur pourra disposer de stocks d'informations énormes. C'est l'avènement des mémoires locales de masse.

De nombreux systèmes d'intelligence artificielle (IA) offriront des aides personnalisées, et permettront une interrogation – orale – en langage naturel (LN). La recherche d'informations deviendra une opération techniquement – sinon socialement – banale.➡

Accessibles directement par les utilisateurs, couvrant les principaux domaines d'information, quelques adresses de serveurs...

ADRESSES DE SERVEURS

BOTTIN TÉLÉMATIQUE
21, cours des Juillottes, 94706 Maisons-Alfort Cedex
Tél. : (1) 49. 81. 56. 56

COREF
Tour Vendôme
204, Rond-Point du Pont de Sèvres, 92156 Boulogne
Tél. : (1) 46. 08. 90. 82

DATA STAR
130-132, rue de Normandie, 92400 Courbevoie
Tél. : (1) 39. 55. 92. 89

DIALOG
75, avenue Parmentier, 75011 Paris
Tél. : (1) 40. 21. 24. 24

ÉDITIONS TECHNIQUES
123, rue d'Alésia, 75014 Paris
Tél. : (1) 45. 39. 22. 91

ESA-IRS. AGENCE SPATIALE EUROPÉENNE
8-10, rue Mario-Nikkis, 75738 Paris Cedex 15
Tél. : (1) 42. 73. 72. 03

EUROPÉENNE DE DONNÉES
164 ter, rue d'Aguesseau, 92100 Boulogne-Billancourt
Tél. : (1) 46. 05. 29. 29

QUESTEL
55, rue des Champs Pierreux, 92000 Nanterre
Tél. : (1) 46. 14. 55. 55

SEGIN
3, rue Bellini, La Défense 2 92806 Puteaux
Tél. : (1) 47. 76. 42. 42

TÉLÉMATIQUE SERVICES ET LOGICIELS
37, rue du Moulin, 94210 Saint-Maur
Tél. : (1) 48. 85. 20. 00

UN MARCHÉ EN PLEINE EXPANSION

Le marché des banques de données, même s'il n'a pas connu le développement que ses promoteurs espéraient, est en pleine expansion. Le nombre des banques ne cesse d'augmenter; la nature des produits proposés ne cesse de se diversifier. Néanmoins, il apparaît très spécialisé sur les secteurs pour lesquels existe une clientèle solvable, et très concentré dans les mains de quelques grosses sociétés américaines.

On conclura aisément que le marché actuel des banques de données dont l'existence doit d'évidence leur être connue, n'est pas très adapté aux besoins des usagers d'un CDI dans un établissement scolaire français.

Dès lors la consultation des banques ne peut être que très ponctuelle, liée à la familiarisation des outils d'interrogation pour tout le monde, et à une préparation à la recherche documentaire :

- importance et intérêt de ces ressources par domaine;
- pour ceux qui sont destinés à suivre des études longues.

Cela peut très bien se faire sur CD-Rom. ■

LE CDI : UN ESPACE DOCUMENTAIRE

Le CDI est-il un espace d'initiation à la recherche et à l'exploitation de documents, ou un espace de reproduction professionnelle et sociale ?

LE CDI AU CŒUR DE L'ÉTABLISSEMENT

La loi du 10 juillet 1989 (dite "loi d'Orientation sur l'Éducation") place le CDI (centre d'information et de documentation) "au cœur de la vie des établissements" conférant désormais à cet espace documentaire un rôle pédagogique spécifique puisqu'il doit être à la fois un lieu de travail, de culture, de découverte, d'apprentissage et de détente.

> Il fut un temps où la bibliothèque ressemblait fort à un musée, où le bibliothécaire était un rat de bibliothèque… où les visiteurs contemplaient avec curiosité des livres anciens et des manuscrits. Le temps est venu où la bibliothèque est une école et le bibliothécaire un éducateur au sens le plus élevé du terme. (Melvil Dewey)

Les usagers d'un CDI, population jeune, à capital culturel en formation, ressemblent fort à ces lecteurs qui semblent privilégier la forme éclectique de lecture. Or celle-ci "est la seule modalité de lecture véritablement globale. Elle suppose une connaissance de l'ensemble de l'espace, qui se traduit par une stratégie comportementale de "tissage" entre les différentes zones du classement, et transgresse sans souci la frontière entre la fiction et le documentaire… Ceci pourrait amener à assouplir l'opposition entre le documentaire et la fiction, en mettant en place quelques interpénétrations, et en évitant les cloisonnements excessifs entre les zones correspondant aux différentes catégories de classification" (Eliseo Veron, "Des livres libres : usage des espaces en accès libre").

UN LIEU INITIATIQUE ET D'ÉVEIL

Le CDI, en tant qu'espace documentaire, est-il le lieu initiatique dans lequel tout jeune scolaire va apprendre à se familiariser avec les produits informationnels, les outils de recherche et les concepts d'une société de l'information ? Un lieu donc de préparation à sa vie de futur citoyen actif ?

Cet espace documentaire n'est-il pas au contraire le lieu de reproduction des élites, un lieu conçu de telle sorte par les documentalistes que seuls ceux qui savent ou qui vivent dans l'environnement socio-culturel de référence sauront se retrouver ? Autrement dit le CDI renforce-t-il le pouvoir de ceux qui savent déjà, ou permet-il à ceux qui ne savent pas d'accéder à ce pouvoir ?

AGENCEMENT "MICROSCOPIQUE" DE L'ESPACE

Les modalités de fréquentation et de lecture semblent dépendre fortement de l'espace et de son agencement. Cet agencement ne peut toutefois se limiter à une approche globale. Il doit prendre en compte le détail, tout ce qui ne semble pas concerner la structure d'ensemble, mais reste néanmoins stratégique car ces aspects microscopiques sont le reflet d'une recherche constante d'adéquation entre des habitudes d'usager et l'objectif de la structure. ➡

Pour la communauté éducative, le CDI regorge de ressources : on peut y apprendre tout, même sans le rechercher.

Espace d'initiation aux ressources documentaires

La communauté éducative – élèves, enseignants, personnels administratifs, éventuellement parents d'élèves – a globalement et individuellement des besoins informationnels qui peuvent— doivent – être satisfaits par les ressources du CDI si leur fréquence et leur nature le justifient.

> Le CDI doit être conçu pour initier les élèves à la documentation.

Ainsi le professeur et l'élève doivent y trouver matière pour un cours, pour un exposé. Ils doivent pouvoir y poursuivre une réflexion, une recherche dans des documents divers.

Ils doivent enfin pouvoir partir à la découverte de documents, se faire un parcours personnel parmi tout ce qui existe, et ainsi apprendre même s'ils ne cherchent pas délibérément.

Pour quels besoins ?

Pour répondre à tous ces besoins, en outre naturellement différents selon le type d'établissement et le cycle d'études, le fonds documentaire se doit d'être varié, composé d'objets divers – écrits, audiovisuels, sonores, etc. –, et régulièrement mis à jour. Les usagers devraient pouvoir y trouver des livres, des périodiques, des articles de presse, des brochures, des manuels scolaires, des ouvrages scientifiques, des comptes rendus de colloques, des directives d'ordre pédagogique, des documents officiels (Bulletin officiel de l'Éducation nationale – BOEN), des cassettes sonores, des diapositives, des bande vidéo, etc. Mais le CDI ne se justifie comme lieu de ressources documentaires que dans le cadre d'une pédagogie active, axée sur l'élève. Sinon il sera un lieu éventuellement riche de documents, mais vide, car ignoré par tous les membres de la communauté scolaire.

Espace de formation à la documentation

Le CDI est généralement le seul centre de documentation connu des jeunes, normalement de tous les jeunes puisque la scolarité est obligatoire, jusqu'à leur majorité, même si certains, relativement rares, fréquentent la bibliothèque municipale.

Le CDI est le lieu où ils rencontrent des livres, où ils voient des outils de recherche (fichiers manuels, fichiers informatisés), où ils effectuent des recherches, où ils empruntent des documents.

Cet espace documentaire devient l'occasion unique de leur apprendre à :

- **se repérer dans un espace** pour en comprendre l'organisation et l'intérêt ;
- **chercher des documents** sur un thème en les faisant travailler sur l'expression d'un problème, la définition des mots, la précision des idées ;
- **utiliser des outils documentaires :** fichiers, logiciels documentaires, thesaurus, etc. ;
- **apprendre les démarches et procédures** d'accès et de fourniture de documents ;
- **évaluer les documents** qu'ils ont trouvés : exhaustivité de la recherche, pertinence des documents récupérés, valeur des sources, etc. ;
- **exploiter les documents** qu'ils ont trouvés : lecture de leur contenu, analyse de l'apport de chaque document, choix d'un extrait…

L'aboutissement logique du système scolaire

Toute cette initiation leur sera non seulement utile dans leur vie de futur étudiant – puisque c'est l'aboutissement logique du système scolaire –, mais dans leur vie de futur citoyen puisque nous entrons – en France peut-être plus vite qu'ailleurs grâce ou à cause du Minitel – dans une société de l'information. ■

Le CDI contribue à forger pour l'élève une image de la documentation. À nous de la rendre attrayante.

UN ESPACE DE TRAVAIL

Travailler dans un CDI, c'est d'une certaine façon travailler dans un espace conçu et géré par quelqu'un d'autre. C'est une des caractéristiques fondamentales de tout espace documentaire. Et c'est normalement au responsable du lieu de veiller à ce que chacun s'y retrouve, sans créer des obstacles inutiles, et sans l'obliger à connaître les outils du professionnel.

Ce souci paraît d'autant plus important que, à travers toutes les facilités et contraintes qu'il y rencontrera, toutes les procédures et les démarches qu'il y connaîtra, c'est toute une image d'un service documentaire que l'usager va se forger – à tout jamais ? – surtout quand il est jeune élève.

QUELLE IMAGE ?

Actuellement plus souvent celle que lui impose un monde professionnel plus préoccupé par sa technique que par sa culture.

Roman et documentaire; livre et non-livre.

L'organisation matérielle des documents est traditionnellement à deux niveaux. Ainsi on distingue, d'une part, les documents selon leur genre : roman, documentaire.

On classe, d'autre part, les documents selon leur nature, avec un sous-classement par type : les écrits (livres, périodiques, documents officiels); les audiovisuels (cassettes audio; bandes vidéo; diapositives).

Cette organisation traduit autant l'histoire d'une institution qui a dû à un moment prendre en charge la "bibliothèque scolaire", et qui ensuite n'a pas bien su intégrer les nouveaux supports, les non-livres, qu'une façon de travailler dans l'institution qui privilégie une utilisation du document comme outil pédagogique plutôt que comme source d'information.

LE CATALOGAGE/ SIGNALEMENT DES DOCUMENTS

Dans un souci d'appartenance professionnelle, les documentalistes-bibliothécaires appliquent les normes de catalogage (sic !) pour décrire chacun des documents qu'ils possèdent.

Ainsi l'usager doit lire des fiches plus ou moins complexes, comprenant de nombreuses mentions dont il ne voit pas toujours l'intérêt.

En effet ces normes ont été élaborées pour établir des bibliographies nationales et les catalogues manuels des grandes bibliothèques. Beaucoup des éléments requis ne conviennent pas pour la plupart des autres "conserves du savoir", en particulier, pour un CDI d'établissement scolaire.

DES NORMES COMPLEXES...

Elles ont été établies par les bibliothécaires pour les bibliothécaires et non pas pour les usagers. Elles conduisent à mélanger sur un même support des informations qui intéressent l'usager pour sa recherche (auteur, titre, date de publication, etc.), et des informations qui ne concernent que le professionnel, et dont l'usager n'a guère – ou jamais – besoin : format, collectivités-auteurs, lieu d'édition, éditeurs multiples, ISBN ou autre ISSN.

Les règles d'écriture sont généralement directement liées à l'utilisation d'une fiche papier de format réduit (75 x 125 mm). Elles ne se justifient plus sur les autres supports, qu'ils soient papier et informatisés.

... QUI POSENT PROBLÈME

On ne contestera pas l'intérêt de la norme en traitement de l'information. On contestera l'usage des normes actuelles de catalogage qui posent plus de problèmes qu'elles n'en résolvent dans le cadre d'un CDI.

Leur application "à la lettre" se revèle difficile voire impossible au moment ➡

Établir une classification qui s'adresse à tous ou à l'élite intellectuelle ?

de l'informatisation. Seul l'esprit – et encore – est à retenir.
Qu'en reste-t-il alors?
Elles confèrent un caractère tatillon et pointilliste à une opération de description que tout usager, particulièrement l'élève et l'enseignant, doit apprendre pour identifier les documents qu'il utilise ou qu'il cherche, opération qui pourrait être plus intelligente et plus logique (celle des usagers et non pas celle des bibliothèques) si elle offrait des possibilités d'adaptation et d'adéquation à des situations variées. ■

ESPACE DE REPRODUCTION SOCIALE

L'organisation actuelle des CDI ne facilite pas toujours la démocratisation de l'accès au savoir.

L'organisation des espaces documentaires – bibliothèque et centre de documentation – a été conçue à une époque – deuxième moitié du XIXe siècle et début du XXe siècle – où ceux-ci n'étaient fréquentés que par des lettrés, c'est-à-dire des personnes ayant reçu une certaine éducation, possédant un certain savoir.
En outre les professionnels, en particulier les Anglo-Saxons, ont voulu concevoir une organisation à l'échelle de l'ensemble des "conserves du savoir", et non plus de la bibliothèque considérée comme un espace unique et spécifique. Leur intention était de faire en sorte qu'un document se trouve toujours à la même place logique quel que soit l'établissement qui le possède dans le monde; d'augmenter la facilité d'usage des organismes dont ils sont responsables, par les lecteurs à qui ils veulent donner des réflexes, en s'appuyant sur leur savoir, en créant une familiarité avec le lieu; de créer une sorte de principe universel dans toutes les "conserves du savoir".

ÉDUQUER LES LECTEURS

Ce principe a été parfaitement intégré puisque cent ans plus tard le discours dominant est que le CDI doit être le lieu initiatique dans lequel les élèves vont apprendre à se repérer dans les bibliothèques qu'ils fréquenteront plus tard, municipales et universitaires, et à utiliser leurs fichiers. Le CDI doit être conçu sur le même modèle. On doit donc y trouver un rangement selon la classification Dewey, un fichier systématique CDU, des fiches établies selon les normes internationales de catalogage, etc.
Les schémas classificatoires, inspirés des classifications décimales Dewey ou CDU, veulent situer les documents selon un ordre logique, image d'une organisation intellectuellement logique des connaissances. Mais ils correspondent à une conception fortement marquée historiquement, culturellement et idéologiquement.

UN CLASSEMENT POUR CEUX QUI SAVENT

Surtout les observations ont montré que seuls les usagers cultivés savaient se retrouver dans une telle organisation. Autrement dit, ils facilitaient la recherche documentaire de ceux qui savaient. Les autres ne s'y retrouvaient pas, et, ce faisant, ne savaient pas exploiter les ressources de l'organisme.
Ces schémas apparaissent ainsi comme des schémas de reproduction de l'élite intellectuelle. Il ne s'agit pas pour autant de jeter la classification à la poubelle puisqu'il apparaît que c'est un utile instrument de repérage pour l'usager. Or celui-ci en manque pour développer des stratégies de recherche. Mais il s'agit sans doute d'en

choisir une qui n'a que l'ambition d'être simple et peu développée.

Des informations qui embrouillent

Les fichiers proposés dans les bibliothèques confortent ce constat. Alors que les usagers vont plus spontanément rechercher dans les fichiers "titre" et "thématique", ils trouvent en face d'eux un fichier "auteur" et "anonyme" (sic !), et un fichier "systématique CDU".

Le contenu des fiches conforte toujours ce constat. Elles contiennent des tas d'informations dont ils ne comprennent pas l'intérêt et qui les embrouillent plus qu'elles ne les aident. Là encore, les meilleurs s'adaptent. Les autres désertent.

Enfin le vocabulaire peut justement les rebuter alors même que tout le monde convient des difficultés d'expression de la majorité des élèves. Pourquoi continuer à utiliser des mots désuets, comme "matière", "systématique", "vedette", "catalogage", alors que des termes plus actuels et plus communs existent : "thème", "mot clé", "description bibliographique" ou "signalement".

> L'organisation actuelle est-elle vraiment adaptée à la situation présente ?

Tenir compte des usagers d'abord

Toute initiation à la recherche et au traitement des documents devrait, à la fin du XXe siècle, tenir compte d'une nouvelle réalité sociale, culturelle et scolaire.

Il s'agit moins désormais de construire un cadre universel pour certains jeunes à qui l'on prête l'intention d'utiliser les bibliothèques à travers leur pays, voire le monde – ce qui en soi est une pratique rare –, que d'apprendre à la grande majorité d'entre eux à exprimer leur besoin, à retrouver des documents, à utiliser des outils lesquels ne sont plus uniquement la bibliothèque ou le centre de documentation. En fait à s'approprier un espace.

Lieu initiatique, espace-outil, laboratoire ?

Le CDI est présenté comme ce lieu initiatique, comme cet espace-outil, sorte de laboratoire, au service d'une pédagogie active, dans lequel l'élève est initié à des méthodes de travail et à des situations de recherche d'informations et de documents qu'il rencontrera plus tard dans sa vie d'étudiant et de citoyen.

Or tel qu'il est généralement organisé, le CDI apparaît davantage comme un outil au service d'une pédagogie conçue pour l'enseignant, et comme un espace de reproduction des élites sociales et culturelles, puisque seuls celles-ci peuvent s'y repérer facilement.

Le CDI, un relais pédagogique

Cela n'enlève rien à l'intérêt formel d'une telle organisation, laquelle devrait d'ailleurs être plus systématiquement précédée ou relayée par une réflexion dans les disciplines générales pour en montrer la logique d'ensemble.

Mais il apparaît ainsi fortement que cette organisation, qui souvent ne tient pas compte des détails, correspond mieux aux besoins des CDI des grands lycées de Paris et de province dont les usagers sont destinés à poursuivre des études longues qu'à ceux des élèves des lycées professionnels, voire pour ceux de la plupart des collèges.

On peut ainsi craindre que le CDI actuel ne donne à tous les élèves qui sont éliminés progressivement du système éducatif, une image incompréhensible de l'organisation du savoir et des modes d'accès à ce savoir et ne les incite pas à fréquenter les "conserves du savoir". ■

Bibliographie

Brigitte CHEVALIER – *Méthodologie d'utilisation d'un centre de documentation* – Paris, Hachette, 1980, 191 p.

Albertine FAURIE – *la Pédagogie de la documentation dans le contexte audiovisuel et des mass médias* – Paris, Le Centurion, 1980, 151 p.

Jacqueline PINAUD, Sylvie GUEBEL – *Guide pratique de la documentation* – Paris, Hachette, 1988, 208 p.

Emile. REBOUL – *Guide pratique du documentaliste-bibliothécaire* – Paris, INRDP, 1974, 132 p.

Eliseo VERON, « Des livres libres : usage des espaces en accès libre », *Bulletin des bibliothèques de France*, 1988, vol. 33, n°6).

La problématique sociétale
Concepts généraux
Se documenter
Comprendre la documentation

Au service du chercheur et de l'enseignant, le documentaliste n'est pas un simple pourvoyeur de documents : il a la responsabilité de l'information qu'il doit non seulement conserver mais aussi traiter et dont il doit veiller à l'utilisation.

PARTIE 4

COMPRENDRE LA DOCUMENTATION

Le documentaliste est au service du chercheur. Son rôle est de faciliter l'accès aux documents, grâce à des techniques de bibliothéconomie.

LES OPÉRATIONS DOCUMENTAIRES

LE SPÉCIALISTE AU SERVICE DU CHERCHEUR

La masse des documents rend désormais impossible une mémorisation par l'homme des lieux où se trouve l'information.

> L'accès direct au document est de plus en plus demandé.

D'où une nécessaire réduction de ce volume pour continuer à en permettre l'accès. Parallèlement et corollairement, l'homme est de plus en plus pressé. Son temps est compté. Il a besoin d'outils et de produits qui lui permettent d'accéder rapidement à l'information utile.

L'activité documentaire est essentiellement une suite d'opérations pour faire gagner du temps à celui qui cherche de l'information ou des documents.

A priori l'activité documentaire est une affaire de spécialiste. Celui-ci est là pour satisfaire tout besoin en information en appliquant des techniques qualifiées de documentaires. L'utilisateur ne devrait pas avoir à connaître ces techniques. Mais la tendance est désormais à la réappropriation des services par ceux à qui ils sont destinés, laquelle attitude est paradoxalement à expliquer par une technicisation de plus en plus forte des outils.

FAVORISER L'ACCÈS DIRECT

La première conséquence est que le spécialiste est incité à concevoir des systèmes d'information documentaire en accès direct aux utilisateurs, répondant ainsi à son désir, d'ailleurs naturel, de chercher lui-même l'information désirée, favorisant sa recherche personnelle, son autodocumentation. Or pour tirer tout le parti de cet accès à des systèmes d'information, les utilisateurs doivent posséder un minimum de savoir sur leur existence, leur contenu, leur intérêt et leur fonctionnement.

UN TRAVAIL DE FACILITATION

La deuxième conséquence est une reconsidération du travail documentaire, qui devient un travail de facilitation et non une complication supplémentaire pour l'accès à l'information. Le spécialiste, qui actuellement s'investit énormément dans la recherche et l'exploitation, va devoir se consacrer davantage au traitement à l'entrée du système car une loi en traitement documentaire veut que ce qui n'est pas fait à l'entrée du système doit être fait à la sortie, et inversement. Là paraît d'ailleurs se situer la spécificité du spécialiste. On ne ferait ainsi – étonnant retour de l'histoire – que retrouver les principes constitutifs de la bibliothéconomie, il y a plus d'un siècle dans les pays anglo-saxons, avec ses techniques d'acquisition, de répertoriage, de catalogage et de classification conçues alors pour aider l'usager. Mais sous d'autres formes et avec d'autres concepts car le public, les besoins, les techniques, les outils ont changé depuis cent ans.

CONCEVOIR DES MÉTHODES APPROPRIÉES

Ce constat oblige à concevoir des outils, des techniques, des méthodes, des produits documentaires qui répondent à ces souhaits et besoins, en distinguant bien ce qui relève de la compétence et du travail du professionnel, et ce qui est demandé ou souhaité par l'utilisateur.

D'où une réflexion autour d'une activité documentaire faite par des professionnels au service des utilisateurs. ■

Spécialistes et usagers doivent connaître les principes d'une bonne documentation.

PRÉALABLES À L'ACTIVITÉ DOCUMENTAIRE

Le spécialiste doit avoir une double connaissance :

• connaissance des besoins de son institution, éducative ou autre, de la structure de l'organisme, des personnes (par exemple élèves et professeurs) à servir afin de savoir choisir les documents utiles, et dans ces documents les informations utiles;

• connaissance des documents afin de pouvoir les reconnaître, et donc savoir quel traitement particulier leur appliquer, quels éléments d'information en extraire pour permettre leur identification.

DU CÔTÉ DE L'USAGER

L'usager doit avoir une double perception :

– perception de la difficulté technique de personnaliser un système documentaire prévu pour des publics divers. Il doit donc accepter cette diversité des formes, présentations et niveaux;

– perception de la nature d'un système documentaire. Celui-ci n'est pas un système de résolution des problèmes en information, mais un système d'aide à la résolution des problèmes en information. Il doit donc s'investir avant de regretter de ne pas trouver ce qu'il cherche.

ENTITÉ ÉDITORIALE ET UNITÉ DOCUMENTAIRE

Traditionnellement, les spécialistes, en l'occurrence les bibliothécaires, ne s'intéressent, en tant qu'objets à traiter, qu'aux documents pour lesquels le contenant – support physique – et le contenu – information utile – coïncident parfaitement, forment une entité éditoriale. L'entité ainsi définie devient l'unique objet de considération : le livre, le rapport ou les actes d'un congrès.

Au cours du XXe siècle, l'évolution de l'édition scientifique et la modification des besoins ont obligé à reconsidérer une approche privilégiant trop le contenant aux dépens du contenu.

L'ENTITÉ ÉDITORIALE ÉCLATÉE

Le traitement moderne distingue désormais le contenant et le contenu. L'article d'un périodique, la contribution dans un mélange, le chapitre d'un livre, le morceau sur un disque peuvent être considérés comme constituant des unités spécifiques – unité documentaire ou item –, devant faire l'objet d'un traitement particulier, et donc indépendantes de l'entité éditoriale. Dès lors, il n'y a plus correspondance entre cette entité physique – le document dans l'acception classique – et l'information utile.

EXEMPLE

Pour une collection de documents audiovisuels, l'UD est l'image fixe (photographie, plan, dessin...) et/ou l'image animée (film, vidéogramme...). À ces objets classiques, on peut désormais ajouter des objets pseudo-photographiques : image satellite, image radar, photographie au microscope, radiographie..., à partir du moment où ils peuvent être identifiés, analysés et retrouvés. Par contre sont exclus du domaine iconographique les documents qui, comme les peintures, les gravures, les statues, relèvent davantage du produit culturel que du produit d'information scientifique et technique.

Le documentaliste n'est pas simplement un pourvoyeur de documents. Il en a la responsabilité.

C'est la conception documentaire – même si le terme paraît réellement inapproprié puisque celle-ci met l'accent sur l'information et non plus sur le document.

L'unité documentaire

On conviendra que le traitement documentaire porte sur des unités documentaires (UD) qui peuvent, ou peuvent ne pas coïncider avec les documents – entités éditoriales – dont le traitement relève de la gestion bibliothéconomique.

Conséquences

En pratique, cela signifie que :

- **l'usager** ne peut accéder à des UD qui ne coïncident pas avec l'entité éditoriale – l'article de périodique par exemple – qu'en ayant recours à des intermédiaires, du type "fichier";
- **le spécialiste** devra traiter le document et l'information séparément et en complémentarité, en identifiant et décrivant selon la situation deux types d'objets et en construisant les outils et produits adaptés aux différentes situations. Techniquement, on aboutit à deux circuits de traitement : celui du document physique et celui de l'information contenue dans le document. ■

Les opérations documentaires

Le spécialiste doit non seulement conserver l'information, mais la traiter et veiller à son utilisation.

DOCUMENT 1

LES OPÉRATIONS, OUTILS ET PRODUITS DOCUMENTAIRES

	OPÉRATIONS	OUTILS/INSTRUMENTS	PRODUITS
ENTRÉE	COLLECTE { identification, évaluation, acquisition	GUIDES BOB/BDF	FONDS COLLECTION
ENTRÉE	TRAITEMENT MATÉRIEL { vérification, enregistrement, cotation, classement		cote
ENTRÉE	TRAITEMENT INTELLECTUEL IDENTIFICATION DESCRIPTION { signalement, analyse du contenu { indexation, réduction	NORMES grille d'analyse L.D.	NOTICE ANALYTIQUE
ENTRÉE	MISE EN MÉMOIRE	LOGICIEL DOCUMENTAIRE (gestion de fichiers)	FICHIER catalogue
SORTIE	RECHERCHE	FICHIER CATALOGUE	
SORTIE	DIFFUSION	diffusion sélective de l'information circulation	INDEX BIBLIOGRAPHIE

Le rôle du spécialiste est de préparer, autrement dit extraire et mettre sous une forme convenable, l'information utile contenue dans un document afin de permettre sa récupération quand besoin est. Cela comprend une phase d'Entrée (Saisie ou Input) et une phase de Sortie (Recherche ou Output) dans un système secondaire de production et de diffusion de l'information scientifique et technique.

Collecte, description et exploitation

Ces deux phases comprennent elles-mêmes des séquences d'opérations plus simples qui aboutissent, pour la première, à la constitution de la mémoire documentaire (collecte des documents – matériaux ou données –, identification (c'est-à-dire reconnaissance), description de la forme et du contenu de l'UD à traiter, et mise en mémoire; pour la seconde, à l'exploitation (recherche et diffusion) des produits réalisés précédemment.

UNE RESPONSABILITÉ

On notera que le spécialiste n'est pas qu'un simple gardien et pourvoyeur de documents. Il a aussi une certaine responsabilité sur ces documents. Il doit veiller à leur enregistrement, sorte de marque de possession collective au nom d'un organisme. Il doit veiller à leur conservation et donc établir des règles et des conditions. Il doit souvent en contrôler l'usage dans le respect du droit de l'auteur (voir documents 1 et 2).
Traditionnellement on utilise le concept de la "chaîne documentaire" pour représenter la place des différentes opérations de traitement des documents et de leur contenu. Celle-ci se veut une succession d'opérations à réaliser dans un ordre déterminé dans la mesure où la dernière opération dépend de celle qui précède (voir document 3). ■

DOCUMENT 2

TRAITEMENT DOCUMENTAIRE

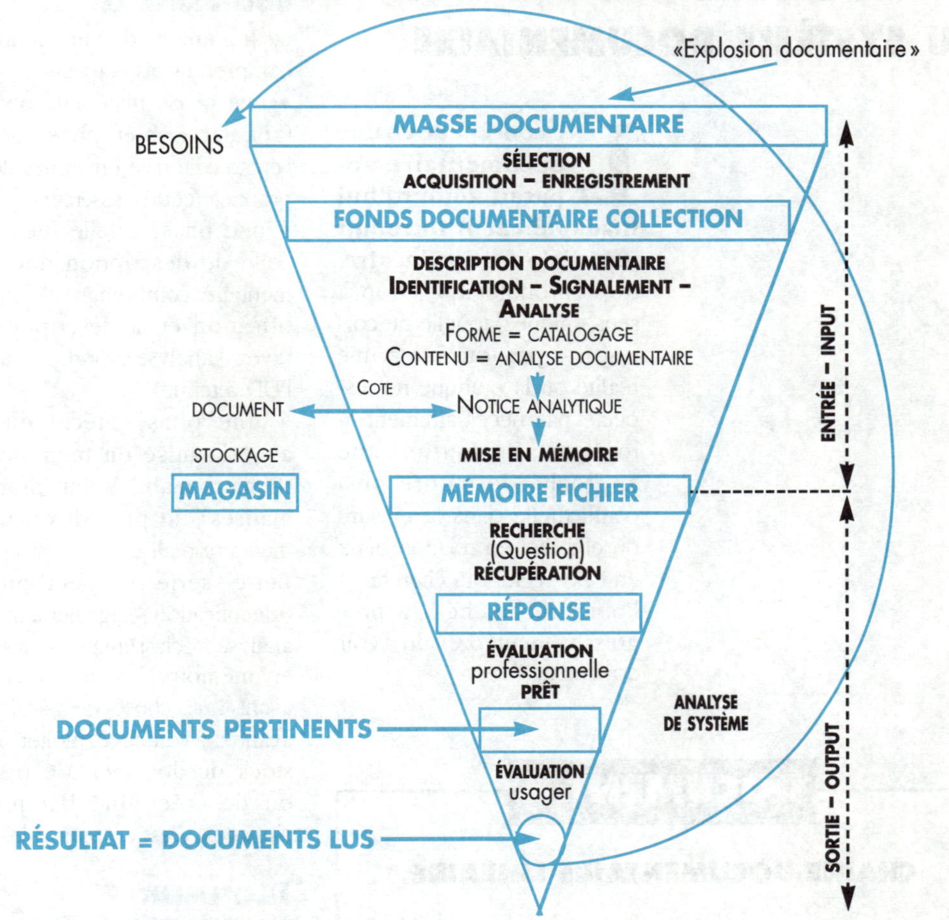

DOCUMENT 3

LA CHAÎNE DOCUMENTAIRE

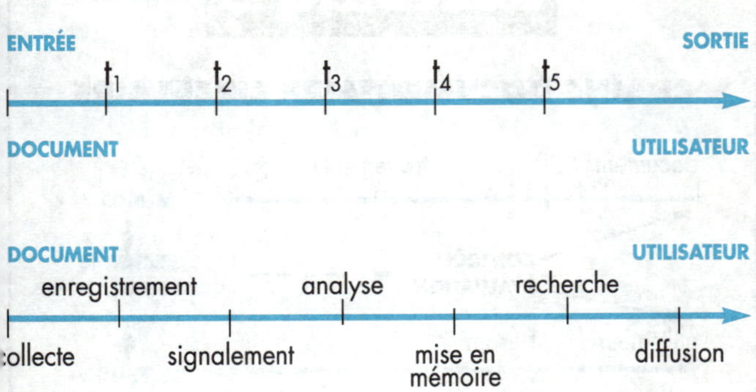

Une vision plus dynamique de la chaîne documentaire prévaut depuis quelques années.

De la chaîne au système documentaire

Le concept de chaîne documentaire apparaît aujourd'hui inadapté car il introduit une vision trop linéaire, trop chronologique, trop à sens unique, laquelle ne correspond pas toujours à une réalité où la pratique ne respecte pas nécessairement la logique. En outre, une approche de nature plus conflictuelle dans la mesure où elle met en relation deux entités – celui qui cherche et l'objet recherché – a progressivement prévalu (voir document 4).

DOCUMENT 4

CHAÎNE DOCUMENTAIRE LINÉAIRE

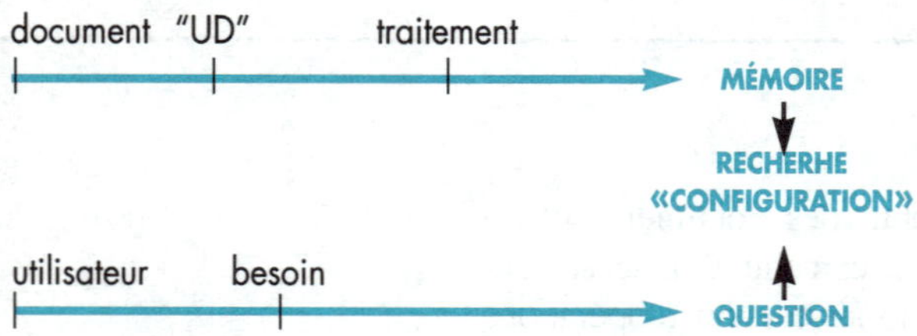

On lui oppose désormais une vision plus dynamique, plus systémique, à double mouvement, circulaire, où tout dépend de tout, où la production et la consommation sont en constante interrelation, et où les flux de Sortie sont analysés pour modifier les flux d'Entrée (voir document 5).

Le traitement documentaire

Le traitement documentaire comprend trois étapes :

- une phase matérielle portant sur l'objet physique, l'entité éditoriale : marques de propriété et de classement ;
- une phase intellectuelle, celle de description documentaire comprenant l'identification et la description (avec l'analyse), portant sur l'UD retenue ;
- une phase mécanique avec la mise en mémoire (fichiers manuels ou informatisés) du produit documentaire réalisé.

Cette série d'opérations (identification – signalement – analyse – classement – mise en mémoire) est à réaliser avant toute chose, c'est-à-dire avant de vouloir exploiter le stock de documents écrits, ou de créer une banque d'images. C'est un préalable.

Traitement documentaire et normalisation

Faut-il normaliser ou non ? Normaliser c'est fixer des règles, des limites, des contraintes. C'est appauvrir la communication, lui enlever toute sa spontanéité, son humanité. Mais normaliser, c'est aussi faciliter la communication, c'est se donner les moyens, comme l'ont fait le mathématicien ou le chimiste, de représenter le monde et les idées de la même façon, de situer les documents au même endroit, d'avoir le même langage pour s'exprimer. La controverse ne se justifie pas si l'on se souvient de l'objectif du traitement documentaire. Il faut sinon tout normaliser, du moins ne pas exclure la normalisation.

Elle peut être appliquée à la description formelle (normes de description), à l'expression utilisée pour représenter les concepts (utilisation d'un langage documentaire), et à la présentation des produits (résumé ou indice).

Principes de base

Une loi documentaire définit que plus l'accès à l'information est organisé en amont (précision de l'analyse, contrôle du vocabulaire, structure des données, etc.),

DOCUMENT 5

CHAÎNE DOCUMENTAIRE CIRCULAIRE

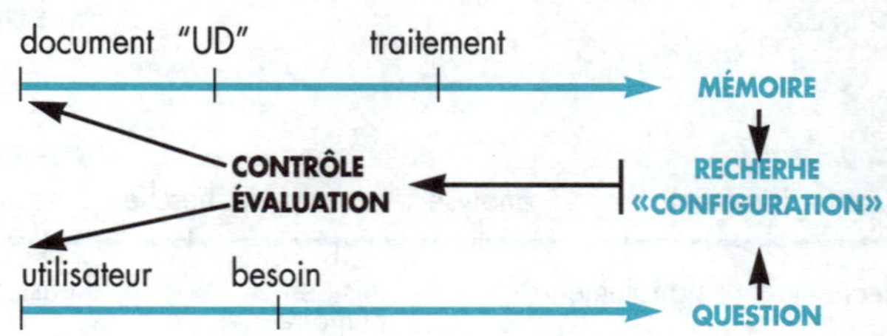

DOCUMENT 6

LES OPÉRATIONS DE TRAITEMENT DANS UN SYSTÈME DOCUMENTAIRE INFORMATISÉ

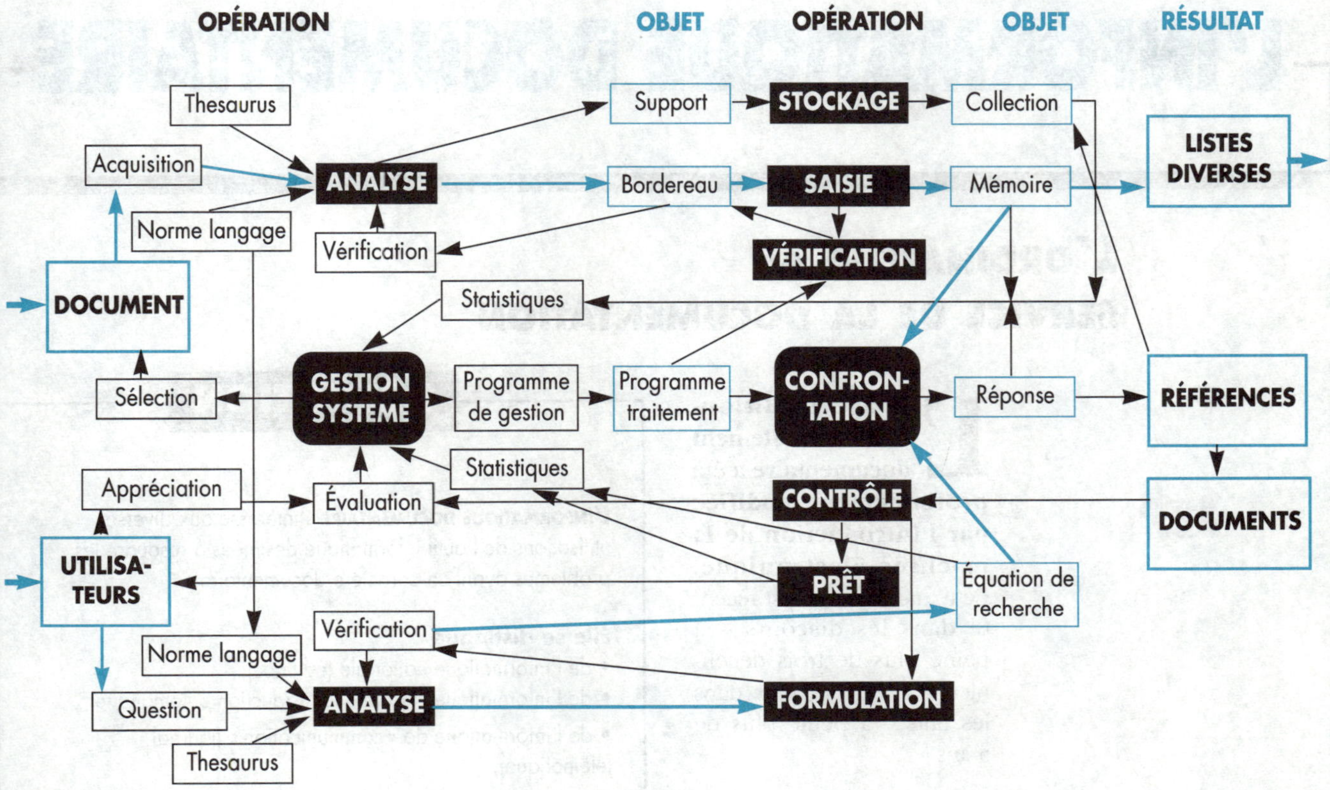

plus sa récupération est facile en aval. Inversement, moins cet accès est organisé en amont, moins la récupération est facile en aval.
Le documentaliste qui doit connaître et utiliser des outils, maîtriser des techniques et des méthodes pour fabriquer des produits, n'a pas nécessairement à les imposer à l'utilisateur (langage, présentation, organisation…). Il doit donc établir lors du traitement, ce qui est utile pour lui, et ce qui est utile pour les utilisateurs, en considérant que ce n'est pas nécessairement la même chose.

Logique professionnelle et logique de l'usager

L'usager ne voit souvent que la partie immergée de l'iceberg documentaire que sont les centres de documentation, les centres d'archives, les bibliothèques et autres médiathèques : la phase de Sortie ou d'exploitation, les modalités et les résultats de la – sa – recherche. Et c'est normal.
Il doit cependant savoir que cette partie visible est l'aboutissement de tout un travail de spécialiste effectué en amont, souvent obscur, ingrat, difficile, voire frustrant; de toute une série d'opérations destinées en principe à lui faciliter sa vie documentaire. La logique professionnelle voudrait que ces opérations soient d'autant mieux réalisées qu'elles sont invisibles à l'utilisateur du système d'information. Mais il paraît cependant convenable que l'utilisateur les connaisse un peu comme l'automobiliste à qui on ne demande plus de savoir réparer la panne mais de savoir qu'il y a un moteur dont il faut de temps en temps prendre soin. ■

BIBLIOGRAPHIE

Jacques CHAUMIER – *les Techniques documentaires* – Paris, P.U.F., 1989, 128 p. (Que sais-je? n° 1419)

Hélène DESVALS – *Comment organiser sa documentation scientifique* – Paris, Gauthier-Villars, 1978, 271 p.

Claire GUINCHAT, Michel MENOU – *Introduction générale aux sciences et techniques de l'information et de la documentation* – Paris, Unesco, 1981, 402 p. (mise à jour 1990, 543 p.)

Claire GUINCHAT, Yolande SKOURI – *Guide pratique des techniques documentaires* – Paris, Édicef, 1989, 2 vol. 270 + 319 p.

SCOM – *la Fonction documentation* – 1re éd., Paris, la Documentation française, 1985, 148 p.

L'outil informatique permet de stocker plus d'informations, et de les gérer efficacement. Il a peu à peu pris une place dominante dans la documentation.

L'INFORMATIQUE DOCUMENTAIRE

L'ORDINATEUR AU SERVICE DE LA DOCUMENTATION

L'image traditionnelle du traitement documentaire a été profondément modifiée par l'introduction de la machine électronique. Cette modification est récente dans les discours – à peine plus de trois décennies – et encore plus dans les faits – à peine plus de 5 ans.

> Les CDI seront bientôt tous équipés en informatique.

Il devient normal maintenant de voir les "conserves du savoir", et en particulier les centres de documentation, être équipées d'un micro-ordinateur et d'un logiciel documentaire. Même les CDI seront bientôt tous équipés du fait de l'engagement de nombreuses collectivités territoriales.

DÉFINITION

L'INFORMATIQUE DOCUMENTAIRE s'intéresse aux diverses utilisations de l'outil informatique destinées à résoudre les problèmes ayant un caractère documentaire.

Elle se distingue
- de l'informatique éditoriale (éditique),
- de l'informatique linguistique (traduction automatique),
- de l'informatique de « communication » (journal télématique),
- de l'informatique scientifique (analyse de données),
- de l'informatique industrielle (analyse d'images).

Elle recouvre deux grands domaines d'applications :
- les applications de recherche et de diffusion de l'information ;
- les applications de gestion d'un fonds de documents.

UN DOUBLE DÉFI

Le documentaliste se trouve placé face à un double défi : d'ordre professionnel, car il doit montrer ses capacités à utiliser la machine ; d'ordre éducatif, car il doit aider l'usager à interroger la mémoire et à saisir les limites actuelles de son système. En effet, l'informatique ne résout pas tous les problèmes. Elle ne doit pas faire rêver. Il importe au contraire de savoir ce qui est possible et ce qui ne l'est pas afin qu'il n'y ait pas de malentendu sur l'usage de l'outil pour le spécialiste, et sur la nature de la prestation pour l'usager. ■

Le développement des fichiers spécialisés date de l'après-guerre.

HISTOIRE DE L'INFORMATISATION DOCUMENTAIRE

Même si les premières applications des machines électromécaniques ont eu lieu à la veille de la Seconde Guerre mondiale, le véritable essor du traitement mécanique appliqué à la documentation date de l'après-guerre.

LES MACHINES ÉLECTROMÉCANIQUES

En 1945, l'Américain Vannevar Bush publie un article dans la revue *Atlantic Monthly*• dans lequel il évoque le problème de l'explosion documentaire et des conséquences possibles pour la recherche.
Selon lui, un chercheur ne peut plus suivre tout ce qui se fait sur le plan scientifique. Il doit désormais se spécialiser. Sur le plan technique, il devient indispensable de concevoir d'autres procédés que le traitement manuel, et une idée s'impose : il faudra sans doute utiliser les nouveaux outils de traitement.
Certes l'objectif reste identique : comment fournir l'information pertinente? Comment trouver les documents utiles? Mais les outils traditionnels – catalogue papier, fichier manuel – ont trouvé leurs limites surtout à l'heure où les échanges se multiplient.

UNE PRÉOCCUPATION GRANDISSANTE

Entre 1946 et 1954, cette préoccupation devient générale. Américains, Anglais et Français fabriquent et utilisent de nouveaux procédés de recherche : les fiches perforées, les cartes à préperforations marginales ou centrales, les fiches superposables à sélection visuelle, les sélecteurs photographiques.
En 1951, les chimistes américains apprennent à gérer tout seuls leur propre documentation à l'aide de fiches perforées.

STOCKAGE ET RÉCUPÉRATION

La même année, l'Américain Calvin N. Mooers introduit la notion d'"information retrieval", c'est-à-dire la récupération organisée des documents pertinents conservés dans un fonds documentaire, et celle de "descriptor", unité conceptuelle sur laquelle s'effectue la récupération. En 1951-1953, Mortimer Taube présente un nouveau moyen de stockage et de recherche par unités conceptuelles élémentaires («uniterm») auquel il donne le nom d'"uniterm card".

LE MOT CLÉ

Tous ces travaux ont abouti à l'émergence de nouveaux concepts : le "mot clé"•• qu'il soit la traduction d'un concept simple («uniterm») ou élaboré («descriptor»), le "lien" entre les mots clés, le "rôle" exprimés par certains mots clés, le "contrôle du vocabulaire", ce qui ouvre la voie à l'élaboration ultérieure du "thesaurus", et surtout la combinaison ou "coordination" de mots clés. Ces avancées conceptuelles ont largement, et de façon décisive, contribué à l'utilisation de l'ordinateur pour l'analyse des documents et la recherche de l'information.

LE TOURNANT DE LA FIN DES ANNÉES 1950

Sur le plan du progrès technique, l'année 1957 apparaît comme une année charnière. Le lancement du satellite Spoutnik par l'URSS touche de plein fouet l'orgueil américain. Les États-Unis découvrent avec stupeur qu'ils ne sont plus les premiers.
Le défi est trop grand pour ne pas être relevé et dans le délai le plus court. Mais les Américains ne vont pas seulement mettre sur pied des programmes dans la recherche et le développement (R & D).

L'EFFORT AMÉRICAIN

Ils décident également de consacrer des sommes très importantes à la collecte ➡

• «As we may think», *Atlantic Monthly*, vol. 174, n°1, july 1945, pp. 101-108.

•• «Key word», synonyme en fait de «descriptor». Le concept de «mot clé» aurait été inventé par Callimaque, bibliothécaire à Alexandrie, il y a 2500 ans.

L'avènement des technologies de l'information va de pair avec l'explosion documentaire de l'après-guerre.

et au traitement de tous les documents, dans toutes les disciplines scientifiques – même si leurs préoccupations immédiates leur font, dans un premier temps, privilégier les secteurs des sciences exactes et appliquées –, et à la recherche de procédés efficaces pour stocker, traiter, retrouver et transmettre au plus vite l'information contenue dans toutes les publications scientifiques, quelle que soit leur origine, à tous ceux qui en ont besoin, décideurs et chercheurs, établissant ainsi les bases de ce que l'on appellera un peu plus tard la "technologie de l'information".

Naissance de la technologie de l'information

Une impulsion formidable va dès lors être donnée à tout le secteur documentaire américain, en particulier par les militaires. Les résultats ne se font guère attendre puisque dès l'année 1958, l'ingénieur américain Hans P. Luhn publie ses travaux sur la première utilisation de l'informatique pour le traitement de l'information. Ceux-ci vont aboutir très vite sur, d'une part, une accélération des transformations des systèmes documentaires manuels traditionnels en systèmes informatisés avec l'introduction de l'ordinateur, et, d'autre part, sur des programmes de recherche orientés essentiellement vers l'analyse et la traduction automatique des textes écrits.

Le développement de l'analyse automatique

À cette fin, des spécialistes de toutes disciplines (informaticiens, linguistes, mathématiciens…) expérimentent des techniques comme le comptage de mots – l'occurrence – ou de groupes de mots – la co-occurrence – à partir duquel ils établissent des cartes de mots. Ils ont recours à la méthode statistique, et discutent autour de concepts nouveaux comme la fréquence (absolue ou relative), le poids ou la racine des mots, le mot-vide ou le mot-signifiant. Malheureusement beaucoup d'espoirs ont été déçus. ■

Les années 60 : le boom de l'information scientifique

L'avance technologique et scientifique des États-Unis leur permet de constituer des systèmes gigantesques de mémorisation.

Au début de la décennie 1960, dans de très nombreux domaines scientifiques (chimie, médecine, énergie atomique, aéronautique…), on travaille à la constitution de mémoires documentaires sur ordinateur (fichiers de notices bibliographiques).

Les responsables se posent le problème de l'accès à l'information secondaire (problème du «retrieval») et celui de son intérêt. À la même époque, les expériences d'accès direct à l'information vont se succéder aux États-Unis. D'abord à l'échelle locale, puis très rapidement à l'échelle d'un réseau d'organismes de plus en plus éloignés géographiquement. Ces réalisations vont rapidement déboucher sur de nombreuses études théoriques et d'expérience pratiques d'évaluation à partir des concepts de pertinence, de bruit, de rappel, de chute.

Aucun aspect n'est oublié

Puis la recherche va s'ouvrir progressivement sur tous les aspects du traitement (indexation, vocabulaire…), de la gestion (acquisition, prêt...), de la recherche (techniques d'index) et de la diffusion des produits.

> L'effacement de l'Europe et du Japon donne une avance significative aux États-Unis.

Des concepts entièrement nouveaux, pour répondre d'une manière satisfaisante à des situations nouvelles, vont parallèlement apparaître : le profil de recherche, le réseau d'information, le système d'information, une notice par document mais autant de sorties que d'utilisateurs.

DES CONCEPTS NOUVEAUX

On évolue aussi progressivement du concept de base bibliographique par discipline vers celui de base par spécialité (urbanisme, pollution...).
Enfin l'idée de produit final évolue. Dans les systèmes manuels, il était représenté par le document imprimé de diffusion, qui avait une forme figée. Désormais dans les systèmes documentaires informatisés, le produit final est le support magnétique, le produit imprimé n'étant plus qu'un produit dérivé parmi d'autres.

L'AVANCE AMÉRICAINE

Durant toute cette période, la recherche et les publications sont essentiellement d'origine américaine.
Elles traduisent l'avance technologique des États-Unis après la Seconde Guerre mondiale, laquelle s'explique par les conséquences mêmes de la guerre : l'effacement de l'Europe et du Japon occupés à leur propre reconstruction alors que le territoire des États-Unis est épargné; la puissance de leurs moyens économiques et financiers; et les dividendes retirés de leur politique d'immigration, en particulier celle des cerveaux.
Les Américains définissent les nouvelles industries, conçoivent les nouveaux outils techniques, et engagent le reste du monde dans les directions qu'eux-mêmes ont préalablement définies. Ils fondent leur puissance sur leur capacité d'innovation en mobilisant hommes et argent plus rapidement et plus fortement que n'importe quel autre pays.

UNE PÉNÉTRATION LENTE

La pénétration de ces techniques "non conventionnelles" pour le traitement de l'information documentaire s'est toutefois opérée très lentement, même aux États-Unis. En 1958, on y dénombre 25 de ces systèmes.
Deux ans plus tard, on en dénombre 50; 87 en 1962 et 175 en 1966, la plupart dans des organismes publics ou privés de recherche et d'études.
De même l'informatisation des principaux services de résumés et d'indexation a commencé à la fin des années 1950 et au début des années 1960.
En 1965, une vingtaine de ces services étaient déjà accessibles au public contre 300 en 1976. Enfin les systèmes opérationnels de diffusion sélective de l'information (DSI), dont le principe avait été proposé en 1959 par Hans P. Luhn, étaient au nombre de 69 à la fin des années 1960 aux États-Unis.

LE RETARD EUROPÉEN

Dans les autres pays, cette pénétration a été encore beaucoup plus lente. C'est une illustration parmi d'autres du retard technologique de tous les pays par rapport aux États-Unis. En Grande-Bretagne, elle s'est effectuée pendant les années 1965-1970.
En France, à cette même date, on ne comptait encore qu'un nombre infime d'organismes ayant partiellement informatisé le traitement documentaire, la première expérience pouvant être datée de 1960. En 1968, une enquête du CNRS fait état de 23 réalisations. Et l'on peut estimer entre 50 et 100 leur nombre en 1975. ■

Dans les années 70 et 80, des services nouveaux naissent autour des systèmes documentaires informatisés.

LES ANNÉES 70-80 OU LA TÉLÉINFORMATIQUE

L'avènement de la téléinformatique – née de la convergence entre l'informatique et les télécommunications – va modifier considérablement les conditions de la diffusion des données en permettant leur transport à distance, et en conséquence leur partage théoriquement universel.
Se sont développés des services jusqu'alors inconnus. Des transporteurs – privés pour les États-Unis, publics dans les pays européens – ont construit des réseaux de téléinformatique pour relier entre eux tous les ordinateurs dans lesquels ont été stockés des fichiers de données auparavant difficilement accessibles parce qu'épars et privés.

LE TRAITEMENT EN DIRECT

Sur le plan de la technique informatique, on est passé d'un mode opératoire lourd et lent – le traitement en différé –, à un mode opératoire beaucoup plus souple et rapide – le traitement en direct, *on line*, et en conversationnel.
Sur le plan opérationnel, on est passé du stade de la démonstration à celui de l'exploitation. N'importe quel utilisateur, équipé du matériel adéquat, mais encore lourd et onéreux, peut désormais rechercher l'information dans des fichiers informatiques stockés dans des machines situées loin de lui.

La recherche devient immédiate et interactive.

L'utilisateur a d'autant plus l'impression d'être le seul à chercher qu'il reçoit les réponses quasi instantanément.
À cette facilité d'accès, s'est ajoutée la possibilité de rechercher directement sur le texte original écrit par l'auteur ou un analyste, en travaillant sur le langage naturel. Cette recherche, immédiate et interactive, s'effectue en utilisant des techniques de plus en plus élaborées : logique booléenne, table de synonymes, troncature – à droite ou à gauche –, masque, et opérateur de distance.
Ces dix années auront ainsi été celles du passage d'une documentation dispersée à une documentation répartie.

LES ANNÉES 1980 OU LA TÉLÉMATIQUE

C'est l'ère de la télématique ou de l'information distribuée, celle du vidéotex, synonyme d'un service grand public à domicile rendu effectif par la distribution d'un terminal bon marché (de type Minitel en France), et d'un réseau de communication aux formes de plus en plus variées et au maillage de plus en plus serré.

SYSTÈME PUBLIC...

Le demandeur d'information peut accéder aux banques de données en utilisant son terminal bureautique (à titre professionnel) ou domestique (utilisateur grand public) qui permet la réception de documents graphiques plus ou moins stylisés.
Il dispose d'un outil d'interrogation décentralisé et individualisé, mais encore entièrement dépendant des grands réseaux de communication et des gros systèmes d'information documentaire.

... OU INFORMATIQUE INDIVIDUELLE ?

Cette ère de la télématique est cependant fortement mise en question par le développement de la micro-informatique depuis le milieu de la décennie. L'utilisateur peut en effet effectuer le traitement de ses propres données à domicile sur son micro-ordinateur personnel, créer des bases documentaires spécifiques, récupérer – par télédéchargement – des fichiers extérieurs, personnaliser, grâce à des logiciels de traitement de texte et de "publication assistée par ordinateur" (PAO), la présentation de ses produits,

conserver dans la mémoire magnétique ou optique de sa machine des textes, des images ou des sons...
C'est l'avènement de la privatique, essentiellement caractérisée par l'autonomie des personnes vis-à-vis des systèmes et des réseaux macro-informatiques.

Des services interactifs

Dans la dernière décennie du XXe siècle, on s'orienterait vers une conjonction de la télématique et de la privatique avec des services interactifs basés sur l'accès à des mémoires documentaires de masse – sur vidéodisque ou CD-Rom – permettant le traitement de données intégrant aussi bien le texte, l'image et le son, sur des systèmes propres ou extérieurs dotés de logiciels puissants et conviviaux. En quelque sorte une autonomie individuelle dans un réseau de services. ■

Presque toutes les opérations du traitement documentaire sont informatisables. Et le mouvement va se poursuivre...

POSSIBILITÉS ACTUELLES

Pratiquement toutes les opérations de traitement documentaire sont actuellement informatisables, toutes sauf deux.
La première concerne un aspect relativement mineur surtout pour les petites unités documentaires : le rappel automatique des fascicules de périodiques en cas de non-réception à la date normale. La difficulté réside non pas dans la procédure informatique de rappel, mais dans la fixation de la date normale pour un produit qui est sujet à des événements très aléatoires : grève postale, numéro double ou groupé, retard d'expédition, circuit d'expédition...
La procédure automatique génère actuellement souvent plus d'inconvénients que d'avantages.
La seconde concerne tous les aspects de l'analyse automatique des documents qu'il est encore impossible de réaliser de façon satisfaisante.

> Tout est informatisable mais attention au coût !

Malgré certains progrès en analyse sémantique et syntaxique, la qualité des produits – mots clés et résumés – obtenus automatiquement reste encore bien inférieure à celle des produits faits par l'homme, surtout s'il est analyste professionnel.
Sinon tout est informatisable. Le réaliser est simplement une affaire de coût – coût d'équipement, coût de réalisation, coût de maintenance, coût d'exploitation – lequel est un élément déterminant.

État de la question

Même si le domaine de l'informatique documentaire devient de plus en plus organisé et structuré du fait des nombreuses convergences entre outils et techniques, des sous-domaines subsistent, lesquels traduisent encore la réalité professionnelle :
- production et exploitation interne, *versus* détection et exploitation externe ;
- recherche de l'information contenue dans des UD, *versus* gestion de documents physiques ; ➡

Grâce à l'irruption de l'informatique documentaire, l'image du documentaliste-gardien des livres est dépassée. Dépassée également, et définitivement, celle de la documentation gérée dans une boîte de chaussures.

- récupération de références bibliographiques, *versus* travail sur texte intégral ;
- association du document primaire "papier" et du document secondaire "électronique", *versus* manipulation de documents primaires et secondaires sous forme purement électronique.(Voir schéma, page suivante).

Il convient de noter encore une fois que si tout est possible théoriquement, tout n'est pas envisageable pratiquement.

Certes le progrès technique et le besoin d'informations ont considérablement fait évoluer le champ de l'informatique documentaire ne serait-ce que ces dix dernières années, et l'on peut penser que le mouvement va se poursuivre demain.

Mais un délai est toujours nécessaire entre une découverte et sa mise en application.

Les opérations dominantes

Actuellement les opérations les plus fréquentes, parce que ce sont aussi celles qui présentent le coût le moins élevé, sont les opérations de recherche et de diffusion de l'information, et celles de "téléconsultation" (interrogation de banques de données).

Comparativement les opérations de gestion des documents physiques et celles de récupération électronique des documents primaires sont d'un coût beaucoup plus – trop – élevé pour la plupart des centres de documentation.

> En théorie, tout est possible ; mais en pratique, tout n'est pas envisageable.

Des perspectives considérables

L'informatique documentaire a ouvert en peu de temps des perspectives considérables pour les spécialistes de la documentation à qui elle a offert un outil à la fois performant, innovant et valorisant. L'image du spécialiste gardien de livres paraît définitivement dépassée.

Elle en a ouvert aussi pour l'usager à qui est proposé un outil efficace, rapide et convivial pour satisfaire son besoin en information. L'image de la documentation gérée dans une boîte de chaussures paraît aussi définitivement dépassée.

Mais pour l'un comme pour l'autre, il importe de savoir ce que l'informatique documentaire peut raisonnablement apporter dans l'immédiat.

L'homme, une machine irremplaçable

Essentiellement, un moyen formidable pour retrouver rapidement une information préalablement mise en mémoire dans la machine. Mais même la meilleure machine et le meilleur logiciel documentaire ne pourront permettre de retrouver que ce qui aura été mis par l'homme : mots clés, résumés, signalement, "textes" divers.

D'où l'importance à accorder au choix de ces éléments de description car la pertinence de ce que l'on récupérera en sortie dépend de la qualité de ce qui a été mis en mémoire à l'entrée. ■

SCHÉMA

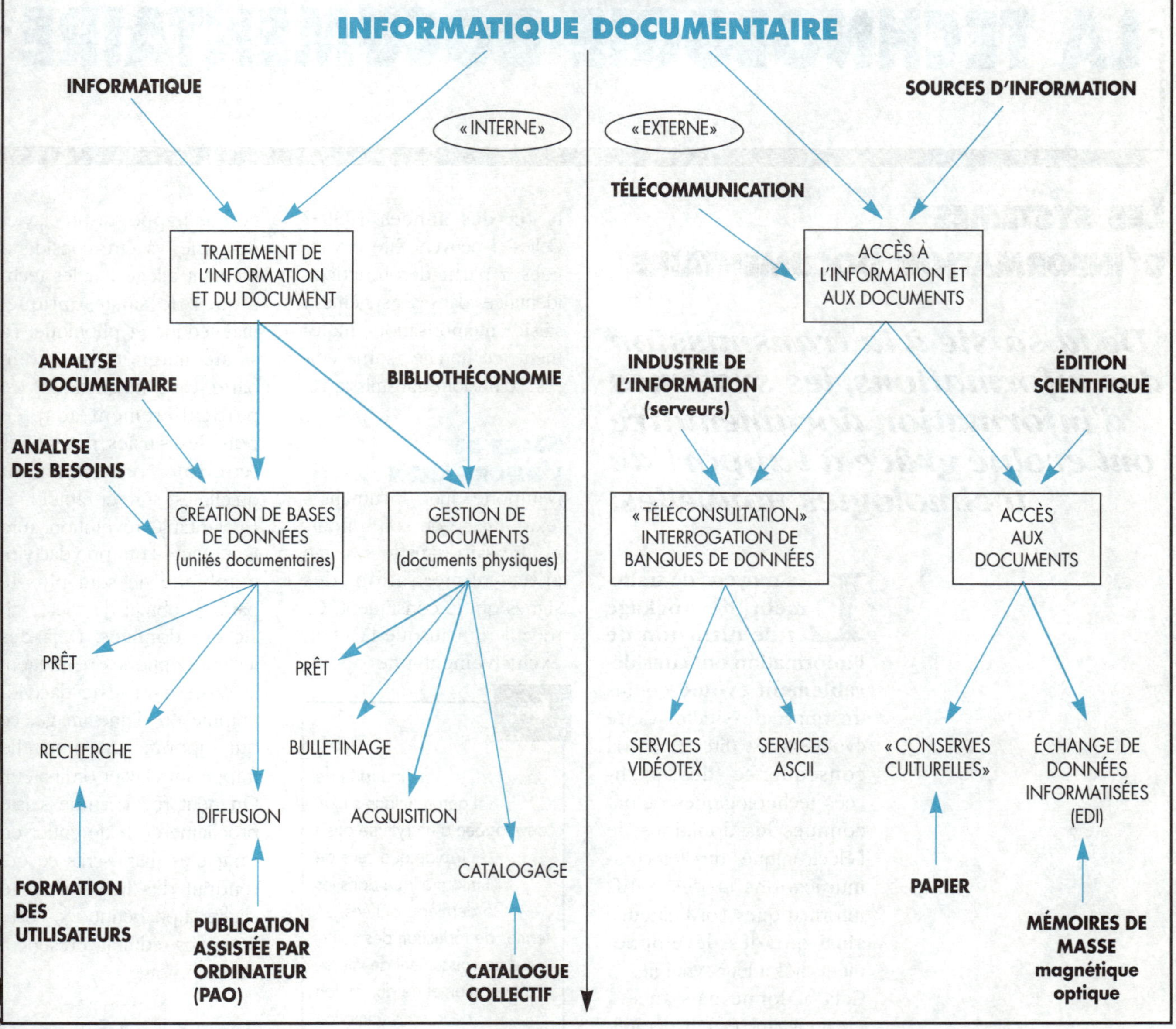

BIBLIOGRAPHIE

Informatique et bibliothèques : pourquoi et comment informatiser une bibliothèque – Paris, Éd. du Cercle de la librairie, 1986, 276 p.

Yves LASFARGUE – *Vivre l'informatique* – Paris, Éd. d'Organisation, 1989, 191 p.

Micro-informatique et documentation, sous la dir. de Roland BERTRAND – Paris, la Documentation française, 1987, 190 p.

En trente ans, le recours à l'informatique a révolutionné le traitement classique de l'information documentaire.

LA TECHNOLOGIE DOCUMENTAIRE

LES SYSTÈMES D'INFORMATION DOCUMENTAIRE

De la saisie à la transmission des informations, les systèmes d'information documentaire ont évolué grâce à l'apport de technologies nouvelles.

Les moyens de traitement, de stockage et de diffusion de l'information ont considérablement évolué depuis un quart de siècle. Cette évolution est directement la conséquence des avancées technologiques qu'ont connues les domaines de l'électronique, des télécommunications et des outils informatiques (ordinateur), ainsi que des développements liés à leur synergie.

Cela a donné naissance à un nouveau secteur d'application, celui de la "technologie du traitement de l'information", qui recouvre toutes les méthodes et tous les processus permettant de contrôler, gérer, traiter, conserver, enregistrer et récupérer l'information.

Quelles en ont été les conséquences pour les systèmes d'information documentaire à la fin des années 1980 ? Celles-ci peuvent être envisagées à partir des fonctions identifiées dans ces systèmes : saisie; mémorisation; traitement; recherche; sortie/édition; diffusion; transmission.

SAISIE DE L'INFORMATION

N'importe quel document – texte, image ou son – pourra être saisi dans le système après numérisation des signes qui le constituent. Ce travail, qui jusque-là était, exclusivement une opération de frappe sur un clavier de saisie, va être considérablement allégé par les techniques de saisie optique, magnétique et phonique. La saisie magnétique (code barre, carte magnétique) est particulièrement adaptée pour les saisies répétitives (contrôle, prêt) d'autant qu'elle est sûre et rapide.

La véritable révolution aura lieu quand la frappe dactylographique ne sera plus le passage obligé de toute saisie des données. Déjà des lecteurs optiques permettent la saisie d'un texte dactylographié ou d'une image, ce qui supprime une nouvelle frappe sur clavier ordinateur. On peut rêver à une saisie prochaine de texte entier en caractères manuscrits ce qui rendrait dès lors inutile le clavier alphabétique, ou tout au moins réduirait presque à rien son usage.

> “ Si l'industrie de l'aéronautique s'était développée à un rythme aussi rapide que celle de l'informatique dans les 25 dernières années, en termes de réduction des coûts, d'accroissement de vitesse d'opération et de diminution de la consommation d'énergie, un Boeing 767 coûterait, aujourd'hui [en 1982], 500 dollars et ferait le tour de la Terre en 20 minutes avec 20 litres d'essence.
> (traduit d'un article de *Scientific American*, déc. 1982, vol. 247, pp. 87-117.) ”

SAISIES OPTIQUE ET PHONIQUE

La saisie optique résoudra ainsi la saisie de tous documents déjà parus. La saisie phonique résoudra quant à elle la saisie d'un document en voie de création. Au lieu de frapper son texte sur un clavier, à la vitesse plus ou moins grande de sa dextérité dactylographique, on parlera directement à la machine. Celle-ci captera la voix, traduira les signes et enregistrera les valeurs numériques correspondantes dans sa mémoire. Certes on ne peut encore réellement converser avec un ordinateur, puisque la machine ne comprend au mieux actuellement que des phrases courtes – moins de 10 mots – et de structure très simple. Mais l'on peut raisonnablement penser que dans un avenir très proche, l'ordinateur deviendra un outil presque convivial.

MODULES DE FONCTION D'UN LOGICIEL DOCUMENTAIRE

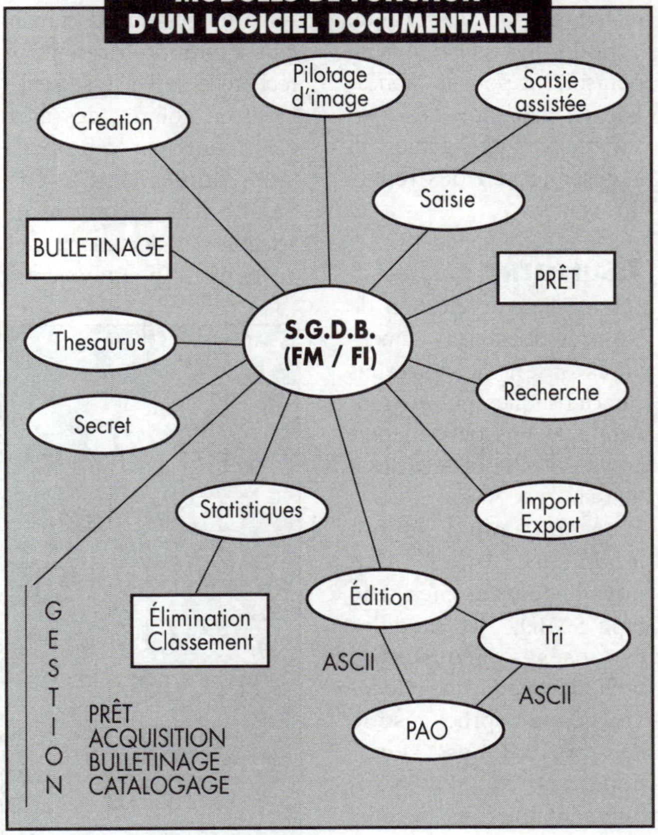

Mémorisation

La caractéristique d'un système d'information est de devoir conserver en mémoire des volumes énormes d'information de toute nature – texte, son, image – si possible accessibles immédiatement. Depuis la carte perforée, support pratiquement unique de la décennie 1960, des progrès considérables ont été accomplis en ce sens.

> Les supports optiques ont transformé les possibilités de mémorisation.

Les supports magnétiques – bandes, tambours et disques – ont permis de stocker des volumes de plus en plus importants de données. En outre, alors qu'avec les supports cartes et bandes la lecture était relativement lente, car elle se faisait en mode séquentiel, avec les nouveaux supports les temps d'accès ont été réduits par la possibilité d'accès direct ou aléatoire aux données.

Supports optiques

Un support plus ancien, le microfilm, est toujours mentionné puisque on peut l'obtenir en sortie d'ordinateur (Computer Output Microfilm – COM). Cet intérêt est encore augmenté par la possibilité de récupérer la microforme comme support de saisie directe (Computer Input Microfilm – CIM). Depuis la fin de la décennie 1970, il est néanmoins fortement concurrencé par les supports optiques dont l'introduction a une nouvelle fois complètement modifié les possibilités de mémorisation.

Désormais, on peut conserver le son et surtout l'image sous forme numérisée sur un disque optique numérique (DON) ou sur un (disque compact) (CD-Rom). Ces mémoires sont en accès direct mais ne sont pas effaçables. Les derniers disques, de type magnéto-optique, sont maintenant réinscriptibles. ➡

La maîtrise du logiciel reste l'affaire de l'informaticien. Mais son utilisation s'étend au non-spécialiste.

Malgré les énormes progrès réalisés sur une aussi courte période, les recherches se poursuivent pour la fabrication de mémoires de capacité toujours plus grande, et accessibles en des temps très courts.

Traitement

Les logiciels de création de bases de données documentaires offrent de nouvelles caractéristiques qui les rendent à la fois plus adaptés aux besoins et plus faciles à utiliser.

Leur conception se fait modulaire. Autour d'un noyau généralement de type SGBD,• les modules proposés – acquisition, recherche, édition, téléchargement, prêt, gestion des périodiques, statistiques... – couvrent pratiquement tous les besoins actuels en traitement documentaire. La distinction entre le logiciel de création et de recherche documentaire et le logiciel de gestion de bibliothèque tombe dès lors.

• **Système de gestion de bases de données. C'est un concept informatique des années 1970 qui assure le partage, le contrôle et l'intégrité des données.**

L'introduction du concept d'ergonomie dans la conception des outils et des produits a par ailleurs modifié les rapports de l'utilisateur, quel qu'il soit, avec la machine.

Certes la compréhension et la maîtrise du produit est toujours affaire d'une formation spécialisée. Mais les messages sont devenus explicites. Des aides nombreuses sont fournies. Le logiciel est devenu un outil de travail pour non-informaticien.

Recherche

Dans un système documentaire informatisé classique, la recherche se fait essentiellement en utilisant des mots clés réunis par des opérateurs booléens (ET; OU; SAUF) afin de mettre en relation des documents qui, au départ, appartiennent à des ensembles distincts. Cette technique est contraignante car elle nécessite l'emploi d'un certaine forme d'expression et le recours à une syntaxe formelle. Pratiquement, seul un personnel formé peut l'utiliser.

> L'utilisateur choisit les informations qu'il recherche dans le « menu ».

Pour offrir des possibilités de recherche à l'utilisateur final, des systèmes de recherche par "menu", voire par images, ont été conçus. Ceux-ci doivent répondre à une série préprogrammée de choix de plus en plus précis – agencée de façon hiérarchique – jusqu'à choisir la proposition exacte ou l'image qui correspond à sa demande. Ces systèmes ont l'avantage énorme de la simplicité. En contrepartie, ils ont l'inconvénient de n'offrir aucune liberté. Les choix sont imposés. L'utilisateur ne peut ni les modifier, ni les anticiper. Il ne peut non plus retrouver une information si le chemin n'a pas été préalablement construit ou s'il ne connaît la logique – ou la philosophie – générale.

Les recherches portent actuellement sur la mise au point de systèmes de recherche en langage naturel. Ceux-ci font largement appel au progrès en intelligence artificielle pour l'interprétation des demandes et l'élaboration des réponses. L'utilisateur posera sa question au système comme il veut ou comme il peut. Le système devra pouvoir comprendre cette question et y répondre au besoin en construisant les éléments de cette réponse à partir de ce qu'il possède dans sa mémoire au moment de la question.

Sortie/Édition

La sortie traditionnelle sur papier – le listage – est et sera encore longtemps utilisée pour le texte ou l'image, en raison d'habitudes que l'on pourrait qualifier de traditionnelles. Mais entre les produits informatiques obtenus en sortie d'ordinateur dans les années 1960 et les sorties des imprimantes à laser des années 1980, il n'y a pas de comparaison. Les gains

SCHÉMA DU PROJET TRANSDOC DU CNRS

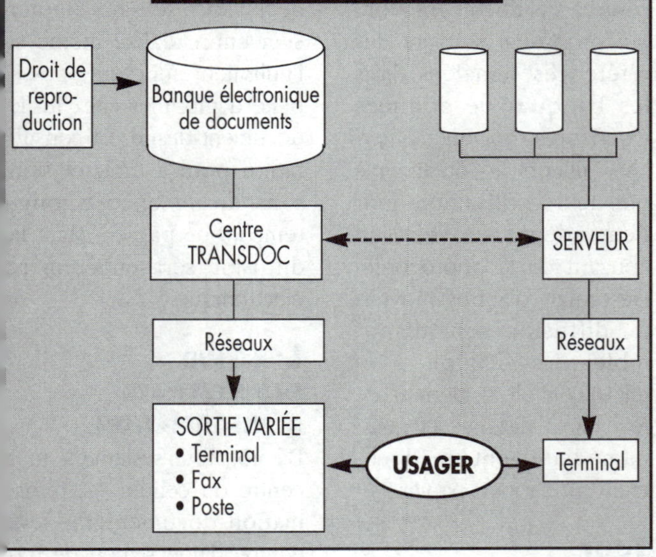

sont de qualité, de rapidité, et de confort de travail du fait de l'absence de bruit.

La sortie papier est aujourd'hui non pas remplacée mais complétée par d'autres moyens puisque la plupart des supports de saisie peuvent être utilisés comme supports de sortie : cartes et bandes perforées, supports magnétiques et optiques, écran de visualisation, film, microfilm...

La sortie phonique, sous une forme synthétisée, permettra dans certains cas de récupérer des informations.

TRANSMISSION : VERS LE TOUT NUMÉRIQUE

Les réseaux de transmission sont encore des réseaux mixtes. Ils combinent des liaisons analogiques, lentes mais très nombreuses et d'un coût peu élevé, avec des liaisons numériques, beaucoup plus rapides mais également beaucoup plus chères. Progressivement, les réseaux analogiques devraient être modifiés ou supprimés, et remplacés par des réseaux qui permettront la transmission de signaux de nature uniquement numérique. L'objectif est d'aboutir à la constitution d'un unique réseau numérique à intégration de services (RNIS) dont la densité fera que tout point de la Terre sera pratiquement accessible à partir d'une prise connectée à un nœud terrestre, ou d'une borne mobile reliée à un satellite.

Les conséquences en seront multiples :

• **la simplification des accès** par la suppression de tous les appareils de modulation et de démodulation (ETCD) qui servent à transformer le signal à l'entrée et à la sortie des machines de traitement (ETTD);••

• **la transmission** du texte, du son ou de l'image sur le même réseau;

• **un seul accès**, quel que soit le service écrit, ➡

•• ETCD : équipement de terminaison de circuit de données; ETTD : équipement terminal de traitements de données.

TECHNOLOGIES CLASSIQUES ET NOUVELLES, ET FONCTIONS DOCUMENTAIRES

FONCTIONS	TECHNOLOGIES CLASSIQUES	TECHNOLOGIES NOUVELLES
Saisie	écriture manuelle, machine à écrire	saisie assistée, saisies phonique et optique
Stockage	magasin, fichier	mémoire ordinateur, banque de données
Recherche	catalogue sur papier, fichier manuel	recherche informatisée, téléréférence
Échange	service postal, téléphone	support magnétique et déplacement physique, support optique, RNIS internationaux (fibre optique et satellite)
Diffusion	listage machine, imprimerie	traitement de texte – PAO, photocopie, lecture sur écran (EDI), édition électronique

Dans l'avenir, si la consultation des documents s'effectuera, pour longtemps encore, sur papier, la diffusion deviendra entièrement électronique.

sonore, visuel ou audiovisuel demandé;

- **le transfert de données** d'un poste de traitement à un autre, aboutissant à un réseau international d'échange de données;
- **la récupération** (télédéchargement) sur son poste de traitement de données externes permettant de constituer une "mémoire documentaire" personnelle.

En fait la constitution d'une documentation uniquement électronique de consultation aisée.

Diffusion

L'accès aux documents sources reste une difficulté majeure pour les usagers des organismes documentaires. Les bibliothèques qui ne peuvent – entre autres pour des raisons financières aujourd'hui tout posséder, – ont traditionnellement recours aux services du prêt inter-bibliothécaire dont une des caractéristiques principales est la lenteur. Les centres de documentation, qui proposent souvent des références signalées dans les banques de données extérieures, doivent rechercher ailleurs les documents que leurs utilisateurs leur demandent, souvent en abusant de la photocopie. Désormais d'autres moyens de diffusion sont disponibles. La télécopie – ou télé-fac-similé – permet de recevoir à distance et quasi immédiatement un document sur support papier.

Réaliser le rêve de la société sans papier.

Tout, partout, tout de suite

À échéance de l'an 2000, les réseaux de téléinformatique permettront à chacun de recevoir sur la mémoire électronique de son terminal personnel toutes les données numériques enregistrées dans une conserve documentaire électronique, quel que soit le lieu de son stockage.

C'est le concept de l'échange de données informatisées (EDI) de documents "scientifiques" développé dans le cadre des projets ADONIS en Grande-Bretagne, TRANSDOC en France par l'Institut national de l'information scientifique et technique (INIST-CNRS – Centre national de la recherche scientifique) de Nancy, DOCDEL par la Communauté économique européenne. Cette diffusion électronique alliera la rapidité, la fidélité et la disponibilité permanente. Le rêve de la société sans papier sera enfin réalisé même si l'utilisateur aura toute possibilité d'imprimer chez lui le document désiré. La consultation pourra être, et sera sans doute encore longtemps, sur papier. Mais la diffusion sera entièrement électronique.

L'avenir des systèmes d'information

Bientôt, tout système – tout centre ou cellule – d'information documentaire sera équipé d'une station de travail, micro-ordinateur multifonction, instrument de traitement de texte, de son et d'image, outil d'interrogation de banques de données, de gestion de ressources internes et externes, de composition de documents, d'émission et de réception de messages ou de documents, véritable plaque tournante de l'institution d'appartenance, pièce importante de tout un réseau de communications électroniques qui reliera ce système soit à d'autres machines-ressources pour effectuer des traitements ou récupérer des données, soit à des personnes productrices ou utilisatrices d'information, soit à d'autres systèmes d'information.

Pour prendre l'exemple du monde de l'éducation, cela suscite déjà de nouveaux services d'enseignement à distance : messageries, conseils pédagogiques, banques d'exercices, banques de cas, expertises... ■

BIBLIOGRAPHIE

Le Document électronique – sous la dir. de Christian BORNES, Le Chesnay, INRIA, 1990, 216 p.

Informatique et information scientifique et technique sous la dir. de Christian BORNES, Le Chesnay, INRIA, 1982, 396 p.

Catherine LELOUP – *Mémoires optique : la gestion de l'information de demain* – Paris, Entreprise moderne d'édition, 127 p.

Nouvelles tendances de la communication homme-machine – Orsay, Avril 1979, Le Chesnay, INRIA, 1980, 306 p.

John PAGE – *le Transfert de l'information : techniques informatiques et stratégies*, Paris, UNESCO, nov. 1980, 39 p.

LA DESCRIPTION DU DOCUMENT

Dans l'esprit des usagers, on entre ici dans la pure technique documentaire, voire bibliothéconomique. Pour les plus informés, cette opération de description documentaire, c'est le catalogage, c'est le moment où l'on doit apprendre des normes et décrire les documents.

La norme, c'est la norme

On le fait d'abord en choisissant la bonne norme, puis en suivant les règles qu'elle contient d'autant que normalement la norme ne se discute pas. Elle est. Elle s'impose. Elle doit être appliquée telle quelle.
Il paraît souhaitable de sortir de cette vision à la fois rétrograde et inadaptée pour montrer, aux usagers comme aux documentalistes d'un CDI ou de tout autre structure documentaire, que cette opération peut aussi être l'occasion de montrer une "culture documentaire", celle qui permet de bien identifier les différents documents

Dans le traitement de l'information, l'identification, la description et l'analyse de chaque UD sont des opérations indispensables.

L'identification des documents

puisque derrière l'objet document, il y a un genre (littéraire, documentaire, science-fiction, etc.), une forme (roman, reportage, extrait, etc.), un type (écrit, sonore,visuel, etc.), un public (savant, étudiant, curieux, etc.), une histoire (auteur, éditeur, titre, etc.) qui doivent être reconnus.

> Il existe une culture et un savoir-faire documentaires.

L'occasion aussi de manifester un savoir-faire documentaire en appliquant intelligemment la norme appropriée. Donc à chaque fois d'introduire ou de poursuivre une réflexion et sur l'objet à traiter et sur les outils de traitement.

La dénomination des choses

La façon dont on dénomme les choses est importante, car elle est l'expression d'un consensus réalisé ou à rechercher parmi les membres d'une communauté professionnelle ou scientifique. Le vocabulaire utilisé devrait être le reflet de ce consensus professionnel. Or malheureusement, le vocabulaire du traitement de l'information est souvent ambigu. Ainsi, certains mots ne permettent pas toujours de faire une distinction entre l'opération et le résultat de l'opération : classification, analyse. Il paraît donc nécessaire de distinguer – pour ne pas utiliser n'importe quelle expression – entre l'opération, l'objet, la méthode, l'objectif, le résultat, le produit et l'outil. ➡

DÉFINITION

UN VOCABULAIRE PRÉCIS

Méthode : manière d'agir rationnelle pour obtenir un résultat.
Objectif : résultat que l'on se propose d'atteindre.
Opération : série d'actions prises en vue d'un résultat.
Outil : moyen utilisé lors d'une opération.

Les opérations de signalement et d'analyse des documents sont complémentaires et indissolublement liées.

VOCABULAIRE DE LA DESCRIPTION DOCUMENTAIRE

Objectif	Objet	Opération	Méthode	Outil	Résultat	Produit documentaire
identifier	document support/texte	reconnaissance			unité documentaire (UD)	notice analytique
signaler	support	description		règles, normes	"descriptat"	notice signalétique
analyser	texte (énoncé/ concepts)	indexation	comptage	thesaurus liste de descripteurs	"indexat"	mots clés
		classification	inclusion	outil classificatoire	"indicat"	indice
		réduction	sélection		"condensat"	résumé
		extraction	exclusion		"extratat"	extrait-citation

Par exemple, la description est une opération sur un objet (le document primaire) dans un but (établir son identification) à travers des outils (norme, langage documentaire, grille d'analyse...). Les informations extraites (les concepts ou mots clés) constituent un résultat à conserver et à présenter de façon particulière pour réaliser un nouvel objet, produit documentaire ou document secondaire (notice analytique...). ■

Opération et produits

Deux opérations complémentaires, description formelle et analyse de fond, permettent d'établir différents produits pour l'identification de documents.

L'information – c'est-à-dire le contenu – ne peut être dissociée du document qui la supporte – le contenant. L'un et l'autre forment un tout. Cela signifie que toute description documentaire comporte obligatoirement un travail sur l'aspect matériel ou formel – le signalement, la description du support –, puisqu'il ne serait pas normal de proposer des informations sans indiquer le ou les document(s) qui les porte(nt), et un travail sur le contenu – l'analyse documentaire. Ces différentes opérations peuvent être regroupées sous l'expression de description documentaire.

Même si, pour des raisons historiques plus qu'opératoires, ces deux aspects – forme et fond – sont le plus souvent dissociés dans les formations professionnelles – catalogage d'une part et analyse de l'autre –, fondamentalement l'un ne peut aller sans l'autre.

> La forme et le fond sont indissociables.

Signalement et analyse

La description documentaire prend donc en compte les deux dimensions principales du document : l'une par l'opération de signalement qui va permettre de fournir l'identité de l'objet retenu (description du contenant), et l'autre par l'opération d'analyse du contenu qui va permettre de choisir et d'écrire documentairement les informations de l'objet analysé (description du contenu). Cette phase de traitement documentaire aboutit à l'établissement de différents produits, et implique une normalisation qui touche la présentation des produits réalisés et l'ex-pression des concepts retenus.

Les produits

Les produits sont nombreux du fait de la diversité des besoins, des méthodes et des outils, et des combinaisons multiples réalisables entre les éléments de contenant et de contenu. En simplifiant, on peut distinguer les produits obtenus par :

1) La description du contenant ou notice signalétique. Celle-ci ne fournit que les éléments formels permettant d'identifier l'UD sélectionnée ;

2) la description du contenu ou notice du contenu. Elle est la traduction du contenu de l'UD sous la forme de mots clés, d'un résumé, d'un extrait et d'un ou des indices. Dans certains cas, elle est obtenue par une analyse de citations, en fait celle des références utilisées par l'auteur dans son document ;

3) la description documentaire ou notice analytique ("abstract"). C'est le produit documentaire par excellence puisqu'il combine une notice signalétique – généralement de type bibliographique – et un ou des produits de la notice du contenu : mots clés et/ou résumé et/ou indices et/ou extrait.

De l'artisanat à l'industrie

La réalisation de ces produits est restée longtemps artisanale, chaque professionnel établissant ses produits. Leur forme industrielle récente a conduit à la création d'organismes spécialisés : les services secondaires d'analyse documentaire. Ceux-ci sont particulièrement puissants aux États-Unis où certains contrôlent pratiquement toute l'information utile mondiale dans des secteurs de la recherche comme la chimie (Chemical Abstracts Service), la médecine (National Library of Medecine) ou encore la sociologie (Sociological Abstracts). Ultérieurement certains de ces producteurs d'information secondaire ont cherché à commercialiser leurs produits et à participer au développement de l'industrie de l'information, en permettant l'accès en ligne à leur banques de données. ■

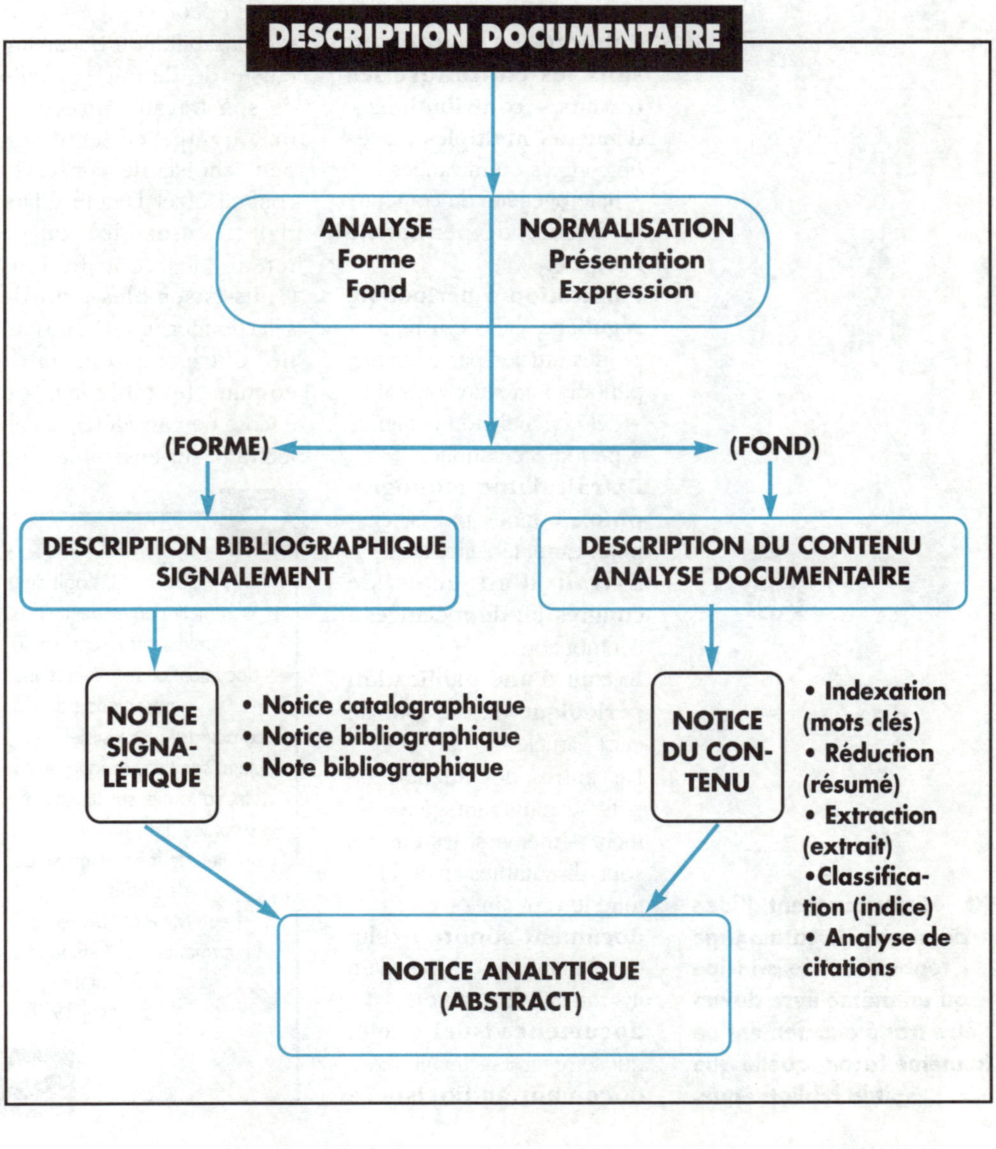

Pour identifier un document afin de le distinguer des autres et d'avoir accès à lui, on a à le reconnaître et à le décrire.

La description du contenant ou le signalement

La reconnaissance repose essentiellement sur l'établissement de critères : périodicité, appartenance, contenu, etc. Ceux-ci permettent la discrimination des documents écrits en six catégories.

Monographie : livre, rapport, thèse, etc. :
- nombre de pages;
- absence de périodicité;
- homogénéité du contenu.

Publications regroupant sans les confondre les travaux – contributions – d'auteurs multiples : actes de congrès ou mélanges :
- hétérogénéité du contenu;
- absence de périodicité marquée.

Publication à périodicité régulière, celle qui regroupe des articles par exemple, périodique, revue, journal :
- hétérogénéité du contenu;
- périodicité connue.

Extrait d'une monographie : bonnes pages, chapitre, carte, tableau, etc.

Extrait d'un actes de congrès ou de mélanges : contribution.

Extrait d'une publication périodique (revue, journal, etc.) : article.

Les autres documents inscrits se partagent généralement – même si les critères sont discutables mais l'histoire le veut ainsi – en : **document sonore :** celui qui s'écoute au moyen d'un instrument de lecture; **document visuel :** celui qui se regarde – image fixe; **document audiovisuel :** image animée, celui qui se présente comme une succession organisée d'images fixes, souvent sonorisées.

• **Historiquement, l'idée de norme de catalogage reposait sur le principe qu'un même livre devait être traité exactement de la même façon, quelle que soit la bibliothèque.**

Définir une échelle de travail

On peut être amené à opérer au niveau de l'entité éditoriale ou à celui d'une unité documentaire en situant celle-ci dans une entité éditoriale. Il est de la responsabilité du documentaliste de définir l'échelle de son travail. Ainsi pour un ouvrage collectif, on peut choisir de conserver comme objet l'entité éditoriale (l'ensemble), ou de retenir des contributions (sous-ensembles), ou de sélectionner un extrait (partie d'un sous-ensemble comme le tableau), ou encore de considérer la collection (sur-ensemble), ou enfin d'en faire un élément d'un dossier plus vaste. Il importe lors de cette reconnaissance :
- de ne pas confondre le type du document et le genre littéraire (ex. : le livre et le roman; la bande magnétique et le reportage);
- de bien distinguer le document intégral et l'extrait;
- de bien distinguer l'unité documentaire (article, contribution, livre, carte de géographie, discours, etc.) et l'entité éditoriale, le document physique (le livre, les actes d'un congrès, le disque, etc.). Et de ne pas oublier qu'il peut y avoir recouvrement exact (livre).

> Il s'agit de : "mettre en évidence des éléments inscrits sur le document ou résultant d'une observation de ses caractéristiques visibles : son auteur, son titre, sa langue, sa date, sa forme, sa dimension, sa place dans un ensemble, son lieu de fabrication et/ou de distribution, etc." (Jean Meyriat "De l'écrit à l'information : ..." - Congrès SIC, Compiègne, 21 avril 1978).

Décrire la forme

Le signalement d'un document, quel que soit le niveau retenu, repose sur des critères caractéristiques, éléments de description, précis et non équivoques : auteur, titre, nombre de pages, etc. Cette opération de description – comme celle de reconnaissance – se prête bien à l'analyse par grille. Son caractère mécanique s'adapte même très bien à une réalisation assistée par une machine. Pour chaque catégorie de document, on établit une liste d'éléments susceptibles d'être relevés et on la compare avec l'UD à décrire. D'où l'idée d'établir des listes dont l'intérêt sera général. C'est le point de départ des règles ou normes de description bibliographique.• ■

Il existe des normes internationales – avec souvent des adaptations nationales – pour la description bibliographique (normes ISBD).

INTÉRÊT ET RELATIVITÉ DES NORMES DE DESCRIPTION DU CONTENANT

Les normes officielles de description ne concernent réellement que les documents physiques (livre, disque, film, etc.). Les unités documentaires (article, contribution à un congrès, extrait d'un film, carte géographique dans un livre, etc.) sont peu ou mal traitées. Elles ne sont donc applicables qu'à un nombre limité de cas dans un centre de documentation.

INADAPTÉES, LES NORMES ?

Ces normes ont été élaborées pour établir les bibliographies nationales et les catalogues des grandes bibliothèques. Elles sont donc très (trop) détaillées. Beaucoup de données requises ne conviennent pas pour les plupart des centres de documentation, en particulier ceux d'une institution d'enseignement : format, collectivité-auteur, lieux d'édition et éditeurs multiples. Tout simplement parce que les usagers n'en ont nul besoin.

Ces normes ont été établies en fonction de contraintes dues au support de référence, la fiche 75 x 125 mm dans les bibliothèques. Ceci explique la limitation du nombre des auteurs à trois. Problème de place !

Elles obligent à distinguer des valeurs à écrire en majuscules (auteur) et d'autres en minuscules (titre) cela afin de permettre une reconnaissance visuelle rapide. En outre, elles intègrent le catalogage des vedettes-matières, et ainsi contribuent à entretenir une grande confusion car cette activité relève nettement de l'analyse du contenu.

Enfin elles ont été conçues pour des systèmes de traitement manuel : structure en zone et sous-zones (ex. : zone "adresse" comprenant le lieu d'édition, l'éditeur et la date d'édition), rappel d'auteur dans la zone "titre". L'expérience a montré qu'elles étaient difficilement applicables telles quelles dans les systèmes informatisés.

> Des normes certes, mais pas trop détaillées !

DES NORMES À TOUT FAIRE ?

Il ne s'agit pas de dénigrer systématiquement les normes de catalogage car ces normes sont fort précieuses pour : ➡

RÈGLES GÉNÉRALES

- Tout document sans titre devrait être refusé, car il ne relève pas de la responsabilité d'un autre que l'auteur d'en proposer un.
- Pour identifier un document, un minimum d'informations est indispensable. Ce sont normalement celles du niveau référentiel (norme NF-Z-44-005) : auteur, titre, année de publication.
- Selon le contexte, certaines informations sont parfaitement inutiles (exemples : le lieu d'édition, les illustrations, le format, l'imprimeur, la collection...).
- Pour présenter les résultats, il paraît normal de faire figurer en premier lieu les éléments les plus utiles à un utilisateur donné dans un contexte donné. D'où le caractère relatif de cet ordre. Certains pourront choisir de faire figurer le titre, suivi de l'auteur. D'autres pourront choisir l'ordre inverse. Seule compte la justification.
- Les contraintes des systèmes ne sont pas les mêmes dès lors que ces derniers sont manuels ou informatisés. Le découpage des éléments et les marques de séparation ne sont donc pas universels.
- Des écritures conventionnelles existent et doivent être utilisées pour :
  – indiquer une suite : pages 12 à 15 s'écrit : p. 12-15 ;
  – indiquer une information secondaire trouvée dans le document : entre parenthèses ;
  – indiquer une information non trouvée dans le document : entre crochets carrés.

La description formelle d'un document s'effectue aux niveaux référentiel, bibliographique et catalographique.

- **établir l'écriture** des noms propres ;
- **indiquer les informations** susceptibles de décrire parfaitement une entité éditoriale.

Mais, à la lumière de leur origine et de leur raison d'être, il faut se demander si elles sont vraiment applicables à toutes les situations de traitement documentaire, en particulier celle d'un CDI. Or le détail des informations requises, les règles formelles d'écriture prouvent que les normes de catalogage ont été établies pour des besoins qui ne sont pas d'évidence ceux des CDI : types de public, niveau de formation, besoins documentaires. On indiquera en outre que leur enseignement dans les écoles de documentation laisse une grande part à l'adaptation, que leur application dans les centres de documentation, à travers les produits qu'ils diffusent, est de plus en plus souple, surtout si le système est informatisé.

Une anomalie : la norme Z-44-005

Cette norme a quelque chose que l'on pourrait qualifier d'aberrant par rapport aux autres normes de catalogage. Cela s'explique pour deux raisons. D'une part elle permet de décrire des entités qui appartiennent à des entités physiques – les unités documentaires –, mais ne les recouvrent pas : l'article (dans le périodique), l'extrait (dans le livre), la contribution (dans un rapport de congrès), etc., alors que toutes les autres normes permettent la description d'entités physiques autonomes (monographie, film, cassette, carte, etc.) qui constituent d'ailleurs les seuls objets des fichiers de bibliothèques.

D'autre part, c'est pratiquement la seule qui ne soit pas une norme uniquement faite par les professionnels pour les professionnels (on pourrait y ajouter la norme d'écriture des noms propres). Tout auteur de publication dès lors qu'il doit signaler des documents (bibliographie, note de bas de page, etc.) devrait normalement l'appliquer.

> Quelques normes françaises de catalogage :
> NF-Z-44-005 : références bibliographiques ;
> NF-Z 44-050 : monographies (description complète);
> NF-Z 44-072 : monographies (description minimale);
> NF-Z 44-073 : monographies (description moyenne);
> NF-Z 44-061 : noms propres et titre ;
> NF-Z 44-062 : noms propres étrangers ;
> NF-Z 44-065 : images animées (films vidéos);
> NF-Z 44-066 : enregistrements sonores
> NF-Z 44-067 : documents cartographiques.

Dès lors elle propose un choix d'éléments descriptifs essentiels et suffisants (à quoi peut bien servir le format dans les autres normes ?), une présentation plus habituelle (la mention d'auteur et celle de titre sont logiquement dans deux zones bien séparées), une simplification – intelligente – des mentions (règles d'écriture, choix des séparateurs, etc.).

S'adapter aux situations

Non seulement, cette norme – améliorée encore – devrait être largement diffusée mais l'on devrait concevoir la description des autres objets documentaires selon la même philosophie.

Il apparaît ainsi que hors des situations pour lesquelles elles ont été expressément établies, l'utilisation de ces normes doit être envisagée en tenant compte des situations réelles, donc souvent en les adaptant. Mais adaptation ne veut pas dire fantaisie. Il convient de respecter des règles communes pour la description.

Logique de description

Savoir que des normes de description bibliographique ont été établies pour certains documents est souhaitable. Les connaître et être capable de les adapter à une situation précise pour respecter l'environnement documentaire est à rechercher. ■

LES PRODUITS DU SIGNALEMENT

La description formelle du document peut se faire à trois niveaux – lesquels correspondent d'ailleurs à trois types de produits :

- **le niveau référentiel** qui ne fournit qu'une description succincte : la référence bibliographique. Pour un livre, on se suffit, par exemple, de l'auteur – quand il y en a un –, du titre, du numéro d'édition et de la date d'édition;
- **le niveau bibliographique** qui fournit une description plus détaillée : la notice bibliographique. Pour un livre, on ajoutera aux éléments déjà fournis le lieu d'édition, l'éditeur, la pagination et éventuellement la collection;
- **le niveau catalographique** qui fournit une description très complète : la notice catalographique. On ajoutera la responsabilité secondaire, l'imprimeur, le format, les illustrations par exemple.

LE SAVOIR EN CONSERVE

Il importe pour l'usager de comprendre l'extrême importance de cette opération de description documentaire – et ici plus précisément celle de signalement – dans toute "conserve du savoir". C'est le seul moyen pour lui de savoir si le document qu'il cherche, s'y trouve. Il importe pour le documentaliste d'accepter en conséquence les contraintes, règles et autres normes qui permettent de parfaire le travail. Pour autant si celui-ci trouve ainsi justification à son travail, il ne doit pas oublier qu'il agit non pas pour son organisation mais pour ses usagers. Dès lors toute adaptation intelligente de ses outils de traitement lui sera parfaitement reconnue. ■

EXEMPLES DE GRILLES DE DESCRIPTION (NIVEAU BIBLIOGRAPHIQUE)

1) Article de périodique
Titre : La République, l'élitisme ... -
Auteur (personne physique) : VERAIN, Jérôme -
Nom de la revue : Le Monde,
Date de publication : 22 mai 1985,
Volume, numéro :
Pagination : p. 2.
Illustration (éventuellement) :

2) Livre
Titre : L'Informatisation de la société -
Auteur (personne physique) : NORA, Simon et MINC, Alain -
Lieu d'édition : Paris
Éditeur : Le Seuil,
Date d'édition : 1978 -
Pagination : 162 p.
Illustration (éventuellement)
Collection (éventuellement) : (Coll. Points Politique, Po92)

3) Contribution à un congrès ou à des mélanges
Titre : Le Cadre géographique -
Auteur (personne physique) : DUFAURE, M. –
Source : In.
Éditeur intellectuel
Titre du congrès ou des mélanges : Gironde, Terre occitane,
Lieu d'édition : Bordeaux,
Éditeur : Ostau occitan,
Date d'édition :
Pagination totale : 52 p.
Pagination de la contribution : p. 2-12

4) Image fixe
Titre : Population et occupation de l'espace en Gironde –
Auteur : TORLOIS, Roger -
Lieu d'édition : Bordeaux,
Editeur : C.R.D.P.,
Date d'édition : 1987 -
Nombre d'unités matérielles : 12 vues,
Support : diapos 24 x 36,
Matériel d'accompagnement : (1 livret, 24 p.) -
Collection (éventuellement) : (Coll. Photothèque pédagogique, 40).

5) Image animée
Titre : Vive la B.C.D. -
Auteur principal : réalisateur : CHARLOT, Jean-Louis -
Lieu d'édition : Dijon,
Editeur : C.R.D.P.,
Date d'édition : 1989 -
Support : vidéocassette,
Autres spécifications techniques : VHS - Secam,
Durée : 29 mn.
Matériel d'accompagnement :
Collection (éventuellement) :

6) Enregistrement sonore
Titre : Contes de Bourgogne -
Auteur :
Interprète : VIRLOJEUX, Henri -
Lieu d'édition : Paris,
Éditeur : Hachette,
Date d'édition : 1979 -
Nombre d'unités matérielles
Support : cassette audio,
Durée : 50 mn,
Matériel d'accompagnement :
Collection (éventuellement) : (Coll. Cassettes vermeilles).

Mettre des informations en mémoire, certes : mais comment s'effectue leur sélection, et selon quels principes ?

L'ANALYSE DU DOCUMENT

PROBLÈMES DE LÉGITIMITÉ ET DE MÉTHODES

L'opération d'analyse documentaire est importante car d'elle dépendront les capacités du système à retrouver les informations recherchées selon le principe que l'on ne peut retrouver que ce qui a été mis en mémoire. Dès lors il importe de savoir quelles informations doivent être extraites d'un document. Et de comprendre que cette sélection ne peut être laissée au hasard du temps ou à l'humeur de chacun, surtout si l'on veut utiliser ce travail pour fabriquer un outil professionnel.

PRINCIPE

L'idée est que le contenu informationnel de chaque élément à conserver dans une mémoire documentaire, chaque UD, est unique – sinon il y a redondance ou plagiat – et que la fonction d'un analyste, quel qu'il soit, est de lui trouver sa place exacte dans l'univers des connaissances. C'est un peu comme si c'était une étoile. Un astronome considère chaque étoile comme un objet distinct, identifiable et identifié sans ambiguïté sur la voûte céleste. Et cette étoile (UD sur le droit d'auteur par ex.) se trouve toujours au même endroit dans une constellation (groupes d'UD proches par les concepts qu'elles contiennent, ex. : droit de la propriété). Et cette constellation appartient toujours à une même galaxie (groupes d'UD aux liens plus lâches (ex. : droit privé).

Et l'ensemble de ces galaxies constitue l'univers comme l'ensemble de toutes les UD dans tous les domaines de connaissances, ou dans un domaine spécifié (ex. : le droit). ■

L'ANALYSE DOCUMENTAIRE OU ANALYSE DU CONTENU

C'est une opération essentielle qui permet de dégager les informations contenues dans le texte.

C'est une opération qui ne prend en compte que le texte, que son contenu. Elle s'intéresse à ce qui est dit, par opposition à celui qui le dit, à celui pour qui cela est dit, et à l'impact que le texte a pu avoir.

UNE OPÉRATION CAPITALE

Elle va permettre de dégager les informations contenues – et uniquement celles-là – dans l'objet à analyser. On l'a souvent confondue avec l'analyse de contenu. Elle s'en distingue pourtant nettement si l'on en juge par

QU'EST-CE QUE L'ANALYSE DU CONTENU ?

L'analyse du contenu "consiste à réduire le document aux concepts correspondant à l'information qu'il contient, à formuler ces concepts dans les termes d'un langage approprié, à traiter ces termes de façon à ce qu'on puisse les retrouver (donc retrouver l'information qu'ils désignent) aussi rapidement et sûrement que possible." (Jean Meyriat, *De l'écrit à l'information,* Congrès SIC, Compiègne, 21 avril 1978.)

la définition qu'en donne Laurence Bardin : l'analyse de contenu est "un ensemble de techniques d'analyse des communications visant, par des procédures systématiques et objectives de description du contenu des messages, à obtenir des indicateurs (qualitatifs ou non) permettant l'inférence des connaissances relatives aux conditions de production/réception (variables inférées) de ces messages" (Laurence Bardin, *L'Analyse de contenu,* Paris, PUF, 1977).

L'ANALYSE DE CONTENU

Analyse de contenu : c'est "une démarche qui prend inévitablement en compte non seulement le dit et l'entendu, non seulement le vouloir dire et le vouloir entendre, mais encore le vouloir faire, c'est-à-dire le processus entier du langage". (Robert Escarpit, *Pour une nouvelle épistémologie de la communication,* Congrès SIC, Compiègne, 21 avril 1978).

Ainsi l'analyse de contenu s'intéresse à la façon dont le document a été conçu et perçu à travers tous les éléments – dont l'information qu'il contient – qui le constituent. Elle est principalement utilisée par les sociologues et autres spécialistes des études d'opinion.

Par opposition, l'analyse du contenu ne s'intéresse qu'au contenu du document et qu'à lui seul. C'est une opération de sélection des informations utiles par l'analyste documentaire. ■

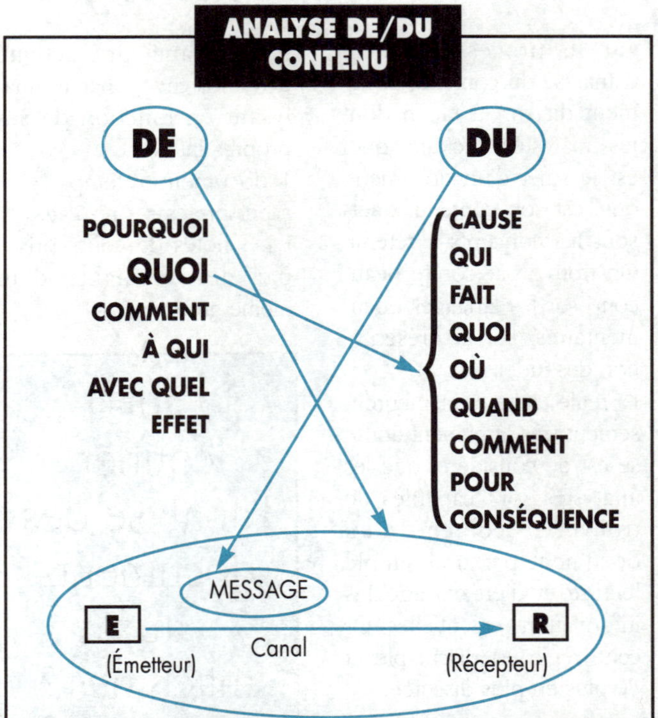

SCHÉMA THÉORIQUE DE LA COMMUNICATION

DÉFINITION

Analyse littéraire : "Le but… est de développer ultimement des « modèles » dont on attend qu'ils jouent pour la connaissance des œuvres écrites le même rôle que les théories physiques (par exemple) pour la connaissance de la matière. Tel est du moins le seul objectif que puisse raisonnablement se fixer une science, fût-elle de la littérature". Jean Claude Gardin, « Procédures d'analyse sémantique dans les sciences humaines », in. *Échanges et Communication,* 1970).

LA SÉLECTION DE L'INFORMATION

C'est l'opération intellectuelle chargée d'extraire les informations d'un document en les réduisant à l'essentiel.

C'est une opération purement intellectuelle qu'il est encore pratiquement impossible d'informatiser, puisqu'il s'agit d'extraire et de conserver les informations qui justifient l'originalité de chaque UD afin :

- d'aider l'utilisateur à retrouver des documents dans un ensemble (recherche);
- d'aider l'utilisateur dans ses choix (pertinence);
- de dispenser de la lecture du document original;
- de le remplacer (perte; accès difficile);
- de montrer ce qui constitue son originalité, sa qualité.

Cette opération conduit inévitablement à une sélection, donc à une réduction du nombre des informations, et à une perte en volume. Le problème du traitement intellectuel de l'information est moins dans cette perte d'information que dans la légitimité de la sélection.

LA LÉGITIMITÉ DE LA SÉLECTION

A-t-on le droit d'analyser ? Dans la littérature spécialisée, on trouve très peu de choses, si ce n'est rien, ➡

Le problème avec l'analyse des documents, c'est qu'il y a autant de produits d'analyse qu'il y a d'analystes.

sur le processus même d'analyse du contenu, autrement dit sur la façon dont les analystes décident quel est le sujet d'un document, quel est son contenu, quels sont les concepts à retenir. On trouve par contre beaucoup sur les langages documentaires, sur la présentation des index….

La règle tacite et malheureusement très largement admise est de considérer que les analystes sont capables de trouver le contenu d'un document par une simple lecture et d'en extraire les informations essentielles. Or cette règle est discutable et de plus en plus discutée.

L'analyse en question

Des expériences ont été menées à la fin des années 1950 et au début des années 1960 par des chercheurs américains.

La première consistait à faire analyser le même document, au même moment, par des personnes différentes (recherche de l'"extra-consistency"). Les résultats sont apparus assez hétérogènes, chacun extrayant de ce document les informations qui lui paraissent les plus importantes, soit par rapport à ses connaissances, soit par rapport à ses besoins ou ses soucis du moment. Des expériences plus poussées (par groupes de personnes de même formation, sur des documents d'un domaine familier ou bien étranger à ces groupes) ont confirmé les premiers résultats. L'analyse apparaît une activité très subjective, chacun analysant en fonction de ses propres intérêts.

1 document + temps "t" + x personnes = x résultats

Ex. : notes de cours prises par des étudiants d'un même groupe.

> Faut-il confier l'analyse des documents aux machines ?

La deuxième consistait à faire analyser le même document, par la même personne, à des moments différents (tous les six mois par exemple recherche de l'"intra-consistency"). Le résultat est apparu tout aussi hétérogène que dans la première expérience. Les centres d'intérêt d'une même personne évoluent avec le temps.

1 document + temps "t1" + ti + tn + 1 personne = x résultats. Ex. : documents personnels classés différemment selon la préoccupation du moment.

Une analyse incohérente

On a donc autant de produits d'analyse qu'il y a de personnes ou presque. Pis, la sélection d'une même personne varie dans le temps. La cohérence ("reliability") – interne ou externe – dans le résultat est donc très faible. C'est que la cohérence dans l'opération d'analyse dépend de quatre séries de facteurs :

- **les facteurs personnels,** spécifiques à la ou les personnes (prédisposition générale, disposition du moment). Parmi ceux-ci, on trouve le niveau de formation, la personnalité, la maturité, l'aptitude à l'analyse, la motivation, la santé, la contrainte psychologique…;
- **les facteurs liés à l'environnement :** bruit, éclairage, interruption dans le travail, temps imposé…;
- **les facteurs fonction du document :** domaine d'étude, structure du document, style et vocabulaire de l'auteur, spécificité du travail…;
- **les facteurs techniques :** méthode d'analyse, choix des mots clés, utilisation d'un langage documentaire…

Renoncer à l'analyse ?

Tout un chacun paraît fonder à critiquer le travail d'analyse fait par un autre, et devrait même douter de son propre travail.

Faut-il dresser un constat d'échec qui enlèverait toute légitimité à cette opération d'analyse, et obligerait à renoncer à analyser le contenu d'une UD car la pratique entraîne une absence d'accord et donc de reconnaissance par ceux-là mêmes à qui le produit est destiné ? Cette attitude est impossible car la demande d'information existe, car le besoin documentaire est là !

ENTRE EMPIRISME ET RIGUEUR SCIENTIFIQUE

Y a-t-il des solutions acceptables ? Pour pallier cette difficulté majeure, des propositions ont été faites.

• Il faut confier ce travail à une machine et faire de l'analyse automatique.

Le programme élimine d'abord les chaînes de caractères, mots ou groupes de mots, qui ne sont pas signifiantes, mots outils. Puis il repère les chaînes, morphologiquement, voire sémantiquement, identiques et en retient certaines en fonction de leur fréquence d'occurrence selon le principe – non vérifié – que les mots qui reflètent le mieux le contenu, ont une certaine fréquence – absolue ou relative – malheureusement non définie.

Mais le résultat est très médiocre car la machine ne recherche pas les chaînes de caractères en fonction de leur signification. C'est un travail par la négative, par exclusion, qui ne garantit nullement que les mots ou groupes de mots qui sont sauvegardés ont un intérêt au regard de l'objectif fixé à l'opération.

• Il faut confier ce travail à un spécialiste du domaine scientifique. Mais le résultat est très discutable car un autre spécialiste pourrait proposer un autre résultat.

D'où la nécessité de sortir de ce dilemme en recherchant une base scientifique à une pratique par trop empirique. Il faut fixer des règles de travail, préciser clairement le rôle de l'analyse documentaire et s'inspirer d'une grille d'analyse. ■

LÉGITIMER L'ANALYSE DU CONTENU

Fonder scientifiquement l'opération d'analyse du contenu en lui ôtant son caractère subjectif.

Le traitement intellectuel de l'information quand il se situe dans le cadre d'une activité documentaire est un travail pour autrui. Quand on analyse, ce n'est pas pour soi, ce n'est pas pour conserver quelque part une trace, une note personnelle, contrairement à la majorité des situations. C'est une différence fondamentale. Si l'on convient que le but de l'analyse documentaire d'une UD est d'en permettre ultérieurement la récupération, on ne peut plus envisager cette opération comme la simple analyse d'un livre ou d'un cours pour son usage personnel. La responsabilité est d'un autre ordre.

Il faut donc chercher à légitimer cette opération en la fondant plus scientifiquement, autrement dit en lui enlevant son caractère personnel ou aléatoire.

La subjectivité est un facteur important dans toute opération d'analyse faite par l'homme car celui-ci, quoi qu'il fasse, n'est jamais neutre. On ne voit pas comment il pourrait en être autrement. L'objectivité ou l'impartialité est un résultat difficile voire impossible à atteindre car l'analyste ne possédera jamais tous les éléments de connaissance sur l'objet analysé. Il est donc amené à choisir, à privilégier. Cela reste un objectif. ➨

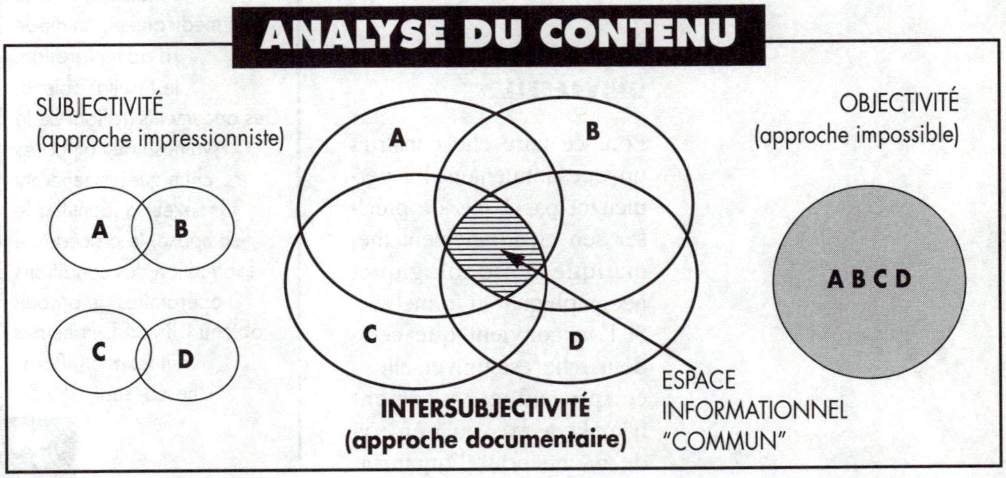

Peut-on atteindre l'impartialité dans l'analyse des documents ? L'objectivité ne reste-t-elle qu'un objectif ?

Le PPDC de la subjectivité

Par contre on peut rechercher ce qui peut être commun au plus grand nombre d'utilisateurs, autrement dit rechercher l'intersubjectivité. Ce qui est commun correspond souvent au plus petit dénominateur. Qu'importe si celui-ci est suffisant. On considérera ainsi que ce qui est commun est indispensable, et doit être retrouvé quel que soit l'analyste. Dans ce cas, et seulement dans ce cas, l'opération d'analyse du contenu est légitimée. Cette perspective confirme la nature communicationnelle de l'opération. N'oublions pas que "l'objectivité scientifique n'est qu'une subjectivité partagée", sorte de négociation sur la réalité. ■

Pour une grille d'analyse du contenu

Mais à quoi correspond « l'intersubjectivité » dans l'opération d'analyse documentaire ?

Comment définir l'espace commun à toutes les personnes susceptibles d'avoir à analyser le même document ?

On constate que, quand elle recherche une information, toute personne suit une démarche qui la conduit progressivement à définir l'endroit où peut se situer cette information dans un univers plus large, celui de ses propres connaissances générales ou spécifiques.

Une démarche universelle

Pour ce faire elle construit un questionnement lui permettant pas à pas de préciser son environnement thématique, chronologique, géographique ou formel.

Si l'on convient que cette démarche est universelle – ce qui malheureusement n'implique pas qu'il en soit de même pour l'organisation des connaissances et fait toute la difficulté de l'opération –, on convient dès lors qu'il existe un ensemble d'informations minimales et nécessaires pour retrouver une UD quelle que soit la personne qui cherche. C'est donc cet ensemble qu'il faut établir lors de l'analyse du contenu et cela quelle que soit la personne qui analyse.

> « Par exemple, pour les documents traitant de la thérapeutique médicamenteuse, l'indexeur devra rechercher le nom de la maladie, le nom du médicament, un mode d'administration, le résultat obtenu.
> Des documents traitant de la synthèse de composés chimiques amèneront l'indexeur à identifier le composé, le procédé de fabrication, les conditions opératoires, le produit obtenu (UNISIST. *Principes d'indexation*, Paris, Unesco, sept. 1975.) »

Le minimum nécessaire

Quelles sont ces informations minimales et nécessaires à extraire d'une UD ? Ce sont celles qui la situeront dans l'univers des connaissances du public à renseigner.

Ainsi chaque public peut exprimer des besoins spécifiques. Ceux-ci devront être identifiés et formalisés. C'est normalement le rôle d'une grille d'analyse. Celle-ci fournit un cadre organisant l'ensemble des informations minimales et nécessaires à extraire de toute UD pour la situer précisément dans l'univers des connaissances d'un public donné. Une grille propose des classes, des domaines, des questions plus ou moins générales. Chaque système peut développer sa propre grille en fonction de ses besoins : médecine, chimie, sociologie, histoire, etc.

RECHERCHER LA PERTINENCE

L'idée est qu'en s'appuyant sur une même grille, tout analyste extraiera les mêmes informations utiles puisqu'il devra répondre aux mêmes questions. Il définira ainsi d'abord un espace commun puis un endroit précis. La grille n'est néanmoins qu'un pense-bête puisqu'il ne s'agit pas de trouver obligatoirement une réponse à toutes les questions, mais plutôt de se poser ces questions et de rechercher dans l'UD analysée les informations éventuellement pertinentes. ■

> La grille d'analyse n'est qu'un pense-bête.

SCHÉMA ACTANCIEL

CAUSE

Qui
Fait
Quoi
Où
Quand
Comment
Pour

CONSÉQUENCE

Comment, en évitant au maximum les risques de déviation personnelle, comprendre et saisir le contenu d'un document ?

QUELLES GRILLES D'ANALYSE DU CONTENU ?

C'est l'intérêt de la grille d'analyse. De nombreuses grilles ont été proposées.

UNE GRILLE UNIVERSELLE

On peut aussi utiliser une grille universelle qui permet à la fois de saisir tout le contenu de l'unité documentaire, et de préparer l'étape suivante de mise en forme du produit. C'est la grille d'actance ou ➨

GRILLES D'ANALYSE DE CONTENU

★ **GRILLES GÉNÉRALES**

Problématique
Résultat
Conclusion

OU

Sujet
Méthode
Résultat
Conclusion

★ **GRILLES POUR LES SCIENCES APPLIQUÉES**

Méthodes et matériels
Résultats cliniques
Effets secondaires
Conclusion

OU

Comment l'auteur fait-il ?
Quelles données sont utilisées ?
Leurs origines ?
Les méthodes utilisées ?
Aspects qualitatifs et quantitatifs des données ?
Tests, échelles, techniques de référence ?
Principales différences ?
Idées développées ?
Plan de classification utilisé ?

Recourir à la grille d'analyse, non pas comme une contrainte mais comme une aide pour la recherche.

schéma actanciel qui, pour rendre compte de la structure d'un récit quelconque – écrit ou image – représente les rapports fonctionnels entre éléments protagonistes. Remplir la grille revient à décrire un événement – pris ici comme synonyme de "Gestalt" – par une seule phrase principale et des subordonnées, logiquement et sans redondance. Concrètement, 1 à 5-7 mots suffisent à chaque ligne.

Modalités d'utilisation de la grille

Il ne s'agit pas d'être esclave et bloqué par la grille d'analyse.

Mais au contraire de l'utiliser comme une aide. Dès lors la sélection des concepts à retenir dans un document pourrait suivre la séquence suivante :

- **se poser toutes les questions** de la grille d'analyse ;
- **commencer par essayer de situer l'"événement"** dans le temps et dans l'espace, quand c'est possible. Puis identifier l'action ;
- **remplir** – réellement ou mentalement – la grille ;
- **ne pas chercher à remplir** systématiquement toutes les cases de la grille puisque certaines questions peuvent très bien rester sans réponse ;
- **rechercher une cohérence** globale et éviter les répétitions. ■

Les éléments porteurs d'information

L'opération de description du contenu, dans la pratique, doit tirer parti des éléments apparents du document à analyser.

Pour les documents imprimés, certains éléments ont la triple particularité d'être à la fois faciles à repérer, d'être par nature porteurs d'information et d'être plus ou moins courts. C'est le cas du titre, de la table des matières, du résumé d'auteur, de l'introduction et de la conclusion. D'autres sont aussi intéressants quoique plus longs : un paragraphe, un encadré, les références en bas de page.

Au niveau du texte

Le dernier niveau concerne le texte lui-même, dans sa globalité. Sa compréhension passe généralement par une lecture séquentielle plus ou moins rapide.

Un dernier élément retient souvent l'intérêt : le mot ou groupe de mots car tout texte est d'abord un assemblage organisé de mots signifiants ou de séquences lexicales. Certains peuvent être retenus et mémorisés. Mais ils ne peuvent être comptés, dénombrés, classés à ce moment car ce travail statistique ne s'envisage raisonnablement qu'avec l'aide d'une machine et pour un résultat discutable.

De nombreuses études ont été menées sur l'intérêt et l'apport informationnel respectif de ces différents éléments. Les conclusions qui s'en dégagent sont qu'aucun élément – pas même le titre – n'est suffisant à soi seul. Tout au plus peut-on les combiner – mots clés extraits du titre avec la table des matières par exemple. Mais même dans ce cas, il sera généralement nécessaire de demander à un analyste de faire des ajustements. ■

DÉFINITION

LE TEXTE

Par "texte", il faut entendre tout type de discours inscrit sur un support, et dans la totalité des langages qu'il met en œuvre (verbal, iconique, symbolique, etc.).

BIOGRAPHIE

Vilfredo Pareto, économiste et sociologue italien (1848-1923). Il a proposé une nouvelle théorie de « l'optimum économique » soulignant sa relativité dans un système de libre concurrence

Conseils pour l'analyse du contenu

Il ne peut être question de lire l'intégralité de chaque document. Le recours à des techniques spécifiques facilite la tâche du documentaliste.

La première tâche est de prendre connaissance des objets proposés et d'évaluer leur intérêt informationnel.

La lecture des documents écrits peut être rapide, en diagonale.

La consultation des produits sonores – que le son soit ou non synchronisé avec de l'image (comme dans un montage diapo ou dans un film) – peut plus difficilement être écourtée.

Technique de la lecture

• D'abord, lire sans écrire : les annotations, soulignements et autres marques inscrivent sur le support les traces d'une réaction spontanée, subjective, et risquent de faire obstacle à une imprégnation objective de l'objet analysé.

• Lire sans vouloir tout lire. La lecture rapide en fait est une lecture qui sait privilégier des lieux dans un document.

• Le titre : quand il est bien rédigé – ce qui malheureusement n'est pas toujours le cas – c'est l'équivalent d'un petit résumé.

• La table des matières. Elle indique les différents points étudiés par l'auteur. Il s'agit moins de s'attacher à l'ordre des chapitres et aux proportions entre les parties que d'y trouver les éléments qui permettront de remplir la grille d'analyse.

> Lire, sans vouloir tout lire. Lire vite, c'est privilégier certaines parties d'un document.

• Le résumé d'auteur sert en pratique – et sa place dans l'UD le montre – au lecteur à prendre rapidement connaissance du contenu. Certains auteurs donnent la problématique, d'autres exposent la méthode, d'autres montrent l'originalité ou les résultats. En fait chacun fait comme il peut ou veut. Le résumé d'auteur est un élément d'information parmi d'autres, naturellement utilisable par l'analyste.

• L'introduction et la conclusion : normalement l'auteur y présente son propos et y résume à sa façon son propre travail.

De la lecture de textes écrits

Il ne peut être question de lire tout le document puisque, selon le principe posé au départ, le rôle de l'analyste n'est pas d'exploiter le document (ou l'UD) mais d'en faciliter la récupération en le (la) situant dans l'espace des connaissances. ➡

DÉFINITION

LE PRINCIPE DE PARETO

Le principe de Pareto ou la "loi des 20/80" : dans toute série d'éléments, un petit nombre en terme de quantité correspond toujours à un grand nombre en terme d'effet.

En théorie, le temps nécessaire pour extraire l'essentiel des informations est identique pour tous les documents.

En théorie, le temps nécessaire pour déterminer les informations essentielles devrait être le même, quels que soient le document ou UD. En fait, il est fonction du mode de consultation global ou chronologique , et de la difficulté propre à chaque texte, mais pas du nombre de pages !

Le principe de Pareto

En appliquant le principe de Pareto, 80 % des concepts devraient être trouvés en 20 % du temps. *A contrario,* le choix de 20 % des concepts exige 80 % du temps. Normalement, et surtout quand on utilise une grille d'analyse, les concepts les plus importants sont dans le groupe des 80 % et leur repérage est rapide. ■

Temps et analyse

Quel est le temps normal pour analyser un document dans un contexte de professionnel ?

On établira avant tout qu'aucune institution ne peut admettre de payer un personnel pour analyser quelques documents par jour. Autrement dit, le propos trop couramment entendu, "il faut du temps pour analyser", a économiquement, et donc professionnellement, des limites.

▲ Limiter le temps d'analyse. ▼

On répétera qu'analyser un document documentairement, ce n'est pas le lire pour en faire l'exploitation. C'est le rôle de l'usager.

On redira que l'analyse du contenu a pour objectif de situer le document dans un espace de connaissance, pour le retrouver ultérieurement et pour pouvoir juger rapidement de sa pertinence.

Temps absolu, temps global

Dès lors, on convient que :

1) le temps absolu est fonction du type de produit (un produit = quel temps ?).

• En principe, il faut 10 mn pour choisir les MC, 15-20 mn pour choisir les MC et écrire un résumé indicatif, et 20-30 mn pour choisir les MC et écrire un résumé informatif;

2) ce temps absolu est à apprécier en fonction du temps global réservé pour l'opération d'analyse. Une idée de ce temps global permettra de calculer le nombre de documents susceptibles d'être analysés par unité de temps.

• Je dispose de x temps : quel produit puis-je envisager ?

• Je dispose de x temps : combien de documents pourrai-je analyser en réalisant le produit y ?

Le calcul du temps

La capacité à apprécier et à appliquer ce mode de calcul n'est pas un simple jeu. Elle s'inscrit dans le cadre d'une réflexion sur l'économie générale d'un système documentaire.

Elle peut ainsi permettre de justifier :

• la place du documentaliste sur le plan économique;

• les critères de choix pour l'acquisition du matériel;

• le temps de mise en place d'un service ou d'une prestation (ex. : base de données).

Le domaine des spécialistes

Les exigences qui valideront l'analyse du contenu (objectif, consigne, outil, modèle, produit) font que cette opération ne peut être réalisée par n'importe qui. Sinon on continuera à avoir n'importe quoi.

L'auteur, à qui les éditeurs scientifiques demandent souvent de rédiger un résumé d'auteur, manque souvent d'objectivité, pour ne pas dire pèche par subjectivité. Il met en avant ce qui lui paraît intéressant, ou ce qu'il souhaite voir être retenu. Son travail est néanmoins utile comme base pour une réécriture.

INFORMATIONS UTILES SUR L'OBJET ICONOGRAPHIQUE

Description formelle de l'œuvre : éléments signalétiques nécessaires
Titre – source – date de production – durée – genre – réalisateur/société de production.

Description du contenu (objet photographié)
Lieu – période de prise de vue – personne(s) – thème(s) et/ou activité(s) – objets montrés.

Description formelle du support : principales caractéristiques
Type – standard – format – nature – son – qualité technique.

Analyse technique (éléments photographiques)
Plan(s) – image – optique – lumière – diffusion– aire – droit.

Le spécialiste du domaine saura évaluer l'intérêt de la publication et l'indiquer dans ses mots clés ou son résumé.
Mais en l'absence de technique – qu'il peut acquérir – ses produits ne pourront répondre aux besoins des usagers.
Un bon analyste documentaire peut être un initié dans le domaine scientifique. Il doit surtout, s'il veut que son travail soit utile, bien connaître les exigences de cette opération dont le respect seul fera de lui un véritable professionnel.

Le respect du document et de l'usager

L'analyse documentaire est une analyse sur le contenu d'un document, une analyse du contenu.
Cette opération doit perdre le caractère subjectif et impressionniste qu'elle a trop souvent, pour devenir une opération "légitimée". Et elle ne peut acquérir cette qualité que par l'application de règles, de méthodes, de grilles.

> Le savoir documentaire a sa hiérarchie : du plus important au moins important.

Il ne faut jamais oublier que le travail documentaire est fait pour l'usager. Celui-ci a des habitudes et des attentes. Il faut donc chercher à respecter celles-ci et à satisfaire celles-là.

Il ne faut pas inventer des caractéristiques ou ajouter des informations qui n'existent pas sur le document. Il faut rendre fidèlement tout le document mais rien que le document.
Il y a une hiérarchie dans le savoir, dans sa présentation et dans sa diffusion, du plus simple au plus compliqué, du plus urgent au moins attendu.
Le travail de description et d'analyse d'un document doit respecter celle-ci en fonction des préoccupations de l'utilisateur. Le produit documentaire devra donc avoir une structure des éléments d'information allant du plus important au moins important.
Alors cette opération aura une double reconnaissance :

- celle d'une activité professionnelle, c'est-à-dire à la fois qualifiée et qualifiante pour celui qui l'exerce ;
- celle d'une activité de qualité, c'est-à-dire utile et appréciée par celui à qui elle est destinée. ■

BIBLIOGRAPHIE

Laurence BARDIN – *L'Analyse de contenu* – Paris, PUF, 1977.

Robert ESCARPIT – *Pour une nouvelle épistémologie de la communication* – Congrès SIC, Compiègne, 21 avril 1978.

Jean MEYRIAT – *De l'écrit à l'information* – Congrès SIC, Compiègne, 21 avril 1978.

Jean Claude GARDIN – « Procédures d'analyse sémantique dans les sciences humaines » – *Échanges et Communication*, 1970.

Est-il possible de concilier langage naturel de l'usager et langage du professionnel dans l'expression de l'information documentaire ?

LE CONTRÔLE DU VOCABULAIRE

LES PROBLÈMES LINGUISTIQUES

Polysémies, synonymies, ambiguïtés en tous genres : comment faire pour se comprendre ?

Pour exprimer une demande en informations, tout usager utilise naturellement ce qu'il maîtrise le mieux, ce qui lui est le plus familier, son langage, dès lors qualifié de naturel.
Il est souvent surpris, quand il fréquente une "conserve du savoir", d'être obligé de parler autrement, voire d'être obligé de recourir à un spécialiste pour lui servir d'interprète tant son langage et celui du système visité paraissent différents.

Parlez-vous le documentaliste ?

Pourquoi cette difficulté, et comment peut-on y remédier ? Peut-on conserver le langage naturel – celui de l'auteur, celui de l'indexeur, celui du rechercheur – ou doit-on recourir systématiquement, pour retrouver un document, à un autre langage ?
Nous n'évoquerons ici que les difficultés d'ordre sémantique, autrement dit celles que l'on rencontre lors de la recherche dans une mémoire, et plus spécifiquement lors de la confrontation de chaînes de caractères. Cela laisse de côté toutes les difficultés d'ordre syntaxique qui peuvent surgir lors de la rédaction d'un énoncé, un résumé par exemple.

SYNONYMIES

C'est la dispersion de la même notion sous des formes linguistiques différentes. Les langages naturels sont suffisamment riches – et c'est leur qualité – pour permettre de traduire la même idée sous des formes plus ou moins variées. On retrouve cette caractéristiques pour le vocabulaire avec les notions de synonymie ou de quasi-synonymie.
Ainsi pour exprimer la même idée, on peut utiliser les mots ou expressions suivants : Troisième Âge / Personnes âgées / Vieux / Vieillard / Quatrième Âge...
Si le documentaliste admet toutes les formes possibles, il risque de disperser les informations dans le fichier. L'usager dans un tel cas doit imaginer toutes les expressions susceptibles d'avoir été retenues, et aller voir dans le fichier de recherche sous chacune d'elles. Cela peut être long et décourageant. Ce risque peut cependant être limité par l'utilisation de renvois ("Voir aussi").
S'il décide de contrôler son vocabulaire et de retenir une forme préférentielle sous laquelle seront classées toutes les UD sur ce thème (/Personnes âgées/ par exemple), il doit le signaler à l'usager sous chacune des formes possibles ("Voir").

POLYSÉMIES

C'est le problème de l'ambiguïté d'emploi d'un mot clé hors d'un contexte. Ici, la même séquence peut être retenue pour représenter des images mentales différentes : "calcul", "grève", "circulation", "mais", "avocat", "or", etc.
Ainsi quand le documentaliste décide d'utiliser le mot clé /Absorption/, il lui est impossible d'indiquer si "x" absorbe ou est absorbé. Il doit décider, par exemple, que le mot clé /Absorption/ sera utilisé pour signifier l'absorption du matériau-sujet par un autre matériau. Par contre le mot clé /Capacité d'absorption/ sera utilisé pour signifier la capacité du matériau-sujet à absorber tout autre matériau : x est

absorbé = /Absorption/.
x absorbe = /Capacité d'absorption/.

Un contrôle linguistique

Certes les polysémies de langage – parlé ou écrit – sont généralement levées par le contexte d'emploi du mot ou par la place du mot dans la phrase. En outre les polysémies dans les textes scientifiques sont en fait d'autant plus rares que les signifiés appartiennent à des domaines conceptuels assez différents. Mais le problème existe et dans ce cas le choix d'un mot parmi d'autres ne suffit pas. Il faut aussi contrôler l'emploi du mot ou de l'expression retenu par des indications de définition d'usage ou de règles d'emploi. À ces problèmes de contrôle purement linguistique s'ajoutent d'autres problèmes comme celui de la forme d'écriture donnée à la clé de recherche.

Présentation différente d'une même séquence

Elle relève du souci du documentaliste de plus ou moins faciliter l'accès à l'information.
Il peut systématiquement privilégier des notions précises : /Budget de l'éducation/; ou des notions plus larges : /Budget/ et /Éducation/; voire choisir de retenir les deux possibilités ce qui résout tous les problèmes, répond aux besoins de publics variés, mais augmente considérablement la taille des mémoires.
Il peut encore privilégier la notion principale, et ainsi marquer une hiérarchie : Éducation, Budget (notion dépendante).
Dans ce cas il est cependant bien difficile de déterminer quel est le niveau adéquat pouvant être retenu comme clé de recherche.
Tous ces exemples prouvent à quel point, un contrôle du vocabulaire – forme linguistique, forme orthographique, présentation formelle – est souhaitable pour améliorer la performance d'un système documentaire, à tout le moins pour ne pas la réduire. On rappellera que si ces problèmes d'expression sont résolus lors de l'indexation, la recherche en sera largement facilitée. *A contrario*, la recherche en sera rendue plus difficile.

> Pour améliorer le système documentaire, contrôler le vocabulaire.

Le langage intermédiaire

Le langage naturel n'étant pas utilisable dans toute sa diversité et sa richesse dans les systèmes documentaires, il est apparu souhaitable d'utiliser un langage intermédiaire, sorte de pivot, de repère entre, d'une part, le document et, d'autre part, le spécialiste et l'usager. Du fait de leur spécificité et de leur cadre d'utilisation, ils ont été appelés langages documentaires.
Le même langage intermédiaire doit être utilisé lors de l'opération d'indexation, et lors de l'opération de recherche même si c'est la même personne qui opère. La cohérence sera plus certaine et, en conséquence, la réussite plus grande. ■

L'analyse du contenu et le contrôle du vocabulaire

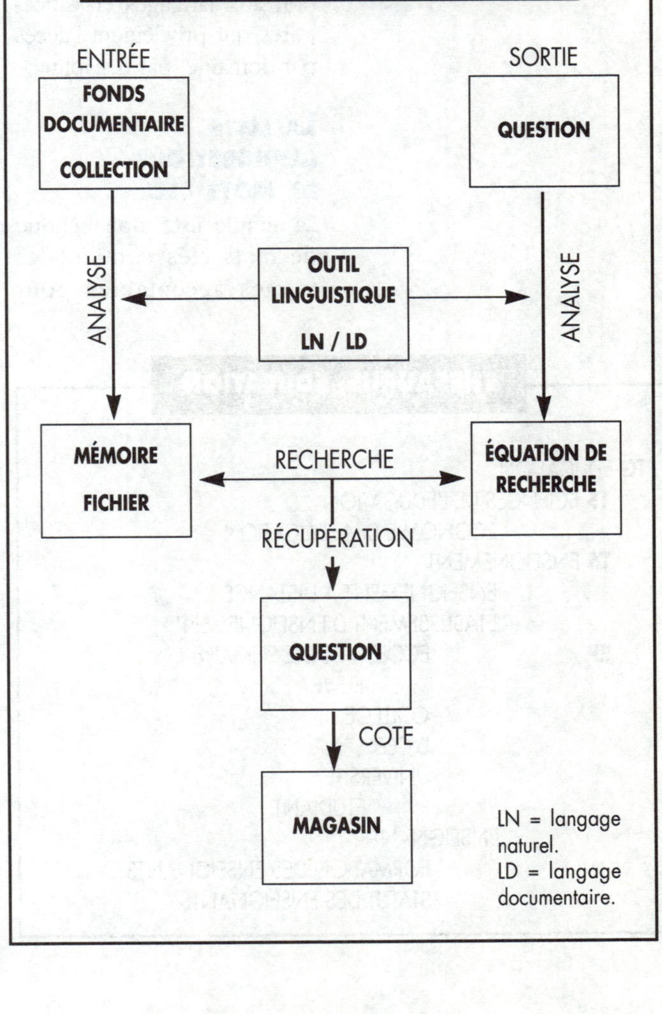

«Liste alphabétique de mots clés», «thesaurus», «liste de vedettes-matières» : des outils pour contrôler le vocabulaire de l'information.

Les outils documentaires de contrôle du vocabulaire

Trois outils sont plus particulièrement connus dans le monde professionnel du traitement de l'information pour contrôler le vocabulaire : la liste alphabétique de mot-clés, le thesaurus et la liste de vedettes-matières.

Sur le plan technique, ils relèvent des langages à structure combinatoire puisqu'avec ce type de langage, c'est l'accès direct à la notion qui est privilégié lors de la recherche (par opposition aux langages classificatoires qui privilégient l'accès par domaine, par discipline).

La liste alphabétique de mots clés

La simple liste alphabétique de mots clés contient les termes acceptables pour l'indexation. Cette liste peut être complétée par des indications de renvoi soit sur un terme synonyme préférentiel, quand plusieurs termes peuvent être utilisés de façon équivalente, soit sur des termes voisins.

Cet outil est essentiellement un outil de contrôle du choix. Il permet de vérifier que le mot-clé retenu par l'indexeur est un mot clé accepté par le système. Ce contrôle peut d'ailleurs dans un système informatisé s'effectuer automatiquement par confrontation avec la liste de référence, ce qui évite les simples erreurs orthographiques.

Pour l'usager, il se traduit par un fichier de notions classées alphabétiquement. Cela lui permet d'accéder directement à une notion quand il connaît son expression, mais l'oblige souvent à tâtonner s'il ne trouve pas la notion (la machine donnera imperturbablement le message : "mot clé inconnu"). Dans certains cas, la machine peut accepter un terme synonyme.

Il est donc peu pratique pour lui d'autant qu'il disperse – du fait de l'ordre alphabétique – les notions plus ou moins proches : / Apprentissage / Enseignement / Formation/. La simple liste alphabétique de mots clés est souvent considérée comme une étape préalable à l'élaboration d'un thesaurus.

Le thesaurus

Avec le recul du temps, le glissement qui s'est fait des mots clés, vers la liste alphabétique de mots clés, pour aboutir à un ensemble organisé de mots clés, le thesaurus, semble naturel. À chaque fois, ce fut pourtant une petite révolution. Celle qu'a apportée le thesaurus a été d'organiser les termes acceptables pour l'indexation par affinité ou hiérarchie sémantique. Il devient ainsi non seulement un outil de contrôle de la forme du vocabulaire, mais aussi un outil d'aide pour faciliter le choix du vocabulaire retenu lors de l'indexation – même si le choix définitif relève toujours de l'indexeur –, et pour améliorer la récupération lors de la recherche.

Cette organisation hiérarchique ne se retrouve pas nécessairement dans le fichier de recherche informatisé car le fichier inverse est un fichier alphabétique. Mais l'usager,

EXEMPLE DE MOTS CLÉS

ENSEIGNEMENT Voir aussi
ÉDUCATION

HINDOUISME
HISTOIRE
HISTOIRE ÉCONOMIQUE
HISTORIOGRAPHIE

HOLOCÈNE
HÔPITAL
HORTICULTURE
HÔTELLERIE

VOITURE
Voir AUTOMOBILE

THESAURUS, ÉDUCATION

TG ÉDUCATION
  TS SCIENCES DE L'ÉDUCATION
    ÉCONOMIE DE L'ÉDUCATION
  TS ENSEIGNEMENT
    ENSEIGNEMENT À DISTANCE
    ÉTABLISSEMENT D'ENSEIGNEMENT
EP   ÉCOLE = ÉCOLE PRIMAIRE
        ÉLÈVE
      COLLÈGE
      LYCÉE
      UNIVERSITÉ
        ÉTUDIANT
    ENSEIGNANT
      FORMATION DES ENSEIGNANTS
      STATUT DES ENSEIGNANTS

comme l'indexeur, peut toujours se reporter – sur le document papier ou en ligne – à cet outil pour s'aider dans son travail de sélection des termes.

LA LISTE DE VEDETTES-MATIÈRES

C'est un outil permettant de faciliter la recherche de l'information dans les systèmes manuels. Cela explique qu'on le trouve surtout dans les bibliothèques et dans les petits systèmes documentaires.

C'est un langage de type précoordonné ce qui en augmente la précision, mais très faiblement structuré dans sa présentation alphabétique même au niveau des équivalences.

Par contre, il prend toute sa dimension dans le cadre du fichier matière. Celui-ci est conçu pour aider un utilisateur qui ne sait pas trop ce qu'il veut, ni où cela peut être. On considère dans ce cas qu'il sait simplement, sans plus de précision, à quel domaine ou ensemble thématique il s'intéresse. Chaque notion est donc replacée dans un contexte particulier, du plus générique au plus spécifique.

Chaque notice établie sur un document est classée exactement à la notion concernée. Si celle-ci est spécifique, l'utilisateur y accède uniquement par la notion générique ce qui implique tout un système parallèle de renvois. Pour des facilités de recherche, l'ordre d'écriture est normalement : thème, sous-thème, lieu, époque (exemple 2).

En résumé, ces outils documentaires permettent d'imposer des termes, de montrer leur organisation sémantique et de contrôler leur écriture. Ce sont naturellement des outils à connaître et à utiliser.

EXEMPLE 1

VEDETTES
        SOUS-VEDETTES
Impôt
    Impôt direct
        Impôt sur le revenu
        Taxe d'habitation
    Impôt indirect
        TVA

L'USAGER DOIT S'ADAPTER AU VOCABULAIRE...

L'usager d'un système documentaire même s'il n'a pas à s'intéresser à la technique, peut – et il ne doit pas s'en priver – apprécier les moyens qu'on lui propose pour retrouver ce qu'il cherche.

L'objet de la recherche documentaire étant de confronter les identités – pour obtenir leur égalité – entre éléments, tout rechercheur conviendra que sa tâche est grandement facilitée s'il est sûr d'utiliser les mêmes éléments que ceux de l'indexeur. Qu'il a donc intérêt à connaître les conventions qui ont été préalablement établies, en particulier, sur l'expression, pour contrôler sa propre expression, le choix de ses mots clés. Naturellement, il préfèrerait chercher avec ses propres outils, son propre langage – naturel. Malheureusement, il ne peut pas encore.

Pour des raisons d'efficacité, il doit accepter d'utiliser des langages plus rustiques, moins riches moins ambigus – ce qui le dérange parfois – mais qui ont au moins l'intérêt de respecter la logique actuelle de la recherche documentaire.

EXEMPLE 2

Arts
    Arts décoratifs
        Mobilier
            France
                XVIIIe siècle

ET LE VOCABULAIRE S'ADAPTER À L'USAGER

Les langages documentaires doivent rester des langages pour les professionnels, et jouer le rôle d'outils de facilitation pour les usagers. Or l'utilisation d'un outil est soumise à deux conditions que le documentaliste doit connaître pour bien choisir celui qu'il proposera à ses usagers :

- on en a besoin régulièrement et on apprend à s'en servir ;
- on en a besoin occasionnellement, et on n'apprend à s'en servir que si vraiment on ne peut faire autrement. En documentation, on peut toujours faire autrement, entre autres en ne venant pas. Ici plus qu'ailleurs, l'indispensable outil de contrôle du vocabulaire doit être adapté à l'usager. On rappellera enfin que l'utilisation d'outils linguistiques permet un contrôle de la forme du mot par rapport à la notion retenue, mais pas de la notion à retenir par rapport au contenu. ■

CHOISIR L'OUTIL

Le choix d'un de ces outils dépend :

- du système documentaire – manuel (plutôt liste de vedettes-matières) ou informatisé (liste alphabétique de mots clés, thesaurus);
- du nombre de documents – peu important (liste alphabétique de mots clés, liste de vedettes-matières), important (thesaurus);
- du mode d'accès aux documents – direct (classification) ou différé (liste alphabétique de mots clés, thesaurus et liste de vedettes-matières);
- du besoin du public – précis et clair (liste alphabétique de mots-clés, liste de vedettes-matières) ou confus et large (thesaurus);
- du réseau documentaire d'appartenance – cohérence globale.

BIBLIOGRAPHIE

Martine BLANC-MONTMAYEUR, Françoise DANSET – *Choix de vedettes-matières à l'intention des bibliothèques* – Paris, Cercle de la librairie, 1984, 283 p.

Jacques MANIEZ – *les Langages documentaires et classifications* – Paris, Éd. d'Organisation, 1987, 296 p.

Georges VAN STYLE – *les Langages d'indexation : conception, construction et utilisation dans les systèmes documentaires* – Paris, Éd. d'Organisation, 1987, 279 p.

Quoique classique, l'opération de description du contenu d'un texte réclame deux grandes qualités littéraires : une capacité de lecture et un don de réécriture.

LA DESCRIPTION DU CONTENU

COMMENT DÉCRIRE LE CONTENU ?

La description du contenu d'un objet est une opération classique. Dans sa fonction documentaire elle représente une opération hautement professionnelle et qualifiée car elle implique une double compétence : capacité de lecture de l'objet à décrire, et de réécriture du texte dans une optique documentaire.

Dans la mesure où les produits de description sont normalement réalisés pour les usagers, il importe que ceux-ci sachent ce qu'ils peuvent en attendre, et comprennent comment ils sont construits.

CINQ TYPES DE DESCRIPTION

Elle est l'aboutissement de deux processus, celui d'analyse du contenu et celui de contrôle – normalisation – de l'expression. Parmi les cinq types de description reconnus par les professionnels – indexation; réduction; extraction; classification et analyse par citations –, deux retiennent spécialement l'attention par le fait que leurs produits sont souvent directement proposés à l'usager : d'une part, l'indexation et les mots clés; d'autre part, la réduction et le résumé.

Avant tout, on retiendra que c'est à travers ces produits, que les usagers apprécieront la qualité du système documentaire.

BREF HISTORIQUE

Le concept de mot clé est très ancien puisqu'il semble avoir été inventé par Callimaque, bibliothécaire à Alexandrie, il y a 2500 ans. Il semble tout autant avoir été perdu jusqu'au XXe siècle.

Le mot "abstract" est apparu au Moyen Âge sous la forme d'*abstractus* ("tiré de", "extrait"). Il traduisait l'habitude qu'avaient pris les moines de noter en marge des textes certains éléments qui leur permettaient de se repérer dans le document. Cela a donné ensuite les têtes de chapitres et les listes de matières.

Le XVIIIe siècle voit apparaître l'index. Celui-ci doit permettre de créer un accès rapide et complet au contenu d'un livre à partir d'un mot ou d'une idée. Cruden en établit un des premiers pour la Bible.

Au XIXe siècle, un Anglais, lord Campbell, dépose un projet de loi privant du privilège de *copyright* tout auteur qui aura édité un livre sans index, et le condamnant en outre à une amende pour cette offense ! Il ne fut jamais adopté.

CONTRIBUTION AMÉRICAINE

À cette époque, l'index est généralement fabriqué à partir des mots signifiants du titre et des têtes de chapitres.

ÉVALUATION DE LA DESCRIPTION DU CONTENU

ZONE DE PRODUCTION

	BONNE EXPRESSION	MAUVAISE EXPRESSION
BONNE COMPRÉHENSION	+ + +	+ –
MAUVAISE COMPRÉHENSION	+ –	– – –

Il faut attendre le XXe siècle pour voir une indexation non plus à partir des mots, mais sur le contenu d'un document.
C'est l'Américain Calvin N. Mooers qui introduit en 1951 la notion de descripteur, unité conceptuelle sur laquelle s'effectue la récupération organisée des documents pertinents conservés dans un fonds documentaire ("information retrieval"). À la même époque, un autre Américain, Mortimer Taube présente un nouveau moyen de stockage et de recherche par unités conceptuelles (correspondant chacune à un "uniterm") auquel il donne le nom d'"uniterm card". Tous ces travaux ont abouti à l'émergence de nouveaux concepts : le "mot clé" ("key word" synonyme en fait de "descriptor") qu'il soit la traduction d'un concept simple ou élaboré, le lien entre les mots clés, le rôle de certains mots clés, le contrôle du vocabulaire, et surtout la combinaison ou coordination de mots clés. ■

LE MOT CLÉ

Utilitaire, mais hautement symbolique, le mot clé permet d'accéder au document que l'usager recherche.

Il est le produit d'une opération – l'indexation. Celle-ci consiste à représenter le contenu d'un document – en fait de tout objet – par un ou plusieurs mots – au sens linguistique –, c'est-à-dire une ou plusieurs chaînes de caractères, traduction symbolique de la représentation mentale de "quelque chose".

> Un mot (clé) pour réduire le silence.

Il importe que cette représentation soit exempte de toute ambiguïté même s'il est vrai que dans un contexte documentaire, à la différence de la vie courante, celles-ci sont en fait peu nombreuses.

EXEMPLE

Dès lors peuvent être retenus comme mot :
Table / Ronde / Table-ronde /
Repas / Pique-nique/
Chemin / Chemin de fer /
Relations internationales /
Diplomatie /
Pomme / Terre / Pomme de terre / etc.

LE RÔLE DU MOT CLÉ

Le mot clé ne sert pas à conserver l'information. Il sert à retrouver un document contenant le concept qu'il illustre. Il sert à réduire le silence. C'est une clé de recherche indispensable quand on cherche. Un document contient nécessairement plusieurs concepts lesquels peuvent être identifiés par la grille d'analyse. Normalement, on devrait choisir autant de mots clés qu'il y a de concepts parfaitement identifiés.

TYPES DE MOTS CLÉS

En simplifiant, il existe deux grandes catégories :
• le mot clé libre ou drivé, celui qui, dans un langage naturel quelconque, exprime une notion du document. Il peut être soit choisi arbitrairement par l'indexeur, soit extrait du texte;
• le mot clé contrôlé ou assigné, en quelque sorte la traduction documentaire du précédent puisqu'il appartient généralement à un outil lexical de contrôle – orthographique, sémantique – du vocabulaire d'indexation. ■

Le choix d'un mot clé s'effectue selon des critères tels que la pertinence, la cohérence, la précision.

La sélection des mots clés

On peut établir une liste de concepts premiers formulés par des mots clés spontanés. Ces mots clés doivent correspondre à des concepts primaires, évidents, plus ou moins spécifiques, ou à des concepts secondaires, dérivés, plus ou moins utiles. On pourrait se contenter de cette première production en langage naturel, ce qu'on appelle les mots clés libres. Mais souvent on cherche les équivalents, les mots clés contrôlés ou descripteurs, dans un langage documentaire de référence.

Concepts primaires et secondaires

– **Les concepts primaires** : un livre comme *Jacques Bonhomme, les chemins du progrès de la Renaissance à la Belle Époque* de J. Besset (éd. Édicope) reprend des planches de l'*Encyclopédie* pour expliquer des techniques très variées. Choisir le mot clé "histoire des techniques" serait juste mais insuffisant car il parle de diverses machines, comme la machine à coudre.

– **Les concepts secondaires** : un article sur les maladies contractées par les travailleurs immigrés en France doit être indexé par des mots clés comme "santé publique", "travailleur immigré", "risque épidémiologique", etc. Mais ne pas mettre un mot clé comme "racisme" serait éliminer ce document pour une telle préoccupation alors qu'il serait pertinent.

Évaluation d'une sélection de mot clé

Plusieurs critères peuvent intervenir, le plus souvent d'ailleurs en association.

• **La pertinence**

Elle concerne le choix d'un mot clé particulier par rapport au contenu de l'UD et du rôle assigné au mot clé en général.

Ex. : je choisis le concept "x" pour caractériser le document "y". Si dans un an, j'ai besoin de documents sur le concept "x", est-ce que le document "y" sera pertinent, sera utile ?

On valorisera les mots clés qui permettent de retrouver utilement un document.

• **La cohérence**

Si je retiens ce mot clé, quelle probabilité a-t-il d'être retenu par un – ou plusieurs – autre pour caractériser le même document ? Si la probabilité est grande, la cohérence dans l'analyse sera élevée (intersubjectivité); si elle est faible, la cohérence sera faible (forte subjectivité). On valorisera les mots clés qui assurent une plus grande cohérence dans le résultat.

• **La précision**

Celle-ci s'apprécie par rapport à la dimension du fonds documentaire – nombre de documents –, et par rapport à la fréquence d'utilisation de chaque mot clé et donc à son taux de discrimination lors de la recherche.

Si le terme choisi est spécifique, la qualité du résultat – sa précision – sera bonne; inversement si le terme est générique, la précision sera faible. Cela oblige à un choix permanent entre exhaustivité et précision, cette dernière étant généralement valorisée.

• **Le niveau de contrôle**

Si le mot clé est choisi (extrait) arbitrairement dans un texte, ou dans le vocabulaire de l'indexeur, il risque d'être personnalisé, donc difficile à retrouver.

A contrario, si le mot clé est choisi dans une liste de mots obligés, il a beaucoup plus de chance d'être partagé, d'être commun, et donc d'être retrouvé.

En documentation, le partage, grâce au contrôle, est valorisé.

Grille d'évaluation du choix d'un mot clé

• **Pertinence :** le mot clé choisi sert à :
1) retrouver l'information;
2) conserver l'information.

• **Cohérence :** le mot clé retenu a des chances d'avoir été choisi :
3) par beaucoup;
4) par moi seul.

• **Précision :** sur le plan sémantique, le mot clé retenu est :
5) spécifique;
6) générique.

• **Contrôle du vocabulaire :** le mot clé a été pris dans un :
7) langage documentaire;
8) langage naturel.

Il en résulte la grille de lecture suivante à appliquer pour chaque mot clé retenu. Si l'on obtient la séquence :

1-3-5-7 = le choix du mot clé est très bon;
1-3-6-7 = le choix du mot clé est bon;
1-4-5-7 = le choix du mot clé est bon;
1-4-6-7 = le choix du mot clé est moyen;
2-3-6-8 = le choix du mot clé est médiocre;
2-4-6-8 = le choix du mot clé est mauvais.

Il est nécessaire de bien évaluer le nombre de concepts à conserver par rapport au système de traitement utilisé – manuel ou informatisé –, au produit élaboré – fichier de recherche ou bulletin d'acquisition –, ou au public visé.

Le nombre de mots clés

On ne peut définir *a priori* le nombre optimal de mots clés à retenir pour un document quelconque. Cela dépend :

- **de l'outil linguistique** utilisé (accès hiérarchique ou non). Ainsi l'utilisation d'un thesaurus implique normalement le choix des descripteurs les plus spécifiques;
- **de l'accès automatique** à cette hiérarchie ou non (autopostage);
- **de la taille du support de mise en mémoire :** fiche papier ou mémoire d'ordinateur;
- **du degré de finesse d'analyse** retenue : niveau de précision.

Mais ne dépend pas de la taille du document.

Dans un système informatisé, on admet facilement 5 à 7 mots clés par document, parfois davantage, rarement moins. On admet que moins il y a de mots clés, plus le risque de bruit est grand; plus il y a de mots clés, plus le risque de silence est grand.

Le mot clé et le "bruit"

Les mots clés peuvent naturellement être utilisés séparément lors de la recherche. Cela est d'autant plus vrai qu'ils sont précis et nombreux. Néanmoins, il n'est pas possible de tout prévoir d'autant que les recherches recouvrent parfois des notions très diverses. Il faut donc combiner des notions, des mots clés. Une recherche sur la "société rurale" donnerait : /Société rurale/. Une recherche sur "les paysans bretons" : /Société rurale/ et /Bretagne/.

Or cette technique de recherche combinatoire génère beaucoup de bruit car chaque terme à combiner est systématiquement isolé de son contexte d'emploi. Le bruit est inhérent à la recherche par mot clé. Pour le réduire, des solutions, souvent très techniques, ont été proposées dans les systèmes informatisés : rôle, lien, pondération. Elles sont intéressantes mais, mal maîtrisées, elles génèrent souvent plus de problèmes qu'elles ne prétendent en résoudre.

Des solutions plus simples

Le bruit peut être réduit en augmentant la précision des mots clés, en "pré-coordonnant" : /Chimie du pétrole/ plutôt que /Chimie/ et /Pétrole/. Cela entraîne une augmentation du nombre global des mots clés qui devient vite rédhibitoire, mais reste acceptable car invisible dans un système informatisé. Dans un système manuel, le bruit peut être réduit par une présentation logiquement – et non conceptuellement – hiérarchisée des mots clés. ➡

EXEMPLE : LE "BRUIT"

TITRE	N° DOC.
1) Histoire de l'enseignement de la documentation	= 213
2) Histoire de la documentation dans l'enseignement	= 521
3) Enseignement de l'histoire de la documentation	= 654
4) Enseignement de la documentation en histoire	= 751
5) Documentation dans l'enseignement de l'histoire	= 853
6) Documentation sur l'histoire de l'enseignement	= 963

MOTS CLÉS RETENUS :	DOCUMENTS RETROUVÉS
HISTOIRE	= 213, 521, 654, 751, 853, 963
ENSEIGNEMENT	= 213, 521, 654, 751, 853, 963
DOCUMENTATION	= 213, 521, 654, 751, 853, 963

Autrement dit, dans cet exemple, quelle que soit la question autour des trois mots clés "Histoire", "Enseignement" et "Documentation", tous les documents seront récupérés avec un taux de bruit de 5/6.

Le bruit est inhérent à la recherche par mot clé. Mais il faut impérativement le réduire.

HIÉRARCHIE

HIÉRARCHIE	N° DOC
1) DOCUMENTATION	
ENSEIGNEMENT	
HISTOIRE	213
HISTOIRE	
ENSEIGNEMENT	654
2) ENSEIGNEMENT	
DOCUMENTATION	
HISTOIRE	521
HISTOIRE	
DOCUMENTATION	963
3) HISTOIRE	
ENSEIGNEMENT	
DOCUMENTATION	853
DOCUMENTATION	
ENSEIGNEMENT	751

C'est la présentation type du fichier "matière", (schéma ci-contre). Une dernière façon est d'associer aux mots clés un résumé.

La pondération

Tous les concepts n'ont pas le même intérêt (poids) par rapport au document. Autrement dit, ils sont plus ou moins essentiels ou marginaux, indispensables ou secondaires, généraux ou spécifiques.

On peut dès lors améliorer la précision, et donc permettre la récupération des documents les plus pertinents, soit en marquant des niveaux explicites d'intérêt (ajout d'un code à chaque mot clé, de 1 – mot clé de moindre intérêt – à 3 – mot clé de fort intérêt), soit en effectuant une hiérarchisation des concepts à l'intérieur d'un résumé (en le structurant avec une première phrase contenant les informations les plus importantes, et des phrases secondaires), éventuellement en présentant la liste des descripteurs selon un ordre décroissant d'intérêt. ■

Le résumé

Complémentaire du mot clé, le résumé est une forme de description documentaire d'une rigoureuse expression formelle.

Le langage courant assimile souvent le résumé à une condensation ou à une contraction de texte, c'est-à-dire à une opération qui consiste à rendre en moins de mots ce qui a été dit ou écrit. On voit déjà que l'idée de résumé, de contraction s'adapte mal dès que l'on traite des objets qui ne font pas appel exclusivement au langage verbal.

Le verbe transitif "résumer" génère, par son étymologie, l'idée de répétition, de reprise. Il suggère ainsi que l'on travaille sur quelque chose qui existe, mais sans plus. Dès lors que faut-il redonner ?

Il apparaît surtout qu'il ne peut y avoir *un* résumé. Il y a *des* résumés – littéraire, critique, documentaire... – dont la forme, la présentation, l'expression, le style, la dynamique dépendent de la préoccupation de celui qui l'établit. Mais chacun a sa spécificité parce que chacun a sa raison d'être.

Le résumé documentaire

Le résumé, en tant que produit documentaire, relève d'une démarche bien particulière. C'est le résultat d'une opération que nous appellerons de réduction afin de ne pas la confondre et de ne pas l'assimiler à celle d'analyse. Dans ce cas, le contenu du document est représenté par une ou plusieurs phrases lesquelles forment un énoncé plus ou moins long.

Le résumé ne sert pas à retrouver les documents dans une mémoire. Il est lu à la suite d'une première sélection par les mots clés. Il vient en complément des mots clés dont il va donner le contexte d'emploi. Il sert à vérifier – évaluer – la pertinence des documents retrouvés par les mots clés, à en faire une deuxième sélection pour éliminer les documents manifestement parasites (bruit du système documentaire). On comprendra dès lors les qualités de concision, de précision, de présentation, d'expression que l'on exigera d'un tel produit.

Une double préoccupation doit être présente dans la réalisation de ce travail :

• situer le texte dans l'espace informationnel en présentant les informations essentielles, et en rendant compte à la fois du contenu et du contenant, et de la manière dont celui-ci sert celui-là;

• rendre l'approche du texte plus aisée pour le lecteur en respectant l'ordre de sa recherche – thème, lieu, temps – et en lui offrant des niveaux de lecture.

LES RÈGLES D'ÉCRITURE

Il s'agit de rendre compte de l'objet de communication tel qu'il apparaît au lecteur, et non des positions de l'auteur sur le sujet qu'il a choisi de traiter.

Il faut donc :

• **identifier** la question à laquelle le texte se propose d'apporter une réponse, et la reformuler, la réécrire;

• **préciser** au lecteur de la notice l'intention que l'analyste décèle dans le texte analysé. Ce faisant, il faut mettre à distance, bien entendu, les intentions qui pourraient être mentionnées ou affichées par l'auteur ou l'éditeur (le producteur);

• **caractériser** la démarche expressive, la structure du produit, les principaux effets. En tout cas, on doit indiquer de façon prioritaire le genre de discours (qui souvent détermine une structure et des codes), la tonalité, et la stratégie employée au service de son but;

• **employer** un instrument d'analyse transparent pour le lecteur. Dans la mesure du possible, il serait souhaitable qu'un calibre de résumé présente les informations toujours dans le même ordre. En tout cas, la première phrase

> Résumer, c'est réduire.

(ou zone) doit permettre une première approche, globale, du produit. À cette fin, une phrase rédigée du type : "Ce (genre de discours) vise à... grâce à..." ou "(genre de discours) sur... pour ..." paraît bien adaptée aux attentes des usagers. La phrase suivante devrait commencer par un verbe d'action ou d'intention.

En ce qui concerne l'analyse de produits audiovisuels, les règles édictées pour le document écrit restent valables même si d'autres règles s'y ajoutent pour refléter la spécificité de ce type de documents. ■

LES TYPES DE RÉSUMÉ

La nature du résumé dépend des objectifs visés par le documentaliste.

Faire un résumé documentaire, ce n'est donc pas réduire un texte de 10 000 caractères à 100 ou 200 caractères tout en espérant conserver toute l'information qu'il contient. C'est, par une ou plusieurs phrases, indiquer le contenu informationnel d'une UD lequel permettra d'évaluer sa pertinence par rapport au besoin de l'utilisateur, après sa récupération par les mots clés.

RÉSUMÉS INDICATIF, INFORMATIF, MIXTE...

Si l'objectif est uniquement de permettre une évaluation rapide, un résumé indicatif est suffisant. Ex. : "Analyse des fondements du culte de l'orthographe en France depuis 1832 – en donne les raisons politique, sociale et psychologique."

Si l'objectif est également de donner un bon aperçu du contenu, on préférera un résumé informatif. Ex. : "La normalisation de l'orthographe du français, décidée au XIXe siècle, s'explique en grande partie pour des raisons de centralisation politique et de fascination sociale ce qui a abouti à l'établissement d'une véritable institution. Le mysticisme qui l'entoure aujourd'hui empêche toute évolution ou adaptation."

De plus en plus on cherche à combiner les deux préoccupations, dans le cadre d'un résumé mixte dont la particularité principale est de proposer des niveaux de lecture :

Premier niveau : l'analyste cherchera à indiquer le genre de discours, la tonalité du texte; éventuellement à préciser au lecteur l'intention de l'auteur; et enfin à donner les éléments permettant d'évaluer la pertinence ➨

Un résumé réussi peut éventuellement dispenser un usager de lire le document auquel il s'applique.

RÉSUMÉ

Résumé mixte : "Analyse des raisons politique, sociale et psychologique du culte de l'orthographe en France depuis 1832."
"Explique en grande partie la normalisation de l'orthographe du français pour des raisons de centralisation politique et de fascination sociale. Cela a abouti à l'établissement d'une véritable institution qui empêche aujourd'hui toute évolution ou adaptation."

informationnelle de l'UD par rapport au besoin exprimé : "Analyse des raisons politique, sociale et psychologique du culte de l'orthographe en France depuis 1832."

Deuxième niveau : l'analyste cherchera à fournir des réponses informationnelles pouvant aller jusqu'à dispenser de la lecture de l'UD. Ex : "La normalisation de l'orthographe du français s'explique en grande partie pour des raisons de centralisation politique et de fascination sociale. Cela a abouti à l'établissement d'une véritable institution qui empêche aujourd'hui toute évolution ou adaptation."

Situer, mettre en valeur

La combinaison des deux niveaux permet au lecteur de situer dans un premier temps et très rapidement le contenu de l'UD et l'intention de l'auteur. Elle lui permet aussi, si l'UD semble répondre à ses besoins, de confirmer dans un second temps, l'intérêt de l'UD. ■

La longueur et la structure du résumé documentaire

L'objectif d'un résumé, c'est d'être lu. Tout est une question de longueur de mots.

En principe, un résumé est fait pour être lu. Si ce n'est pas le cas, il est mauvais quel que soit l'intérêt de son contenu.

Il faut sinon donner envie de lire un résumé – ce qui est difficile car cette envie est à renouveler constamment –, du moins ne pas enlever l'envie de le faire. C'est une question de longueur, de nombre de mots.

La longueur optimale est celle qui permet de fournir un maximum d'informations dans un minimum de mots. C'est la règle de base.

Une affaire d'ordre

En fait le problème est autant celui de la longueur que celui de l'ordre de présentation des éléments. Si la structure du résumé offre une approche graduée et hiérarchisée, les niveaux de pertinence sont rapidement perceptibles. La lecture en sera largement facilitée. Pratiquement, lors de la rédaction du résumé, on donnera, en premier lieu, les informations minimales qui peuvent situer chaque UD dans l'espace informationnel : thème – lieu – date; puis les informations secondaires qui peuvent préciser la situation de l'UD. On soulignera que pour les indices de classification – du type CDU –, l'écriture peut obéir à la même logique.

> Un maximum d'informations dans un minimum de mots.

Marche à suivre

De tout cela, il se dégage les points suivants :

- il faut éviter la réduction "mécanique" ou statistique;
- il faut éviter également la réduction à l'identique, à tiroir, le squelettage, celle qui reprend la table des matières;
- il faut éviter les répétitions, les évidences ("Dans

ce livre, l'auteur dit que ...") qui n'apportent rien, même pas une facilité de lecture.
Il faut en outre constater que :
• le premier réflexe, quand on présente plusieurs résumés de longueurs différentes sur un même document, est de lire le plus court;
• le nombre de mots n'a d'importance que par rapport au temps de lecture et non à l'espace disponible pour enregistrer le résumé;
• un seuil de lecture semble exister autour de 50 mots;
• un résumé documentaire ne devrait pas dépasser 50 mots si son contenu n'est pas présenté de façon hiérarchisée. Au-delà, l'expérience montre qu'il ne sera pas lu;
• un résumé de plus de 50 mots doit nécessairement avoir un contenu hiérarchisé, permettant des niveaux de lecture différents selon les besoins ou la pertinence du document.

EXEMPLES

RÉSUMÉ D'UN SPÉCIALISTE ÉCONOMIQUE

"Inspecteur en chef de la marine marchande, l'auteur nous décrit les différents aménagements réalisés dans les ports soviétiques. Le progrès entraîne une nécessité de formation de dockers complets capables de conduire et d'entretenir les engins. Selon l'auteur, ces expériences contiennent des enseignements pour d'autres secteurs d'activité." (46 mots)

RÉSUMÉ RÉÉCRIT

"Description des différents aménagements réalisés dans les ports soviétiques par un inspecteur en chef de la marine marchande – envisage les conséquences sur la formation des dockers et tire des enseignements pour d'autres secteurs d'activité." (34 mots)

COMPÉTENCE PROFESSIONNELLE ET INTÉRÊT DE L'USAGER

Les activités d'indexation et de réduction prennent une spécificité particulière dès lors qu'elles s'inscrivent dans un contexte documentaire. D'une part, les produits – mots clés et résumé – qui en sont l'aboutissement sont des produits toujours faits pour autrui, pour les usagers du système. D'autre part, les objectifs qu'elles poursuivent – à travers ces produits – sont très différents bien que complémentaires. Le mot clé sert à retrouver des documents immergés dans une mémoire documentaire. Le résumé sert à évaluer les résultats de cette récupération.
Selon ce point de vue, la sélection des mots clés retenus pour caractériser un document suit inévitablement des règles particulières lesquelles n'ont cependant rien d'arbitraire et peuvent être contrôlées. De même la rédaction d'un résumé documentaire a ses exigences de forme, de style, de contenu, de présentation, etc. Ce n'est que si le documentaliste respecte l'une et l'autre qu'il sera reconnu comme un professionnel.
Ce n'est que s'il se reconnaît dans ces préoccupations que l'usager utilisera pleinement un système documentaire. ■

EXEMPLES

MOTS INTRODUCTIFS POUR UN RÉSUMÉ

PLAIDOYER	ÉTUDE
ANALYSE	DESCRIPTION
INTERVIEW	ARTICLE
INFORMATION SUR	INFORMATION
CONFIRMATION	ENTRETIEN
DISCOURS	RECHERCHE
DÉMONSTRATION	ARGUMENTATION
EXPOSÉ	ENQUÊTE
RAPPORT	COMPTE RENDU
RÉSULTAT DE	DÉNONCIATION
HYPOTHÈSE	PROPOSITION

EXPRESSIONS

● À réduire

Comme on peut le voir à partir de la formule **(La formule montre)**
Durant la période **(pendant)**
La remarque faite au sujet de **(la remarque sur)**
La raison pour laquelle l'expérience n'a pas marché est due... **(l'échec de l'expérience est dû)**
Conduisit à la production de...**(amena, donna)**
au moyen de **(par)**
L'auteur de l'article décrit **(description de)**
De façon similaire **(également)**
Fut considéré comme étant **(était)**

● À supprimer

Dans cet article, ce livre...
L'auteur dit, explique, montre, expose... que ...
On peut dire, admettre, comprendre.... que ...
Dans une première partie... dans une seconde partie ...
En introduction... en conclusion ...

Aboutissement du travail du documentaliste, la mémoire est le point de rencontre entre l'usager et le système documentaire.

LA MÉMOIRE DOCUMENTAIRE

LE CARREFOUR À GÉOMÉTRIE GIRATOIRE (ROND-POINT)

Si l'on ne veut pas laisser trop de place au hasard – lequel est pourtant un facteur à prendre en compte en documentation – il faut organiser les choses, il faut se construire une mémoire des objets que l'on possède afin de pouvoir les retrouver rapidement et sûrement quand on les cherche.

MÉMOIRE

"Dans la philosophie socratique, la mémoire est le magasin des idées, et c'est donc l'endroit où l'on se garde des erreurs causées par les apparences. Pour la pensée juive, la mémoire est l'endroit où les morts vivent, donc celui de l'immortalité. Pour la psychologie, la mémoire est l'endroit où l'expérience est stockée. Pour la cybernétique, la mémoire est le stock de l'information disponible, et l'on peut construire des mémoires artificielles ..." (extrait de Vilem Flusser, « Un modèle possible de notre culture », *Communications et langage*, n° 40, 1978).

La mémoire documentaire, c'est l'aboutissement de tout le travail préparatoire du spécialiste de la documentation. C'est aussi le point de rencontre – le carrefour – entre l'usager et le système documentaire. C'est enfin quelque chose de stable, de permanent. Elle doit donc être conçue de telle sorte que l'on retrouve ce que l'on cherche si ce que l'on cherche est dans la mémoire, et que l'on n'y cherche pas ce qui n'y est pas.

COMMENT RÉUSSIR CELA ?

Si l'objet est un document écrit, la mémoire sera l'ensemble des éléments qui permettent de retrouver cet objet à partir des caractéristiques fournies par les notices analytiques (auteur, mots clés, date, titre, etc).

Tous ces éléments sont réunis dans des fichiers. Les fichiers d'une bibliothèque (auteur, anonyme, titre, matières) forment la mémoire de cette bibliothèque.

CONTENU DE LA MÉMOIRE

Traditionnellement la mémoire documentaire est pensée comme un ensemble de fiches – le fichier – décrivant les documents utiles à un organisme, ceux-ci étant soit une sélection parmi tous les documents quel que soit le type – aussi bien graphiques, que visuels, que sonores – dont ses membres peuvent avoir besoin dans leur activité, soit le résultat même de cette activité.

C'est l'approche classique qui s'accompagne souvent d'une vision bibliothéconomique dans laquelle l'usager n'a accès qu'à des entités

> Trouver ce qu'on cherche, ne pas chercher ce qui ne s'y trouve pas.

DÉFINITION

LA MÉMOIRE DOCUMENTAIRE

Une mémoire documentaire, c'est l'ensemble des éléments qui permettent d'identifier – pour le distinguer – et de retrouver – quand on le cherche – n'importe quel objet enregistré dans celle-ci parmi tous les objets qu'elle contient.

éditoriales homogènes – livres, périodiques, rapports, films, cassettes, etc.
Mais la mémoire documentaire ressemble de moins en moins au fichier des bibliothèques puiqu'elle donne de plus en plus souvent également accès aux entités conceptuellement utiles, indépendamment de leurs supports : l'article d'une revue ou la contribution à un congrès, ou le chapitre d'un livre, voire la carte de géographie ou le graphique extraits d'un rapport, etc.

UN NOUVEAU TYPE DE MÉMOIRE

Rapidement, l'usager devra se faire une autre idée de la mémoire documentaire car non seulement il ne la consultera plus – ou pratiquement plus – sur papier mais sur un écran cathodique, mais en outre elle prendra des aspects variés, du signalement succinct à la description bibliographique complète, accompagnée de résumés, d'extraits, voire du texte intégral.
La même mémoire deviendra bientôt à la fois l'outil qui permet de retrouver un document et le lieu où se document est conservé. Certes il ne faut pas imaginer que cela concernera tous les documents publiés. Mais nombre d'usagers – même dans les CDI – ont pu expérimenter cette nouvelle façon de concevoir l'accès à l'information en manipulant un CD-Rom couplé à un micro-ordinateur.

> La mémoire documentaire n'est pas le prolongement du documentaliste. C'est le documentaliste qui – dans certains cas – peut être le prolongement de la mémoire.

LA MISE EN MÉMOIRE

L'objectif est de faciliter la récupération des documents (ou de tout autre objet) susceptibles d'être utiles à un usager en exploitant tous les éléments – de forme ou de contenu – qui ont été préalablement stockés dans la mémoire. Pour que cet objectif soit atteint, il importe que la mémoire soit d'accès permanent et d'utilisation facile et pour le professionnel et pour l'utilisateur. Cette règle de fonctionnement explique pourquoi cette mémoire ne peut – ne doit – jamais être celle du documentaliste, son cerveau.
Cette opération vient nécessairement après celle de description documentaire puisqu'elle implique que les éléments "utiles" doivent avoir été trouvés et mis sous une forme convenable – c'est-à-dire transformés en données – pour pouvoir être retrouvés :
- éléments formels identifiant les informations bibliographiques;
- éléments du contenu identifiant les informations minimales et nécessaires : mots clés et/ou résumé et/ou indice, etc.

HISTORIQUE

Tant que la conserve du savoir était considérée comme un lieu de stricte conservation, le souci du professionnel était d'identifier les objets qu'il avait, non pas de les retrouver puisqu'il fallait les protéger afin de mieux les conserver. L'idée de "mémoire vivante" est donc relativement récente, un siècle tout au plus. Elle est liée à une conception de la conserve du savoir au service de l'usager, au service de l'éducation, de la culture, du progrès. Dès lors il importe de la retrouver pour la mettre à la ➨

DÉFINITION

LA MISE EN MÉMOIRE

C'est la phase d'enregistrement des éléments choisis lors de la description documentaire sous une forme et dans un cadre appropriés, lesquels dépendent du type de système d'information mis en place pour conserver et retrouver les documents (bibliothécaire ou documentaire) et de sa nature (manuel ou informatisé).

À la notion de mémoire documentaire comme conserve du savoir a succédé celle, plus récente, de mémoire vivante.

disposition de celui qui la demande. Dans la deuxième moitié du XIXe siècle, les professionnels pour savoir ce qu'ils possèdent, conçoivent des outils comme le catalogue par auteur ou par titre, ou par matière, concept, d'où vient le terme : catalogage. Ainsi à ce moment, apparaît une double préoccupation : celle d'identifier et celle de retrouver. Cette préoccupation est restée la même avec le temps. On la retrouve intacte avec les mémoires documentaires électroniques. Il n'y a donc pas de différence théorique dans la conception de ces mémoires, de la fiche de bibliothèque à l'ordinateur. Seule la présentation a pu évoluer, et la complexité – qui paradoxalement correspond souvent à une simplification – s'accroître (voir document 1).

N.B. : il ne faut pas confondre le rangement du document physique et la mémorisation de la notice décrivant tout ou partie de celui-ci. Le lien entre les deux est la cote. ■

> Une double préoccupation : identifier, retrouver.

DOCUMENT 1

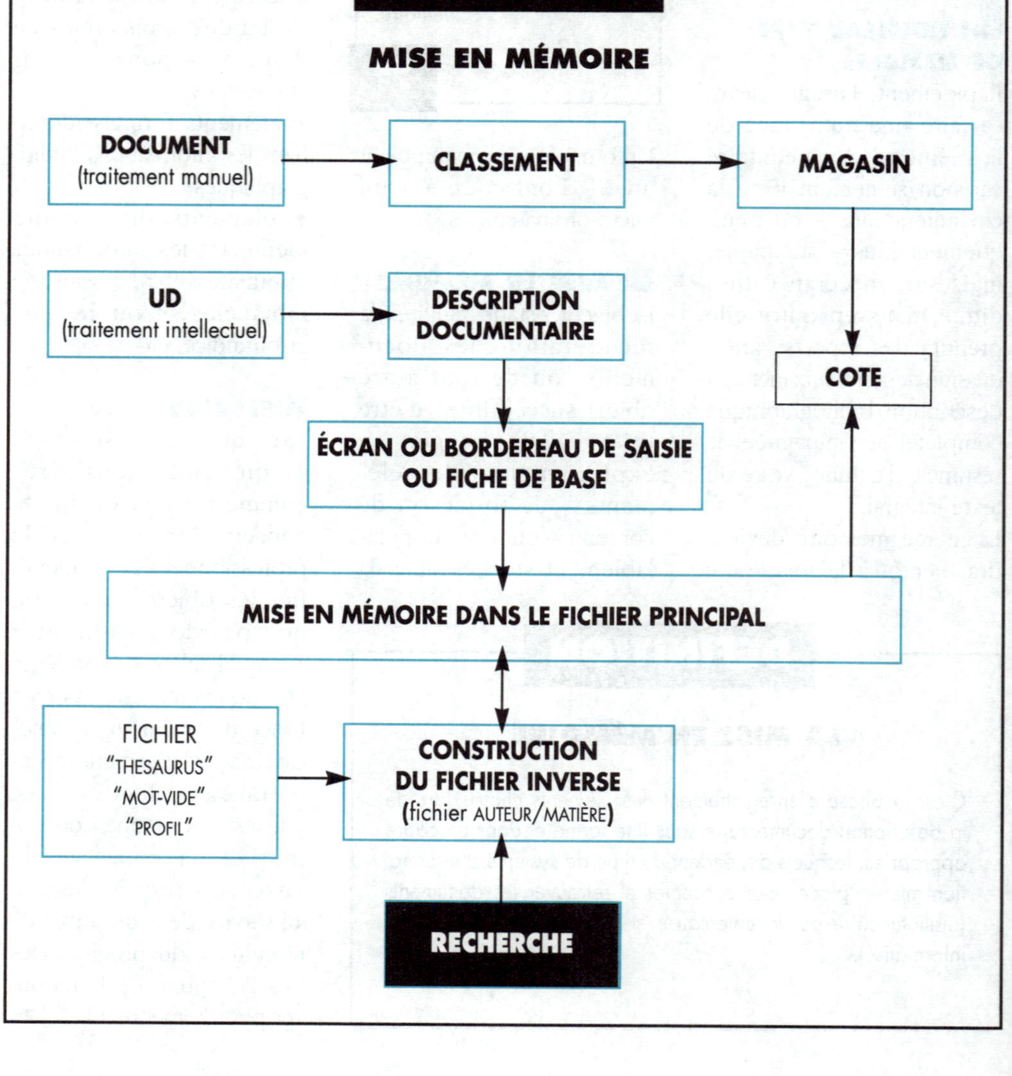

La mémoire est organisée selon certains éléments fondamentaux : fiche de base, fichier, matrice documentaire, clé de recherche...

L'ORGANISATION DE LA MÉMOIRE

Globalement, et quel que soit le système considéré, l'organisation de la mémoire repose sur des concepts de base : information utile, fiche de base, matrice documentaire, clé de recherche, fichiers...
Théoriquement, celle-ci est indépendante du support, actuel ou futur (fichier manuel, fichier électronique).

L'INFORMATION UTILE

L'information utile : c'est l'ensemble des éléments – "valeurs" – qui permettront de décrire n'importe quel objet à partir du moment où celui-ci a été identifié comme appartenant à la catégorie recherchée (ex. : l'ensemble des articles ; l'ensemble des documents vidéographiques). Elle a été définie dans une opération antérieure.

LES ZONES

Chaque élément, pour autant qu'il fera l'objet d'un traitement spécifique, sera isolé dans un espace qui a été identifié et qui peut être à tout moment identifiable, une zone.
L'ensemble des zones constitue la structure de l'enregistrement, la fiche de base modèle. Dès lors le travail consiste à remplir cette structure – sur un bordereau, sur un masque de saisie d'écran –, ou à établir la fiche de base de chaque objet – document – retenu pour être enregistré dans la mémoire de l'organisme.

> Accéder au document, directement, grâce à une clé.

La description d'un objet peut ne pas utiliser toutes les zones, mais elle ne doit pas utiliser des zones qui ne sont pas dans la structure préalablement définie. Cette remarque reste toute théorique dans les systèmes documentaires manuels car il n'y a pas de contrôle de cohérence globale à partir d'un modèle préalable. C'est ce qui explique que les responsables les font facilement évoluer par à-coups et sans dommage.
Il n'en va pas de même dans les systèmes documentaires informatisés où il faut au contraire tout avoir prévu. C'est ce qui rend indispensable le cahier des charges et fait désormais du documentaliste un professionnel.

LA MATRICE DOCUMENTAIRE

L'ensemble des enregistrements ayant des zones appartenant à la même structure constitue un fichier de base, un fichier maître, un fichier principal.
C'est le fichier qui est constitué par l'opération de saisie avec un logiciel documentaire. Il est à noter que ce fichier est invisible dans une bibliothèque. Il correspondrait au fichier séquentiel d'incorporation des documents dans la collection.

LES CLÉS DE RECHERCHE

Certaines zones contiennent des éléments – les clés de recherche – qui pourront servir à retrouver l'objet. Ce sont elles qui seront consultées ultérieurement lors de la recherche. Cette lecture pourrait toujours se faire séquentiellement – par balayage – dans le fichier principal déjà constitué. ➡

L'usager n'a plus besoin de lire tous les objets : pour accéder directement à son document, il lui suffit de connaître la clé.

DOCUMENT 2

MATRICE DOCUMENTAIRE

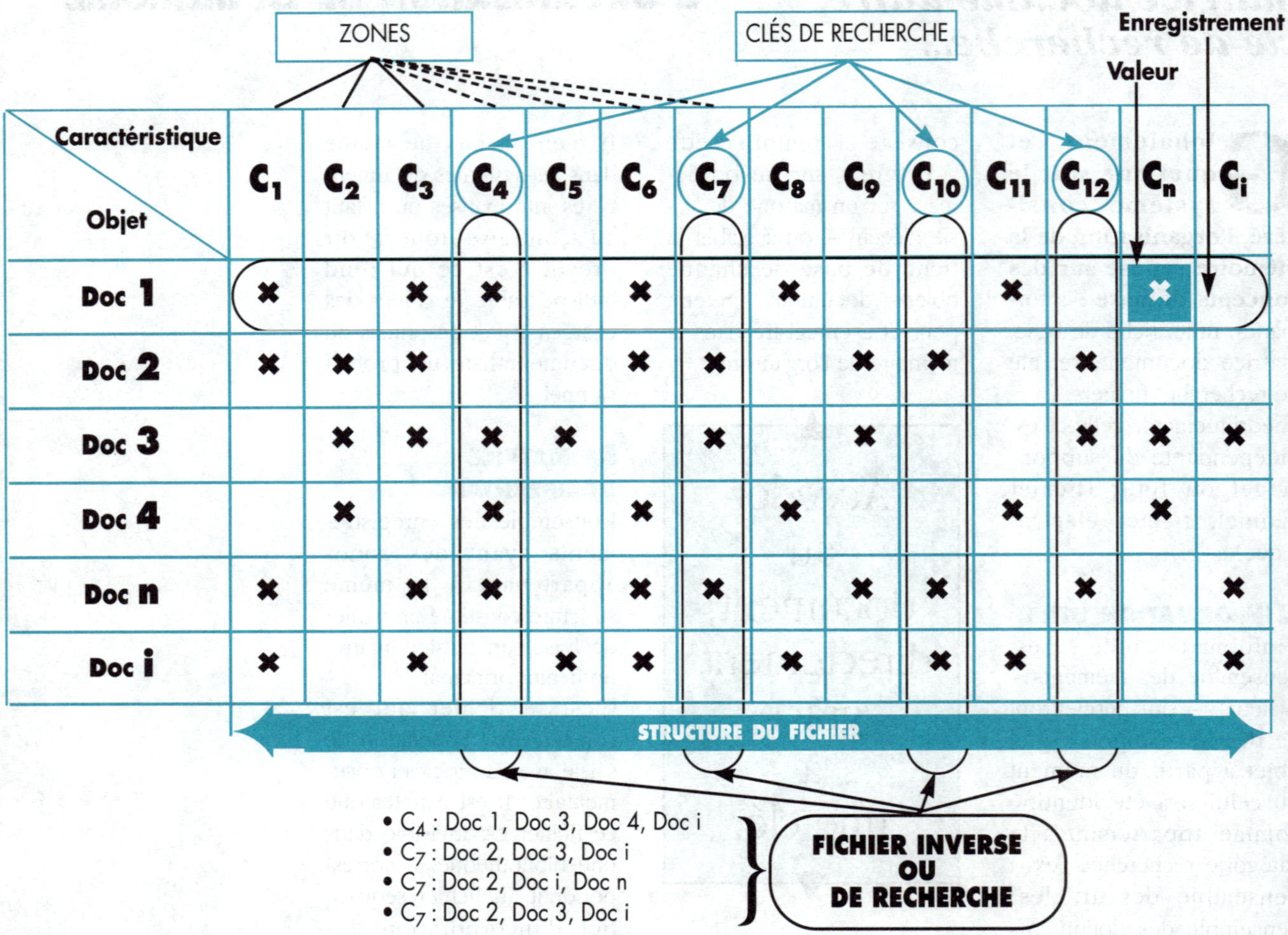

Caractéristique / Objet	C_1	C_2	C_3	C_4	C_5	C_6	C_7	C_8	C_9	C_{10}	C_{11}	C_{12}	C_n	C_i
Doc 1	×		×	×		×		×			×		×	
Doc 2	×	×	×			×	×		×	×		×		
Doc 3		×	×	×	×		×		×			×	×	×
Doc 4		×		×		×		×			×		×	
Doc n	×		×	×		×	×		×	×		×		×
Doc i	×		×		×	×		×		×	×			×

Accès direct

Il a paru plus intéressant – et c'est la spécificité des systèmes de recherche documentaire – de créer un accès direct immédiat à ces clés. Dès lors l'usager n'est plus obligé de lire toute la description de tous les objets pour essayer de trouver celui qu'il recherche. Il lui suffit de connaître et utiliser une clé qui lui donnera directement accès à ce document.

Le professionnel doit alors construire ou donner l'ordre de construire un fichier de recherche – ou des fichiers comme dans les bibliothèques : fichier "auteur et anonyme"; fichier "titre"; fichier "matière".

Toute cette organisation peut être représentée de façon symbolique : c'est la matrice documentaire (voir document 2).

Si les modalités peuvent varier d'un support de mise en mémoire à un autre, les principes théoriques restent les mêmes. On a toujours :

• d'une part **un ensemble d'enregistrements**, organisé séquentiellement, décrivant tous les objets à mettre en mémoire : fichier principal;

• d'autre part **un accès sélectif** par des clés de recherche ("auteur" ou "mots clés" par exemple) à un ou plusieurs de ces enregistrements : fichier inverse. On voit ici pourquoi on utilise souvent le terme "inverse". C'est que symboliquement on a retourné – inversé – le fichier de base.

LE FICHIER DE BASE

On notera que, dans la pratique, les fichiers de bibliothèque associent les deux approches – séquentielle et directe – sur un seul support, la fiche, la clé de recherche étant à chaque fois mise en vedette.
Dans une base de données documentaire, les différents fichiers sont parfaitement identifiables :
– le fichier principal est celui qui est appelé lors de la saisie;
– le fichier inverse est celui qui est appelé lors de la recherche. ■

DÉFINITION

LE FICHIER

Un fichier est un ensemble d'enregistrements de même nature, autrement dit de même structure (mêmes zones), et de contenu différent (valeur différente).
Fichier informatique : ensemble de données, regroupées sous la forme d'une suite d'enregistrements logiques, ayant un nom, pourvu d'un descriptif, et contenant une information particulière qu'on appelle la fin de fichier.
Un fichier est caractérisé par son support, son mode d'accès (séquentiel ou direct) et sa structure.

L'opération de mise en mémoire fait appel à des éléments qui sont logiquement hiérarchisés.

DE L'INFORMATION EXTRAITE À LA BASE DE DONNÉES DOCUMENTAIRES

La mise en mémoire – de l'information extraite jusqu'à la base de données ou le fichier de bibliothèque, puisque celui-ci combine et le fichier principal et le fichier inverse – correspond un peu au système des poupées gigognes dans la mesure où les différents éléments s'emboîtent régulièrement les uns dans les autres.
S'établit ainsi une hiérarchie qui du plus simple au plus complexe, est la suivante :
La chaîne de caractères : dans un traitement documentaire, tout ensemble de signes séparés par une espace, un blanc.
– "le" "soleil" "brille";
– "la" "pomme" "de" "terre".
La valeur ou séquence de caractères ou contenu : ensemble sémantiquement signifiant :
– "pomme de terre".
C'est ce que l'on enregistre dans chaque zone son contenu. Normalement, deux enregistrements ne peuvent avoir les mêmes valeurs, sinon ils sont identiques.
La zone ou champ ou rubrique ou variable : espace réservé dans un enregistrement à une ou plusieurs séquences de caractères caractérisées par un certain type de traitement :
– zone "mots clés";
– zone "auteur".
L'enregistrement : ensemble des zones permettant de décrire un objet. Normalement il y a autant de type d'enregistrements qu'il y a d'objets différents : livre, article, document écrit, film, etc.

> **NE PAS CONFONDRE**
> • **Enregistrement physique =** occupation et organisation d'un enregistrement logique sur un support.
> • **Enregistrement logique =** ensemble des zones décrivant un objet. Une suite d'enregistrements logiques constitue un fichier.

Le fichier : ensemble des enregistrements ayant la même structure, comportant les mêmes zones, décrivant le même type d'objets. ➡

Un fichier permet de conserver en mémoire des données que l'on pourra consulter, modifier ou supprimer.

Normalement, un fichier ne peut accepter des enregistrements ayant des zones différentes, sauf si c'est un sous-ensemble.

Il permet d'organiser et de conserver en mémoire des données qui pourront être soit consultées, soit modifiées, soit supprimées.

La base de données : ensemble constitué par tous les fichiers apparentés, contruits autour des mêmes données.

> La mémoire est le capital de l'organisme.

Dans le cas d'une base de données documentaires, on trouve :

– obligatoirement :

• le fichier principal, résultat de la saisie ;

• le fichier inverse, construit par la machine à partir des indications de clés de recherche qui lui auront été préalablement fournies ;

– éventuellement :

• le fichier "thesaurus" ou fichier des termes d'utilisation obligatoire lors de la description du contenu et lors de la recherche. Cela permet d'optimiser les chances de récupération ;

• le fichier des mots-vides ou des mots à exclure. Celui-ci est utilisé lors d'une indexation automatique. La machine ne sachant pas repérer les mots signifiants, élimine les mots qui sont jugés non signifiants dans ce fichier ;

• le fichier "secret" ou des droits d'accès gèrent les autorisations de lecture, écriture et effacement des données dans le fichier de base en fonction du statut du demandeur ;

• le fichier "profil" contient les éléments qui établissent le profil informationnel d'un demandeur. On l'utilise pour faire de la diffusion sélective de l'information (DSI);

• des listes d'autorité, celles qui fixent la forme que doit prendre le contenu de telle ou telle zone pour en faciliter le traitement : code de langue, code de pays, code socio-professionnel, etc. (voir document 3).

Séquence des opérations à réaliser

1) Choisir une UD.

2) Sélectionner les informations utiles décrivant cette UD pour le système considéré.

3) Établir la fiche de base à partir des informations décrivant cette UD (les transformer en données ; remplir un bordereau).

4) Mettre en vedette les clés de recherche (mots clés, auteurs, mots du titre...).

5) Créer le fichier de recherche à partir des clés sélectionnées :

• si le système est manuel, il faut faire autant de fiches que de clés (ex. : 6 fiches si l'UD a un auteur et que 5 mots clés ont été retenus), puis intercaler les fiches ;

• si le système est informatisé, il faut saisir le bordereau pour alimenter le fichier principal, puis utiliser la fonction de création automatique du logiciel documentaire pour créer ou mettre à jour les fichiers inverses.

Il ne faut pas oublier de recréer le fichier de recherche après toute mise à jour du fichier de base.

Cette séquence est à réaliser lors de tout ajout de document.

Une valeur stratégique

Reconnaître la valeur stratégique de la ressource information incite à développer la mémoire collective de tout organisme, et à la faire partager par le plus grand nombre. Ce capital est un facteur d'intégration très puissant pour l'organisme d'autant que les outils informatiques constitutifs lui confèrent une souplesse compatible avec la diversité des situations et des traitements, comme avec la variété des besoins et des responsabilités.

Le documentaliste, en réalisant cette mémoire, travaille pour ses usagers.

L'usager en interrogeant cette mémoire, reconnaît implicitement l'intérêt du travail réalisé par le documentaliste. ■

DOCUMENT 3

BASE DE DONNÉES DOCUMENTAIRES

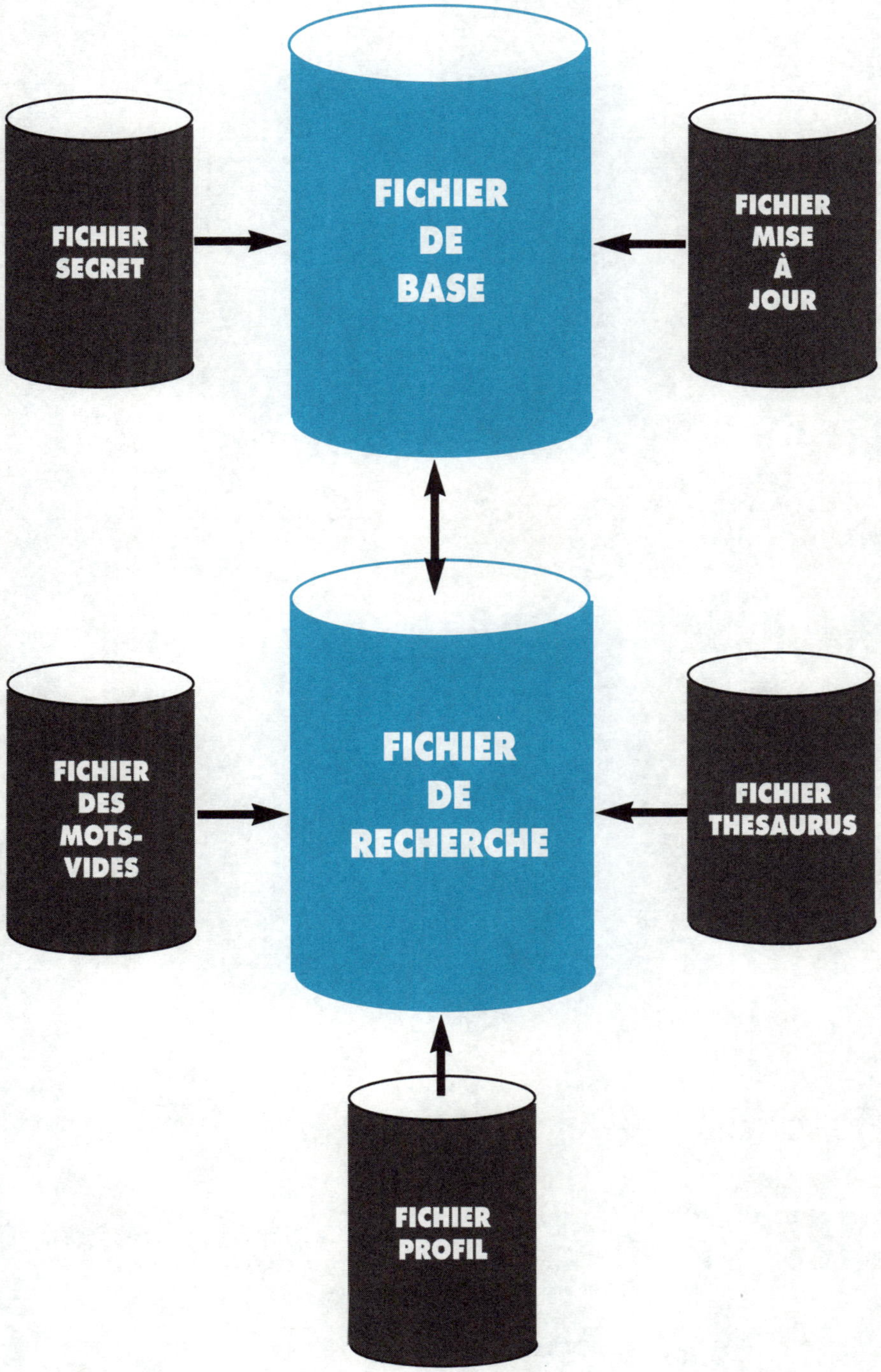

La pédagogie chez HACHETTE

Lieux d'échanges et de dialogues entre les enseignants, mais aussi avec tous ceux qui s'intéressent à l'école, aux mouvements qui la traversent, à la manière dont on y travaille. Supports de formation que chacun peut utiliser à sa manière, en fonction de ses besoins et du temps dont il dispose.

•

(Collection dirigée par Yves Nazé)

Des guides pour mieux connaître le système éducatif. Des ouvrages en deux parties : un lexique qui fait le point sur les termes utilisés couramment et des articles qui mettent en scène les grandes questions. Leur objectif est de sensibiliser les étudiants des universités et les élèves-professeurs aux multiples aspects du métier d'enseignant, et de permettre à tous ceux qui sont impliqués dans la vie des établissements, élèves, élus locaux, parents et enseignants, de se comprendre et de parler un même langage pour travailler ensemble.

- *Guide du chef d'établissement,* André Six
- *Guide des métiers de l'enseignement*, ONISEP, René Dang
- *Guide du système éducatif,* Y. Nazé, O. Lugimbulh, N. Marty, D. Pellegrini et R. Monti
- *Guide du lycéen,* Claude Coulon

•

(Collection dirigée par Jean-Pierre Obin)

Centrée sur l'organisaton de la pédagogie, les méthodes de travail et l'environnement de l'acte éducatif, explorant les nouvelles formes d'enseignement et de travail transdisciplinaires, cette série est plus particulièrement axée sur le travail avec des groupes d'élèves difficiles. Il s'agit d'aider enseignants et élèves à résoudre les difficultés quotidiennes d'insertion dans l'établissement, de travail en équipe et de conduite de la classe.

- *Aider les élèves à apprendre,* Gérard de Vecchi
- *Travailler en équipe,* Pierre Mahieu
- *Enseigner en module,* Françoise Clerc
- *Pédagogie différenciée,* Halina Przesmycki
- *Le projet d'établissement,* Jean-Pierre Obin et Françoise Cros

• *Des méthodes pour mieux s'organiser,* Roger Monti
• *Le projet personnel de l'élève,* Richard Étienne, Anne et Renée Baldy, Pierre Benedetto
• *Corriger des copies, évaluer pour former,* Odile et Jean Veslin

•

Des ouvrages de réflexion, qui adaptent les savoirs savants et la culture universitaire à ce que l'enseignant a besoin d'acquérir pour sa pratique.

• *Le métier d'élève,* René La Borderie
• *La conversation enfantine,* Jean-François Simonpoli
• *L'école du dedans,* Georges Lerbet
• *Agir pour la réussite scolaire,* Daniel Pasquier
• *Les manuels scolaires : histoire et actualité,* Alain Choppin
• *Communiquer pour enseigner,* Bruno Ollivier
• *Les cahiers pédagogiques, une idée positive de l'école,* textes présentés par J. Georges et J.M. Zakhartchouk

•

Ces ouvrages, centrés sur le premier et sur le second degré, constituent pour les enseignants et les parents, autant de repères pour comprendre l'enseignement. Ils fournissent des instruments de diagnostic, de régulation et d'orientation. Aides à la pratique quotidienne de la classe, ils donnent les éléments de réflexion permettant de dominer les contenus d'enseignement.

PREMIER DEGRÉ

• *Comprendre des énoncés, résoudre des problèmes,* Alain Descaves
• *Didactiques de l'orthographe,* Jean-Pierre Jaffre, INRP
• *Enseigner les mathématiques à l'école,* Françoise Cerquetti-Aberkane
• *Évaluer les écrits à l'école primaire,* groupe EVA/INRP, unité de recherche en didactique du français.
• *Apprendre à communiquer,* Jean-François Simonpoli
• *Apprendre à lire comme on apprend à parler,* Marie-Joëlle Bouchard
• *Enseigner la géographie à l'école,* Pierre Giolitto
• *Enseigner le français à l'école,* Carole Tisset et Renée Léon

DEUXIÈME DEGRÉ

• *Enseigner le français. Pour qui ? Comment ?*, Gilberte Niquet
• *Des méthodes pour le lycée*, Violaine Houdard

•

(Collection dirigée par Jacqueline Bayard-Pierlot)

Des ouvrages destinés aux documentalistes, directement reliés aux nouvelles formes de leur profession impliquées par le CAPES de documentaliste; ils les aideront à exercer leurs nouvelles fonctions pédagogiques. Recherche documentaire, formation des documentalistes, utilisation des CDI, initiation des élèves aux méthodes de travail autonome.

• *Le CDI au cœur du projet pédagogique*, Jacqueline Bayard-Pierlot et Marie-José Birglin

•

• *Seconde, mode d'emploi*, Patrick Rayou

• *Organiser des formations*, André de Peretti
• *Droit de l'éducation*, Claude Durand-Prinborgne

• *Enseigner les arts plastiques*, Daniel Lagoutte
• *Former des enfants lecteurs (tome 1)*, Groupe de recherche d'Écouen, coordination de Josette Jolibert
• *Former des enfants lecteurs (tome 2)*, Groupe de recherche d'Écouen, coordination de Josette Jolibert
• *Former des enfants producteurs de textes*, Groupe de recherche d'Écouen, coordination de Josette Jolibert
• *Former des enfants lecteurs-producteurs de poèmes*, Groupe de recherche d'Écouen, coordination de Josette Jolibert
• *Guide pour classes à plusieurs niveaux*, Anna Philippon
• *La chanson à portée des enfants*, Jacques Barthès
• *Guide de la direction d'école*, M. Joint
• *Enseigner aujourd'hui*, Michel Cruchet, Jean Férole, Janine Leroy
• *Comment apprendre à lire aux enfants de 6-7 ans?*, Bernard Toresse

Collection dirigée avec le CNDP pour présenter de manière claire et synthétique les grands problèmes du système éducatif.

- *Guide de l'instituteur et du professeur d'école,* coordonné par Guy Faucon
- *Travailler en Z.E.P.,* Alain Bourgarel
- *Enseigner l'histoire : un métier qui s'apprend,* Jacqueline Le Pellec, Violette Marcos-Alvarez
- *L'expression lycéenne,* Livre Blanc des journaux lycéens/CLEMI, Groupe de réflexion
- *L'intelligence peut-elle s'éduquer ?,* Céline Delannoy, Jean-Claude Passegrand
- *Apprendre à philosopher,* P. Baranger, M. Tozzi, M. Benoît et C. Vincent
- *L'établissement dans la démarche de projet,* Jean-Michel Lecomte et Anne-Marie Nestrigue

Destiné aux enseignants en formation initiale, cette collection offre des méthodes et des outils de travail à tous ceux qui préparent les concours ainsi qu'à ceux qui souhaitent parfaire l'exercice de leur métier.

- *Lire pour enseigner ou l'art de se mettre aux livres d'étude sans y passer ses nuits,* Françoise Cros
- *Rechercher et traiter l'information,* Hubert Fondin
- *Devenir professeur des écoles,* coordonné par Claire Calderon

Aubin Imprimeur
LIGUGÉ, POITIERS

Achevé d'imprimer en janvier 1993
N° d'édition 01 / N° de collection 14 / N° d'impression P 41822
Dépôt légal, 0804-01/93
Imprimé en France

17/0282/8